理學叢書

朱子語類

二

〔宋〕黎靖德 編
王星賢 點校

中華書局

朱子語類卷第十六

大學三

傳一章釋明明德

問「克明德」。曰：「德之明與不明，只在人之克與不克耳。克，只是真箇會明其明德。」節。

問明德、明命。曰：「便是天之所命謂性者。人皆有此明德，但爲物欲之所昏蔽，故暗塞爾。」酱。

自人受之，喚做「明德」；自天言之，喚做「明命」。今人多鶻鶻突突，一似無這箇明命。若常見其在前，則凜凜然不敢放肆，見許多道理都在眼前。又曰：「人之明德，即天之明命。雖則是形骸間隔，然人之所以能視聽言動，非天而何。」問「苟日新，日日新」。曰：「這箇道理，未見得時，若無頭無面，如何下工夫。才剔撥得有些通透處，便須急急躡蹤趲鄉前去。」又曰：「『周雖舊邦，其命維新。』文王能使天下無一民不新其德，即此便是天命之新。」又云：「天視自我民視，天聽自我民聽。」或問：「此若有不同，如何？」曰：「天豈曾有耳目以視聽！只是自我民之視聽，便是天之視聽。如帝命文王，豈天諄諄然命之！只是文王要恁地，便是理合恁地，便是帝命之也。」又曰：「若一件事，民人皆以爲是，便是天以爲是；若人民皆歸往之，便是天命之也。」又曰：「此處甚微，故其理難看。」賀孫。

「顧諟天之明命」，諟，是詳審顧諟，見得子細。僩。

「顧諟天之明命」，只是照管得那本明底物事在。燾。

「顧諟天之明命」，便是常見這物事，不教昏著。今看大學，亦要識此意。所謂「顧諟天之明命」，「無他，求其放心而已」。方子。佐同。

先生問：「『顧諟天之明命』，如何看？」答云：「天之明命，是天之所以命我，而我之所以爲德者也。然天之所以與我者，雖曰至善，苟不能常提撕省察，使大用全體昭晰無遺，則人欲益滋，天理益昏，而無以有諸己矣。」曰：「此便是至善。但今人無事時，又却恁昏昏地；至有事時，則又隨事逐物而去，都無一箇主宰。這須是常加省察，真如見一箇物事在裏，不要昏濁了他，則無事時自然凝定，有事時隨理而處，無有不當。」道夫。

「顧諟天之明命」，古注云：「常目在之。」説得極好。非謂有一物常在目前可見，也只是長存此心，知得有這道理光明不昧。方其静坐未接物也，此理固湛然清明；及其遇事而應接也，此理亦隨處發見。只要人常提撕省察，念念不忘，存養久之，則是理愈明，雖欲忘之而不可得矣。孟子曰：「學問之道無他，求其放心而已矣。」所謂求放心，只常存此心便是。存養既久，自然信向。決知堯舜之可爲，聖賢之可學，如菽粟之必飽，布帛之必煖，自然不爲外物所勝。若是若存若亡，如何會信！如何能必行！又曰：「千書萬書，只是教人求放心。聖賢教人，其要處皆一。苟通得一處，則觸處皆通矣。」僩。

問：「『顧諟天之明命』，言『常目在之』，如何？」曰：「顧諟，是看此也。目在，是如目存之，常知得有此理，不是親眼看。『立則見其參於前，在輿則見其倚於衡』，便是這模樣。只要常常提撕在這裏，莫使他昏昧了。子常見得孝，父常見得慈，與國人交，常見得信。」寓。

問：「顧，謂『常目在之』。天命至微，恐不可目在之，想只是顧其發見處。」曰：「只是見得長長地在面前模樣。『立則見其參於前，在輿則見其倚於衡』。豈是有物可見！」義剛。

問「常目在」之意。先生以手指曰：「如一件物在此，惟恐人偷去，兩眼常常覷在此相似。」友仁。

問：「如何目在之？」曰：「常在視瞻之間，蓋言存之而不忘。」寓。

因說「天之明命」，曰：「這箇物事，即是氣，便有許多道理在裏。人物之生，都是先有這箇物事，便是天當初分付底。既有這物事，方始具是形以生，便有皮包裹在裏。若有這箇，無這皮殼，亦無所包裹。如草木之生，亦是有箇生意了，便會生出芽蘖；芽蘖出來，便有皮包裹著。而今儒者只是理會這箇，要得順性命之理。佛、老也只是理會這箇物事。老氏便要常把住這氣，不肯與他散，便會長生久視。長生久視也未見得，只是做得到，也便未會死。佛氏也只是見箇物事，便放得下，所以死生禍福都不動。只是他去作弄了。」又曰：「『各正性命，保合太和』，聖人於乾卦發此兩句，最好。人之所以爲人，物之所以爲物，都是正箇性命。保合得箇和氣性命，便是當初合下分付底。保合，便是有箇皮殼包裹在裏。如人以刀破其腹，此箇物事便散，却便死。」夔孫。

而今人會說話行動，凡百皆是天之明命。「人心惟危，道心惟微」，也是天之明命。夔孫。

傳二章釋新民

「苟日新」一句是爲學入頭處。而今爲學，且要理會「苟」字。苟能日新如此，則下面兩句工夫方能接續做去。而今學者只管要日新，却不去「苟」字上面著工夫。「苟日新」，苟者，誠也。泳。

苟，誠也。要緊在此一字。賀孫。

「苟日新」，須是真箇日新，方可「日日新，又日新」。泳。

舊來看大學日新處，以爲重在後兩句，今看得重在前一句。「苟」字多訓「誠」字。璘。

「苟」字訓誠，古訓釋皆如此。乍看覺差異。人誠能有日新之功，則須日有進益。若暫能日新，不能接續，則前日所新者，却間斷衰頽了，所以不能「日日新，又日新」也。人傑。

「『苟日新』，新是對舊染之汙而言。『日日新，又日新』，只是要常常如此，無間斷也。新與舊，非是去外面討來。昨日之舊，乃是今日之新。」道夫云：「這正如孟子『操存舍亡』，説存與亡，非是有兩物。」曰：「然。只是在一念間爾。如『顧諟天之明命』，上下文都説明德，這裏却説明命。蓋天之所以與我，便是明命；我之所得以爲性者，便是明德。命與德皆以明爲言，是這箇物本自光明，顯然在裏，我却去昏蔽了他，須用日新。説得來，又只是箇存心。所以明道云："聖賢千言萬語，只是欲人將已放之心約之使反覆入身來，自能尋向上去，下學而上達也。"道夫。

湯"日日新"。書云："終始惟一，時乃日新。"這箇道理須是常接續不已，方是日新；才有間斷，便不可。盤銘取沐浴之義。蓋爲早間盥濯才了，晚下垢汙又生，所以常要日新。德明

徐仁父問："湯之盤銘曰：『日日新。』繼以『作新民』。日新是明德事，而今屬之『作新民』之上，意者申言新民必本於在我之自新也。"曰："然。莊子言：『語道而非其序，則非道矣。』橫渠云：『如中庸文字，直須句句理會過，使其言互相發。』今讀大學，亦然。某年十七八時，讀中庸、大學，每早起須誦十遍。今大學可且熟讀。"賀孫。

鼓之舞之之謂作。如擊鼓然，自然使人跳舞踴躍。然民之所以感動者，由其本有此理。上之人既有以自明其明德，時時提撕警策，則下之人觀瞻感發，各有以興起其同然之善心，而不能已耳。僩。

"周雖舊邦，其命維新。"自新新民，而至於天命之改易，可謂極矣。必如是而後爲"止於至善"也。僩。

"其命維新"，是新民之極，和天命也新。大雅。

傳三章釋止於至善

「緡蠻黄鳥，止于丘隅。」物亦各尋箇善處止，「可以人而不如鳥乎」！德明。

「於緝熙敬止」，緝熙，是工夫；敬止，是功效收殺處。寓。

或言：「大學以知止爲要。」曰：「如君便要止於仁，臣便要止於敬，子便止於孝，父便止於慈。若不知得，何緣到得那地位？只這便是至善處。」道夫問：「至善，是無過不及恰好處否？」曰：「只是這夾界上些子。如君止於仁，若依違牽制，懦而無斷，便是過，便不是仁。臣能陳善閉邪，便是敬；若有所畏懼，而不敢正君之失，便是過，便不是敬。」道夫。

問：「至善，如君之仁、臣之敬、父之慈、子之孝者，固如此。就萬物中細論之，則其類如何？」曰：「只恰好底便是。『坐如尸』，便是坐恰好底；『立如齊』，便是立恰好底。」淳。寓同。

周問：「注云：『究其精微之藴，而又推類以通其餘。』何也？」曰：「大倫有五，此言其三，蓋不止此。『究其精微之藴』，是就三者裏面窮究其藴；『推類以通其餘』，是就外面推廣，如夫婦、兄弟之類。」淳。謨録云：「須是就君仁臣敬、子孝父慈與國人信上推究精微，各有不盡之理。此章雖人倫大目，亦只舉得三件。必須就此上推廣所以事上當如何，所以待下又如何。尊卑大小之間，處之各要如此。」

問：「『如切如磋者，道學也；如琢如磨者，自修也』，此是詩人美武公之本旨耶？姑借其詞以發學問自修之義耶？」曰：「武公大段是有學問底人。抑之一詩，義理精密。詩中如此者甚不易得。」儒用。

「至善」一章，工夫都在「切磋琢磨」上。泳。

既切而復磋之，既琢而復磨之，方止於至善。不然，雖善非至也。節。

傳之三章，緊要只是「如切如磋，如琢如磨」。如切，可謂善矣，又須當磋之，方是至善；如琢，可謂善矣，又須當磨之，方是至善。一章主意，只是説所以「止於至善」工夫，爲下「不可諠兮」之語拖帶説。到「道盛德至善，民不能忘」，又因此語一向引去。大概是反覆嗟咏，其味深長。他經引詩，或未甚切，只大學引得極細密。賀孫。

魏元壽問切磋琢磨之説。曰：「恰似剥了一重，又有一重。學者做工夫，消磨舊習，幾時便去教盡！須是只管磨礲，教十分净潔。最怕如今於眼前道理略理會得些，便自以爲足，更不著力向上去，這如何會到至善田地！」賀孫。

骨、角，却易開解；玉、石，儘著得磨揩工夫。賀孫。

瑟，矜莊貌；僩，武貌；恂慄，嚴毅貌。古人直是如此嚴整，然後有那威儀烜赫著見。德明。

問：「解瑟爲嚴密，是就心言，抑就行言？」曰：「是就心言。」問：「心如何是密處？」曰：「只是不粗疏，恁地縝密。」寓。

「僩，武毅之貌。」能剛强卓立，不如此怠惰闒颯。僩。

問：「瑟者，武毅之貌；恂慄，戰懼之貌。不知人當戰懼之時，果有武毅之意否？」曰：「人而懷戰懼之心，則必齋莊嚴肅，又烏可犯！」壯祖。

問：「恂慄，何以知爲戰懼？」曰：「莊子云：『木處，則恂慄危懼。』」廣。

大率切而不磋，亦未到至善處；琢而不磨，亦未到至善處。「瑟兮僩兮」，則誠敬存於中矣。未至於「赫兮喧兮」，威儀輝光著見於外，亦未爲至善。此四句是此段緊切處，專是說至善。蓋不如此，則雖善矣，未得爲至善也。至於「民之不能忘」，若非十分至善，何以使民久而不能忘？古人言語精密有條理如此。銖。

「民之不能忘也」，只是一時不忘，亦不是至善。又曰：「『瑟兮僩兮，赫兮喧兮』者，有所主於中，而不能發於外，亦不是至善；務飾於外，而無主於中，亦不是至善。」銖。

問「前王不忘」云云。曰：「前王遠矣，盛德至善，後人不能忘之。『君子賢其賢』，如堯、舜、文、武之德，後世尊仰之，豈非賢其所賢乎！『親其親』，如周后稷之德，子孫宗之，以爲先祖先父之所自出，豈非親其所親乎！」寓。

問「君子賢其賢而親其親」。曰：「如孔子仰文武之德，是『賢其賢』；成康以後，思其恩而保其基緒，便是『親其親』。」木之。

或問「至善」章。曰：「此章前三節是説止字，中一節説至善，後面『烈文』一節，又是咏歎此至善之意。」銖。

傳四章釋本末

問「聽訟吾猶人也，必也使無訟乎」。曰：「固是以修身爲本，只是公别底言語多走作。如云：『凡人聽訟，以曲爲直，以直爲曲，所以人得以盡其無實之辭。聖人理無不明，明無不燭，所以人不敢。』如此，却是聖人善聽訟，所以人不敢盡其無實之辭，正與經意相反。聖人正是説聽訟我也無異於人，當使其無訟之可聽，方得。若如公言，則當云『聽訟吾過人遠矣，故無情者不敢盡其辭』，始得。聖人固不會錯斷了事。只是它所以無訟者，却不在於善聽訟，在於意誠、心正，自然有以薰炙漸染，大服民志，故自無訟之可聽耳。如成人有其兄死而不爲衰者，聞子臯將至，遂爲衰。子臯何嘗聽訟？自有以感動人處耳。」僩。

使他無訟，在我之事，本也。恁地看，此所以聽訟爲末。泳。

「無情者不得盡其辭」，便是説那無訟之由。然惟先有以服其心志，所以能使之不得盡其虚誕之辭。義剛。

「大畏民志」者，大有以畏服斯民自欺之志。卓。

傳五章釋格物致知

劉圻父説：「『人心之靈，莫不有知；而天下之物，莫不有理。』恐明明德便是性。」曰：「不是如此。心與性自有分別。靈底是心，實底是性。靈便是那知覺底。如向父母則有那孝出來，向君則有那忠出來，這便是性。如知道事親要孝，事君要忠，這便是心。張子曰：『心，統性情者也。』此説得最精密。」次日，圻父復説過。先生曰：「性便是那理，心便是盛貯該載、敷施發用底。」問：「表裏精粗無不到。」曰：「表便是外面理會得底，裏便是就自家身上至親至切、至隱至密、貼骨貼肉處。今人處事多是自説道：『且恁地也不妨。』這箇便不是。這便只是理會不曾到那貼底處。若是知得那貼底時，自是決然不肯恁地了。」義剛。子寰同。

問：「『因其已知之理推而致之，以求至乎其極』，是因定省之孝以至於色難養志，因事君之忠以至於陳善閉邪之類否？」曰：「此只説得外面底，須是表裏皆如此。若是做得大者而小者未盡，亦不可；做得小者而大者未盡，尤不可。須是無分毫欠闕，方是。且如陸子静説『良知良能，四端根心』，只是他弄這物事。其他有合理會者，渠理會不得，却禁人理會。鵝湖之會，渠作詩云：『易簡工夫終久大。』彼所謂易簡者，苟簡容易爾，全看得不子細。『乾以易知』者，乾是至健之物，至健者，要做便做，直是易；坤是至順之物，順理而爲，無所不能，故曰簡。此言造化之理。至於『可久則賢人之德』，可久者，日新而不已；『可大則賢人之業』，可大者，富有而無疆。易簡有幾多事在，豈容易苟簡之云乎！」人傑。

任道弟問：「『致知』章，前説窮理處云：『因其已知之理而益窮之。』且經文『物格而后知至』，却是知至在後。今乃云『因其已知而益窮之』，則又在格物前。」曰：「知先自有。才要去理會，便是這些知萌露。若懵然全不向著，便是知之端未曾通。才思量著，便這箇骨子透出來。且如做些事錯，才知道錯，便是向好門路，却不是方始去理會箇知。只是如今須著因其端而推致之，使四方八面，千頭萬緒，無有些不知，無有毫髮窒礙。孟子所謂：『知皆擴而充之，若火之始然，泉之始達。』『擴而充之』，便是『致』字意思。」賀孫。

致知，則理在物，而推吾之知以知之也；知至，則理在物，而吾心之知已得其極也。

或問：「『理之表裏精粗無不盡，而吾心之分別取舍無不切。』既有箇定理，如何又有表裏精粗？」曰：「理固自有表裏精粗，人見得亦自有高低淺深。有人只理會得下面許多，都不見得上面一截，這唤做知得表，知得粗。又有人合下便看得大體，都不就中間細下工夫，這唤做知得裏，知得精。二者都是偏，故大學必欲格物、致知。到物格、知至，則表裏精粗無不盡。」賀孫。

問表裏精粗。曰：「須是表裏精粗無不到。有一種人只就皮殼上做工夫，却於理之所以然者全無是處。又有一種人思慮向裏去，又嫌眼前道理粗，於事物上都不理會。此乃談玄說妙之病，其流必入於異端。」銖。

問表裏。曰：「表者，人物之所共由；裏者，吾心之所獨得。表者，如父慈子孝，雖九夷八蠻，也出這道理不得。裏者，乃是至隱至微，至親至切，切要處。」因舉子思云：「語大，天下莫能載；語小，天下莫能破。」又說「裏」字云：「『莫見乎隱，莫顯乎微。』此箇道理，不惟一日間離不得，雖一時間亦離不得，以至終食之頃亦離不得。」夔孫。

傳問表裏之說。曰：「所說『博我以文，約我以禮』，便是。『博我以文』，是要四方八面都見得周匝無遺，是之謂表。至於『約我以禮』，又要逼向身己上來，無一毫之不盡，是之謂裏。」子升云：「自古學問亦不過此二端。」曰：「是。但須見得通透。」木之。

問精粗。曰：「如管仲之仁，亦謂之仁，此是粗處。至精處，則顔子三月之後或違之。又如『充無欲害人之心，則仁不可勝用；充無欲穿窬之心，則義不可勝用』，害人與穿窬固爲不仁不義，此是粗底。然其實一念不當，則爲不仁不義處。」夔孫。

周問大學補亡「心之分別取舍無不切」。曰：「只是理徹了，見善，端的如不及；見不善，端的如探湯。好善，便端的如好好色；惡不善，便端的如惡惡臭。此下須連接誠意看。此未是誠意，是醖釀誠意來。」淳。謨録云：「此只是連著誠意説。知之者切，則見善真如不及，見不善真如探湯，而無纖毫不實故爾。」

李問「吾之所知無不切」。曰：「某向説得較寬，又覺不切；今説較切，又少些寬舒意，所以又説道『表裏精粗無不盡』也。自見得『切』字，却約向裏面。」賀孫。

安卿問「全體大用」。曰：「體用元不相離。如人行坐：坐則此身全坐，便是體；行則此體全行，便是用。」道夫。

問：「『格物』章補文處不入敬意，何也？」曰：「敬已就小學處做了。此處只據本章直説，不必雜在這裏；壓重了，不净潔。」寓。

問：「所補『致知』章何不效其文體？」曰：「亦曾效而爲之，竟不能成。劉原父却會效古人爲文，其集中有數篇論，全似禮記。」必大。

傳六章釋誠意

「誠其意」，只是實其意。只作一箇虚字看，如「正」字之類。端蒙。

説許多病痛，都在「誠意」章，一齊要除了。下面有些小爲病痛，亦輕可。若不除去，恐因此滋蔓，則病痛自若。泳。

問：「誠意是如何？」曰：「心只是有一帶路，更不著得兩箇物事。如今人要做好事，都自無力。其所以無力是如何？只爲他有箇爲惡底意思在裏面牽繫。要去做好事底心是實，要做不好事底心是虚。被那虚底在裏面夾雜，便將實底一齊打壞了。」賀孫。

諧學升堂云云，教授請講説大義。曰：「大綱要緊只是前面三兩章。君子小人之分，却在『誠其意』處。誠於爲善，便是君子，不誠底便是小人，更無别説。」琮。

器遠問：「物格、知至了，如何到誠意又説『毋自欺也』？毋者，禁止之辭？」曰：「物既格，知既至，到這裏方可著手下工夫。不是物格、知至了，下面許多一齊掃了。若如此，却不消説下面許多。看下面許多，節節有工夫。」賀孫。自欺。

亞夫問：「『欲正其心者，先誠其意。』此章當説所以誠意工夫當如何？」曰：「此繼於物格、知至之後，故特言所謂『誠其意者，毋自欺也』。若知之已至，則意無不實。惟是知之有毫末未盡，必至於自欺。且如做一事當如此，決定只著如此做，而不可以如彼。若知之未至，則當做處便夾帶這不當做底意在。當如此做，又被那要如彼底心牽惹，這便是不實，便都做不成。」賀孫。

問：「知不至與自欺者如何分？」曰：「『小人閒居爲不善，無所不至。見君子而後厭然，揜其不善，而著其善。』只爲是知不至耳。」問：「當其知不至時，亦自不知其至於此。然其勢必至於自欺？」曰：「勢必至此。」頃之，復曰：「不識不知者却與此又别。論他箇，又却只是見錯，故以不善爲善，而不自知耳。其與知不至而自欺者，固是『五十步笑百步』，然却又别。」問：「要之二者，其病源只是欠了格物工夫？」曰：「然。」道夫。

問劉棟：「看大學自欺之説如何？」曰：「不知義理，却道我知義理，是自欺。」先生曰：「自欺是箇半知半不知底人。知道善我所當爲，却又不十分去爲善；知道惡不可作，却又是自家所愛，舍他不得，這便是自欺。不知不識，只唤欺，不知不識却不唤做『自欺』。」道夫。

或問「誠其意者毋自欺」。曰：「譬如一塊物，外面是銀，裏面是鐵，便是自欺。須是表裏如一，便是不自欺。然所以不自欺，須是見得分曉。譬如今人見烏喙之不可食，知水火之不可蹈，則自不食不蹈。如寒之欲衣，飢之欲食，則自是不能已。今人果見得分曉，如烏喙之不可食，水火之不可蹈，見善如飢之欲食，寒之欲衣，則此意自實矣。」祖道。

自欺，非是心有所慊。外面雖爲善事，其中却實不然，乃自欺也。譬如一塊銅，外面以金裹之，便不是真金。人傑。

「所謂誠其意者，毋自欺也。」注云：「心之所發，陽善陰惡，則其好善惡惡，皆爲自欺，而意不誠矣。」而今說自欺，未說到與人說時，方謂之自欺。只是自家知得善好，要爲善，然心中却覺得微有些没緊要底意思，便是自欺，便是虚僞不實矣。正如金，已是真金了，只是鍛鍊得微不熟，微有些渣滓去不盡，顔色或白、或青、或黄，便不是十分精金矣。顔子「有不善未嘗不知」，便是知之至；「知之未嘗復行」，便是意之實。又曰：「如顔子地位，豈有不善！所謂不善，只是微有差失，便能知之；才知之，便更不萌作。只是那微有差失，便是知不至處。」僩。

所謂自欺者，非爲此人本不欲爲善去惡。但此意隨發，常有一念在内阻隔住，不放教表裏如一，便是自欺。但當致知。分别善惡了，然後致其慎獨之功，而力割去物欲之雜，而後意可得其誠也。壯祖。

只今有一毫不快於心，便是自欺也。道夫。

看如今未識道理人，說出道理，便恁地包藏隱伏，他元不曾見來。這亦是自欺，亦是不實。想他當時發出來，心下必不安穩。賀孫。

國秀問：「大學誠意，看來有三樣：一則內全無好善惡惡之實，而專事掩覆於外者，此不誠之尤也；一則雖知好善惡惡之爲是，而隱微之際，又苟且以自瞞底；一則知有未至，隨意應事，而自不覺陷於自欺底。」曰：「這箇不用恁地分，只是一路，都是自欺，但有深淺之不同耳。」燾。

次早云：「夜來國秀說自欺有三樣底，後來思之，是有這三樣意思。然却不是三路，只是一路，有淺深之不同。」又因論以「假託」換「掩覆」字云：「『假託』字又似重了，『掩覆』字又似輕，不能得通上下底字。又因論誠與不誠，不特見之於外，只裏面一念之發，便有誠僞之分。譬如一粒粟，外面些皮子好，裏面那些子不好。如某所謂：『其好善也，陰有不好者以拒於內；其惡惡也，陰有不惡者以挽其中。』蓋好惡未形時，已有那些子不好、不惡底藏在裏面了。」燾。

人固有終身爲善而自欺者。不特外面有，心中欲爲善，而常有箇不肯底意思，便是自欺也。須是要打疊得盡。蓋意誠而後心可正。過得這一關後，方可進。拱壽。

問「自慊」。曰：「人之爲善，須是十分真實爲善，方是自慊。若有六七分爲善，又有兩三分爲惡底意思在裏面相牽，便不是自慊。須是『如惡惡臭，如好好色』方是。」卓。自慊。

「如惡惡臭，如好好色，此之謂自慊。」慊者，無不足也。如有心爲善，更別有一分心在主張他事，即是橫渠所謂「有外之心，不可以合天心」也。祖道。

「『自慊』之『慊』，大意與孟子『行有不慊』相類。子細思之，亦微有不同：孟子慊訓滿足意多，大學訓快意多。橫渠云：『有外之心，蜀録作「自慊」。不足以合天心。』初看亦只一般。然橫渠亦是訓足底意思多，大學訓快意多。」問：「大學説『自慊』，且説合做處便做，無牽滯於己私，且只是快底意，少間方始心下充滿。孟子謂『行有不慊』，只説行有不滿足，則便餒耳。」曰：「固是。夜來説此極子細。若不理會得誠意意思親切，也説不到此。今看來，誠意『如惡惡臭，如好好色』，只是苦切定要如此，不如此自不得。」賀孫。

字有同一義而二用者。「慊」字訓足也，「吾何慊乎哉」，謂心中不以彼之富貴而懷不足也；「行有不慊於心」，謂義須充足於中，不然則餒也。如「忍」之一字，自容忍而爲善者言之，則爲忍去忿慾之氣；自殘忍而爲惡者言之，則爲忍了惻隱之心。「慊」字一從「口」，如胡孫兩「嗛」，皆本虚字，看懷藏何物於内耳。如「銜」字或爲銜恨，或爲銜恩，亦同此義。罃。

「誠意」章皆在兩箇「自」字上用功。人傑。自欺、自慊。

問：「『毋自欺』是誠意，『自慊』是意誠否？『小人閒居』以下，是形容自欺之情狀，『心廣體胖』是形容自慊之意否？」曰：「然。後段各發明前説。但此處是箇牢關。今能致知，知至而意誠矣。驗以日用間誠意，十分爲善矣。有一分不好底意思潛發以間於其間，此意一發，便由斜徑以長，這箇却是實，前面善意却是虛矣。如見孺子入井，救之是好意，其間有些要譽底意思以雜之；如薦好人是善意，有些要人德之之意，隨後生來；治惡人是好意，有些狼疾之意隨後來，前面好意都成虛了。如垢卦上五爻皆陽，下面只一陰生，五陽便立不住了。荀子亦言：『心卧則夢，偷則自行，使之則謀。』見解蔽篇。彼言『偷』者，便是説那不好底意。若曰『使之則謀』者，則在人使之如何耳。謀善謀惡，都由人，只是那偷底可惡，故須致知，要得早辨而豫戒之耳。」大雅。

或問「自慊」、「自欺」之辨。曰：「譬如作蒸餅，一以極白好麵自裏包出，内外更無少異，所謂『自慊』也；一以不好麵做心，却以白麵作皮，務要欺人。然外之白麵雖好而易窮，内之不好者終不可揜，則乃所（爲）〔謂〕〔一〕『自欺』也。」壯祖。

問：「『誠其意者，毋自欺也。』近改注云：『自欺者，心之所發若在於善，而實則未能不善也。』『若』字之義如何？」曰：「『若』字只是外面做得來一似都善，其實中心有些不愛，此便是自欺。前日得孫敬甫書，他説『自慊』字，似差了。其意以爲，好善『如好好色』，

〔一〕據上文改。

惡惡『如惡惡臭』，如此了然後自慊。看經文，語意不是如此。『此之謂自慊』，謂『如好好色，惡惡臭』，只此便是自慊。是合下好惡時便是要自慊了，非是做得善了，方能自慊也。自慊正與自欺相對，不差毫髮。所謂『誠其意』，便是要『毋自欺』，非至誠其意了，方能不自欺也。所謂不自欺而慊者，只是要自快足我之志願，不是要爲他人也。誠與不誠，自慊與自欺，只争這些子毫髪之間耳。」又曰：「自慊則一，自欺則二。自慊者，外面如此，中心也是如此，表裏一般。自欺者，外面如此做，中心其實有些子不願，外面且要人道好。只此便是二心，誠僞之所由分也。」僩。

問「誠意」章。曰：「過此關，方得道理牢固。」或云：「須無一毫自欺，方能自慊。必十分自慊，方能不自欺，故君子必慎獨。」曰：「固是。然『欲誠其意者，先致其知』。知若未至，何由得如此？蓋到物格、知至後，已是意誠八九分了。只是更就上面省察，如用兵禦寇，寇雖已盡翦除了，猶恐林谷草莽間有小小隱伏者，或能間出爲害，更當搜過始得。」銖。

問：「『知至而後意誠』，則知至之後，無所用力，意自誠矣。傳猶有慎獨之説，何也？」曰：「知之不至，則不能慎獨，亦不肯慎獨。惟知至者見得實是實非，灼然如此，則必戰懼以終之，此所謂能慎獨也。如顏子『請事斯語』，曾子『戰戰兢兢』，終身而後已，彼豈知之不至？然必如此，方能意誠。蓋無放心底聖賢，『惟聖罔念作狂』。一毫少不謹懼，則已墮於意欲之私矣。此聖人教人徹上徹下，不出一『敬』字也。蓋『知至而後意誠』，則知至之後，意已誠矣。猶恐隱微之間有所不實，又必提掇而謹之，使無毫髮妄馳，則表裏隱顯無一不實，而自快慊也。」銖。慎獨。

問：「或言，知至後，煞要著力做工夫。竊意致知是著力做工夫處。到知至，則雖不能無工夫，然亦無大段著工夫處。」曰：「雖不用大段著工夫，但恐其間不能無照管不及處，故須著防閑之，所以說『君子慎其獨也』。」行夫問：「先生常言知既至後，又可以驗自家之意誠不誠。」先生久之曰：「知至後，意固自然誠。但其間雖無大段自欺不誠處，然亦有照管不著所在，所以貴於慎其獨。至於有所未誠，依舊是知之未真。若到這裏更加工夫，則自然無一毫之不誠矣。」道夫。

光祖問：「物格、知至，則意無不誠，而又有慎獨之說。莫是當誠意時，自當更用工夫否？」曰：「這是先窮得理，先知得到了，更須於細微處用工夫。若不真知得到，都恁地鶻鶻突突，雖十目視，十手指，衆所共知之處，亦自七顛八倒了，更如何地慎獨！」賀孫。

「知至而後意誠」，已有八分。恐有照管不到，故曰慎獨。節。

致知者，誠意之本也；慎獨者，誠意之助也。致知，則意已誠七八分了，只是猶恐隱微獨處尚有些子未誠實處，故其要在慎獨。銖。

「誠意」章上云「必慎其獨」者，欲其自慊也；下云「必慎其獨」者，防其自欺也。蓋上言「如惡惡臭，如好好色，此之謂自慊，故君子必慎其獨」者，欲其察於隱微之間，必吾所發之意，好善必「如好好色」，惡惡必「如惡惡臭」，皆以實而無不自慊也。下言「小人閒居爲不善」，而繼以「誠於中，形於外，故君子必慎其獨」者，欲其察於隱微之間，必吾所發之意，由中及外，表裏如一，皆以實而無少自欺也。銖。

誠意者，好善「如好好色」，惡惡「如惡惡臭」，皆是真情。既是真情，則發見於外者，亦皆可見。如種麻則生麻，種穀則生穀，此謂「誠於中，形於外」。又恐於獨之時有不到處，故必慎獨。節。

或說慎獨。曰：「公自是看錯了。『如惡惡臭，如好好色，此之謂自慊』，已是實理了。下面『故君子必慎其獨』，是別舉起一句致戒，又是一段工夫。至下一段，又是反說小人之事以致戒。君子亦豈可謂全無所爲！且如著衣喫飯，也是爲飢寒。大學看來雖只恁地滔滔地說去，然段段致戒，如一下水船相似，也要柂，要楫。」夔孫。

或問：「在慎獨，只是欲無間。」先生應〔一〕。節。

〔一〕賀疑此條未完。

問「誠意」章句所謂「必致其知，方肯慎獨，方能慎獨」。曰：「知不到田地，心下自有一物與他相爭鬭，故不會肯慎獨。」銖。

問：「自欺與『厭然揜其不善而著其善』之類，有分別否？」曰：「自欺只是於理上虧欠不足，便胡亂且欺謾過去。如有得九分義理，雜了一分私意，九分好善、惡惡，一分不好、不惡，便是自欺。到得厭然揜著之時，又其甚者。原其所以自欺，又是知不至，不曾見得道理精至處，所以向來說『表裏精粗』字。如知『爲人子止於孝』，這是表；到得知所以必著孝是如何，所以爲孝當如何，這便是裏。見得到這般處，方知決定是著孝，方可以用力於孝，又方肯決然用力於孝。人須是埽去氣禀私欲，使胸次虛靈洞徹。」木之。以下論揜其不善。

問意誠。曰：「表裏如一便是。但所以要得表裏如一，却難。今人當獨處時，此心非是不誠，只是不柰何他。今人在靜處，非是此心要馳騖，但把捉他不住。此已是兩般意思。至如見君子而後厭然詐善時，已是第二番罪過了。」祖道。

誠意，只是表裏如一。若外面白，裏面黑，便非誠意。今人須於靜坐時見得表裏有不如一，方是有工夫。如小人見君子則掩其不善，已是第二番過失。人傑。

此一箇心，須每日提撕，令常惺覺。頃刻放寬，便隨物流轉，無復收拾。如今大學一書，豈在看他言語，正欲驗之於心如何。「如好好色，如惡惡臭」，試驗之吾心，好善、惡惡，果能如此乎？閒居爲不善，見君子則掩其不善而著其善，是果有此乎？一有不至，則勇猛奮躍不已，必有長進處。今不知爲此，則書自書，我自我，何益之有！大雅。

問：「『誠於中，形於外』，是實有惡於中，便形見於外。然誠者，真實無妄，安得有惡！有惡，不幾於妄乎？」曰：「此便是惡底真實無妄，善便虛了。誠只是實，而善惡不同。實有一分惡，便虛了一分善；實有二分惡，便虛了二分善。」淳。

「誠於中，形於外。」大學和「惡」字説。此「誠」只是「實」字也。惡者却是無了天理本然者，但實有其惡而已。方。

凡惡惡之不實，爲善之不勇，外然而中實不然，或有所爲而爲之，或始勤而終怠，或九分爲善，尚有一分苟且之心，皆不實而自欺之患也。所謂「誠其意」者，表裏内外，徹底皆如此，無纖毫絲髮苟且爲人之弊。如飢之必欲食，渴之必欲飲，皆自以求飽足於己而已，非爲他人而食飲也。又如一盆水，徹底皆清瑩，無一毫砂石之雜。如此，則其好善也必誠好之，惡惡也必誠惡之，而無一毫强勉自欺之雜。所以説自慊，但自滿足而已，豈有待於外哉！是故君子慎其獨，非特顯明之處是如此，雖至微至隱，人所不知之地，亦常慎之。小處如此，大處亦如此；顯明處如此，隱微處亦如此。表裏内外，精粗隱顯，無不慎之，方謂之「誠其意」。孟子曰：「人能充無欲害人之心，而仁不可勝用也。」夫無欲害人之心，人皆有之。閑時皆知惻隱，及到臨事有利害時，此心便不見了。且如一堆金寶，有人曰：「先争得者與之。」自家此心便欲争奪推倒那人，定要得了方休。又如人皆知穿窬之不可爲，雖稍有識者，亦不肯爲。及至顛冥於富貴而不知恥，或無義而受萬鍾之禄，便是到利害時有時而昏。所謂誠意者，須是隱微顯明，小大表裏都一致方得。孟子所謂：「見孺子入井時，怵惕惻隱，非惡其聲而然，非爲内交要譽而然。」然却心中有内交要譽之心，却向人説：「我實是惻隱、羞惡。」所謂爲惡於隱微之中，而詐善於顯明之地，是所謂自欺以欺人也。然人豈可欺哉！「人之視己，如見其肺肝然」，則欺人者適所以自欺而已！「誠於中，形於外」，那箇形色氣貌之見於外者自別，决不能欺人，祇自欺而已！這樣底，永無緣做得好人，爲其無爲善之地也。外面一副當雖好，然裏面却踏空，永不足以爲善，永不濟事，更莫説誠意、正心、修身。至於治國、平天下，越没干涉矣。僩。以下全章之旨。

問：「『誠意』章『自欺』注，今改本恐不如舊注好。」曰：「何也？」曰：「今注云：『心之所發，陽善陰惡，則其好善惡惡皆爲自欺，而意不誠矣。』恐讀書者不曉。又此句，或問中已言之，却不如舊注云：『人莫不知善之當爲，然知之不切，則其心之所發，必有陰在於惡而陽爲善以自欺者。故欲誠其意者無他，亦曰禁止乎此而已矣。』此言明白而易曉。」曰：

「不然。本經正文只說『所謂誠其意者，毋自欺也』，初不曾引致知兼說。今若引致知在中間，則相牽不了，却非解經之法。又況經文『誠其意者，毋自欺也』，這說話極細。蓋言爲善之意稍有不實，照管少有不到處，便爲自欺。未便說到心之所發，必有陰在於惡，而陽爲善以自欺處。若如此，則大故無狀，有意於惡，非經文之本意也。所謂『心之所發，陽善陰惡』，乃是見理不實，不知不覺地陷於自欺；非是陰有心於爲惡，而詐爲善以自欺也。如公之言，須是鑄私錢，假官會，方爲自欺，大故是無狀小人，此豈自欺之謂邪！又曰：「所謂『毋自欺』者，正當於幾微毫釐處做工夫。只幾微之間少有不實，便爲自欺。豈待如此狼當，至於陰在爲惡，而陽爲善，而後謂之自欺邪！此處語意極細，不可草草看。」此處工夫極細，未便說到那粗處。所以前後學者多說差了，蓋爲牽連下文『小人閒居爲不善』一段看了，所以差也。」又問：「今改注下文云：『則無待於自欺，而意無不誠也。』據經文方說『毋自欺』。毋者，禁止之辭。若說無待於自欺，恐語意太快，未易到此。」曰：「既能禁止其心之所發，皆有善而無惡，實知其理之當然，使無待於自欺，非勉强禁止而猶有時而發也。若好善惡惡之意有一毫之未實，則其發於外也必不能掩。既是打疊得盡，實於爲善，便無待於自欺矣。如人腹痛，畢竟是腹中有些冷積，須用藥驅除去這冷積，則其痛自止。不先除去冷積，而但欲痛之自止，豈有此理！」僩。

敬子問：「『所謂誠其意者，毋自欺也。』注云：『外爲善，而中實未能免於不善之雜。』某意欲改作『外爲善，而中實容其不善之雜』，如何？ 蓋所謂不善之雜，非是不知，是知得了，又容著在這裏，此之謂自欺。」曰：「不是知得了容著在這裏，是不柰他何了，不能不自欺。公合下認錯了，只管説箇『容』字，不是如此。『容』字又是第二節，緣不柰他何，所以容在這裏。此一段文意，公不曾識得它源頭在，只要硬去捺他，所以錯了。大概以爲有纖毫不善之雜，便是自欺。自欺，只是自欠了分數，恰如淡底金，不可不謂之金，只是欠了分數。如爲善，有八分欲爲，有兩分不爲，此便是自欺，是自欠了這分數。」或云：「如此，則自欺却是自欠。」曰：「公且去看。又曰：「自欺非是要如此，是不柰它何底。」荀子曰：『心卧則夢，偷則自行，使之則謀。』某自十六七讀時，便曉得此意。蓋偷心是不知不覺自走去底，不由自家使底，倒要自家去捉它。『使之則謀』，這却是好底心，由自家使底。」李云：「某每常多是去捉他，如在此坐，心忽散亂，又用去捉它。」曰：「公又説錯了。公心粗，都看這説話不出。所以説格物、致知而後意誠，裏面也要知得透徹，外面也要知得透徹，便自是無那箇物事。譬如果子爛熟後，皮核自脱落離去，不用人去咬得了。如公之説，這裏面一重不曾透徹在。只是認得箇容著，硬遏捺將去，不知得源頭工夫在。『所謂誠其意者，毋自欺也』，此是聖人言語之最精處，如箇尖鋭底物事。如公所説，只似箇樁頭子，都粗了。公只是硬要去强捺，如水恁地滚出來，却硬要將泥去塞它，如何塞得住！」又引中庸論誠處，而曰：「一則誠，雜則僞。只是一箇心，便是誠；才有兩箇心，便是自欺。好善『如好好色』，惡惡『如惡惡臭』，他徹底只是這一箇心，所以謂之自慊。若才有些子間雜，便是兩箇心，便是自欺。如自家欲爲善，後面又有箇人在這裏拗你莫去爲善；欲惡惡，又似有箇人在這裏拗你莫要惡惡，此便是自欺。因引近思録「如有兩人焉，欲爲善」云云一段，正是此意。如人説十句話，九句實，一句脱空，那九句實底被這一句脱空底都壞了。如十分金，徹底好方謂之真金，若有三分銀，便和那七分底也壞了。」又曰：「佛家看此亦甚精，被他分析得項數多，如云有十二因緣，只是一心之發，便被他推尋得許多，察得來極精微。又有所謂『流注想』，他最怕這箇。所以潙山禪師云：『某參禪幾年了，至今不曾斷得這流注想。』此即荀子所謂『偷則自行』之心也。」僩。

次早，又曰：「昨夜思量，敬子之言自是，但傷雜耳。某之言，却即説得那箇自欺之根。自欺却是敬子『容』字之意。『容』字却説得是，蓋知其爲不善之雜，而又蓋庇以爲之，此方是自欺。謂如人有一石米，却只有九斗，欠了一斗，此欠者便是自欺之根，自家却自蓋庇了，嚇人説是一石，此便是自欺。謂如人爲善，他心下也自知有箇不滿處，他却不説是他有不滿處，却遮蓋了，硬説我做得是，這便是自欺。却將那虚假之善，來蓋覆這真實之惡。某之説却説高了，移了這位次了，所以人難曉。大率人難曉處，不是道理有錯處時，便是語言有病；不是語言有病時，便是移了這步位了。今若只恁地説時，便與那『小人閒居爲不善』處，都説得貼了。」僩。

次日，又曰：「夜來説得也未盡。夜來歸去又思，看來『如好好色，如惡惡臭』一段，便是連那『毋自欺』也説。言人之毋自欺時，便要『如好好色，如惡惡臭』樣方得。若好善不如好好色，惡惡不如惡惡臭，此便是自欺。毋自欺者，謂如爲善，若有些子不善而自欺時，便當斬根去之，真箇是『如惡惡臭』，始得。如『小人閒居爲不善』底一段，便是自欺底，只是反説。『閒居爲不善』，便是惡惡不如惡惡臭；『見君子而後厭然，揜其不善而著其善』，便是好善不如好好色。若只如此看，此一篇文義都貼實平易，坦然無許多屈曲。某舊説忒説闊了、高了、深了。然又自有一樣人如舊説者，欲節去之又可惜。但終非本文之意耳。」僩。

看「誠意」章有三節：兩「必慎其獨」，一「必誠其意」。「十目所視，十手所指」，言「小人閒居爲不善」，其不善形於外者不可揜如此。「德潤身，心廣體胖」，言君子慎獨之至，其善之形於外者證驗如此。銖。

問「十目所視，十手所指」。曰：「此承上文『人之視己，如見其肺肝』底意。不可道是人不知，人曉然共見如此。」淳。十目所視以下。

魏元壽問「十目所視」止「心廣體胖」處。曰：「『十目所視，十手所指』，不是怕人見。蓋人雖不知，而我已自知，自是甚可皇恐了，其與十目十手所視所指，何以異哉？『富潤屋』以下，却是説意誠之驗如此。」時舉。

「心廣體胖」，心本是闊大底物事，只是因愧怍了，便卑狹，便被他隔礙了。只見得一邊，所以體不能常舒泰。僩。

伊川問尹氏：「讀大學如何？」對曰：「只看得『心廣體胖』一句甚好。」又問如何，尹氏但長吟「心廣體胖」一句。尹氏必不會嚇人，須是它自見得。今人讀書，都不識這樣意思。

問：「尹和靖云：『「心廣體胖」只是樂。』伊川云：『這裏著「樂」字不得。』如何？」曰：「是不勝其樂。」德明。

問「心廣體胖」。曰：「無愧怍，是無物欲之蔽，所以能廣大。」指前面燈云：「且如此燈，後面被一片物遮了，便不見一半了；更從此一邊用物遮了，便全不見此屋了，如何得廣大！」夔孫。

問：「『誠意』章結注云：『此大學一篇之樞要。』」曰：「此自知至處便到誠意，兩頭截定箇界分在這裏，此便是箇君子小人分路頭處。從這裏去，便是君子；從那裏去，便是小人。這處立得脚，方是在天理上行。後面節目未是處，却旋旋理會。」寓。

居甫問：「『誠意』章結句云：『此大學之樞要。』樞要説誠意，是説致知？」曰：「上面關著致知、格物，下面關著四五項上。須是致知。能致其知，知之既至，方可以誠得意。到得意誠，便是過得箇大關，方始照管得箇身心。若意不誠，便自欺，便是小人；過得這箇關，便是君子。」又云：「意誠，便全然在天理上行。意未誠以前，尚汩在人欲裏。」賀孫。

因説「誠意」章，曰：「若如舊説，是使初學者無所用其力也。中庸所謂明辨，『誠意』章而今方始辨得分明。」夔孫。

讀「誠意」一章，炎謂：「過此一關，終是省事。」曰：「前面事更多：自齊家以下至治國，則其事已多；自治國至平天下，則其事愈多，只是源頭要從這裏做去。」又曰：「看下章，須通上章看，可見。」炎。

傳七章釋正心修身

或問：「『正心』章説忿懥等語，恐通不得『誠意』章？」曰：「這道理是一落索。才説這一章，便通上章與下章。如説正心、誠意，便須通格物、致知説。」

大學於「格物」、「誠意」章，都是鍊成了，到得正心、修身處，都易了。夔孫。

問：「先生近改『正心』一章，方包括得盡。舊來説作意或未誠，則有是四者之累，却只説從誠意去。」曰：「這事連而却斷，斷而復連。意有善惡之殊，意或不誠，則可以爲惡。心有得失之異，心有不正，則爲物所動，却未必爲惡。然未有不能格物、致知而能誠意者，亦未有不能誠意而能正心者。」人傑。

或問「正心」、「誠意」章。先生令他説。曰：「意誠則心正。」曰：「不然。這幾句連了又斷，斷了又連，雖若不相粘綴，中間又自相貫。譬如一竿竹，雖只是一竿，然其間又自有許多節。意未誠，則全體是私意，更理會甚正心！然意雖誠了，又不可不正其心。意之誠不誠，直是有公私之辨，君子小人之分。意若不誠，則雖外面爲善，其意實不然，如何更問他心之正不正！意既誠了，而其心或有所偏倚，則不得其正，故方可做那正心底工夫。」廣。

亞夫問致知、誠意。曰：「心是大底，意是小的。心要恁地做，却被意從後面牽將去。且如心愛做箇好事，又被一箇意道不須恁地做也得。且如心要孝，又有不孝底意思牽了。所謂誠意者，譬如飢時便喫飯，飽時便休，自是實要如此。到飽後，又被人請去，也且胡亂與他喫些子，便是不誠。須是誠，則自然表裏如一，非是爲人而做，求以自快乎己耳。如飢之必食，渴之必飲，無一毫不實之意。這箇知至、意誠，是萬善之根。有大底地盤，方立得脚住。若無這箇，都靠不得。心無好樂，又有箇不無好樂底在後；心無忿懥，又有箇不無忿懥底在後。知至後，自然無。」恪。

敬之問：「誠意、正心。誠意是去除得裏面許多私意，正心是去除得外面許多私意。誠意是檢察於隱微之際，正心是體驗於事物之間。」曰：「到得正心時節，已是煞好了。只是就好裏面又有許多偏。要緊最是誠意時節，正是分別善惡，最要著力，所以重複説道『必慎其獨』。若打得這關過，已是煞好了。到正心，又怕於好上要偏去。如水相似，那時節已是淘去了濁，十分清了，又怕於清裏面有波浪動蕩處。」賀孫。

問：「意既誠，而有憂患之類，何也？」曰：「誠意是無惡。憂患、忿懥之類却不是惡。但有之，則是有所動。」節。

意既誠矣，後面忿懥、恐懼、好樂、憂患、親愛、賤惡，只是安頓不著在。便是「苟志於仁矣，無惡也」。泳。

問：「心體本正，發而爲意之私，然後有不正。今欲正心，且須誠意否？未能誠意，且須操存否？」曰：「豈容有意未誠之先，且放他喜怒憂懼不得其正，不要管它，直要意誠後心却自正，如此，則意終不誠矣。所以伊川説：『未能誠意，且用執持。』」大雅。

誠意，是真實好善惡惡，無夾雜。又曰：「意不誠，是私意上錯了；心不正，是公道上錯了。」又曰：「好樂之類，是合有底，只是不可留滯而不消化。無留滯，則此心便虛。」節。

問：「忿懥、恐懼、憂患、好樂，皆不可有否？」曰：「四者豈得皆無！但要得其正耳，如中庸所謂『喜怒哀樂發而中節』者也。」去僞。

心有喜怒憂樂則不得其正，非謂全欲無此，此乃情之所不能無。但發而中節，則是；發不中節，則有偏而不得其正矣。端蒙。

好、樂、憂、懼四者，人之所不能無也，但要所好所樂皆中理。合當喜，不得不喜；合當怒，不得不怒。節。

四者人所不能無也，但不可爲所動。若順應將去，何「不得其正」之有！如顏子「不遷怒」，可怒在物，顏子未嘗爲血氣所動，而移於人也，則豈怒而心有不正哉！端蒙。

正心，却不是將此心去正那心。但存得此心在這裏，所謂忿懥、恐懼、好樂、憂患自來不得。賀孫。

問：「忿懥、恐懼、好樂、憂患，皆以『有所』爲言，則是此心之正不存，而是四者得以爲主於內。」曰：「四者人不能無，只是不要它留而不去。如所謂『有所』，則是被他爲主於內，心反爲它動也。」道夫。

大學七章，看「有所」二字。「有所憂患」，憂患是合當有，若因此一事而常留在胸中，便是有。「有所忿懥」，因人之有罪而撻之，才撻了，其心便平，是不有；若此心常常不平，便是有。恐懼、好樂亦然。泳。

「心有所忿懥，則不得其正。」忿懥已自粗了。有事當怒，如何不怒？只是事過，便當豁然，便得其正。若只管忿怒滯留在這裏，如何得心正？「心有所好樂，則不得其正。」如一箇好物色到面前，真箇是好，也須道是好，或留在這裏。若將去了，或是不當得他底，或偶然不得他底，便休，不可只管念念著他。賀孫。

問：「伊川云：『忿懥、恐懼、好樂、憂患，人所不能無者，但不以動其心。』既謂之忿懥、憂患，如何不牽動他心？」曰：「事有當怒當憂者，但過了則休，不可常留在心。顏子未嘗不怒，但不遷耳。」因舉樓中：「果怒在此，不可遷之於彼。」德明。

心不可有一物。喜怒哀樂固欲得其正，然過後須平了。且如人有喜心，若以此應物，便是不得其正。人傑。

看心有所喜怒説，曰：「喜怒哀樂固欲中節，然事過後便須平了。謂如事之可喜者，固須與之喜，然別遇一事，又將此意待之，便不得其正。蓋心無物，然後能應物。如一量稱稱物，固自得其平。若先自添著些物在上，而以之稱物，則輕重悉差矣。心不可有一物，亦猶是也。」𣦸。

「四者心之所有，但不可使之有所私爾。才有所私，便不能化，梗在胸中。且如忿懥、恐懼，有當然者。若定要他無，直是至死方得，但不可先有此心耳。今人多是才忿懥，雖有可喜之事亦所不喜；才喜，雖有當怒之事亦不復怒，便是蹉過事理了，便『視而不見，聽而不聞，食而不知其味』了。蓋這物事才私，便不去，只管在胸中推盪，終不消釋。設使此心如太虛然，則應接萬務，各止其所，而我無所與，則便視而見，聽而聞，食而真知其味矣。看此一段，只是要人不可先有此心耳。譬如衡之爲器，本所以平物也，今若先有一物在上，則又如何稱！」頃之，復曰：「要之，這源頭却在那致知上。知至而意誠，則『如好好色，如惡惡臭』，好者端的是好，惡者端的是惡。某常云，此處是學者一箇關。過得此關，方始是實。」又曰：「某常謂此一節甚異。若知不至，則方説惡不可作，又有一箇心以爲爲之亦無害；以爲善不可不爲，又有一箇心以爲不爲亦無緊要。譬如草木，從下面生出一箇芽子，這便是不能純一，這便是知不至之所爲。」或問公私之別。曰：「今小譬之：譬如一事，若係公衆，便心下不大段管；若係私己，便只管横在胸中，念念不忘。只此便是公私之辨。」道夫。

「忿懥、好樂、恐懼、憂患，這四者皆人之所有，不能無。然有不得其正者，只是應物之時不可夾帶私心。如有一項事可喜，自家正喜，驀見一可怒底事來，是當怒底事，却以這喜心處之，和那怒底事也喜了，便是不得其正。可怒事亦然。惟誠其意，真箇如鑑之空，如衡之平，妍媸高下，隨物定形，而我無與焉，這便是正心。」因説：「前在漳州，見屬官議一事，數日不決，却是有所挾。後忽然看破了，道：『這箇事不可如此。』一向判一二百字，盡皆得這意思。此是因事上見這心親切。」賀孫録别出。

先之問：「心有所好樂，則不得其正？」曰：「心在這一事，不可又夾帶那一事。若自家喜這一項事了，更有一事來，便須放了前一項，只平心就後一項理會，不可又夾帶前喜之之心在這裏。有件喜事，不可因怒心來，忘了所當喜處；有件怒事，不可因喜事來，便忘了怒。且如人合當行大門出，却又有些回避底心夾帶在裏面，却要行便門出。雖然行向大門出，念念只有箇行便門底心在這裏，少刻或自拗向便門去。學者到這裏，須是便打殺那要向便門底心，心如何不會端正！這般所在，多是因事見得分明。前在漳州，有一公事，合恁地直截斷。緣中間情有牽制，被他撓數日。忽然思量透，便斷了，集同官看，覺當時此心甚正。要知此正是正心處。」賀孫。

敬之問：「『正心』章云：『人之心要當不容一物。』」曰：「這説便是難。才説不容一物，却又似一向全無相似。只是這許多好樂、恐懼、忿懥、憂患，只要從無處發出，不可先有在心下。看來非獨是這幾項如此，凡是先安排要恁地，便不得。如人立心要恁地嚴毅把捉，少間只管見這意思，到不消恁地處也恁地，便拘逼了。有人立心要恁地慈祥寬厚，少間只管見這意思，到不消恁地處也恁地，便流入於姑息苟且。如有心於好名，遇著近名底事，便愈好之；如有心於爲利，遇著近利底事，便貪欲。」賀孫。

人心如一箇鏡，先未有一箇影象，有事物來，方始照見妍醜。若先有一箇影象在裏，如何照得！人心本是湛然虛明，事物之來，隨感而應，自然見得高下輕重。事過便當依前恁地虛，方得。若事未來，先有一箇忿懥、好樂、恐懼、憂患之心在這裏，及忿懥、好樂、恐懼、憂患之事到來，又以這心相與滾合，便失其正。事了，又只苦留在這裏，如何得正？賀孫。

葉兄又問「忿懥」章。曰：「這心之正，却如稱一般。未有物時，稱無不平。才把一物在上面，便不平了。如鏡中先有一人在裏面了，別一箇來，便照不得。這心未有物之時，先有箇主張説道：『我要如何處事。』才遇著事，便以是心處之，便是不正。且如今人説：『我做官，要抑强扶弱。』及遇著當强底事，也去抑他，這便也是不正。」卓。

喜怒憂懼，都是人合有底。只是喜所當喜，怒所當怒，便得其正。若欲無這喜怒憂懼，而後可以爲道，則無是理。小人便只是隨這喜怒憂懼去，所以不好了。義剛。

問「忿懥」章。曰：「只是上下有不恰好處，便是偏。」可學。

問忿懥。曰：「是怒之甚者。」又問：「忿懥比恐懼、憂患、好樂三者，覺得忿懥又類過於怒者。」曰：「其實也一般。古人既如此説，也不須如此去尋討。」履孫。

問：「喜怒憂懼，人心所不能無。如忿懥乃戾氣，豈可有也？」曰：「忿又重於怒心。然此處須看文勢大意。但此心先有忿懥時，這下面便不得其正。如鏡有人形在裏面，第二人來便照不得。如稱子釘盤星上加一錢，則稱一錢物便成兩錢重了。心若先有怒時，更有當怒底事來，便成兩分怒了；有當喜底事來，又減却半分喜了。先有好樂，也如此；先有憂患，也如此。若把忿懥做可疑，則下面憂患、好樂等皆可疑。」問：「八章謂：『五者有當然之則。』如敖惰之心，則豈可有也？」曰：「此處亦當看文勢大意。敖惰，只是一般人所爲得人厭棄，不起人敬畏之心。若把敖惰做不當有，則親愛、敬畏等也不當有。」淳。寓録略。

劉圻父説「正心」章，謂：「不能存之，則四者之來，反動其心。」曰：「是當初説時添了此一節。若據經文，但是説四者之來，便撞翻了這坐子耳。」又曰：「只争箇動不動。」又曰：「若當初有此一節時，傳文須便説在那裏了。他今只恁地説，便是無此意。却是某於解處，説絜著這些子。」義剛。

今不是就静中動將去，却是就第二重動上動將去，如忿懥、好樂之類。德明。

敬之問「心有所好樂則不得其正」章，云：「心不可有一毫偏倚。才有一毫偏倚，便是私意，便浸淫不已，私意反大似身己，所以『視而不見，聽而不聞，食而不知其味』。」曰：「這下是説心不正不可以修身，與下章『身不修不可以齊家』意同，故云：『莫知其子之惡，莫知其苗之碩。』視聽是就身上説。心不可有一物，外面醻酢萬變，都只是隨其分限應去，都不關自家心事。才係於物，心便爲其所動。其所以係於物者有三：或是事未來，而自家先有這箇期待底心；或事已應去了，又却長留在胸中不能忘；或正應事之時，意有偏重，便只見那邊重，這都是爲物所係縛。既爲物所係縛，便是有這箇物事，到別事來到面前，應之便差了，這如何會得其正！聖人之心，瑩然虚明，無纖毫形迹。一看事物之來，若小若大，四方八面，莫不隨物隨應，此心元不曾有這箇物事。且如敬以事君之時，此心極其敬。當時更有親在面前，也須敬其親。終不成説敬君但只敬君，親便不須管得！事事都如此。聖人心體廣大虚明，物物無遺。」賀孫。

正叔見先生，言明心、定心等説，因言：「心不在焉，則視而不見，聽而不聞，食而不知其味。」曰：「這箇，三歲孩兒也道得，八十翁翁行不得！」伯羽。

黄丈云：「舊嘗問：『視而不見，聽而不聞，只是説知覺之心，却不及義理之心？』先生曰：『才知覺，義理便在此；才昏，便不見了。』」方子。學蒙録别出。

直卿云：「舊嘗問：『視之不見，聽之不聞處，此是收拾知覺底心，收拾義理底心？』先生曰：『知覺在，義理便在，只是有深淺。』」學蒙。

夜來説：「心有喜怒不得其正。」如某夜間看文字，要思量改甚處，到上床時擦脚心，都忘了數。天明擦時，便記得。蓋是早間未有一事上心，所以記得。孟子説：「平旦之氣，其好惡與人相近者幾希。」幾希，不遠也。言人都具得此，但平日不曾養得，猶於夜間歇得許多時不接於事，天明方惺，便恁地虚明光静。然亦只是些子發出來，少間又被物欲梏亡了。孟子説得話極齊整當對。如這處，他一向説後去，被後人來就幾希字下注開了，便覺意不連。賀孫。

問：「『誠意、正心』二段，只是存養否？」曰：「然。」寓。

説「心不得其正」章，曰：「心，全德也。欠了些箇，德便不全，故不得其正。」又曰：「心包體用而言。」又問：「意與情如何？」曰：「欲爲這事，是意；能爲這事，是情。」子蒙。

傳八章釋修身齊家

忿懥、恐懼、好樂、憂患皆不能無，而親愛、畏敬、哀矜、敖惰、賤惡亦有所不可無者。但此心不爲四者所動，乃得其正，而五者皆無所偏，斯足以爲身之修也。人傑。

或問：「『正心』章說忿懥、恐懼、好樂、憂患，『修身』章說親愛、賤惡、畏敬、哀矜、敖惰，如何？」曰：「是心卓然立乎此數者之外，則平正而不偏辟，自外來者必不能以動其中，自内出者必不至於溺於彼。」或問：「畏敬如何？」曰：「如家人有嚴君焉，吾之所當畏敬者也。然當不義則争之，若過於畏敬而從其令，則陷於偏矣。若夫賤惡者固當賤惡，然或有長處，亦當知之。下文所謂：『好而知其惡，惡而知其美者，天下鮮矣。』此是指點人偏處，最切當。」人傑。

心須卓立在八九者之外，謂忿懥之類。而勿陷於八九者之中，方得其正。聖人之心，周流應變而不窮，只爲在内而外物入不得，及其出而應接，又不陷於彼。夔孫。

問：「七章、八章頗似一意，如何？」曰：「忿懥之類，心上理會；親愛之類，事上理會。心上理會者，是見於念慮之偏；事上理會者，是見於事爲之失。」去僞。

正卿問：「大學傳正心、修身，莫有深淺否？」曰：「正心是就心上說，修身是就應事接物上說。那事不從心上做出來！如修身，如絜矩，都是心做得出。但正心是萌芽上理會。若修身及絜矩等事，却是各就地頭上理會〔一〕。」恪。

〔一〕此條已見十五卷。

問：「『正心』章既說忿懥四者，『修身』章又說『之其所親愛』之類，如何？」曰：「忿懥等是心與物接時事，親愛等是身與物接時事。」廣。

正心、修身，今看此段大概差錯處，皆未在人欲上。這箇皆是人合有底事，皆恁地差錯了。況加之以放辟邪侈，分明是官街上錯了路！賀孫。

子升問：「『修身齊家』章所謂『親愛、畏敬』以下，說凡接人皆如此，不特是一家之人否？」曰：「固是。」問：「如何修身却專指待人而言？」曰：「修身以後，大概說向接物待人去，又與只說心處不同。要之，根本之理則一，但一節說闊，一節去。」木之。

第八章：人，謂衆人；之，猶於也。之其，亦如於其人，即其所向處。泳。

「之其所親愛」之「之」，猶往也。銖。

問：「大學，譬音改僻，如何？」曰：「只緣人心有此偏僻。」問：「似此，恐於『修身在正其心』處相類否？」曰：「略相似。」寓。

問：「古注，辟作譬，似窒礙不通。」曰：「公亦疑及此。某正以他說『之其所敖惰而譬焉』，敖惰非美事，如何譬得？故今只作僻字說，便通。況此篇自有僻字，如『辟則爲天下僇矣』之類是也。」大雅。

親愛、賤惡、畏敬、哀矜、敖惰各自有當然之則，只不可偏。如人飢而食，只合當食，食纔過些子，便是偏；渴而飲，飲才過些子，便是偏。如愛其人之善，若愛之過，則不知其惡，便是因其所重而陷於所偏。惡惡亦然。下面説：「人莫知其子之惡，莫知其苗之碩。」上面許多偏病不除，必至於此。泳。

「人之其所親愛而僻焉」，如父子是當主於愛，然父有不義，子不可以不争；如爲人父雖是止於慈，若一向僻將去，則子有不肖，亦不知責而教焉，不可。「人之其所賤惡而僻焉」，人固自有一種可厭者，然猶未至於可賤惡處，或尚可教，若一向僻將去，便賤惡他，也不得。「人之其所畏敬而僻焉」，如事君固是畏敬，然「説大人則藐之」，又不甚畏敬。孟子此語雖稍粗，然古人正救其惡，與「陳善閉邪」，「責難於君」，也只管畏敬不得。賀孫。

問：「『齊家』段，辟作『僻』。」曰：「人情自有偏處，所親愛莫如父母，至於父母有當幾諫處，豈可以親愛而忘正救！所敬畏莫如君父，至於當直言正諫，豈可專持敬畏而不敢言！所敖惰處，如見那人非其心之所喜，自懶與之言，即是忽之之意。」問：「敖惰，惡德也，豈君子宜有？」曰：「讀書不可泥，且當看其大意。縱此語未穩，亦一兩字失耳。讀書專留意小處，失其本領所在，最不可。」寓。

問：「章句曰：『人於五者本有當然之則。』然敖之與惰，則氣習之所爲，實爲惡德。至若哀矜之形，正良心苗裔，偏於哀矜不失爲仁德之厚，又何以爲『身不修，而不可以齊其家』者乎？」曰：「敖惰，謂如孔子之不見孺悲，孟子不與王驩言。哀矜，謂如有一般大姦大惡，方欲治之，被它哀鳴懇告，却便恕之。」道夫云：「這只是言流爲姑息之意。」曰：「這便是哀矜之不得其正處。」道夫。

或問「之其所敖惰而辟焉」。曰：「親者則親愛之，賢者則畏敬之，不率者則賤惡之，無告者則哀矜之。有一般人，非賢非親，未見其爲不率，又不至於無告，則是泛然没緊要底人，見之豈不敖惰。雖聖賢亦有此心。然亦豈可一向敖惰他！一向敖惰，便是辟了。畏敬、親愛、賤惡、哀矜莫不皆然。故下文曰：『愛而知其惡，惡而知其美。』如所敖惰之人，又安知其無善之可愛敬！所謂敖惰者，只是闊略過去。」高。

問敖惰。曰：「大抵是一種没要緊底半上落下底人。且如路中撞見如此等人，是不足親愛畏敬者，不成强與之相揖，而致其親愛畏敬！敖惰是人之所不能無者。」又問：「『敖惰』二字，恐非好事。」曰：「此如明鑑之懸，妍者自妍，醜者自醜，隨所來而應之。不成醜者至前，須要换作妍者！又敖惰是輕，賤惡是重。既得賤惡，如何却不得敖惰？然聖人猶戒其僻，則又須點檢，不可有過當處。」履孫。

蔡問「敖惰」之説。曰：「有一般人，上未至於可親愛，下未至於可賤惡，只是所爲也無甚好處，令人懶去接他，是謂敖惰。此敖惰，不是惡德。」淳。文蔚録云：「非如常人傲忽惰慢，只是使人見得他懶些。」

或問：「敖惰是凶德，而曰『有當然之則』，何也？」曰：「古人用字不如此。敖惰，未至可賤可惡，但見那一等没緊要底人，自是恁地。然一向去敖惰他，也不可如此。」

問：「君子亦有敖惰於人者乎？」曰：「人自有苟賤可厭棄者。」德明。

問敖惰。曰：「敖便是惰，敖了便惰。敖了都不管它，便是惰。」義剛。

因學者問大學「敖惰」處，而曰：「某嘗説，如有人問易不當爲卜筮書，詩不當去小序，不當叶韻，及大學敖惰處，皆在所不答。」僩。

或問：「『之其所親愛、哀矜、畏敬而辟焉』，莫是君子用心過於厚否？」曰：「此可將來『觀過知仁』處説，不可將來此説。蓋不必論近厚、近薄。大抵一切事，只是才過便不得。『觀過知仁』乃是因此見其用心之厚，故可知其仁，然過則終亦未是也。大凡讀書，須要先識認本文是説箇甚麽。須全做不曾識他相似，虚心認他字字分明。復看數過，自然會熟，見得分明。譬如與人乍相見，其初只識其面目，再見則可以知其姓氏、鄉貫，又再見則可以知其性行如何。只恁地識認，久後便一見理會得。今學者讀書，亦且未要便懸空去思他。中庸云『博學之，審問之』，方言『慎思之』。若未學未問，便去思他，是空勞心耳！」又云：「切須記得『識認』兩字。」時舉。

問："大學釋『修身齊家』章，不言修身，何也？"曰："好而不知其惡，惡而不知其美，是以好爲惡，以曲爲直，可謂之修身乎！"節。

大學最是兩章相接處好看，如所謂"修身在正其心"者。且如心不得其正，則"視而不見，聽而不聞，食而不知其味"。若視而見，聽而聞，食而知味，則心得其正矣。然於親愛、敖惰五者有所僻焉，則身亦不可得而修矣。嘗謂修身更多少事不説，却説此五者，何謂？子細看來，身之所以不修者，無不是被這四五箇壞。又云："意有不誠時，則私意爲主，是主人自爲賊了！到引惹得外底人來，四方八面無關防處，所以要得先誠其意。"子蒙。

"『欲修其身者，先正其心；欲正其心者，先誠其意；欲誠其意者，先致其知；致知在格物。』五者，其實則相串，而以做工夫言之，則各自爲一事。故『物格，而後知至；知至，而後意誠；意誠，而後心正；心正，而後身修』。著『而』字，則是先爲此，而後能爲彼也。蓋逐一節自有一節功夫，非是儱侗言知至了意便自誠，意誠了心便自正，身便自修，中間更不著功夫。然但只是上面一截功夫到了，則下面功夫亦不費力耳。"先生曰："亦有天資高底人，只頭正了，便都正去。若夾雜多底，也不能如此。"端蒙。

問："『正心修身』章後注，云『此亦當通上章推之，蓋意或不誠，則無能實用其力以正其心者』云云。"曰："大學所以有許多節次，正欲學者逐節用工。非如一無節之竹，使人才能格物，則便到平天下也。夫人蓋有意誠而心未正者，蓋於忿懥、恐懼等事，誠不可不隨事而排遣也。蓋有心正而身未修者，故於好惡之間，誠不可不隨人而節制也。至於齊家以下，皆是教人節節省察用功。故經序但言心正者必自誠意而來，修身者必自正心而來，非謂意既誠而心無事乎正，心既正而身無事乎修也。且以大學之首章便教人『明明德』，又爲格物以下事目，皆爲明明德之事也。而平天下，方且言先謹乎德等事，亦可見矣。」壯祖。

大學如「正心」章，已説盡了。至「修身」章又從頭説起，至「齊家治國」章又依前説教他，何也？蓋要節節去照管。不成却説自家在這裏，心正、身修了，便都只聽其自治！夔孫。

説大學「誠意」章，曰：「如今人雖欲爲善，又被一箇不欲爲善之意來妨了；雖欲去惡，又被一箇尚欲爲惡之意來妨了。蓋其知之不切，故爲善不是他心肯意肯，去惡亦不是他心肯意肯。這箇便是自欺，便是不誠。意才不誠，則心下便有許多忿懥、恐懼、憂患、好樂，而心便不正。心既不正，則凡有愛惡等事，莫不倚於一偏。如此，如何要家齊、國治、天下平？惟是知得切，則好善必如好好色，惡惡必如惡惡臭。是非爲人而然，蓋胸中實欲如此，而後心滿意愜。」賀孫。

傳九章釋家齊國治

或問：「『齊家』一段，是推將去時較切近否？」曰：「此是言一家事，然而自此推將去，天下國家皆只如此。」又問：「所畏敬在家中，則如何？」曰：「一家之中，尊者可畏敬，但是有不當處，亦合有幾諫時。不可道畏敬之，便不可説著。若如此惟知畏敬，却是辟也。」祖道。

或問「不出家而成教於國」。曰：「孝以事親，而使一家之人皆孝；弟以事長，而使一家之人皆弟；慈以使衆，而使一家之人皆慈，是乃成教於國者也。」人傑。

李德之問：「『不出家而成教於國』，不待推也。」曰：「不必言不待推。玩其文義，亦未嘗有此意。只是身修於家，雖未嘗出，而教自成於國爾。」蓋卿。

「孝者所以事君，弟者所以事長，慈者所以使衆。」此道理皆是我家裏做成了，天下人看著自能如此，不是我推之於國。泳。

劉潛夫問：「『家齊』章並言孝、弟、慈三者，而下言康誥，以釋『使衆』一句，不及孝弟，何也？」曰：「孝弟二者雖人所固有，然守而不失者亦鮮。唯有保赤子一事，罕有失之者。故聖賢於此，特發明夫人之所易曉者以示訓，正與孟子言見赤子入井之意同。」壯祖。

「心誠求之」者，求赤子之所欲也。於民，亦當求其有不能自達。此是推其慈幼之心以使衆也。節。

問「治國在齊其家」。曰：「且只說動化爲功，未說到推上。後章方全是說推。『如保赤子』一節，只是說『慈者所以使衆』一句。保赤子，慈於家也；『如保赤子』，慈於國也。保赤子是慈，『如保赤子』是使衆。」直卿云：「這箇慈，是人人自然有底。慈於家，便能慈於國，故言一家仁，一國興仁；一家讓，一國興讓。」寓。

「一家仁」以上，是推其家以治國；「一家仁」以下，是人自化之也。節。

問：「九章本言治國，何以曰『堯舜率天下以仁而民從之』，都是說治天下之事也？至言『君子有諸己而後求諸人，無諸己而後非諸人』，又似說修身，如何？」曰：「聖人之言，簡暢周盡。修身是齊家之本，齊家是治國之本。如言『一家仁，一國興仁；一家讓，一國興讓』之類，自是相關，豈可截然不相入也！」謨。去僞同。

問「有諸己而後求諸人」。曰：「只從頭讀來，便見得分曉。這箇只是『躬自厚而薄責於人』，『攻其惡，無攻人之惡』。」卓。

問：「『有諸己而後求諸人』，雖曰推己以及人，是亦示人以反己之道。」曰：「這是言己之爲法於人處。」道夫。

吴仁甫問：「有諸己而後求諸人，無諸己而後非諸人。」曰：「此是退一步説，猶言『温故知新而可以爲人師』，以明未能如此，則不可如此；非謂温故知新，便要求爲人師也。池本「不可」下云：「爲人師耳。若曰『有諸己而後求諸人』，以明無諸己不可求諸人也；『無諸己而後非諸人』，以明有諸己即不可非諸人也。」然此意正爲治國者言。大凡治國禁人爲惡，而欲人爲善，便求諸人，非諸人。然須是在己有善無惡，方可求人、非人也。」或問：「范忠宣『以恕己之心恕人』，此語固有病。但上文先言『以責人之心責己』，則連下句亦未害。」曰：「上句自好，下句自不好。蓋才説恕己，便已不是。若横渠云：『以愛己之心愛人，則盡仁；以責人之心責己，則盡道。』語便不同。蓋『恕己』與『愛己』字不同。大凡知道者出言自別。近觀聖賢言語與後世人言語自不同，此學者所以貴於知道也。」銖。

「有諸己而後求諸人，無諸己而後非諸人」，是責人之恕；絜矩與「己所不欲，勿施於人」，是愛人之恕。又曰：「推己及物之謂恕。聖人則不待推，而發用於外者皆恕也。『己所不欲，勿施於人』，則就愛人上説。聖人之恕，則不專在愛人上見，如絜矩之類是也。」高。

問：「『所藏乎身不恕』處，『恕』字還只就接物上説，如何？」曰：「是就接物上見得。忠，只是實心，直是真實不僞。到應接事物，也只是推這箇心去。直是忠，方能恕。若不忠，便無本領了，更把甚麽去及物！程子説：『「維天之命，於穆不已」，忠也，便是實理流行；「乾道變化，各正性命」，恕也，便是實理及物。』」守約問：「恁地說，又與『夫子之道，忠恕而已矣』之『忠恕』相似？」曰：「只是一箇忠恕，豈有二分！聖人與常人忠恕也不甚相遠。」又曰：「盡己，不是說盡吾身之實理，自盡便是實理。此處切恐有脱誤。若有些子未盡處，便是不實。如欲爲孝，雖有七分孝，只中間有三分未盡，固是不實。雖有九分孝，一作「弟」。只略略有一分未盡，亦是不實。」賀孫。

李德之問：「『齊家』、『治國』、『平天下』三章，看來似皆是恕之功用。」曰：「如『治國』、『平天下』兩章是此意。『治國』章乃責人之恕，『平天下』章乃愛人之恕。『齊家』一章，但說人之偏處。」蓋卿。

仁甫問「治國在齊其家」。曰：「這箇道理，却急迫不得。待到他日數足處，自然通透。這箇物事，只是看得熟，自然有條理。上面說『不出家而成教於國』，此下便說其所以教者如此，這三者便是教之目。後面却是說須是躬行，方會化得人。此一段只此兩截如此。」賀孫。

因講「禮讓爲國」，曰：「『一家仁，一國興仁；一家讓，一國興讓。』自家禮讓有以感之，故民亦如此興起。自家好爭利，却責民間禮讓，如何得他應！東坡策制『敦教化』中一段，說得也好，雖說得粗，道理却是如此。「敦教化」云「欲民之知信，莫若務實其言；欲民之知義，莫若務去其貪」云云。看道理不要玄妙，只就粗處説得出便是。如今官司不會制民之産，民自去買田，又取他牙税錢。古者羣飲者殺。今置官誘民飲酒，惟恐其不來，如何得民興於善！」淳。

問：「齊家、治國之道，斷然是『父子兄弟足法，而後人法之』。然堯舜不能化其子，而周公則上見疑於君，下不能和其兄弟，是如何？」曰：「聖人是論其常，堯舜是處其變。看他『烝烝乂，不格姦』，至於『瞽瞍底豫』，便是他有以處那變處。且如他當時被那兒子恁地，他處得好，不將天下與兒子，却傳與賢，便是他處得那兒子好。若堯當時把天下與丹朱，舜把天下與商均，則天下如何解安！他那兒子如何解寧貼！如周公被管蔡恁地，他若不去致辟于商，則周如何不擾亂！他後來盡死做這一著時，也是不得已著恁地。但是而今且去理會常倫。而今如何便解有箇父如瞽瞍，有箇兄弟如管蔡。未論到那變處。」賀孫。

傳十章釋治國平天下

或問：「大學既格物、致知了，又却逐件各有許多工夫在。」曰：「物格、知至後，其理雖明，到得後來齊家、治國、平天下，逐件事又自有許多節次，須逐件又徐徐做將去。如人行路，行到一處了，又行一處。先來固是知其所往了，到各處又自各有許多行步。若到一處而止不進，則不可；未到一處而欲踰越頓進一處，亦不可。」璘。

味道問「平天下在治其國」。曰：「此節見得上行而下效，又見得上下雖殊而心則一。」道夫。

問「平天下在治其國」章。曰：「此三句見上行下效，理之必然，又以見人心之所同。『是以君子有絜矩之道』，所以以己之心度人之心，使皆得以自盡其興起之善心。若不絜矩，則雖躬行於上，使彼有是興起之善心，而不可得遂，亦徒然也。」又曰：「因何恁地上行下效？蓋人心之同然。所以絜矩之道：我要恁地，也使彼有是心者亦得恁地。全章大意，只反覆説絜矩。如專利於上，急征橫斂，民不得以自養，我這裏雖能興起其善心，濟甚事！若此類，皆是不能絜矩。」賀孫。

才卿問：「『上老老而民興孝』，恐便是連那老衆人之老説？」曰：「不然。此老老、長長、恤孤方是就自家身上切近處説，所謂家齊也。民興孝、興弟、不倍此方是就民之感發興起處，説治國而國治之事也。緣爲上行下效，捷於影響，可以見人心之所同者如此。『是以君子必有絜矩之道也』，此一句方是引起絜矩事。下面方解説絜矩，而結之云：『此之謂絜矩之道。』蓋人心感發之同如此，所以君子須用推絜矩之心以平天下，此幾多分曉！若如才卿説，則此便是絜矩，何用下面更絜説許多！才卿不合誤曉老老、長長爲絜矩，所以差也。所謂『文王之民無凍餒之老者』，此皆是絜矩已後事，如何將做老老説得！」僩。

老老興孝，長長興弟，恤孤不倍，這三句是説上行下效底道理。「是以君子有絜矩之道」，這却是説到政事上。「是以」二字，是結上文，猶言君子爲是之故，所以有絜矩之道。既恁地了，却須處置教他得所，使之各有以遂其興起之心始得。

所謂絜矩者，矩者，心也，我心之所欲，即他人之所欲也。我欲孝弟而慈，必欲他人皆如我之孝弟而慈。「不使一夫之不獲」者，無一夫不得此理也。只我能如此，而他人不能如此，則是不平矣。人傑。

問：「絜矩之道，語脈貫穿如何？久思未通。」「上面説人心之所同者既如此，是以君子見人之心與己之心同，故必以己度人之心，使皆得其平。下面方説所以絜矩如此。」賀孫。

問：「『上老老而民興孝』，下面接『是以君子有絜矩之道也』，似不相續，如何？」曰：「這箇便是相續。絜矩是四面均平底道理，教他各得老其老，各得長其長，各得幼其幼。不成自家老其老，教他不得老其老；長其長，教他不得長其長；幼其幼，教他不得幼其幼，便不得。」寓。

仁甫問絜矩。曰：「上之人老老、長長、恤孤，則下之人興孝、興弟、不倍，此是說上行下效。到絜矩處，是就政事上言。若但興起其善心，而不有以使之得遂其心，則雖能興起，終亦徒然。如政煩賦重，不得以養其父母，又安得以遂其善心！須是推己之心以及於彼，使之『仰足以事父母，俯足以育妻子』，方得。如詩裏說大夫行役無期度，不得以養其父母。到得使下，也須教他内外無怨，始得。如東山、出車、杕杜諸詩說行役，多是序其室家之情，亦欲使凡在上者有所感動。」又曰：「這處正如齊宣王愛牛處一般：見牛之觳觫，則不忍之心已形於此。若其以舋鍾爲不可廢而復殺之，則自家不忍之心又只是空。所以以羊易之，則已形之良心不至於窒塞，而未見之羊，殺之亦無害，是乃仁術也。術，是做得巧處謂之術。」又曰：「『己欲立而立人，己欲達而達人』，是兩摺說，只以己對人而言。若絜矩，上之人所以待己，己又所以待人，是三摺說，如中庸『所求乎子以事父未能也，所求乎臣以事君未能也』，一類意。」又曰：「晁錯言『人情莫不欲壽，三王能生之而不傷』云云，漢詔云云，『孝心闕焉』，皆此意。」賀孫。

問：「絜矩一條，此是上下四方度量，而知民之好惡否？」曰：「知在前面，這處是推。『老老而民興孝，長長而民興弟，恤孤而民不倍』，這處便已知民之好惡與己之好惡相似。

『是以君子有絜矩之道』，便推將去，緊要在『毋以』字上。」又曰：「興，謂興起其善心；遂，謂成遂其事。」又曰：「爲國，絜矩之大者又在於財用，所以後面只管説財。如今茶鹽之禁，乃是人生日用之常，却反禁之，這箇都是不能絜矩。」賀孫。

「上老老而民興孝」，是化；絜矩處，是處置功用處。振。

問絜矩之道。曰：「能使人興起者，聖人之心也；能遂其人之興起者，聖人之政事也。」廣。

「平天下，謂均平也。『所惡於上，毋以使下；所惡於下，毋以事上。』此與中庸所謂『所求乎臣，以事君未能』者同意。但中庸是言其所好者，此言其所惡者也。」問：「前後左右何指？」曰：「譬如交代官相似。前官之待我者既不善，吾毋以前官所以待我者待後官也。左右，如東鄰西鄰。以鄰國爲壑，是所惡於左而以交於右也。俗語所謂『將心比心』。如此，則各得其平矣。」問：「章句中所謂『絜矩之道，是使之各得盡其心而無不平也』，如何？」曰：「此是推本『上老老而民興孝，上長長而民興弟，上恤孤而民不倍』。須是留他地位，使人各得自盡其孝弟不倍之心。如『八十者其家不從政；廢疾非人不養者，一子不從政』，是使其各得自盡也。又如生聚蓄息，無令父子兄弟離散之類。」德明。

「所惡於上」，「所惡於下」，「所惡於前」，「所惡於後」，「所惡於右」，「所惡於左」，此數句，皆是就人身切近處説。如上文老老、長長、恤孤之意。至於「毋以使下」，「毋以事上」，「毋以先後」，「毋以從前」，「毋以交於左」，「毋以交於右」，方是推以及物之事。僩。

問絜矩。曰：「只把『上下』、『前後』、『左右』等句看，便見。絜，度也。不是真把那矩去量度，只是自家心裏暗度那箇長那箇短。所謂度長絜大，上下前後左右，都只一樣。心無彼己之異，只是將那頭折轉來比這頭。在我之上者使我如此，而我惡之，則知在我下者心亦似我如此，故更不將所責上底人之心來待下人。如此，則自家在中央，上面也占許多地步，下面也占許多地步，便均平正方。若將所責上底人之心來待下，便上面長，下面短，不方了。下之事我如此，而我惡之，則知在我之上者心亦似我如此。若將所責下底人之心更去事上，便又下面長，上面短了。左右前後皆然。待前底心，便折轉來待後；待左底心，便折轉來待右，如此便方。每事皆如此，則無所不平矣。」寓。

「所謂絜矩者，如以諸侯言之，上有天子，下有大夫。天子擾我，使我不得行其孝弟，我亦當察此，不可有以擾其大夫，使大夫不得行其孝弟。且如自家有一丈地，左家有一丈地，右家有一丈地。左家侵著我五尺地，是不矩，我必去訟他取我五尺。我若侵著右家五尺地，亦是不矩，合當還右家。只是我也方，上也方，下也方，左也方，右也方，前也方，後也方，不相侵越。如『伐冰之家，不畜牛羊』。」亞夫云：「務使上下四方一齊方，不侵過他人地步。」曰：「然。」節。

或問絜矩。曰：「譬之如左邊有一人侵我地界，是他不是了，我又不可去學他，侵了右邊人底界；前人行擁住我，我行不得，我又不可學他擁了後人；後人趕逐我不了，又不可學他去趕前人。上下亦然。」椿云：「此一人却是中立也。」曰：「是。」椿。

絜矩，如自家好安樂，便思他人亦欲安樂，當使無「老稚轉乎溝壑，壯者散而之四方」之患。「制其田里，教之樹畜」，皆自此以推之。閎祖。

問：「論上下四旁，長短廣狹，彼此如一，而無不方。在矩，則可以如此。在人則有天子諸侯大夫士庶人之分，何以使之均平？」曰：「非是言上下之分欲使之均平。蓋事親事長，當使之均平，上下皆得行。上之人得事其親，下之人也得以事其親；上之人得長其長，下之人也得以事其長。」節。

問：「『絜矩』六節，如『所惡於上，無以使下』，及左右前後，常指三處，上是一人，下是一人，我居其中。故解云：『如不欲上之無禮於我，則我亦不以無禮使其下。』其下五節意皆類此。」先生曰：「見曾子之傳發明『恕』字，上下四旁，無不該也。」過。

恕，亦是絜矩之意。振。

陶安國問：「絜矩之道，是廣其仁之用否？」曰：「此乃求仁工夫，此處正要著力。若仁者，則是舉而措之，不待絜矩，而自無不平者矣。」銖曰：「仁者，則『己欲立而立人，己欲達而達人』，不待推矣。若絜矩，正恕者之事也。」先生頷之。銖。

德元問：「『我不欲人加諸我，吾亦欲無加諸人』，與絜矩同否？」曰：「然。但子貢所問，是對彼我説，只是兩人，絜矩則是三人爾。後世不復知絜矩之義，惟務竭民財以自豐利，自一孔以上，官皆取之，故上愈富而下愈貧。夫以四海而奉一人，不爲不厚矣。使在上者常有厚民之心而推與共之，猶慮有不獲者，況皆不恤，而惟自豐殖，則民安得不困極乎！易『損上益下』曰益，『損下益上』曰損。所以然者，蓋邦本厚則邦寧而君安，乃所以益也。否則反是。」僩。

李(文)〔丈〕[一]問：「盡得絜矩，是仁之道，恕之道？」曰：「未可説到那裏。且理會絜矩是如何。」問：「此是『我不欲人之加諸我，吾亦欲無加諸人』意否？」曰：「此是兩人，須把三人看，便見。人莫不有在我之上者，莫不有在我之下者。如親在我之上，子孫在我之下，我欲子孫孝於我，而我却不能孝於親；我欲親慈於我，而我却不能慈於子孫，便是一畔長，一畔短，不是絜矩。」寓。

〔一〕據陳本改。

絜矩，非是外面别有箇道理，只是前面正心、修身，推而措之，又不是他機巧、變詐、權謀之説。賀孫。

絜矩之説，不在前數章，却在治國、平天下之後。到這裏，也是節次成了，方用得。道夫。

「君子先慎乎德」一條，德便是「明德」之「德」。自家若意誠、心正、身修、家齊了，則天下之人安得不歸於我！如湯武之東征西怨，則自然有人有土。賀孫。

或問「爭鬬其民而施以劫奪之教」。曰：「民本不是要如此。惟上之人以德爲外，而急於貨財，暴征橫斂，民便效尤，相攘相奪，則是上教得他如此。」賀孫。

或問「爭民施奪」。曰：「是爭取於民，而施之以劫奪之教也。『媢疾以惡之』，是徇其好惡之私。」節。

斷斷者是絜矩，媢疾者是不能。「唯仁人放流之」，是大能絜矩底人；「見賢而不能舉，舉而不能先」，是稍能絜矩；「好人之所惡」者，是大不能絜矩。節。

「舉而不能先」，先是早底意思，不能速用之意。泳。

「君子有大道，必忠信以得之，驕泰以失之。」「平天下」一章，其事如此廣闊。然緊要處只在這些子，其粗説不過如此。若細説，則如「操則存」、「克己復禮」等語，皆是也。僩。

趙唐卿問：「十章三言得失，而章句云：『至此而天理存亡之機決矣！』何也？」曰：「他初且言得衆、失衆，再言善、不善，意已切矣。終之以忠信、驕泰，分明是就心上説出得失之由以決之。忠信乃天理之所以存，驕泰乃天理之所以亡。」寓。

問「仁者以財發身」。曰：「不是特地散財以取名，買教人來奉己。只是不私其有，則人自歸之而身自尊。只是言其散財之效如此。」賀孫。

「仁者以財發身」，但是財散民聚，而身自尊，不在於財。不仁者只管多聚財，不管身之危亡也。卓。

蜚卿問：「『未有上好仁而下不好義』，如何上仁而下便義？」曰：「這只是一箇。在上便喚做仁，在下便喚做義，在父便謂之慈，在子便謂之孝。」直卿云：「也如『孝慈則忠』？」曰：「然。」道夫。

「雖有善者」，善，如而今説會底。閎祖。

「國不以利爲利」，如秦發閭左之戍，也是利；墮名城，殺豪傑，銷鋒鏑，北築長城，皆是自要他利。利不必專指財利。所以孟子從頭截斷，只説仁義。説到「未有仁而遺其親，未有義而後其君」，這裏利却在裏面。所以説義之所安，即利之所在。蓋惟義之安，則自無不利矣。泳。

問：「末章說財處太多。」曰：「後世只此一事不能與民同。」可學。

第九章十章齊家、治國，既已言化，平天下只言措置之理。絜，度也；矩，所以爲方也。方者，如用曲尺爲方者也。何謂「是以君子有絜矩之道」？上面人既自有孝弟，下面民亦有孝弟，只要使之自遂其孝弟之心於其下，便是絜矩。若拂其良心，重賦横斂以取之，使他不得自遂其心，便是不方。左右前後皆然。言「是以」者，須是如此。後面說民之父母，所好所惡，皆是要與民同利之一事。且如食禄之家，又畜雞豚牛羊，却是與民争利，便是不絜矩。所以道「以義爲利」者，「義以方外」也。泳。

問：「絜矩以好惡、財用、媢疾彦聖爲言，何也？」曰：「如桑弘羊聚許多財以奉武帝之好。若是絜矩底人，必思許多財物，必是侵過著民底，滿著我好，民必惡。言財用者，蓋如自家在一鄉之間，却專其利，便是侵過著他底，便是不絜矩。言媢疾彦聖者，蓋有善人，則合當舉之，使之各得其所。今則不舉他，便失其所，是侵善人之分，便是不絜矩。此特言其好惡、財用之類，當絜矩。事事亦當絜矩。」節。

問：「自致知至於平天下，其道至備，其節目至詳至悉，而反覆於終篇者，乃在於財利之說。得非義利之辨，其事尤難，而至善之止，於此尤不可不謹歟？不然，則極天命人心之向背，以明好惡從違之得失，其丁寧之意，何其至深且切耶？」曰：「此章大概是專從絜矩上來。蓋財者，人之所同好也，而我欲專其利，則民有不得其所好者矣。大抵有國有家所以生起禍亂，皆是從這裏來。」道夫云：「古注，絜音户結反，云結也。」曰：「作『結』字解，亦自得。蓋荀子、莊子注云：『絜，圍束也。』是將一物圍束以爲之則也。」又曰：「某十二三歲時，見范丈所言如此。他甚自喜，以爲先儒所未嘗到也。」道夫。

或問：「絜矩之義，如何只説財利？」曰：「必竟人爲這箇較多。所以生養人者，所以殘害人者，亦只是這箇。且如今官司皆不是絜矩。自家要賣酒，便教人不得賣酒；自家要榷鹽，便教人不得賣鹽。但事勢相迫，行之已久，人不爲怪，其實理不如此。」學蒙。

因論「治國平天下」章財用處，曰：「財者，人之所好，自是不可獨占，須推與民共之。未論爲天下，且以作一縣言之：若寬其賦斂，無征誅之擾，民便歡喜愛戴；若賦斂稍急，又有科敷之擾，民便生怨，決然如此。」又曰：「寧過於予民，不可過於取民。且如居一鄉，若屑屑與民争利，便是傷廉。若饒潤人些子，不害其爲厚。孟子言：『可以取，可以無取，取傷廉；可以與，可以無與，與傷惠。』他主意只是在『取傷廉』上，且將那與傷惠來相對説。其實與之過厚些子，不害其爲厚；若才過取，便傷廉，便不好。過與，畢竟當下是好意思。與了，再看之，方見得是傷惠，與傷廉不同。所以『子華使於齊，冉子與之粟五秉』，聖人雖説他不是，然亦不大故責他。只是才過取，便深惡之，如冉求爲之聚斂而欲攻之是也。」僩。

問：「『平天下』章言財用特詳，當是民生日用最要緊事耳。」曰：「然。孟子首先所言，其原出此。」子升問此章所言反覆最詳之意。曰：「要之，始終本末只一理。但平天下是一件最大底事，所以推廣説許多。如明德、新民、至善之理極精微。至治國、平天下，只就人情上區處，又極平易，蓋至於平而已耳。後世非無有志於天下國家之人，却只就末處布置，於本原上全不理會。」因言：「莊子，不知他何所傳授，却自見得道體。蓋自孟子之後，荀卿諸公皆不能及。如説：『語道而非其序，非道也。』此等議論甚好。度亦須承接得孔門之徒，源流有自。後來佛氏之教有説得好處，皆出於莊子。但其知不至，無細密工夫，少間都説得流了，所謂『賢者過之』也。今人亦須自理會教自家本領通貫，却去看他此等議論，自見得高下分曉。若一向不理會得他底破，少間却有見識低似他處。」因説「曾點之徒，氣象正如此」。又問：「論語集注説曾點是『雖堯舜事業亦優爲之』，莫只是堯舜事業亦不足以芥蔕其心否？」曰：「堯舜事業也只是這箇道理。」又問：「他之所爲，必不中節。」曰：「本領處同了，只是無細密工夫。」木之。

人治一家一國，尚且有照管不到處，況天下之大！所以反反覆覆説。不是大著箇心去理會，如何照管得！泳。

朱子語類卷第十七

大學四 或問上

經一章

或問吾子以爲大人之學一段

問友仁：「看大學或問如何？」曰：「粗曉其義。」曰：「如何是『收其放心，養其德性』？」曰：「放心者，或心起邪思，意有妄念，耳聽邪言，目觀亂色，口談不道之言，至於手足動之不以禮，皆是放也。收者，便於邪思妄念處截斷不續，至於耳目言動皆然，此乃謂之收。既能收其放心，德性自然養得。不是收放心之外，又養箇德性也。」曰：「看得也好。」友仁。

問：「或問：『以「七年之病，求三年之艾」，非百倍其功，不足以致之。』人於已失學後，須如此勉强奮勵方得。」曰：「失時而後學，必著如此趲補得前許多欠闕處。『人一能之，己百之；人十能之，己千之。』若不如是，悠悠度日，一日不做得一日工夫，只見没長進，如何要填補前面！」賀孫。

持敬以補小學之闕。小學且是拘檢住身心，到後來「克己復禮」，又是一段事。德明。

問：「大學首云明德，而不曾說主敬，莫是已具於小學？」曰：「固然。自小學不傳，伊川却是帶補一『敬』字。」可學。

「敬」字是徹頭徹尾工夫。自格物、致知至治國、平天下，皆不外此。人傑。

問或問說敬處。曰：「四句不須分析，只做一句看。」次日，又曰：「夜來說敬，不須只管解說，但整齊嚴肅便是敬，散亂不收斂便是不敬。四句只行著，皆是敬。」燾。

或問：「大學論敬所引諸說有内外之分。」曰：「不必分内外，都只一般，只恁行著都是敬。」僩。

問：「敬，諸先生之說各不同。然總而行之，常令此心常存，是否？」曰：「其實只一般。若是敬時，自然『主一無適』，自然『整齊嚴肅』，自然『常惺惺』，『其心收斂不容一物』。但程子『整齊嚴肅』與謝氏、尹氏之說又更分曉。」履孫。

或問：「先生說敬處，舉伊川主一與整齊嚴肅之說與謝氏常惺惺之說。就其中看，謝氏尤切當。」曰：「如某所見，伊川説得切當。且如整齊嚴肅，此心便存，便能惺惺。若無整齊嚴肅，却要惺惺，恐無捉摸，不能常惺惺矣。」人傑。

問：「或問舉伊川及謝氏、尹氏之説，只是一意説敬。」曰：「『主一無適』，又説箇『整齊嚴肅』；『整齊嚴肅』，亦只是『主一無適』意。且自看整齊嚴肅時如何這裏便敬。常惺惺也便是敬。收斂此心，不容一物，也便是敬。此事最易見。試自體察看，便見。只是要教心下常如此。」因説到放心：「如惻隱、羞惡、是非、辭遜是正心，才差去，便是放。若整齊、嚴肅，便有惻隱、羞惡、是非、辭遜。某看來，四海九州，無遠無近，人人心都是放心，也無一箇不放。如小兒子才有智識，此心便放了，這裏便要講學存養。」賀孫。

光祖問：「『主一無適』與『整齊嚴肅』不同否？」曰：「如何有兩樣！只是箇敬。極而至於堯舜，也只常常是箇敬。若語言不同，自是那時就那事説，自應如此。且如大學、論語、孟子、中庸都説敬；詩也，書也，禮也，亦都説敬，各就那事上説得改頭換面。要之，只是箇敬。」又曰：「或人問：『出門、使民時是敬，未出門、使民時是如何？』伊川答：『此「儼若思」時也。』要知這兩句只是箇『毋不敬』。又須要問未出門、使民時是如何。這又何用問，這自可見。如未出門、使民時是這箇敬，當出門、使民時也只是這箇敬。到得出門、使民了，也只是如此。論語如此樣儘有，最不可如此看。」賀孫。

或問「整齊嚴肅」與「嚴威儼恪」之别。曰：「只一般。整齊嚴肅雖非敬，然所以爲敬也。嚴威儼恪，亦是如此。」燾。

問：「上蔡説：『敬者，常惺惺法也。』此説極精切。」曰：「不如程子整齊嚴肅之説爲好。蓋人能如此，其心即在此，便惺惺。未有外面整齊嚴肅而内不惺惺者。如人一時間外面整齊嚴肅，便一時惺惺；一時放寬了，便昏怠也。」祖道曰：「此箇是氣。須是氣清明時，便整齊嚴肅。昏時便放過了，如何捉得定？」曰：「『志者，氣之帥也。』此只當責志。孟子曰：『持其志，毋暴其氣。』若能持其志，氣自清明。」或曰：「程子曰：『學者爲習所奪，氣所勝，只可責志。』又曰：『只這箇也是私，學者不恁地不得。』此説如何？」曰：「涉於人爲，便是私。但學者不如此，如何著力！此程子所以下面便放一句云『不如此不得』也。」祖道。

因看涪陵記善録，問：「和靖説敬，就整齊嚴肅上做；上蔡却云『是惺惺法』，二者如何？」厚之云：「先由和靖之説，方到上蔡地位。」曰：「各有法門：和靖是持守，上蔡却不要如此，常要唤得醒。要之，和靖底是上蔡底。横渠曰：『易曰：「敬以直内。」』伊川云：『主一。』却與和靖同。大抵敬有二：有未發，有已發。所謂『毋不敬』、『事思敬』是也。」曰：「雖是有二，然但一本，只是見於動静有異，學者須要常流通無間。又如和靖之説固好，但不知集義，又却欠工夫。」曰：「亦是渠才氣去不得，只得如此。大抵有體無用，便不渾全。」又問：「南軒説敬，常云：『義已森然於其中。』」曰：「渠好如此説，如仁智動静之類皆然。」可學。

問謝氏惺惺之説。曰：「惺惺，乃心不昏昧之謂，只此便是敬。今人説敬，却只以『整齊嚴肅』言之，此固是敬。然心若昏昧，燭理不明，雖强把捉，豈得爲敬！」又問孟子、告子不動心。曰：「孟子是明理合義，告子只是硬把捉。」砥。

或問：「謝氏常惺惺之説，佛氏亦有此語。」曰：「其喚醒此心則同，而其爲道則異。吾儒喚醒此心，欲他照管許多道理；佛氏則空喚醒在此，無所作爲，其異處在此。」僩。

問：「和靖説：『其心收斂，不容一物。』」曰：「這心都不著一物，便收斂。他上文云：『今人入神祠，當那時直是更不著得些子事，只有箇恭敬。』此最親切。今人若能專一此心，便收斂緊密，都無些子空罅。若這事思量未了，又走做那邊去，心便成兩路。」賀孫。

問尹氏「其心收斂不容一物」之説。曰：「心主這一事，不爲他事所亂，便是不容一物也。」問：「此只是説静時氣象否？」曰：「然。」又問：「只静時主敬，便是『必有事』否？」曰：「然。」僩。

此篇所謂在明明德一段

問：「或問説『仁義禮智之性』，添『健順』字，如何？」曰：「此健順，只是那陰陽之性。」義剛。

問「健順仁義禮智之性」。曰：「此承上文陰陽五行而言。健，陽也；順，陰也；四者，五行也。分而言之，仁禮屬陽，義智屬陰。」問：「『立天之道，曰陰與陽；立地之道，曰柔與剛；立人之道，曰仁與義。』仁何以屬陰？」曰：「仁何嘗屬陰！袁機仲正來争辨。他引『君子於仁也柔，於義也剛』爲證。殊不知論仁之定體，則自屬陽。至於論君子之學，則又各自就地頭説，如何拘文牽引得！今只觀天地之化，草木發生，自是條暢洞達，無所窒礙，此便是陽剛之氣。如云：『采薇采薇，薇亦陽止。』『薇亦剛止。』蓋薇之生也，挺直而上，此處皆可見。」問：「禮屬陽。至樂記，則又以禮屬陰，樂屬陽。」曰：「固是。若對樂説，則自是如此。蓋禮是箇限定裁節，粲然有文底物事；樂是和動底物事，自當如此分。如云『禮主其減，樂主其盈』之類，推之可見。」僩。

問：「健順在四端何屬？」曰：「仁與禮屬陽，義與智屬陰。」問：「小學：『詩、書、禮、樂以造士。』注云：『禮，陰也。』」曰：「此以文明言，彼以節制言。」問：「禮智是束斂底意思，故屬陰否？」曰：「然。」或問：「智未見束斂處。」曰：「義猶略有作爲，智一知便了，愈是束斂。孟子曰：『是非之心，智也。』纔知得是而愛，非而惡，便交過仁義去了。」胡泳。

問陰陽五行健順五常之性。曰：「健是稟得那陽之氣，順是稟得那陰之氣，五常是稟得五行之理。人物皆稟得健順五常之性。且如狗子，會咬人底，便是稟得那健底性；不咬人底，是稟得那順底性。又如草木，直底硬底，是稟得剛底；軟底弱底，是稟得那順底。」僩。

問：「或問『氣之正且通者爲人，氣之偏且塞者爲物』，如何？」曰：「物之生，必因氣之聚而後有形，得其清者爲人，得其濁者爲物。假如大鑪鎔鐵，其好者在一處，其渣滓又在一處。」又問：「氣則有清濁，而理則一同，如何？」曰：「固是如此。理者，如一寶珠。在聖賢，則如置在清水中，其輝光自然發見；在愚不肖者，如置在濁水中，須是澄去泥沙，則光方可見。今人所以不見理，合澄去泥沙，此所以須要克治也。至如萬物亦有此理。天何嘗不將此理與他。只爲氣昏塞，如置寶珠於濁泥中，不復可見。然物類中亦有知君臣母子、知祭、知時者，亦是其中有一線明處。然而不能如人者，只爲他不能克治耳。且蚤、虱亦有知，如飢則噬人之類是也。」祖道。

問：「或問云：『於其正且通者之中，又或不能無清濁之異，故其所賦之質，又有智愚賢不肖之殊。』世間有人聰明通曉，是稟其氣之清者矣，然却所爲過差，或流而爲小人之歸者；又有爲人賢，而不甚聰明通曉，是如何？」曰：「或問中固已言之，所謂『又有智愚賢不肖之殊』是也。蓋其所賦之質，便有此四樣。聰明曉事者，智也，而或不賢，便是稟賦中欠了清和温恭之德。又有人極温和而不甚曉事，便是賢而不智。爲學便是要克化，教此等氣質令恰好耳。」僩。

舜功問：「序引參天地事，如何？」曰：「初言人之所以異於禽獸者，至下須是見己之所以參化育者。」又問：「此是到處，如何？」曰：「到，大有地步在。但學者須先知其如此，方可以下手。今學者多言待發見處下手，此已遲却。纔思要得善時，便是善。」可學。

問：「或問『自其有生之初』以下是一節；『顧人心稟受之初，又必皆有以得乎陰陽五行之氣』以下是一節；『苟於是焉而不值其清明純粹之會』，這又轉一節；下又轉入一節物欲去，是否？」曰：「初間說人人同得之理，次又說人人同受之氣。然其間却有撞著不好底氣以生者，這便被他拘滯了，要變化却難。」問：「如何是不好底氣？」曰：「天地之氣，有清有濁。若值得晦暗昏濁底氣，這便稟受得不好了。既是如此，又加以應接事物，逐逐於利欲，故本來明德只管昏塞了。故大學必教人如此用工，到後來却會復得初頭渾全底道理。」賀孫。

林安卿問：「『介然之頃，一有覺焉，則其本體已洞然矣。』須是就這些覺處，便致知充擴將去。」曰：「然。昨日固已言之。如擊石之火，只是些子，纔引著，便可以燎原。若必欲等大覺了，方去格物、致知，如何等得這般時節！林先引或問中「至於久而後有覺」之語爲比，先生因及此。那箇覺，是物格知至了，大徹悟。到恁地時，事都了。若是介然之覺，一日之間，其發也無時無數，只要人識認得操持充養將去。」又問：「『真知』之『知』與『久而後有覺』之『覺』字，同否？」曰：「大略也相似，只是各自所指不同。真知是知得真箇如此，不只是聽得人説，便喚做知。覺，則是忽然心中自有所覺悟，曉得道理是如此。人只有兩般心：一箇是是底心，一箇是不是底心。只是才知得這是箇不是底心，只這知得不是底心底心，便是是底心。便將這知得不是底心去治那不是底心。知得不是底心便是主，那不是底心便是客。便將這箇做主去治那箇客，便常守定這箇知得不是底心做主，莫要放失，更那別討箇心來喚做是底心！如非禮勿視聽言動，只才知得這箇是非禮底心，此便是禮底心，便莫要視。如人瞌睡，方其睡時，固無所覺。莫教纔醒，便抖擻起精神，莫要更教他睡，此便是醒。不是已醒了，更別去討箇醒，説如何得他不睡。程子所謂『以心使心』，便是如此。人多疑是兩箇心，不知只是將這知得不是底心去治那不是底心而已。」元思云：「上蔡所謂『人須是識其真心』，方乍見孺子入井之時，其怵惕、惻隱之心，乃真心也。」曰：「孟子亦是只討譬喻，就這親切處說仁之心是如此，欲人易曉。若論此心發見，無時而不發見，不特見孺子之時爲然也。若必待見孺子入井之時，怵惕、惻隱之發而後用功，則終身無緣有此等時節也。」元思云：「舊見五峰答彪居仁書，說齊王易牛之心云云，先生辨之，正是此意。」曰：「然。齊王之良心，想得也常有發見時。只是常時發見時，不曾識得，都放過了。偶然愛牛之心，有言語說出，所以孟子因而以此推廣之也。」又問：「自非物欲昏蔽之極，未有不醒覺者。」曰：「便是物欲昏蔽之極，也無時不醒覺。只是醒覺了，自放過去，不曾存得耳。」僩。

友仁說「明明德」：「此『明德』乃是人本有之物，只爲氣稟與物欲所蔽而昏。今學問進修，便如磨鏡相似。鏡本明，被塵垢昏之，用磨擦之工，其明始現。及其現也，乃本然之明耳。」曰：「公說甚善。但此理不比磨鏡之法。」先生略擡身，露開兩手，如閃出之狀，曰：「忽然閃出這光明來，不待磨而後現，但人不自察耳。如孺子將入於井，不拘君子小人，皆有怵惕、惻隱之心，便可見。」友仁云：「或問中說『是以雖其昏蔽之極，而介然之頃，一有覺焉，則即此空隙之中而其本體已洞然』，便是這箇道理。」先生頷之，曰：「於大原處不差，正好進修。」友仁。

問：「或問：『所以明而新之者，非可以私意苟且爲也。』私意是說著不得人爲，苟且是說至善。」曰：「才苟且，如何會到極處！」賀孫舉程子義理精微之極。曰：「大抵至善只是極好處，十分端正恰好，無一毫不是處，無一毫不到處。且如事君，必當如舜之所以事堯，而後喚做敬；治民，必當如堯之所以治民，而後喚做仁。不獨如此，凡事皆有箇極好處。今之人，多是理會得半截，便道了。待人看來，喚做好也得，喚做不好也得。自家本不曾識得到，少刻也會入於老，也會入於佛，也會入於申韓之刑名。止緣初間不理會到十分，少刻便没理會那箇是白，那箇是皂，那箇是酸，那箇是鹹。故大學必使人從致知直截要理會透，方做得。不要恁地半間半界，含含糊糊。某與人商量一件事，須是要徹底教盡。若有些子未盡處，如何住得。若有事到手，未是處，須著極力辨别教是。且看孟子，那箇事恁地含糊放過！有一字不是，直争到底。這是他見得十分極至，十分透徹，如何不説得？」賀孫。

問：「或問説明德處云：『所以應乎事物之間，莫不各有當然之則。』其説至善處，又云：『所以見於日用之間者，莫不各有本然一定之則。』二處相類，何以别？」曰：「都一般。至善只是明德極盡處，至纖至悉，無所不盡。」淳。

仁甫問：「以其義理精微之極，有不可得而名者，故姑以至善目之。」曰：「此是程先生説。至善，便如今人説極是。且如説孝：孟子説『博弈好飲酒，不顧父母之養』，此是不孝。到得會奉養其親，也似煞强得這箇，又須著如曾子之養志，而後爲能養。這又似好了，又當如所謂『先意承志，諭父母於道，不遺父母惡名』，使國人稱願道『幸哉有子如此』，方好。」又云：「孝莫大於尊親，其次能養。直是到這裏，方喚做極是處，方喚做至善處。」賀孫。

郭德元問：「或問：『有不務明其明德，而徒以政教法度爲足以新民者；又有自謂足以明其明德，而不屑乎新民者；又有略知二者之當務，而不求止於至善之所在者。』此三者，求之古今人物，是有甚人相似？」曰：「如此等類甚多。自謂能明其德，而不屑乎新民者，如佛、老便是；不務明其明德，而以政教法度爲足以新民者，如管仲之徒便是；略知明德新民，而不求止於至善者，如前日所論王通便是。卓録云：「又有略知二者之當務，顧乃安於小成，因於近利，而不求止於至善之所在者，如前日所論王通之事是也。」看他於己分上亦甚修飭，其論爲治本末亦有條理，甚有志於斯世，只是規模淺狹，不曾就本原上著功，便做不徹。須是無所不用其極，方始是。看古之聖賢別無用心，只這兩者是喫緊處：明明德，便欲無一毫私欲；新民，便欲人於事事物物上皆是當。正如佛家説，『爲此一大事因緣出見於世』，此亦是聖人一大事也。千言萬語，只是説這箇道理。若還一日不扶持，便倒了。聖人只是常欲扶持這箇道理，教他撐天柱地。」文蔚。

問：「明德而不能推之以新民，可謂是自私。」曰：「德既明，自然是能新民。然亦有一種人不如此，此便是釋、老之學。此箇道理，人人有之，不是自家可專獨之物。既是明得此理，須當推以及人，使各明其德。豈可説我自會了，我自樂之，不與人共！」因説，曾有學佛者王天順，與陸子静辨論云：「我這佛法，和耳目鼻口髓腦，皆不愛惜。要度天下人，各成佛法，豈得是自私！」先生笑曰：「待度得天下人各成佛法，却是教得他各各自私。陸子静從初亦學佛，嘗言：『儒佛差處是義利之間。』某應曰：『此猶是第二著，只它根本處便不是。當初釋迦爲太子時，出遊，見生老病死苦，遂厭惡之，入雪山修行。從上一念，便一切作空看，惟恐割棄之不猛，屏除之不盡。吾儒却不然。蓋見得無一物不具此理，無一理可違於物。佛説萬理俱空，吾儒説萬理俱實。從此一差，方有公私、義利之不同。』今學佛者云『識心見性』，不知是識何心，是見何性。」德明。

知止而後有定以下一段

問：「能知所止，則方寸之間，事事物物皆有定理矣。」曰：「定、静、安三項若相似，説出來煞不同。有定，是就事理上説，言知得到時，見事物上各各有箇合當底道理。静，只就心上説。」問：「『無所擇於地而安』，莫是『素富貴行乎富貴，素貧賤行乎貧賤』否？」曰：

「這段須看意思接續處。如『能得』上面帶箇『慮』字，『能慮』上面帶箇『安』字，『能安』上面帶箇『靜』字，『能靜』上面帶箇『定』字，『有定』上面帶箇『知止』字，意思都接續。既見得事物有定理，而此心恁地寧靜了，看處在那裏：在這邊也安，在那邊也安，在富貴也安，在貧賤也安，在患難也安。不見事理底人，有一件事，如此區處不得，恁地區處又不得，這如何會有定！才不定，則心下便營營皇皇，心下才恁地，又安頓在那裏得！看在何處，只是不安。」賀孫。

「能慮則隨事觀理，極深研幾。」曰：「到這處又更須審一審。『慮』字看來更重似『思』字。聖人下得言語恁地鎮重，恁地重三疊四，不若今人只說一下便了，此聖人所以爲聖人。」賀孫。

安卿問：「『知止是始，能得是終。』或問言：『非有等級之相懸。』何也？」曰：「也不是無等級，中間許多只是小階級，無那大階級。如志學至從心，中間許多便是大階級，步却闊。知止至能得，只如志學至立相似，立至不惑相似。定、靜、安，皆相類，只是中間細分別恁地。」問：「到能得處是學之大成，抑後面更有工夫？」曰：「在己已盡了，更要去齊家治國平天下，亦只是自此推去。」寓。

古之欲明明德於天下一段

問：「或問『自誠意以至於平天下，所以求得夫至善而止之』，是能得已包齊家治國説了。前晚何故又云能得後，更要去齊家治國平天下？」曰：「以修身言之，都已盡了，但以明明德言之，在己無所不盡，萬物之理亦無所不盡。如至誠惟能盡性，只盡性時萬物之理都無不盡了。故盡其性，便盡人之性；盡人之性，便盡物之性。」寓。

蜚卿言：「或問云：『人皆有以明其明德，則各誠其意，各正其心，各修其身，各親其親，各長其長，而天下無不平矣。』明德之功果能若是，不亦善乎？然以堯舜之聖，閨門之內或未盡化，況謂天下之大，能服堯舜之化而各明其德乎？」曰：「大學『明明德於天下』，只是且説箇規模如此。學者須是有如此規模，却是自家本來合如此，不如此便是欠了他底。且如伊尹思匹夫不被其澤，如己推而納之溝中，伊尹也只大概要恁地，又如何使得無一人不被其澤！又如説『比屋可封』，也須有一家半家不恁地者。只是見得自家規模自當如此，不如此不得。到得做不去處，却無可奈何。規模自是著恁地，工夫便却用寸寸進。若無規模次第，只管去細碎處走，便入世之計功謀利處去；若有規模而又無細密工夫，又只是一箇空規模。外極規模之大，內推至於事事物物處，莫不盡其工夫，此所以爲聖賢之學。」道夫。

問或問「心之神明，妙衆理而宰萬物」。曰：「神是恁地精彩，明是恁地光明。」又曰：「心無事時，都不見；到得應事接物，便在這裏；應事了，又不見：恁地神出鬼没！」又曰：「理是定在這裏，心便是運用這理底，須是知得到。知若不到，欲爲善也未肯便與你爲善；欲不爲惡，也未肯便不與你爲惡。知得到了，直是如飢渴之於飲食。而今不讀書時，也須收斂身心教在這裏，乃程夫子所謂敬也。『整齊嚴肅』，雖只是恁地，須是下工夫，方見得。」賀孫。

德元問：「何謂『妙衆理』？」曰：「大凡道理皆是我自有之物，非從外得。所謂知者，或録此下云：「便只是理，才知得。」便只是知得我底道理，非是以我之知去知彼道理也。道理固本有，用知，方發得出來。若無知，道理何從而見！或録云：「才知得底，便是自家先有之道理也。只是無知，則道無安頓處。故須知，然後道理有所湊泊也。如夏熱冬寒，君仁臣敬，非知，如何知得！」所以謂之『妙衆理』，猶言能運用衆理也。『運用』字有病，故只下得『妙』字。」或録云：「蓋知得此理也。」又問：「知與思，於身最切緊？」曰：「然。二者只是一事。知如手，思是使那手去做事，思所以用夫知也。」僩。

問：「知如何宰物？」曰：「無所知覺，則不足以宰制萬物。要宰制他，也須是知覺。」

道夫。

或問：「『宰萬物』，是『主宰』之『宰』、『宰制』之『宰』？」曰：「主便是宰，宰便是制。」又問：「孟子集注言：『心者，具衆理而應萬事。』此言『妙衆理而宰萬物』，如何？」曰：「『妙』字便稍精彩，但只是不甚穩當，『具』字便平穩。」履孫。

郭兄問「莫不有以知夫所以然之故，與其所當然之則」。曰：「所以然之故，即是更上面一層。如君之所以仁，蓋君是箇主腦，人民土地皆屬它管，它自是用仁愛。試不仁愛看，便行不得。非是説爲君了，不得已用仁愛，自是理合如此。試以一家論之：爲家長者便用愛一家之人，惜一家之物，自是理合如此，若天使之然。每常思量著，極好笑，自那原頭來便如此了。又如父之所以慈，子之所以孝，蓋父子本同一氣，只是一人之身，分成兩箇，其恩愛相屬，自有不期然而然者。其它大倫皆然，皆天理使之如此，豈容强爲哉！且以仁言之：只天地生這物時便有箇仁，它只知生而已。從他原頭下來，自然有箇春夏秋冬，金木水火土。初有陰陽，有陰陽，便有此四者。故賦於人物，便有仁義禮智之性。仁屬春，屬木。且看春間天地發生，藹然和氣，如草木萌芽，初間僅一針許，少間漸漸生長，以至枝葉花實，變化萬狀，便可見他生生之意。非仁愛，何以如此？緣他本原處有箇仁愛温和之理如此，所以發之於用，自然慈祥惻隱。孟子説『惻隱之端』，惻隱又與慈仁不同，惻隱是傷痛之切。蓋仁，本只有慈愛，緣見孺子入井，所以傷痛之切。義屬金，是天地自然有箇清峻剛烈之氣。所以人稟得，自然有裁制，便自然有羞惡之心。禮智皆然。蓋自本原而已然，非旋安排教如此也。昔龜山問一學者：『當見孺子入井時，其心怵惕、惻隱，何故如此？』學者曰：『自然如此。』龜山曰：『豈可只說自然如此了便休？須是知其所自來，則仁不遠矣。』龜山此語極好。又或人問龜山曰：『「以先知覺後知」，知、覺如何分？』龜山曰：『知是知此事，覺是覺此理。』且如知得君之仁，臣之敬，子之孝，父之慈，是知此事也；又知得君之所以仁，臣之所以敬，父之所以慈，子之所以孝，是覺此理也。」僩。

或問「格物」章本有「所以然之故」。曰：「後來看得，且要見得『所當然』是要切處。若果見得不容已處，則自可默會矣。」

治國平天下者諸侯之事一段

問：「南軒謂：『爲己者，無所爲而然也。』」曰：「只是見得天下事皆我所合當爲而爲之，非有所因而爲之。然所謂天下之事皆我之所當爲者，只恁地强信不得。須是學到那田地，經歷磨鍊多後，方信得過。」道夫。

問爲己。曰：「這須要自看，逐日之間，小事大事，只是道我合當做便如此做，這便是無所爲。且如讀書，只道自家合當如此讀，合當如此理會身己。才說要人知，便是有所爲。如世上人才讀書，便安排這箇好做時文，此又爲人之甚者。」賀孫。

「『爲己者，無所爲而然。』無所爲，只是見得自家合當做，不是要人道好。如甲兵、錢穀、籩豆、有司，到當自家理會便理會，不是爲別人了理會。如割股、廬墓，一則是不忍其親之病，一則是不忍其親之死，這都是爲己。若因要人知了去恁地，便是爲人。」器遠問：「子房以家世相韓故，從少年結士，欲爲韓報仇，這是有所爲否？」曰：「他當初只一心欲爲國報仇。只見這是箇臣子合當做底事，不是爲別人，不是要人知。」賀孫。

行夫問「爲己者無所爲而然」。曰：「有所爲者，是爲人也。這須是見得天下之事實是己所當爲，非吾性分之外所能有，然後爲之，而無爲人之弊耳。且如『哭死而哀，非爲生者』。今人弔人之喪，若以爲亡者平日與吾善厚，真箇可悼，哭之發於中心，此固出於自然者。又有一般人欲亡者家人知我如此而哭者，便不是，這便是爲人。又如人做一件善事，是自家自肯去做，非待人教自家做方勉强做，此便不是爲人也。」道夫曰：「先生所說錢穀、甲兵、割股、廬墓已甚分明，在人所見如何爾。」又問：「割股一事如何？」曰：「割股固自不是。若是誠心爲之，不求人知，亦庶幾。」「今有以此要譽者。」因舉一事爲問。先生詢究，駭愕者久之，乃始正色直辭曰：「只是自家過計了。設使後來如何，自家也未到得如此，天下事惟其直而已。試問鄉鄰，自家平日是甚麼樣人！官司推究亦自可見。」行夫曰：「亦著下獄使錢，得箇費力去。」曰：「世上那解免得全不霑濕！如先所説，是不安於義理之慮。若安於義理之慮，但見義理之當爲，便恁滴水滴凍做去，都無後來許多事。」道夫。

傳一章

然則其曰克明德一段

問：「『克明德』，『克，能也』。或問中却作能『致其克之之功』，又似『克治』之『克』，如何？」曰：「此『克』字雖訓『能』字，然『克』字重於『能』字。『能』字無力，『克』字有力。便見得是他人不能，而文王獨能之。若只作『能明德』，語意便都弱了。凡字有訓義一般，而聲響頓異，便見得有力無力之分，如『克』之與『能』是也。如云『克宅厥心』、『克明俊德』之類，可見。」僩。

顧諟天之明命一段

問：「『全體大用，無時不發見於日用之間』。如何是體？如何是用？」曰：「體與用不相離。且如身是體，要起行去，便是用。『赤子匍匐將入井，皆有怵惕惻隱之心』，只此一端，體、用便可見。如喜怒哀樂是用，所以喜怒哀樂是體。」淳録云：「所以能喜怒者便是體。」寓。

問：「或問：『常目在之，真若見其「參於前，倚於衡」也，則「成性存存」，而道義出矣。』不知所見者果何物耶？」曰：「此豈有物可見！但是凡人不知省察，常行日用，每與是德相忘，亦不自知其有是也。今所謂顧諟者，只是心裏常常存著此理在。一出言，則言必有當然之則，不可失也；一行事，則事必有當然之則，不可失也。不過如此耳，初豈實有一物可以見其形象耶！」壯祖。

問：「引『「成性存存」，道義出矣』，何如？」曰：「『自天之所命，謂之明命，我這裏得之於己，謂之明德，只是一箇道理。人只要存得這些在這裏。才存得在這裏，則事君必會忠；事親必會孝；見孺子，則怵惕之心便發；見穿窬之類，則羞惡之心便發；合恭敬處，便自然會恭敬；合辭遜處，便自然會辭遜。須要常存得此心，則便見得此性發出底都是道理。若不存得這些，待做出，那箇會合道理！」賀孫。

是三者固皆自明之事一段

問：「『顧諟』一句，或問復以爲見『天之未始不爲人，而人之未始不爲天』，何也？」

曰：「只是言人之性本無不善，而其日用之間莫不有當然之則。則，所謂天理也。人若每事做得是，則便合天理。天人本只一理。若理會得此意，則天何嘗大，人何嘗小也！」壯祖。

問「天未始不爲人，而人未始不爲天」。曰：「天即人，人即天。人之始生，得於天也；既生此人，則天又在人矣。凡語言動作視聽，皆天也。只今説話，天便在這裏。顧諟，是常要看教光明燦爛，照在目前。」僩。

傳二章

或問盤之有銘一段

德元問：「湯之盤銘，見於何書？」曰：「只見於大學。」又曰：「成湯工夫全是在『敬』字上。看來，大段是一箇修飭底人，故當時人説他做工夫處亦説得大段地著。如禹『克勤于邦，克儉于家』之類，却是大綱説。到湯，便説『檢身若不及』。」文蔚云：「『以義制事，以禮制心』、『不邇聲色，不殖貨利』等語，可見日新之功。」曰：「固是。某於或問中所以特地詳載者，非道人不知，亦欲學者經心耳。」文蔚。

問：「丹書曰：『敬勝怠者吉，怠勝敬者滅；義勝欲者從，欲勝義者凶。』『從』字意如何？」曰：「從，順也。敬便豎起，怠便放倒。以理從事，是義；不以理從事，便是欲。這處敬與義，是箇體、用，亦猶坤卦說敬、義。」寓。

傳三章

復引淇澳之詩一段

「『瑟兮僩兮者，恂慄也』。『僩』字，舊訓寬大。某看經子所載，或從『忄』、或從『扌』之不同，然皆云有武毅之貌，所以某注中直以武毅言之。」道夫云：「如此注，則方與『瑟』字及下文恂慄之說相合。」曰：「且如『恂』字，鄭氏讀爲『峻』。某始者言，此只是『恂恂如也』之『恂』，何必如此。及讀莊子，見所謂『木處則惴慄恂懼』，然後知鄭氏之音爲當。如此等處，某於或問中不及載也。要之，如這般處，須是讀得書多，然後方見得。」道夫。

問：「切磋琢磨，是學者事，而『盛德至善』，或問乃指聖人言之，何也？」曰：「後面說得來大，非聖人不能。此是連上文『文王於緝熙敬止』說。然聖人也不是插手掉臂做到那處，也須學始得。如孔子所謂：『德之不修，學之不講，聞義不能徙，不善不能改，是吾憂也。』此有甚緊要？聖人却憂者，何故？惟其憂之，所以爲聖人。所謂『生而知之者』，便只是知得此而已。故曰：『惟聖罔念作狂，惟狂克念作聖。』」淳。寓同。

「『如切如磋者，道學也；如琢如磨者，自修也。』既學而猶慮其未至，則復講習討論以求之，猶治骨角者，既切而復磋之。切得一箇樸在這裏，似亦可矣，又磋之使至於滑澤，這是治骨角者之至善也。既修而猶慮其未至，則又省察克治以終之，猶治玉石者，既琢而復磨之。琢，是琢得一箇樸在這裏，似亦得矣，又磨之使至於精細，這是治玉石之至善也。取此而喻君子之於至善，既格物以求知所止矣，又且用力以求得其所止焉。正心、誠意，便是道學、自修〔一〕。『瑟兮僩兮，赫兮喧兮』，到這裏，睟面盎背，發見於外，便是道學、自修之驗也。」道夫云：「所以或問中有始終條理之別也，良爲此爾。」曰：「然。」道夫。

「『如切如磋』，道學也」，却以爲始條理之事；「『如琢如磨』，自修也」，却以爲終條理之事，皆是要工夫精密。道學是起頭處，自修是成就處。中間工夫，既講求又復講求，既克治又復克治，此所謂已精而求其益精，已密而求其益密也。謨。

周問：「切磋是始條理，琢磨是終條理。終條理較密否？」曰：「始終條理都要密，講

〔一〕賀疑有誤。

貫而益講貫，修飭而益修飭。」淳。

問：「琢磨後，更有瑟僩赫喧，何故爲終條理之事？」曰：「那不是做工夫處，是成就了氣象恁地。『穆穆文王』，亦是氣象也。」寓。

朱子語類卷第十八

大學五 或問下

傳五章

獨其所謂格物致知者一段

先生爲道夫讀格物説，舉遺書「或問學何爲而可以有覺」一段，曰：「『能致其知，則思自然明，至於久而後有覺』，是積累之多，自有箇覺悟時節。『勉强學問』，所以致其知也。『聞見博而智益明』，則其效著矣。『學而無覺，則亦何以學爲也哉？』此程子曉人至切處。」道夫。

問：「致知下面更有節次。程子説知處，只就知上説，如何？」曰：「既知則自然行得，不待勉强。却是『知』字上重。」可學。

淺深，則從前未有人説到此。」道夫。

伊川云「知非一概，其爲淺深有甚相絶者」云云。曰：「此語説得極分明。至論知之淺深，則從前未有人説到此。」道夫。

知，便要知得極。致知，是推致到極處，窮究徹底，真見得決定如此。程子説虎傷人之譬，甚好。如這一箇物，四陲四角皆知得盡，前頭更無去處，外面更無去處，方始是格到那物極處。淳。

「人各有箇知識，須是推致而極其至。不然，半上落下，終不濟事。須是真知。」問：「固有人明得此理，而涵養未到，却爲私意所奪。」曰：「只爲明得不盡。若明得盡，私意自然留不得。若半青半黄，未能透徹，便是尚有渣滓，非所謂真知也。」問：「須是涵養到心體無不盡處，方善。不然，知之雖至，行之終恐不盡也。」曰：「只爲知不至。今人行到五分，便是它只知得五分，見識只識到那地位。譬諸穿窬，稍是箇人，便不肯做，蓋真知穿窬之不善也。虎傷事亦然。」德明。

「致知，是推極吾之知識無不切至」，「切」字亦未精，只是一箇「盡」字底道理。見得盡，方是真實。如言喫酒解醉，喫飯解飽，毒藥解殺人。須是喫酒，方見得解醉人；喫飯，方見得解飽人。不曾喫底，見人説道是解醉解飽，他也道是解醉解飽，只是見得不親切。見得親切時，須是如伊川所謂曾經虎傷者一般。卓。

問「進修之術何先者」云云。曰：「物理無窮，故他說得來亦自多端。如讀書以講明道義，則是理存於書；如論古今人物以別其是非邪正，則是理存於古今人物；如應接事物而審處其當否，則是理存於應接事物。所存既非一物能專，則所格亦非一端而盡。如曰：『一物格而萬理通，雖顔子亦未至此。但當今日格一件，明日又格一件，積習既多，然後脱然有箇貫通處。』此一項尤有意味。向非其人善問，則亦何以得之哉？」道夫。

問：「『一理通則萬理通』，其說如何？」曰：「伊川嘗云：『雖顔子亦未到此。』天下豈有一理通便解萬理皆通！也須積累將去。如顔子高明，不過聞一知十，亦是大段聰明了。學問却有漸，無急迫之理。有人嘗說，學問只用窮究一箇大處，則其他皆通。如某正不敢如此說，須是逐旋做將去。不成只用窮究一箇，其他更不用管，便都理會得。豈有此理！爲此說者，將謂是天理，不知却是人欲。」明作。

叔文問：「正心、誠意，莫須操存否？」曰：「也須見得後，方始操得。不然，只恁空守，亦不濟事。蓋謹守則在此，一合眼則便走了。須是格物。蓋物格則理明，理明則誠一而心自正矣。不然，則戢戢而生，如何守得他住。」曰：「格物最是難事，如何盡格得？」曰：「程子謂：『今日格一件，明日又格一件，積習既多，然後脱然有貫通處。』某嘗謂，他此語便是真實做工夫來。他也不說格一件後便會通，也不說盡格得天下物理後方始通，只云：『積習既多，然後脱然有箇貫通處。』」又曰：「今却不用慮其他，只是箇『知至而後意誠』，這一轉較難。」道夫。

問：「伊川說：『今日格一件，明日格一件。』工夫如何？」曰：「如讀書，今日看一段，明日看一段。又如今日理會一事，明日理會一事，積習多後，自然通貫。」德明。德功云：「釋氏説斫樹木，今日斫，明日斫，到樹倒時，只一斫便了。」

問：「伊川云：『今日格得一件，明日格得一件。』莫太執著否？」曰：「人日用間自是不察耳。若體察當格之物，一日之間儘有之。」寓。

窮理者，因其所已知而及其所未知，因其所已達而及其所未達。人之良知，本所固有。然不能窮理者，只是足於已知已達，而不能窮其未知未達，故見得一截，不曾又見得一截，此其所以於理未精也。然仍須工夫日日增加。今日既格得一物，明日又格得一物，工夫更不住地做。如左脚進得一步，右脚又進一步；右脚進得一步，左脚又進，接續不已，自然貫通。洽。

黃毅然問：「程子説『今日格一件，明日格一件』，而先生説要隨事理會。恐精力短，如何？」曰：「也須用理會。不成精力短後，話便信口開，行便信脚步，冥冥地去，都不管他！」又問：「無事時見得是如此，臨事又做錯了，如何？」曰：「只是斷置不分明。所以格物便要閒時理會，不是要臨時理會。閒時看得道理分曉，則事來時斷置自易。格物只是理會未理會得底，不是從頭都要理會。如水火，人自是知其不可蹈，何曾有錯去蹈水火！格物只是理會當蹈水火與不當蹈水火，臨事時斷置教分曉。程子所謂『今日格一件，明日格一件』，亦是如此。且如看文字，聖賢說話粹，無可疑者。若後世諸儒之言，喚做都不是，也不得；有好底，有不好底；好底裏面也有不好處，不好底裏面也有好處；有這一事說得是，那一件說得不是；有這一句說得是，那一句說得不是，都要恁地分別。如臨事，亦要如此理會那箇是，那箇不是。若道理明時，自分曉。有一般說，漢唐來都是；有一般說，漢唐來都不是，恁地也不得。且如董仲舒、賈誼說話，何曾有都不是底，何曾有都是底，須是要見得他那箇議論是，那箇議論不是，如此，方喚做格物。如今將一箇物事來，是與不是見得不定，便是自家這裏道理不通透。若道理明，則這樣處自通透。」淳。黄自録詳，別出。

問：「陸先生不取伊川格物之說。若以爲隨事討論，則精神易弊，不若但求之心，心明則無所不照，其說亦似省力。」曰：「不去隨事討論後，聽他胡做，話便信口說，脚便信步行，冥冥地去，都不管他。」義剛曰：「平時明知此事不是，臨時却做錯了，隨即又悔。此畢竟是精神短後，照燭不逮。」曰：「只是斷制不下。且如有一人牽你出去街上行，不成不管後，只聽他牽去，須是知道那裏不可去，我不要隨他去。」義剛曰：「事卒然在面前，卒然斷制不下，這須是精神强，始得。」曰：「所以格物，便是要閒時理會，不是要臨時理會。如水火，人知其不可蹈，自是不去蹈，何曾有人錯去蹈水火來！若是平時看得分明時，卒然到面前，須解斷制。若理會不得時，也須臨事時與盡心理會。十分斷制不下，則亦無奈何。然亦豈可道曉不得後，但聽他！如今有十人，須看他那箇好，那箇不好。好人也有做得不是，不好人也有做得是底。如有五件事，看他處得那件是，那件不是。處得是，又有曲折處。而今人讀書，全一例説好底，固不是。但取聖人書，而以爲後世底皆不足信，也不是。如聖人之言，自是純粹。但後世人也有説得是底，如漢仲舒之徒。説得是底還他是。然也有不是處，也自可見。須是如此去窮，方是。但所謂格物，也是格未曉底，已自曉底又何用格。如伊川所謂『今日格一件，明日格一件』，也是説那難理會底。」義剛。

「積習既多，自當脱然有貫通處」，乃是零零碎碎湊合將來，不知不覺，自然醒悟。其始固須用力，及其得之也，又却不假用力。此箇事不可欲速，「欲速則不達」，須是慢慢做去。人傑。

問：「自一身之中以至萬物之理，理會得多，自當豁然有箇覺處。」曰：「此一段，尤其切要，學者所當深究。」道夫曰：「自一身以至萬物之理，則所謂『由中而外，自近而遠，秩然有序而不迫切』者。」曰：「然。到得豁然處，是非人力勉强而至者也。」道夫。

行夫問：「明道言致知云：『夫人一身之中以至萬物之理，理會得多，自然有箇覺悟處。』」曰：「一身之中是仁義禮智，惻隱羞惡，辭遜是非，與夫耳目手足視聽言動，皆所當理會。至若萬物之榮悴與夫動植小大，這底是可以如何使，那底是可以如何用，車之可以行陸，舟之可以行水，皆所當理會。」又問：「天地之所以高深，鬼神之所以幽顯。」曰：「公且説，天是如何獨高？蓋天只是氣，非獨是高。只今人在地上，便只見如此高。要之，他連那地下亦是天。天只管轉來旋去，天大了，故旋得許多渣滓在中間。世間無一箇物事恁地大。故地恁地大，地只是氣之渣滓，故厚而深。鬼神之幽顯，自今觀之，他是以鬼爲幽，以神爲顯。鬼者，陰也；神者，陽也。氣之屈者謂之鬼，氣之只管恁地來者謂之神。『洋洋然如在其上』，『焄蒿悽愴，此百物之精也，神之著也』，這便是那發生之精神。神者是生底，以至長大，故見其顯，便是氣之伸者。今人謂人之死爲鬼，是死後收斂，無形無跡，不可理會，便是那氣之屈底。」道夫問：「横渠所謂『二氣之良能』，良能便是那會屈伸底否？」曰：「然。」道夫。

明道云：「窮理者，非謂必盡窮天下之理，又非謂止窮得一理便到。但積累多後，自當脱然有悟處。」又曰：「自一身之中以至萬物之理，理會得多，自當豁然有箇覺處。」今人務博者却要盡窮天下之理，務約者又謂「反身而誠」，則天下之物無不在我者，皆不是。如一百件事，理會得五六十件了，這三四十件雖未理會，也大概是如此。向來某在某處，有訟田者，契數十本，中間一段作僞。自崇寧、政和間，至今不決。將正契及公案藏匿，皆不可考。某只索四畔衆契比驗，前後所斷情僞更不能逃者。窮理亦只是如此。淳。

問：「窮理者非謂必盡窮天下之理，又非謂止窮得一理便到，但積累多後，自當脱然有悟處。」曰：「程先生言語氣象自活，與衆人不同。」道夫。

器遠問：「格物當窮究萬物之理令歸一，如何？」曰：「事事物物各自有理，如何硬要捏合得！只是才遇一事，即就一事究竟其理，少間多了，自然會貫通。如一案有許多器用，逐一理會得，少間便自見得都是案上合有底物事。若是要看一件曉未得，又去看一樣，看那箇未了，又看一樣，到後一齊都曉不得。如人讀書，初未理會得，却不去究心理會。問他易如何，便説中間説話與書甚處相類。問他書如何，便云與詩甚處相類。一齊都没理會。所以程子説：『所謂窮理者，非欲盡窮天下之理，又非是止窮得一理便到。但積累多後，自當脱然有悟處。』此語最親切。」賀孫。

問：「知至若論極盡處，則聖賢亦未可謂之知至。如孔子不能證夏商之禮，孟子未學諸侯喪禮，與未詳周室班爵之制之類否？」曰：「然。如何要一切知得！然知至只是到脱然貫通處，雖未能事事知得，然理會得已極多。萬一有插生一件差異底事來，也都識得他破。只是貫通，便不知底亦通將去。某舊來亦如此疑，後來看程子說：『格物非謂欲盡窮天下之物，又非謂只窮得一理便到，但積累多後自脱然有悟處。』方理會得。」僩。

問程子格物之說。曰：「須合而觀之，所謂『不必盡窮天下之物』者，如十事已窮得八九，則其一二雖未窮得，將來湊會，都自見得。又如四旁已窮得，中央雖未窮得，畢竟是在中間了，將來貫通，自能見得。程子謂『但積累多後，自當脱然有悟處』，此語最好。若以爲一草一木亦皆有理，今日又一一窮這草木是如何，明日又一一窮這草木是如何，則不勝其繁矣。蓋當時也只是逐人告之如此。」夔孫。

問：「程子言：『今日格一件，明日格一件，積習既久，自當脱然有貫通處。』又言：『格物非謂盡窮天下之理，但於一事上窮盡，其他可以類推。』二說如何？」曰：「既是教類推，不是窮盡一事便了。且如孝，盡得箇孝底道理，故忠可移於君，又須去盡得忠。以至於兄弟、夫婦、朋友，從此推之無不盡窮，始得。且如炭，又有白底，又有黑底。只窮得黑，不窮得白，亦不得。且如水雖是冷而濕者，然亦有許多樣，只認冷濕一件也不是格。但如今下手，且須從近處做去。若幽奥紛拏，却留向後面做。所以先要讀書，理會道理。蓋先學得在這裏，到臨時應事接物，撞著便有用處。且如火爐，理會得一角了，又須都理會得三角，又須都理會得上下四邊，方是物格。若一處不通，便非物格也。」又曰：「格物不可只理會文義，須實下工夫格將去，始得。」夔孫。

問：「伊川論致知處云：『若一事上窮不得，且別窮一事。』竊謂致之爲言，推而致之以至於盡也。於窮不得處正當努力，豈可遷延逃避，別窮一事邪？至於所謂『但得一道而入，則可以類推而通其餘矣』，夫專心致志，猶慮其未能盡知，況敢望以其易而通其難者乎？」曰：「這是言隨人之量，非曰遷延逃避也。蓋於此處既理會不得，若專一守在這裏，却轉昏了。須著別窮一事，又或可以因此而明彼也。」道夫。

問：「程子『若一事上窮不得，且別窮一事』之説，與中庸『弗得弗措』相發明否？」曰：「看來有一樣底，若『弗得弗措』，一向思量這箇，少間便會擔閣了。若謂窮一事不得，便掉了別窮一事，又輕忽了，也不得。程子爲見學者有恁地底，不得已説此話。」夔孫。

仁甫問：「伊川説『若一事窮不得，須別窮一事』，與延平之説如何？」曰：「這説自有一項難窮底事，如造化、禮樂、度數等事，是卒急難曉，只得且放住。且如所説春秋書『元年春王正月』，這如何要窮曉得？若使孔子復生，也便未易理會在。須是且就合理會底所在理會。延平説，是窮理之要。若平常遇事，這一件理會未透，又理會第二件；第二件理會未得，又理會第三件，恁地終身不長進。」賀孫。

陶安國問：「『千蹊萬徑，皆可適國。』國，恐是譬理之一源處。不知從一事上便可窮得到一源處否？」曰：「也未解便如此，只要以類而推。理固是一理，然其間曲折甚多，須是把這箇做樣子，却從這裏推去，始得。且如事親，固當盡其事之之道，若得於親時是如何，不得於親時又當如何。以此而推之於事君，則知得於君時是如何，不得於君時又當如何。推以事長，亦是如此。自此推去，莫不皆然。」時舉。

德元問：「萬物各具一理，而萬理同出一原。」曰：「萬物皆有此理，理皆同出一原。但所居之位不同，則其理之用不一，如爲君須仁，爲臣須敬，爲子須孝，爲父須慈。物物各具此理，而物物各異其用，然莫非一理之流行也。聖人所以『窮理盡性而至於命』，凡世間所有之物，莫不窮極其理，所以處置得物物各得其所，無一事一物不得其宜。除是無此物，方無此理；既有此物，聖人無有不盡其理者，所謂『惟至誠贊天地之化育，則可與天地參』者也。」僩。

行夫問：「萬物各具一理，而萬理同出一源，此所以可推而無不通也。」曰：「近而一身之中，遠而八荒之外，微而一草一木之衆，莫不各具此理。如此四人在坐，各有這箇道理，某不用假借於公，公不用求於某，仲思與廷秀亦不用自相假借。然雖各自有一箇理，又却同出於一箇理爾。如排數器水相似：這盂也是這樣水，那盂也是這樣水，各各滿足，不待求假於外。然打破放裹，却也只是箇水。此所以可推而無不通也。所以謂格得多後自能貫通者，只爲是一理。釋氏云：『一月普現一切水，一切水月一月攝。』這是那釋氏也窺見得這些道理。濂溪通書只是説這一事。」道夫。

或問：「萬物各具一理，萬理同出一原。」曰：「一箇一般道理，只是一箇道理。恰如天上下雨：大窩窟便有大窩窟水，小窩窟便有小窩窟水，木上便有木上水，草上便有草上水，隨處各别，只是一般水。」胡泳。

又問「物必有理，皆所當窮」云云。曰：「此處是緊切。學者須當知夫天如何而能高，地如何而能厚，鬼神如何而爲幽顯，山岳如何而能融結，這方是格物。」道夫。

問：「『觀物察己』，還因見物反求諸己。』此説亦是。程子非之，何也？」曰：「這理是天下公共之理，人人都一般，初無物我之分，不可道我是一般道理，人又是一般道理。將來相比，如赤子入井，皆有怵惕。知得人有此心，便知自家亦有此心，更不消比並自知。」寓。

格物、致知，彼我相對而言耳。格物所以致知。於這一物上窮得一分之理，即我之知亦知得一分；於物之理窮二分，即我之知亦知得二分；於物之理窮得愈多，則我之知愈廣。其實只是一理，「才明彼，即曉此」。所以大學説「致知在格物」，又不説欲致其知者在格其物。蓋致知便在格物中，非格之外别有致處也。又曰：「格物之理，所以致我之知。」僩。

程子云：「天地之所以高厚，一物之所以然，學者皆當理會。」只是舉其至大與其至細者，言學者之窮理，無一物而在所遺也。至於言「講明經義，論古今人物及應接事物」，則上所言亦在其中矣。但天地高厚，則資次未到這裏，亦未易知爾。端蒙。

問「致知之要當知至善之所在」云云。曰：「天下之理，偪塞滿前，耳之所聞，目之所見，無非物也，若之何而窮之哉！須當察之於心，使此心之理既明，然後於物之所在從而察之，則不至於汎濫矣。」道夫。

周問：「程子謂『一草一木，皆所當窮』，又謂『恐如大軍遊騎，出太遠而無所歸』，何也？」曰：「便是此等語說得好，平正，不向一邊去。」淳。

問：「程子謂『如大軍遊騎無所歸』，莫只是要切己看否？」曰：「只要從近去。」士毅。

且窮實理，令有切己工夫。若只泛窮天下萬物之理，不務切己，即是遺書所謂「遊騎無所歸」矣。德明。

問：「格物，莫是天下之事皆當理會，然後方可？」曰：「不必如此。聖人正怕人如此。聖人云：『吾少也賤，故多能鄙事。』又云：『君子多乎哉？不多也。』又云：『多聞，擇其善者而從之，多見而識之，知之次也。』聖人恐人走作這心無所歸著。故程子云：『如大軍之遊騎，出太遠而無所歸也。』」卓。

「或問格物問得太煩」。曰：「若只此聯纏説，濟得自家甚事？某最怕人如此。人心是箇神明不測物事，今合是如何理會？這耳目鼻口手足，合是如何安頓？如父子君臣夫婦朋友，合是如何區處？就切近處，且逐旋理會。程先生謂：『一草一木亦皆有理，不可不察。』又曰：『徒欲汎然觀萬物之理，恐如大軍之遊騎，出太遠而無所歸。』又曰：『格物莫若察之於身，其得尤切。』莫急於教人，然且就身上理會。凡纖悉細大，固著逐一理會。然更看自家力量了得底如何。」寓。

問：「格物雖是格天下萬物之理，天地之高深，鬼神之幽顯，微而至於一草一木之間，物物皆格，然後可也；然而用工之始，伊川所謂『莫若察之吾身』者爲急。不知一身之中，當如何用力，莫亦隨事而致察否？」曰：「次第亦是如此。但如今且從頭做將去。若初學，又如何便去討天地高深、鬼神幽顯得？且如人説一件事，明日得工夫時，也便去做了。逐一件理會去，久之自然貫通。但除了不是當閒底物事，皆當格也。」又曰：「物既格，則知自至。」履孫。

問「格物莫若察之於身，其得之尤切」。曰：「前既説當察物理，不可專在性情；此又言莫若得之於身爲尤切，皆是互相發處。」道夫。

問「格物窮理，但立誠意以格之」。曰：「立誠意，只是樸實下工夫，與經文『誠意』之說不同。」道夫。

問「立誠意以格之」。曰：「此『誠』字説較淺，未説到深處，只是確定徐録作「堅確」。其志，樸實去做工夫，如胡氏『立志以定其本』，便是此意。」淳。寓同。

李德之問「立誠意以格之」。曰：「這箇誠意，只是要著實用力，所以下『立』字。」蓋卿。

誠意不立，如何能格物！所謂立誠意者，只是要著實下工夫，不要若存若亡。遇一物，須是真箇即此一物究極得箇道理了，方可言格。若「物格而后知至，知至而后意誠」，大學蓋言其所止之序，其始則必在於立誠。佐。

問：「中庸言自明而誠，今先生教人以誠格物，何故？」曰：「誠只是一箇誠，只争箇緩頰。」去僞。

問「入道莫如敬，未有致知而不在敬者」。曰：「敬則此心惺惺。」道夫。

伊川謂「學莫先於致知，未有致知而不在敬者」。致知，是主善而師之也；敬，是克一而協之也。伯羽。

敬則心存，心存，則理具於此而得失可驗，故曰：「未有致知而不在敬者。」道夫。

問：「程子云：『未有致知而不在敬者。』蓋敬則胸次虚明，然後能格物而判其是非。」

曰：「雖是如此，然亦須格物，不使一毫私欲得以爲之蔽，然後胸次方得虛明。只一箇持敬，也易得做病。若只持敬，不時時提撕著，亦易以昏困。須是提撕，才見有私欲底意思來，便屏去。且謹守著，到得復來，又屏去。時時提撕，私意自當去也。」德明。

問：「春間幸聞格物之論，謂事至物來，便格取一箇是非，覺有下手處。」曰：「春間說得亦太迫切。只是伊川說得好。」問：「如何迫切？」曰：「取效太速，相次易生出病。伊川教人只說敬，敬則便自見得一箇是非。」德明。

問：「春間所論致知格物，便見得一箇是非，工夫有依據。秋間却以爲太迫切，何也？」曰：「看來亦有病，侵過了正心、誠意地步多。只是一『敬』字好。伊川只說敬，又所論格物、致知，多是讀書講學，不專如春間所論偏在一邊。今若只理會正心、誠意，池錄作「四端情性」。却有局促之病；只說致知、格物，池錄作「讀書講學」，一作「博窮衆理」。又却似汎濫。古人語言自是周浹。若今日學者所謂格物，却無一箇端緒，只似尋物去格。如齊宣王因見牛而發不忍之心，此蓋端緒也，便就此擴充，直到無一物不被其澤，方是。致與格，只是推致窮格到盡處。凡人各有箇見識，不可謂他全不知。如『孩提之童，無不知愛其親；及其長也，無不知敬其兄』，以至善惡是非之際，亦甚分曉。但不推致充廣，故其見識終只如此，須是因此端緒從而窮格之。未見端倪發見之時，且得恭敬涵養；有箇端倪發見，直是窮格去。亦不是鑿空尋事物去格也。」又曰：「涵養於未發見之先，窮格於已發見之後。」德明。

問：「格物，敬爲主，如何？」曰：「敬者，徹上徹下工夫。」祖道。

問：「格物，或問論之已詳。不必分大小先後，但是以敬爲本後，遇在面前底便格否？」曰：「是。但也須是從近處格將去。」義剛。

問：「程先生所説格物之要，在以誠敬爲主，胡氏説致知、格物，又要『立志以定其本』，如何？」曰：「此程先生説得爲人切處。古人由小便學來如，『視無誑』，如『洒埽、應對、進退』，皆是少年從小學，教他都是誠敬。今人小學都不曾去學，却欲便從大學做去。且如今格一物，若自家不誠不敬，誠是不欺不妄，敬是無怠慢放蕩。纔格不到，便棄了，又如何了得！工夫如何成得！」又云：「程先生云：『主一之謂敬。』此理又深。」又説：「今人所作所爲，皆緣是不去立志。若志不立，又如何去學？又如何去致知、格物中做得事？立志之説甚好。非止爲讀書説，一切之事皆要立志。」椿。

問「涵養須用敬，進學則在致知」。曰：「二者偏廢不得。致知須用涵養，涵養必用致知。」道夫。

任道弟問：「或問涵養又在致知之先？」曰：「涵養是合下在先。古人從小以敬涵養，父兄漸漸教之讀書，識義理。今若說待涵養了方去理會致知，也無期限。須是兩下用工，也著涵養，也著致知。伊川多說敬，敬則此心不放，事事皆從此做去。」因言「此心至靈，細入毫芒纖芥之間，便知便覺，六合之大，莫不在此。又如古初去今是幾千萬年，若此念才發，便到那裏；下面方來又不知是幾千萬年，若此念才發，便也到那裏。這箇神明不測，至虛至靈，是甚次第！然人莫不有此心，多是但知有利欲，被利欲將這箇心包了。起居動作，只是有甚可喜物事，有甚可好物事，一念才動，便是這箇物事」。賀孫。廣録云：「或問存養、致知先後。曰：『程先生謂：「存養須是敬，進學則在致知。」又曰：「未有致知而不在敬者。」蓋古人才生下兒子，便有存養他底道理。父兄漸漸教他讀書，識義理。今人先欠了此一段，故學者先須存養。然存養便當去窮理。若說道，俟我存養得，却去窮理，則無期矣。因言人心至靈，雖千萬里之遠，千百世之上，一念才發，便到那裏。神妙如此，却不去養他，自旦至暮，只管展轉於利欲中，都不知覺！』」

問竇：「看格物之義如何？」曰：「須先涵養清明，然後能格物。」曰：「亦不必專執此說。事到面前，須與他分別去。到得無事，又且持敬。看自家這裏敬與不敬如何，若是不敬底意思來，便與屏徹去。久之，私欲自留不得。且要切己做工夫。且如今一坐之頃，便有許多語話，豈不是動？才不語話，便是靜。一動一靜，循環無已，便就此窮格，無有空闕時，不可作二事看。某向時亦曾說，未有事時且涵養，到得有事却將此去應物，却成兩截事。今只如此格物，便只是一事。且如『言忠信，行篤敬』，只見得言行合如此；下一句『蠻貊之邦行矣』，便未須理會。及其久也，只見得合如此言，合如此行，亦不知其爲忠信篤敬如何，而忠信篤敬自在裏許，方好。」德明。從周録云：「先生問：『如何理會致知、格物？』曰：『涵養主一之義，使心地虛明，物來當自知未然之理。』曰：『恁地則兩截了。』」

又問「致知在乎所養，養知莫過於寡欲」。道夫云：「『養知莫過於寡欲』，此句最爲緊切。」曰：「便是這話難説，又須是格物方得。若一向靠著寡欲，又不得。」道夫。

行夫問「致知在乎所養，養知莫過於寡欲」。曰：「二者自是箇兩頭説話，本若無相干。但得其道，則交相爲養；失其道，則交相爲害。」道夫。

楊子順問：「『養知莫過於寡欲』，是既知後，便如此養否？」曰：「此不分先後。未知之前，若不養之，此知如何發得？既知之後，若不養，則又差了。」淳。寓同。

「致知在乎所養，養知莫過於寡欲」二句。致知者，推致其知識而至於盡也。將致知者，必先有以養其知。有以養之，則所見益明，所得益固。欲養其知者，惟寡欲而已矣。欲寡，則無紛擾之雜，而知益明矣；無變遷之患，而得益固矣。直卿。端蒙。

遺書晁氏客語卷中，張思叔記程先生語云「思欲格物，則固已近道」一段甚好，當收入近思録。僩。

問：「暢潛道記一篇，多有不是處，如説格物數段。如云『思欲格物則固已近道』，言皆緩慢。」曰：「它不合作文章，意思亦是，只是走作。」又問：「如云『可以意得，不可以言傳』，此乃學佛之過。下一段云『因物有遷』數語，似得之。」曰：「然。」先生舉一段云：「極好。」記夜氣。又問：「它把致知爲本，亦未是。」曰：「他便把終始本末作一事了。」可學。

問：「看致知説如何？」曰：「程子説得確實平易，讀著意味愈長。」先生曰：「且是教人有下手處。」道夫。

問大學致知、格物之方。曰：「程子與門人言亦不同：或告之讀書窮理，或告之就事物上體察。」炎。

先生既爲道夫讀程子致知説，復曰：「『格物』一章，正大學之頭首，宜熟復，將程先生説更逐段研究。大抵程先生説與其門人説大體不同。不知當時諸公身親聞之，却因甚恁地差了。」道夫。

問：「兩日看何書？」對：「看或問『致知』一段，猶未了。」曰：「此是最初下手處，理會得此一章分明，後面便容易。程子於此段節目甚多，皆是因人資質説，故有説向外處，有説向内處。要知學者用功，六分内面、四分外面便好，一半已難，若六分外面，則尤不可。今有一等人甚明，且於道理亦分曉，却只恁地者，只是向外做工夫。」士毅。廣録詳。

「致知」一章，此是大學最初下手處。若理會得透徹，後面便容易。故程子此處説得節目最多，皆是因人之資質耳。雖若不同，其實一也。見人之敏者，太去理會外事，則教之使去父慈、子孝處理會，曰：「若不務此，而徒欲汎然以觀萬物之理，則吾恐其如大軍之遊騎，出太遠而無所歸。」若是人專只去裏面理會，則教之以「求之情性，固切於身，然一草一木，亦皆有理」。要之，内事外事，皆是自己合當理會底，但須是六七分去裏面理會、三四分去外面理會方可。若是工夫中半時，已自不可。況在外工夫多，在内工夫少耶！此尤不可也。廣。

或問程子致知、格物之説不同。曰：「當時答問，各就其人而言之。今須是合就許多不同處，來看作一意爲佳。且如既言『不必盡窮天下之物』，又云『一草一木亦皆有理』。今若於一草一木上理會，有甚了期。但其間有『積習多後自當脱然有貫通處』者爲切當耳。今以十事言之，若理會得七八件，則那兩三件觸類可通。若四旁都理會得，則中間所未通者，其道理亦是如此。蓋長短大小，自有準則。如忽然遇一件事來時，必知某事合如此，某事合如彼，則此方來之事亦有可見者矣。聖賢於難處之事，只以數語盡其曲折，後人皆不能易者，以其於此理素明故也。」又云：「所謂格物者，常人於此理，或能知一二分，即其一二分之所知者推之，直要推到十分，窮得來無去處，方是格物。」人傑。

問：「伊川説格物、致知許多項，當如何看？」曰：「説得已自分曉。如初間説知覺及誠敬，固不可不勉。然『天下之理，必先知之而後有以行之』，這許多説不可不格物、致知。中間説物物當格，及反之吾身之説，却是指出格物箇地頭如此。」又云：「此項兼兩意，又見節次格處。自『立誠意以格之』以下，却是做工夫合如此。」又云：「用誠敬涵養爲格物致知之本。」賀孫。

問：「程子謂致知節目如何？」曰：「如此理會也未可。須存得此心，却逐節子思索，自然有箇覺處，如諺所謂『冷灰裏豆爆』。」季札。

問：「二程説格物，謂當從物物上格之，窮極物理之謂也。或謂格物不當從外物上留意，特在吾一身之内，是『有物必有則』之謂，如何？」曰：「外物亦是物。格物當從伊川之説，不可易。洒埽應對中，要見得精義入神處，如何分内外！」浩。

先生問：「公讀大學了，如何是『致知、格物』？」説不當意。先生曰：「看文字，須看他緊要處。且如大段落，自有箇緊要處，正要人看。如作一篇詩，亦自有箇緊要處。『格物』一章，前面説許多，便是藥料。它自有箇炮爁炙煿道理，這藥方可合，若不識箇炮爁炙煿道理，如何合得藥！　藥方亦爲無用。」次日禀云：「夜來蒙舉藥方爲喻，退而深思，因悟致知、格物之旨。或問首叙程夫子之説，中間條陳始末，反覆甚備，末後又舉延平之教。千言萬語，只是欲學者此心常在道理上窮究。若此心不在道理上窮究，則心自心，理自理，邈然更不相干。所謂道理者，即程夫子與先生已說了。試問如何是窮究？先生或問中間一段『求之文字，索之講論，考之事爲，察之念慮』等事，皆是也。既是如此窮究，則仁之愛，義之宜，禮之理，智之通，皆在此矣。推而及於身之所用，則聽聰，視明，貌恭，言從。又至於身之所接，則父子之親，君臣之義，夫婦之别，長幼之序，朋友之信，以至天之所以高，地之所以厚，鬼神之所以幽顯，又至草木鳥獸，一事一物，莫不皆有一定之理。今日明日積累既多，則胸中自然貫通。如此，則心即理，理即心，動容周旋，無不中理矣。先生所謂『衆理之精粗無不到』者，詣其極而無餘之謂也；『吾心之光明照察無不周』者，全體大用無不明，隨所詣而無不盡之謂。書之所謂睿，董子之所謂明，伊川之所謂説虎者之真知，皆是。此謂格物，此謂知之至也。」先生曰：「是如此。」泳。

蜚卿問：「誠敬寡欲以立其本，如何？」曰：「但將不誠處看，便見得誠；將不敬處看，便見得敬；將多欲來看，便見得寡欲。」道夫。

然則吾子之意亦可得而悉聞一段

問：「天道流行，發育萬物，人物之生，莫不得其所以生者以爲一身之主，是此性隨所生處便在否？」曰：「一物各具一太極。」問：「此生之道，其實也是仁義禮智信？」曰：「只是一箇道理，界破看，以一歲言之，有春夏秋冬；以乾言之，有元亨利貞；以一月言之，有晦朔弦望；以一日言之，有旦晝暮夜。」節。

問：「或問中謂『口鼻耳目四肢之用』，是如何？」曰：「『貌曰恭，言曰從』，視明，聽聰。」又問：「『君臣父子夫婦長幼朋友之常』，如何？」曰：「事君忠，事親孝。」節。

問由中而外，自近而遠。曰：「某之意，只是說欲致其知者，須先存得此心。此心既存，却看這箇道理是如何。又推之於身，又推之於物，只管一層展開一層，又見得許多道理。」又曰：「如『足容重，手容恭，目容端，口容止，聲容靜，頭容直，氣容肅，立容德，色容莊』，這便是一身之則所當然者。曲禮三百，威儀三千，皆是人所合當做而不得不然者，非是聖人安排這物事約束人。如洪範亦曰『貌曰恭，言曰從，視曰明，聽曰聰，思曰睿』，以至於『睿作聖』。夫子亦謂『君子有九思』，此皆人之所不可已者。」道夫。

問「上帝降衷」。曰：「衷，只是中也。」又曰：「是恰好處。如折衷，是折兩者之半而取中之義。」卓。

陶安國問：「『降衷』之『衷』與『受中』之『中』，二字義如何？」曰：「左氏云：『始終而衷舉之。』又曰：『衷甲以見。』看此『衷』字義，本是『衷甲以見』之義，爲其在裏而當中也。

然『中』字大概因過不及而立名，如『六藝折衷於夫子』，蓋是折兩頭而取其中之義。後人以衷爲善，却説得未親切。」銖。

德元問：「詩所謂秉彝，書所謂降衷一段，其名雖異，要之皆是一理。」曰：「誠是一理，豈可無分別！且如何謂之降衷？」曰：「衷是善也。」曰：「若然，何不言降善而言降衷？『衷』字，看來只是箇無過不及，恰好底道理。天之生人物，箇箇有一副當恰好、無過不及底道理降與你。與程子所謂天然自有之中、劉子所謂民受天地之中相似；與詩所謂秉彝、張子所謂萬物之一原又不同。須各曉其名字訓義之所以異，方見其所謂同。」一云：「若説降衷便是秉彝，則不可。若説便是萬物一原，則又不可。萬物一原，自説萬物皆出此也。若統論道理，固是一般，聖賢何故説許多名字？」衷，只是中；今人言折衷去聲。者，以中爲準則而取正也。『天生烝民，有物有則』，『則』字却似『衷』字。天之生此物，必有箇當然之則，故民執之以爲常道，所以無不好此懿德。物物有則，蓋君有君之則，臣有臣之則：『爲人君，止於仁』，君之則也；『爲人臣，止於敬』，臣之則也。如耳有耳之則，目有目之則：『視遠惟明』，目之則也；『聽德惟聰』，耳之則也。『從作乂』，言之則也；『恭作肅』，貌之則也。四肢百骸，萬物萬事，莫不各有當然之則，子細推之，皆可見。」又曰：「凡看道理，須是細心看他名義分位之不同。通天下固同此一理，然聖賢所説有許多般樣，須是一一通曉分别得出，始得。若只儱侗説了，盡不見他裏面好處。如一爐火，四人四面同向此火，火固只一般，然四面各不同。若說我只認曉得這是一堆火便了，這便不得，他裏面玲瓏好處無由見。如『降衷于下民』，這緊要字却在『降』字上。故自天而言，則謂之降衷；自人受此衷而言，則謂之性。如云『天所賦爲命，物所受爲性』，命，便是那『降』字；至物所受，則謂之性，而不謂之衷。所以不同，緣各據他來處與所受處而言也。『惟皇上帝降衷于下民』，此據天之所與物者而言。『若有常性』，是據民之所受者而言。『克綏厥猷』，猷即道，道者性之發用處，能安其道者惟后也。如『天命之謂性，率性之謂道，修道之謂教』三句，亦是如此。古人說得道理如此縝密，處處皆合。今人心粗，如何看得出。佛氏云：『如來爲一大事因緣故出現於世。』某嘗說，古之諸聖人亦是爲此一大事也。前聖後聖，心心一符，如印記相合，無纖毫不似處。」劉用之曰：「『衷』字是兼心說，如云衷誠，丹衷是也，言天與我以是心也。」曰：「恁地說不得。心、性固只一理，然自有合而言處，又有析而言處。須知其所以析，又知其所以合，乃可。然謂性便是心，則不可；謂心便是性，亦不可。孟子曰『盡其心，知其性』；又曰『存其心，養其性』。聖賢說話自有分別，何嘗如此儱侗不分曉！固有儱侗一統說時，然名義各自不同。心、性之別，如以碗盛水，水須碗乃能盛，然謂碗便是水，則不可。後來横渠說得極精，云：『心統性、情者也。』如『降衷』之『衷』同是此理。然此字但可施於天之所降而言，不可施於人之所受而言也。」僩。池録作二段。

天降衷者，衷降此。以降言，爲命；以受言，爲性。節。

陳問：「劉子所謂天地之中，即周子所謂太極否？」曰：「只一般，但名不同。中，只是恰好處。上帝降衷，亦是恰好處。極不是中，極之爲物，只是在中。如這燭臺，中央簪處便是極。從這裏比到那裏，也恰好，不曾加些；從那裏比到這裏，也恰好，不曾減些。」寓。

問：「天地之中與程子天然自有之中，是一意否？」曰：「只是一意，蓋指大本之中也。此處中庸説得甚分明，他日自考之。」銖。

問：「天地之中，天然自有之中，同否？」曰：「天地之中，是未發之中；天然自有之中，是時中。」曰：「然則天地之中是指道體，天然自有之中是指事物之理？」曰：「然。」闔祖。

問：「以其理之一，故於物無不能知；以其稟之異，故於理或不能知。」曰：「氣稟之偏者，自不求所以知。若或有這心要求，便即在這裏。緣本來箇仁義禮智，人人同有，只被氣稟物欲遮了。然這箇理未嘗亡，才求便得。」又曰：「這箇便是難説。喚做難，又不得；喚做易，又不得。喚做易時，如何自堯舜禹湯文武周孔以後，如何更無一箇人與相似？喚做難，又才知覺，這箇理又便在這裏。這箇便須是要子細講究，須端的知得，做將去自容易。若不知得，雖然恁地把捉在這裏，今夜捉住，明朝又不見了；明朝捉住，後日又不見了。若知得到，許多蔽翳都没了。如氣稟物欲一齊打破，便日日朝朝，只恁地穩穩做到聖人地位。」賀孫。

問「或問中云，知有未至，是氣稟、私欲所累」。曰：「是被這兩箇阻障了，所以知識不明，見得道理不分曉。聖人所以將格物、致知教學者，只是要教你理會得這箇道理，便不錯。一事上皆有一箇理。當處事時，便思量體認得分明。久而思得熟，只見理而不見事了。如讀聖人言語，讀時研窮子細，認得這言語中有一箇道理在裏面分明。久而思得熟，只見理而不見聖人言語。不然，只是冥行，都顛倒錯亂了。且如漢高帝做事，亦有合理處，如寬仁大度，約法三章，豈不是合理處甚多？有功諸將，嫚罵待他，都無禮數，所以今日一人叛，明日一人叛，以至以愛惡易太子。如此全錯，更無些子道理，前後恰似兩人，此只是不曾真箇見得道理合如此做。中理底，是他天資高明，偶然合得；不中理處多，亦無足怪。只此一端，推了古今青史人物，都只是如此。所以聖人教學者理會道理，要他真箇見得了，方能做得件件合道理。今日格一件，明日格一件。遇事時，把捉教心定，子細體認，逐旋捱將去，不要放過。積累功夫，日久自然見這道理分曉，便處事不錯，此與偶合者天淵不同。」問去私欲、氣稟之累。曰：「只得逐旋戰退去。若要合下便做一次排遣，無此理，亦不濟得事。須是當事時子細思量，認得道理分明，自然勝得他。次第這邊分明了，那邊自然容著他不得。如今只窮理爲上。」又問：「客氣暴怒，害事爲多，不知是物欲耶，氣稟耶？」曰：「氣稟物欲亦自相連著。且如人稟得性急，於事上所欲必急，舉此一端，可以類推。」又曰：「氣稟、物欲生來便有，要無不得，只逐旋自去理會消磨。大要只是觀得理分明，便勝得他。」明作。

問：「『或考之事爲之著，或察之念慮之微。』看來關於事爲者，不外乎念慮；而入於念慮者，往往皆是事爲。此分爲二項，意如何？」曰：「固是都相關，然也有做在外底，也有念慮方動底。念慮方動，便須辨别那箇是正，那箇是不正。這只就始末上大約如此説。」問：「只就著與微上看？」曰：「有箇顯，有箇微。」問：「所藉以爲從事之實者，初不外乎人生日用之近；其所以爲精微要妙不可測度者，則在乎真積力久，默識心通之中。是乃夫子所謂『下學而上達』者。」曰：「只是眼前切近起居飲食、君臣父子兄弟夫婦朋友處，便是這道理。只就近處行到熟處，見得自高。有人説，只且據眼前這近處行，便是了，這便成苟簡卑下。又有人説，掉了這箇，上面自有一箇道理，亦不是，下梢只是謾人。聖人便只説『下學上達』，即這箇便是道理，别更那有道理。只是這箇熟處，自見精微。」又曰：「『堯舜之道，孝弟而已矣。』亦只是就近處做得熟，便是堯舜。聖人與庸凡之分，只是箇熟與不熟。庖丁解牛，莫不中節。古之善書者亦造神妙。」賀孫。

問：「或問云：『天地鬼神之變，鳥獸草木之宜，莫不有以見其所當然而不容已。』所謂『不容已』，是如何？」曰：「春生了便秋殺，他住不得。陰極了，陽便生。如人在背後，只管來相趲，如何住得！」淳。寓録云：「春生秋殺，陽開陰閉，趲來趲去，自住不得。」

或問：「理之不容已者如何？」曰：「理之所當爲者，自不容已。孟子最發明此處。如曰：『孩提之童，無不知愛其親；及其長也，無不知敬其兄。』自是有住不得處。」人傑。

今人未嘗看見「當然而不容已」者，只是就上較量一箇好惡爾。如真見得這底是我合當爲，則自有所不可已者矣。如爲臣而必忠，非是謾説如此，蓋爲臣不可以不忠；爲子而必孝，亦非是謾説如此，蓋爲子不可以不孝也。道夫。

問：「或問，物有當然之則，亦必有所以然之故，如何？」曰：「如事親當孝、事兄當弟之類，便是當然之則。然事親如何却須要孝，從兄如何却須要弟，此即所以然之故。如程子云：『天所以高，地所以厚。』若只言天之高，地之厚，則不是論其所以然矣。」謨。

或問：「莫不有以見其所當然而不容已，與其所以然而不可易者。」先生問：「每常如何看？」廣曰：「『所以然而不可易』者，是指理而言；『所當然而不容已』者，是指人心而言。」曰：「下句只是指事而言。凡事固有『所當然而不容已』者，然又當求其所以然者何故。其所以然者，理也。理如此，固不可易。又如人見赤子入井，皆有怵惕、惻隱之心，此其事『所當然而不容已』者也。然其所以如此者何故，必有箇道理之不可易者。今之學者但止見一邊。如去見人，只見得他冠冕衣裳，却元不曾識得那人。且如爲忠，爲孝，爲仁，爲義，但只據眼前理會得箇皮膚便休，都不曾理會得那徹心徹髓處。以至於天地間造化，固是陽長則生，陰消則死，然其所以然者是如何？又如天下萬事，一事各有一理，須是一一理會教徹。不成只說道：『天，吾知其高而已；地，吾知其深而已；萬物萬事，吾知其爲萬物萬事而已！』明道詩云：『道通天地有形外，思入風雲變態中。』觀他此語，須知有極至之理，非册子上所能載者。」廣曰：「大至於陰陽造化，皆是『所當然而不容已』者。所謂太極，則是『所以然而不可易』者。」曰：「固是。人須是自向裏入深去理會。此箇道理，才理會到深處，又易得似禪。須是理會到深處，又却不與禪相似，方是。今之不爲禪學者，只是未曾到那深處；才到那深處，定走入禪去也。譬如人在淮河上立，不知不覺走入番界去定也。只如程門高第游氏，則分明是投番了。雖上蔡龜山也只在淮河上游游漾漾，終看他未破；時時去他那下探頭探腦，心下也須疑它那下有箇好處在。大凡爲學，須是四方八面都理會教通曉，仍更理會向裏來。譬如喫菓子一般：先去其皮殼，然後食其肉，又更和那中間核子都咬破，始得。若不咬破，又恐裏頭別有多滋味在。若是不去其皮殼，固不可；若只去其皮殼了，不管裏面核子，亦不可，恁地則無緣到得極至處。大學之道，所以在致知、格物。格物，謂於事物之理各極其至，窮到盡頭。若是裏面核子未破，便是未極其至也。如今人於外面天地造化之理都理會得，而中間核子未破，則所理會得者亦未必皆是，終有未極其至處。」因舉五峰之言，曰：「『身親格之以精其知』，雖於『致』字得向裏之意，然却恐遺了外面許多事。如某，便不敢如此説。須是内外本末，隱顯精粗，一一周徧，方是儒者之學。」廣。

問：「『格物』章或問中如何説表裏精粗？」曰：「窮理須窮究得盡。得其皮膚，是表也；見得深奥，是裏也。知其粗不曉其精，皆不可謂之格。故云：『表裏精粗，無所不盡。』」過。

問以類而推之説。曰：「是從已理會得處推將去。如此，便不隔越。若遠去尋討，則不切於己。」必大。

問：「或問云：『心雖主乎一身，而其體之虛靈，足以管乎天下之理；理雖散在萬物，而其用之微妙，實不外乎一人之心。』不知用是心之用否？」曰：「理必有用，何必又説是心之用！夫心之體具乎是理，而理則無所不該，而無一物不在，然其用實不外乎人心。蓋理雖在物，而用實在心也。」又云：「理徧在天地萬物之間，而心則管之；心既管之，則其用實不外乎此心矣。然則理之體在物，而其用在心也。」次早，先生云：「此是以身爲主，以物爲客，故如此說。要之，理在物與在吾身，只一般。」燾。

「或問云：『萬物生於天地之間，不能一日而相無，而亦不可相無也。』如何？」曰：「萬物生於天地，人如何少得它，亦如何使它無得？意只是如此。」舊夫[一]。

近世大儒有爲格物致知之說一段

或問中近世大儒格物致知之說曰：「格，猶扞也，禦也，能扞禦外物，而後能知至道。」温公。「必窮物之理同出於一爲格物。」吕與叔。『窮理只是尋箇是處。』上蔡。「天下之物不可勝窮，然皆備於我而非從外得。」龜山。「『今日格一件，明日格一件』，爲非程子之言。」和靖。「物物致察，宛轉歸己。」胡文定。「即事即物，不厭不棄，而身親格之。」五峰。

吕與叔謂：「凡物皆出於一，又格箇甚麽？」固是出於一，只緣散了，千岐萬徑。今日窮理，所以要收拾歸於一。泳。

吕與叔說許多一了，理自無可得窮，說甚格物！泳。

「窮理是尋箇是處，然必以恕爲本。」但恕乃求仁之方。試看窮理如何著得「恕」字？

〔一〕「舊」，似當作「道」。

窮理蓋是合下工夫，恕則在窮理之後。胡文定載顯道語云：「恕則窮理之要。」某理會，安頓此語不得。賀孫。

上蔡說：「窮理只尋箇是處，以恕爲本。」窮理自是我不曉這道理，所以要窮，如何說得「恕」字？他當初說「恕」字，大概只是說要推我之心以窮理，便礙理了。龜山說「反身而誠」，却大段好。須是反身，乃見得道理分明。如孝如弟，須見得孝弟，我元有在這裏。若能反身，争多少事。他又却說：「萬物皆備於我，不須外面求。」此却錯了。「身親格之」，說得「親」字急迫。自是自家格，不成倩人格！賜。

以「今日格一件，明日格一件」爲非伊川之言者，和靖也。和靖且是深信程子者。想是此等說話不曾聞得，或是其心不以爲然，故於此說有所不領會耳。謝子尋箇是處之說甚好，與呂與叔「必窮萬物之理同出於一爲格物，知萬物同出乎一理爲知至」，其所見大段不同。但尋箇是處者，須是於其一二分是處，直窮到十分是處，方可。人傑。

張元德問以「今日格一件，明日格一件」爲非程子之言者。曰：「此和靖之說也。大抵和靖爲人淳，故他不聽得而出於衆人之録者，皆以爲非伊川之言。且如伊川論春秋之傳爲案，經爲斷，它亦以爲伊川無此言。且以此兩句即『以傳考經之事迹，以經別傳之真僞』之意，非伊川之言而何！」㽦。

「今日格一件，明日格一件」，乃楊遵道所録，不應龜山不知。泳。

龜山説：「只『反身而誠』，便天地萬物之理在我。」胡文定却言：「物物致察，宛轉歸己。見雲雷，知經綸；見山下出泉，知果行之類。」惟伊川言「不可只窮一理，亦不能偏窮天下萬物之理」。某謂，須有先後緩急，久之亦要窮盡。如正蒙，是盡窮萬物之理。德明。

胡文定宛轉歸己之説，這是隔陌多少！記得一僧徒作一文，有此一語。泳。

問：「觀物察己，其説如何？」曰：「其意謂『察天行以自强，察地勢以厚德』。如此，只是一死法。」子蒙。

問：「物物致察與物物而格何别？」曰：「文定所謂物物致察，只求之於外。如所謂『察天行以自强，察地勢以厚德』，只因其物之如是而求之耳。初不知天如何而健，地如何而順也。」道夫曰：「所謂宛轉歸己，此等言語似失之巧。」曰：「若宛轉之説，則是理本非己有，乃强委曲牽合，使入來爾。許多説，只有上蔡所謂『窮理只是尋箇是處』爲得之。」道夫曰：「龜山『反身而誠』之説，只是摸空説了。」曰：「都無一箇著實處。」道夫曰：「却似甚快。」曰：「若果如此，則聖賢都易做了！」又問：「他既如此説，其下工夫時亦須有箇窒礙。」曰：「也無做處。如龜山於天下事極明得，如言治道與官府政事，至纖至細處，亦曉得。到這裏却恁説，次第他把來做兩截看了！」道夫。

知言要「身親格之」。天下萬事，如何盡得！龜山「『反身而誠』，則萬物在我矣」。太快。伊川云：「非是一理上窮得，亦非是盡要窮。窮之久，當有覺處。」此乃是。方。

格物以身，伊川有此一說。然大都說非一。五峰既出於一偏而守之，亦必有一切之效，然不曾熟看伊川之意也。方。

五峰說「立志以定其本，居敬以持其志。志立乎事物之表，敬行乎事物之內，而知乃可精」者，這段語本說得極精。然却有病者，只說得向裏來，不曾說得外面，所以語意頗傷急迫。蓋致知本是廣大，須用說得表裏内外周徧兼該方得。其曰「志立乎事物之表，敬行乎事物之內」，此語極好。而曰「而知乃可精」，便有局促氣象。他便要就這裏便精其知。殊不知致知之道不如此急迫，須是寬其程限，大其度量，久久自然通貫。他言語只說得裏面一邊極精，遺了外面一邊，所以其規模之大不如程子。且看程子所說：「今日格一件，明日格一件，積久自然貫通。」此言該内外，寬緩不迫，有涵泳從容之意，所謂「語小天下莫能破，語大天下莫能載」也。僩。

黄問「立志以定其本，居敬以持其志」。曰：「人之爲事，必先立志以爲本，志不立則不能爲得事。雖能立志，苟不能居敬以持之，此心亦汎然而無主，悠悠終日，亦只是虛言。立志必須高出事物之表，而居敬則常存於事物之中，令此敬與事物皆不相違。言也須敬，動也須敬，坐也須敬，頃刻去他不得。」卓。

問：「『立志以定其本』，莫是言學便以道爲志，言人便以聖爲志之意否？」曰：「固是。但凡事須當立志，不可謂今日做些子，明日便休。」又問「敬行乎事物之內」。曰：「這箇便是細密處，事事要這些子在。『志立乎事物之表』，立志便要卓然在這事物之上。看是甚麽，都不能奪得他，又不恁地細細碎碎，這便是『志立乎事物之表』。所以今江西諸公多説甚大志，開口便要説聖説賢，説天説地，傲睨萬物，目視霄漢，更不肯下人。」問：「如此，則『居敬以持其志』都無了。」曰：「豈復有此！據他才説甚敬，便壞了那箇。」又曰：「五峰説得這數句甚好，但只不是正格物時工夫，却是格物已前事。而今却須恁地。」道夫。

伊川只云：「漸漸格去，積累多自有貫通處。」説得常寬。五峰之説雖多，然似乎責效太速，所以傳言其急迫。璘。

問：「先生舊解致知，欲人明心之全體；新改本却削去，只説理，何也？」曰：「理即是此心之理，檢束此心，使無紛擾之病，即此理存也。苟惟不然，豈得爲理哉！」問：「先生説格物，引五峰復齋記曰『格之之道，必立志以定其本，居敬以持其志』云云，以爲不免有急迫意思，何也？」曰：「五峰只説立志居敬，至於格物，却不説。其言語自是深險，而無顯然明白氣象，非急迫而何！」問：「思量義理，易得有苦切意思，如何？」曰：「古人格物、致知，何曾教人如此。若看得滋味，自是歡喜，要住不得。若只以狹心求之，易得如此。若能高立著心，不牽惹世俗一般滋味，以此去看義理，但見有好意思了。」問：「所謂『一草一木亦皆有理』，不知當如何格？」曰：「此推而言之，雖草木亦有理存焉。一草一木，豈不可以格？如麻麥稻粱，甚時種，甚時收，地之肥，地之磽，厚薄不同，此宜植某物，亦皆有理。」問：「致知自粗而推至於精，自近而推至於遠。不知所推之事，如世間甚事？」曰：「自『無穿窬之心』，推之至於『以不言餂』之類；自『無欲害人之心』，推之舉天下皆在所愛。至如一飯以奉親，至於保四海，通神明，皆此心也。」寓。

先生問：「大學看得如何？」曰：「大綱只是明明德，而著力在格物上。」曰：「著力處大段在這裏，更熟看，要見血脈相貫穿。程子格物幾處，更子細玩味，説更不可易。某當初亦未曉得。如吕，如謝，如尹、楊諸公説，都見好。後來都段段録出，排在那裏，句句將來比對，逐字稱停過，方見得程子説攧撲不破。諸公説，挨著便成粉碎了！」問：「胡氏説，何謂太迫？」曰：「説得來局蹙，不恁地寬舒，如將繩索絣在這裏一般，也只看道理未熟。如程子説，便寬舒。他説『立志以定其本』，是始者立箇根基。『居敬以持其志』，志立乎事物之表，敬行乎事物之內，而知乃可精』。知未到精處，方是可精，此是説格物以前底事。後面所説，又是格物以後底事。中間正好用工曲折處，都不曾説，便是局蹙了。」寓。

格物須是到處求。「博學之，審問之，慎思之，明辨之」，皆格物之謂也。若只求諸己，亦恐見有錯處，不可執一。伊川説得甚詳：或讀書，或處事，或看古人行事，或求諸己，或即人事。復曰：「於人事上推測，自有至當處。」如楊、謝、游、尹諸公，非不見伊川，畢竟説得不曾透，不知如何。今人多説傳聞不如親見。看得如此時，又却傳聞未必不如親見。蓋當時一問一對，只説得一件話。而今却鬭合平日對問講論作一處，所以分明好看。浩。

這箇道理，自孔孟既没，便無人理會得。只有韓文公曾説來，又只説到正心、誠意，而遺了格物、致知。及至程子，始推廣其説，工夫精密，無復遺憾。然程子既没，諸門人説得便差，都説從别處去，與致知、格物都不相干，只不曾精曉得程子之説耳。只有五峰説得精，其病猶如此。亦緣當時諸公所聞於程子者語意不全，或只聞一時之語，或只聞得一邊，所以其説多差。後來却是集諸家語録，湊起衆説，此段工夫方始渾全。則當時門人親炙者未爲全幸，生於先生之後者未爲不幸。蓋得見諸家記録全書，得以詳考，所以其法畢備。又曰：「格物、致知，其次上蔡説得稍好。」僩。

諸公致知、格物之説，皆失了伊川意，此正是入門欵。於此既差，則他可知矣。㽦。

問：「延平謂：『爲學之初，且當常存此心，勿爲他事所勝。凡遇一事，即當且就此事反復推尋以究其極。待此一事融釋脱落，然後别窮一事，久之自當有洒然處。』與伊川『今日格一件，明日格一件』之語不同，如何？」曰：「這話不如伊川説『今日明日』恁地急。卓録但云：「伊川説得較快。」這説是教人若遇一事，即且就上理會教爛熟離析，不待擘開，自然分解。久之自當有洒然處，自是見得快活。某常説道，天下事無他，只是箇熟與不熟。若只一時恁地約摸得，都不與自家相干，久後皆忘却。只如借得人家事一般，少間被人取將去，又濟自家甚事！」賀孫。卓同。

李堯卿問：「延平言窮理工夫，先生以爲不若伊川規模之大，條理之密。莫是延平教人窮此一事，必待其融釋脱落，然後别窮一事；設若此事未窮，遂爲此事所拘，不若程子『若窮此事未得且别窮』之言爲大否？」曰：「程子之言誠善。窮一事未透，又便别窮一事，亦不得。彼謂有甚不通者，不得已而如此耳。不可便執此説，容易改换却，致工夫不專一也。」壯祖。

廷老問：「李先生以爲爲學之初，凡遇一事，當且就此事反覆推尋以究其理。此説如何？」曰：「爲學之初，只得如此。且如楊之爲我，墨氏之兼愛，顔子居陋巷，禹稷之三過其門而不入。禹稷則似乎墨氏之兼愛；顔子當天下如此壞亂時節，却自簞瓢陋巷，則似乎楊氏之爲我。然也須知道聖賢也有處與他相似，其實却不如此，中間有多少商量。舉此一端，即便可見。」道夫。

傳六章

因説自欺、欺人，曰：「欺人亦是自欺，此又是自欺之甚者。便教盡大地只有自家一人，也只是自欺，如此者多矣。到得那欺人時，大故郎當。若論自欺細處：且如爲善，自家也知得是合當爲，也勉强去做，只是心裏又有些便不消如此做也不妨底意思；如不爲不善，心裏也知得不當爲而不爲，雖是不爲，然心中也又有些便爲也不妨底意思。此便是自欺，便是好善不『如好好色』，惡惡不『如惡惡臭』。便做九分九釐九毫要爲善，只那一毫不要爲底，便是自欺，便是意不實矣。或問中説得極分曉。」僩。

問：「或問『誠意』章末，舊引程子自慊之説，今何除之？」曰：「此言説得亦過。」淳。先之問：「『誠意』章或問云：『孟子所論浩然之氣，其原蓋出於此。』何也？」曰：「人只是慊快充足，仰不愧，俯不怍，則其氣自直，便自日長，以至於充塞天地。雖是刀鋸在前，鼎鑊在後，也不怕！」賀孫。

傳七章

陳問：「或問云：『此心之體，寂然不動，如鏡之空，如衡之平，何不得其正之有！』此是言其體之正。又：『心之應物，皆出於至公，而無不正矣。』此又是言其用之正。所謂心正者，是兼體、用言之否？」曰：「不可。只道體正，應物未必便正。此心之體，如衡之平。所謂正，又在那下。衡平在這裏，隨物而應，無不正。」又云：「『如衡之平』下，少幾箇字：『感物而發無不正。』」寓。

問：「正心必先誠意。而或問有云：『必先持志、守氣以正其心。』何也？」曰：「此只是就心上説。思慮不放肆，便是持志；動作不放肆，便是守氣。守氣是『無暴其氣』，只是不放肆。」寓。

鍾唐傑問：「或問云：『意既誠矣，而心猶有動焉，然後可以責其不正而復乎正。』意之既誠，何爲心猶有動？」曰：「意雖已誠，而此心持守之不固，是以有動。到這裏，猶自三分是小人，正要做工夫。且意未誠時，譬猶人之犯私罪也；意既誠而心猶動，譬猶人之犯公罪也，亦甚有間矣。」蓋卿。

「或問『意既誠矣，而心猶有動焉，然後可以責其不正而復乎正』，是如何？」曰：「若是意未誠時，只是一箇虛僞無實之人，更問甚心之正與不正！唯是意已誠實，然後方可見得忿懥、恐懼、好樂、憂患有偏重處，即便隨而正之也。」廣。

問「意既誠矣」一段。曰：「不誠是虛僞無實之人，更理會甚正！正如水渾，分甚清濁。不虛僞無實，是箇好人了，這裏方擇得正不正做事。如水清了，只是微動。故忿懥四者，已是好人底事。事至不免爲氣動，則不免差了。」因舉左氏傳云：「『正曲爲直，正直爲正。』曲是體段不直，既爲整直，只消安排教端正，故云正直。」士毅。過録云：「先生因子洪問意誠矣，而心猶有動之意，而曰：『如「正直爲正，正曲爲直」兩句，「正曲爲直」，如出成界方，已直矣；「正直爲正」，則如安頓界方，得是當處。』」

傳九章

問：「赤子之心是已發。大學或問云『人之初生，固純一而未發』，何也？」曰：「赤子之心雖是已發，然也有未發時。如飢便啼，渴便叫，恁地而已，不似大人恁地勞攘。赤子之心亦涵兩頭意。程子向來只指一邊言之。」寓。

問：「仁讓言家，貪戾言人，或問以爲『善必積而后成，惡雖小而可懼』，發明此意，深足以警人當爲善而去惡矣。然所引書云：『德罔小，不德罔大。』則疑下一句正合本文，而上一句不或反乎？」曰：「『爾惟德罔小』，正言其不可小也，則庶乎『萬邦惟慶』。正與大學相合。」壯祖。

或問：「先吏部説：『有諸己而後求諸人，無諸己而後非諸人。』」曰：「這是説尋常人，若自家有諸己，又何必求諸人；無諸己，又何必非諸人。如孔子說『躬自厚而薄責於人』，『攻其惡，毋攻人之惡』。至於大學之說，是有天下國家者，勢不可以不責他。然又須自家有諸己，然後可以求人之善；無諸己，然後可以非人之惡。」賀孫。

范公「恕己之心恕人」這一句自好。只是聖人說恕，不曾如是倒說了。不若橫渠說「以責人之心責己，愛己之心愛人」，則是見他人不善，我亦當無是不善；我有是善，亦要他人有是善。推此計度之心，此乃恕也。於己，不當下「恕」字。泳。

范公「以恕己之心恕人」，此句未善。若曰「以愛己之心愛人」，方無病。蓋恕是箇推出去底，今收入來做恕己，便成忽略了。道夫。

蜚卿問：「大學或問，近世名卿謂，『以恕己之心恕人』，是不忠之恕，如何？」曰：「這便是自家本領不正。古人便先自本領上正了，却從此推出去。如『己欲立』，也不是阿附得立，到得立人處，便也不要由阿附而立；『己欲達』，也不是邪枉得達，到得達人處，便也不要由邪枉而達。今人却是自家先自不正當了，阿附權勢，討得些官職富貴去做了，便見別人阿附討得富貴底，便欲以所以恕己者而恕之。却不知『恕』之一字，只可說出去，不可說入來；只可以接物，不可以處己。蓋自家身上元著不得箇『恕』字，只『恕己』兩字便不是了。」問：「今人言情恕，恕以待人，是否？」曰：「似如此說處，也未見他邪正之所在。若説道自家不合去穿窬，切望情恕，這却著不得。若説道偶忙不及寫書，切望情恕，這却無害，蓋自家有忙底時節。」榦。

問：「大學或問以近世名卿『恕』字之説爲不然矣，而復録其語於小學者，何也？」曰：「小學所取寬。若欲修潤其語，當曰『以愛己之心愛人』，可也。」必大。

傳十章

問：「或問以所占之地言之，則隨所在如此否？」曰：「上下也如此，前後也如此，左右也如此。古人小處亦可見，如『並坐不横肱』，恐妨礙左邊人，又妨礙右邊人。如此，則左右俱不相妨，此便是以左之心交於右，以右之心交於左。如『户開亦開，户闔亦闔，有後入者，闔而勿遂』。前人之開，所以待後之來，自家亦當依他恁地開；前人之闔，恐後人有妨所議，自家亦當依他恁地闔，此是不以後來而變乎前之意。如後面更有人來，則吾不當盡闔了門，此又是不以先入而拒乎後之意。如此，則前後處得都好，便是以前之心先於後，以後之心從於前。」問：「凡事事物物皆要如此否？」曰：「是。如我事親，便也要使人皆得事親；我敬長慈幼，便也要使人皆得敬長慈幼。此章上面説：『上老老而民興孝，上長長而民興弟，上卹孤而民不倍。』是民之感化如此，可見天下人人心都一般。君子既知人都有此心，所以有絜矩之道，要人人都得盡其心。若我之事其親，備四海九州之美味，却使民之父母凍餓，藜藿糟糠不給；我之敬長慈幼，却使天下之人兄弟妻子離散，便不是絜矩。中庸一段所求乎子之事我如此，而我之事父却未能如此；所求乎臣之事我如此，而我之事君却未能如此；及所求乎弟，所求乎朋友，亦是此意。上下左右前後及中央做七箇人看，便自分曉。」淳。寓同。

朱子語類卷第十九

論語一

語孟綱領

語、孟工夫少，得效多；六經工夫多，得效少。大雅。以下六經四子。

語、孟用三二年工夫看，亦須兼看大學及書、詩，所謂「興於詩」。諸經諸史，大抵皆不可不讀。德明。

某論語集注已改，公讀令大學十分熟了，却取去看。論語、孟子都是大學中肉菜，先後淺深，參差互見。若不把大學做箇匡殼子，卒亦未易看得。賀孫。

或云：「論語不如中庸。」曰：「只是一理，若看得透，方知無異。論語是每日零碎問。譬如大海也是水，一勺也是水。所說千言萬語，皆是一理。須是透得，則推之其它，道理皆通。」又曰：「聖賢所說只一般，只是一箇『擇善固執之』。論語則說『學而時習之』，孟子則説『明善誠身』，下得字各自精細，真實工夫只一般。須是知其所以不同，方知其所謂同也。而今須是窮究得一物事透徹方知。如入箇門，方知門裏房舍間架。若不親入其門户，在外遥望，説我皆知得，則門裏事如何知得。」僩。

論語只説仁，中庸只説智。聖人拈起來底便説，不可以例求。泳。

論語易曉，孟子有難曉處。語、孟、中庸、大學是熟飯，看其它經，是打禾爲飯。節。

古書多至後面便不分曉。語、孟亦然。節。

夫子教人，零零星星，説來説去，合來合去，合成一箇大物事。節。以下孔孟教人。

且如孔門教人，亦自有等。聖人教人，何不都教他做顏曾底事業？而子貢、子路之徒所以止於子貢、子路者，是其才止於此。且如「克己復禮」，雖止是教顏子如此説，然所以教他人，亦未嘗不是「克己復禮」底道理。卓。

孔門教人甚寬，今日理會些子，明日又理會些子，久則自貫通。如耕荒田，今日耕些子，明日又耕些子，久則自周匝。雖有不到處，亦不出這理。節。

問：「孔子教人就事上做工夫，孟子教人就心上做工夫，何故不同？」曰：「聖賢教人，立箇門户，各自不同。」節。

孟子教人多言理義大體，孔子則就切實做工夫處教人。端蒙。

孔子教人只從中間起，使人便做工夫去，久則自能知向上底道理，所謂「下學上達」也。孟子始終都舉，先要人識心性著落，却下功夫做去。端蒙。

論語不說心，只說實事。節録作：「只就事實上說。」孟子說心，後來遂有求心之病。方子。

孟子所謂集義，只是一箇「是」字；孔子所謂思無邪，只是一箇「正」字。不是便非，不正便邪。聖賢教人，只是求箇是底道理。夔孫。

孔子教人極直截，孟子較費力。孟子必要充廣。孔子教人，合下便有下手處。問：「孔子何故不令人充廣？」曰：「『居處恭，執事敬』，非充廣而何？」節。

孔子教人只言「居處恭，執事敬，與人忠」，含畜得意思在其中，使人自求之。到孟子便指出了性善，早不似聖人了。祖道。

孔子只說「忠信篤敬」，孟子便發出「性善」，直是漏洩！德明。

孟子言存心、養性，便說得虛。至孔子教人「居處恭，執事敬，與人忠」等語，則就實行處做功夫。如此，則存心、養性自在。端蒙。

孔子之言，多且是汎說做工夫，如「居處恭，執事敬」、「言忠信，行篤敬」之類，未說此是要理會甚麽物。待學者自做得工夫透徹，却就其中見得體段是如此。至孟子，則恐人不理會得，又趲進一著說，如「惻隱之心」與「學問之道，求放心」之類，說得漸漸親切。今人將孔孟之言都只恁地草率看過了。雉。

問：「論語一書未嘗説一『心』字。至孟子，只管拈『人心』字説來説去：曰『推是心』，曰『求放心』，曰『盡心』，曰『赤子之心』，曰『存心』。莫是孔門學者自知理會箇心，故不待聖人苦口；到孟子時，世變既遠，人才漸漸不如古，故孟子極力與言，要他從箇本原處理會否？」曰：「孔門雖不曾説心，然答弟子問仁處，非理會心而何？仁即心也，但當時不説箇『心』字耳。此處當自思之，亦未是大疑處。」枅。

蜚卿問：「論語之言，無所不包，而其所以示人者，莫非操存涵養之要；七篇之指，無所不究，而其所以示人者，類多體驗充廣之端。」曰：「孔子體面大，不用恁地説，道理自在裏面。孟子多是就發見處盡説與人，終不似夫子立得根本住。所以程子謂『其才高，學之無可依據』。要之，夫子所説包得孟子，孟子所言却出不得聖人疆域。且如夫子都不説出，但教人恁地去做，則仁便在其中。如言『居處恭，執事敬，與人忠』，果能此，則心便在。到孟子則不然，曰：『惻隱之心，仁之端也。』今人乍見孺子將入井，皆有怵惕、惻隱之心。』都教人就事上推究。」道夫問：「如孟子所謂『求放心』，『集義所生』，莫是立根本處否？」曰：「他有恁地處，終是説得來寬。」曰：「他莫是以其所以做工夫者告人否？」曰：「固是。也是他所見如此。自後世觀之，孔顏便是漢文帝之躬修玄默，而其效至於幾致刑措。孟子便如唐太宗，天下之事無所不爲，極力做去，而其效亦幾致刑措。」道夫。端蒙録一條，疑同聞。見集注讀語孟法。

看文字，且須看其平易正當處。孔孟教人，句句是樸實頭。「人能充無受爾汝之實」，「實」字將作「心」字看。須是我心中有不受爾汝之實處，如仁義是也。祖道。

孟子比孔子時説得高。然「孟子道性善，言必稱堯舜」，又見孟子説得實。因論南軒奏議有過當處。方子。

或問：「孟子説『仁』字，義甚分明，孔子都不曾分曉説，是如何？」曰：「孔子未嘗不説，只是公自不會看耳。譬如今沙糖，孟子但説糖味甜耳。孔子雖不如此説，却只將那糖與人喫。人若肯喫，則其味之甜，自不待説而知也。」廣。

聖人説話，磨稜合縫，盛水不漏。如云「一言喪邦」，「以直報怨」，自是細密。孟子説得便粗，如云「今樂猶古樂」、「太王好色」、「公劉好貨」之類。横渠説：「孟子比聖人自是粗。顔子所以未到聖人處，亦只是心粗。」夔孫。

孟子要熟讀，論語却費思索。孟子熟讀易見，蓋緣是它有許多答問發揚。賀孫。讀語孟。

看孟子，與論語不同，論語要冷看，孟子要熟讀。論語逐文逐意各是一義，故用子細静觀。孟子成大段，首尾通貫，熟讀文義自見，不可逐一句一字上理會也。雉。

沉浸專一於論、孟，必待其自得。

讀論語，如無孟子；讀前一段，如無後一段。不然，方讀此，又思彼，擾擾於中。這般人不惟無得於書，胸中如此，做事全做不得。

大凡看經書，看論語，如無孟子；看上章，如無下章；看「學而時習之」未得，不須看「有朋自遠方來」。且專精此一句，得之而後已。又如方理會此一句未得，不須雜以别説相似者。次第亂了，和此一句亦曉不得。振。

人有言，理會得論語，便是孔子；理會得七篇，便是孟子。子細看，亦是如此。蓋論語中言語，真能窮究極其纖悉，無不透徹，如從孔子肚裏穿過，孔子肝肺盡知了，豈不是孔子！七篇中言語，真能窮究透徹無一不盡，如從孟子肚裏穿過，孟子肝肺盡知了，豈不是孟子！淳。

講習孔孟書。孔孟往矣，口(下)〔不〕〔一〕能言。須以此心比孔孟之心，將孔孟心作自己心。要須自家説時，孔孟點頭道是，方得。不可謂孔孟不會説話，一向任己見説將去。

〔一〕據下文改。

若如此説孟子時，不成説孟子，只是説「王子」也！又若更不逐事細看，但以一箇字包括，此又不可。此名「包子」，又不是孟子也！力行。

論語多門弟子所集，故言語時有長長短短不類處。孟子，疑自著之書，故首尾文字一體，無些子瑕疵。不是自下手，安得如此好！若是門弟子集，則其人亦甚高，不可謂「軻死不傳」。

孔門問答，曾子聞得底話，顏子未必與聞；顏子聞得底話，子貢未必與聞。今却合在論語一書，後世學者豈不幸事！但患自家不去用心。僩用。讀論語。

問：「論語近讀得如何？昨日所讀底，今日再讀，見得如何？」榦曰：「尚看未熟。」曰：「這也使急不得，也不可慢。所謂急不得者，功效不可急；所謂不可慢者，工夫不可慢。」榦。

問叔器：「論語讀多少？」曰：「兩日只雜看。」曰：「恁地如何會長進！看此一書，且須專此一書。便待此邊冷如冰，那邊熱如火，亦不可捨此而觀彼。」淳。

問林恭甫：「看論語至何處？」曰：「至述而。」曰：「莫要恁地快，這箇使急不得。須是緩緩理會，須是逐一章去搜索。候這一章透徹後，却理會第二章，久後通貫，却事事會看。如喫飯樣，喫了一口，又喫一口，喫得滋味後，方解生精血。若只恁地吞下去，則不濟事。」義剛。

論語難讀。日只可看一二段，不可只道理會文義得了便了。須是子細玩味，以身體之，見前後晦明生熟不同，方是切實。賀孫。

論讀書之法。擇之云：「嘗作課程，看論語日不得過一段。」曰：「明者可讀兩段，或三段。如此，亦所以治躁心。近日學者病在好高，讀論語，未問學而時習，便說一貫；孟子，未言梁王問利，便說盡心；易，未看六十四卦，便先讀繫辭。」德明。

人讀書，不得攙前去，下梢必無所得。如理會論語，只得理會論語，不得存心在孟子。如理會里仁一篇，且逐章相挨理會了，然後從公冶長理會去，如此便是。去僞。

論語一日只看一段，大故明白底，則看兩段。須是專一，自早至夜，雖不讀，亦當涵泳常在胸次，如有一件事未了相似，到晚却把來商量。但一日積一段，日日如此，年歲間自是裏面通貫，道理分明。榦。

問：「看論語了未？」廣云：「已看一徧了。」曰：「太快。若如此看，只是理會文義，不見得他深長底意味。所謂深長意味，又他別無說話，只是涵泳久之自見得。」廣。

論語，愈看愈見滋味出。若欲草草去看，儘說得通，恐未能有益。凡看文字，須看古人下字意思是如何。且如前輩作文，一篇中，須看它用意在那裏。舉杜子美詩云：「更覺良工用心苦。」一般人看畫，只見得是畫一般；識底人看，便見得它精神妙處，知得它用心苦也。寓。

王子充問學。曰：「聖人教人，只是箇論語。漢魏諸儒只是訓詁，論語須是玩味。今人讀書傷快，須是熟方得。」曰：「論語莫也須揀箇緊要底看否？」曰：「不可。須從頭看，無精無粗，無淺無深，且都玩味得熟，道理自然出。」曰：「讀書未見得切，須見之行事方切。」曰：「不然。且如論語，第一便教人學，便是孝弟求仁，便戒人巧言令色，便三省，也可謂甚切。」榦。

莫云論語中有緊要底，有汎說底，且要著力緊要底，便是揀別。若如此，則孟子一部可删者多矣！聖賢言語，粗說細說，皆著理會教透徹。蓋道理至廣至大，故有說得易處，說得難處，說得大處，說得小處。若不盡見，必定有窒礙處。若謂只「言忠信，行篤敬」便可，則自漢唐以來，豈是無此等人，因甚道統之傳却不曾得？亦可見矣。僩。

先生問：「論語如何看？」淳曰：「見得聖人言行，極天理之實而無一毫之妄。學者之用工，尤當極其實而不容有一毫之妄。」曰：「大綱也是如此。然就裏面詳細處，須要十分透徹，無一不盡。」淳。

或講論語，因曰：「聖人說話，開口見心，必不只說半截，藏著半截。學者觀書，且就本文上看取正意，不須立説别生枝蔓。唯能認得聖人句中之意，乃善。」必大。

聖人之言，雖是平説，自然周徧，亭亭當當，都有許多四方八面，不少了些子意思。若門人弟子之言，便有不能無偏處。如夫子言「文質彬彬」，自然停當恰好。子貢「文猶質也，質猶文也」，便説得偏。夫子言「行有餘力，則以學文」，自然有先後輕重。而子夏「雖曰未學，吾必謂之學」，便有廢學之弊。端蒙。

人之爲學，也是難。若不從文字上做工夫，又茫然不知下手處；若是字字而求，句句而論，不於身心上著切體認，則又無所益。且如説「我欲仁，斯仁至矣」，何故孔門許多弟子，聖人竟不曾以仁許之？雖以顔子之賢，而尚不違於三月之後，聖人乃曰「我欲斯仁至」！蓋亦於日用體驗，我若欲仁，其心如何？仁之至不至，其意又如何？又如説非禮勿視聽言動，蓋亦每事省察何者爲非禮，而吾又何以能勿視勿聽？若每日如此讀書，庶幾看得道理自我心而得，不爲徒言也。壯祖。

德先問孟子。曰：「孟子説得段段痛切，如檢死人相似，必有箇致命痕。孟子段段有箇致命處，看得這般處出，方有精神。須看其説與我如何，與今人如何，須得其切處。今一切看得都困了。」揚。讀孟子。

「『學問之道無它，求其放心而已。』又曰：『有是四端於我者，知皆擴而充之。』孟子説得最好。人之一心，在外者又要收入來，在内者又要推出去。孟子一部書皆是此意。」又以手作推之狀，曰：「推，須是用力如此。」又曰：「立天之道，曰陰與陽；立地之道，曰柔與剛；立人之道，曰仁與義。」又曰：「世間只有箇闔闢内外，人須自體察取。」祖道。人傑録云：「心在外者，要收向裏；心在内者，却推出去。孟子云，學問求放心，四端擴而充之。一部孟子皆是此意。大抵一收一放，一闔一闢，道理森然。」賜録云：「因説仁義，曰：『只有孟子説得好。如曰：「學問之道無他，求其放心而已。」此是從外面收入裏來。如曰：「人之有是四端，知皆擴而充之。」又要從裏面發出去。凡此出入往來，皆由箇心。』又曰：『所謂「立天之道，曰陰與陽；立地之道，曰柔與剛；立人之道，曰仁與義」，都是恁地』。」

讀孟子，非惟看它義理，熟讀之，便曉作文之法：首尾照應，血脈通貫，語意反覆，明白峻潔，無一字閑。人若能如此作文，便是第一等文章！僩。

孟子之書，明白親切，無甚可疑者。只要日日熟讀，須教它在吾肚中先千百轉，便自然純熟。某初看時，要逐句去看它，便覺得意思淺迫。至後來放寬看，却有條理。然此書不特是義理精明，又且是甚次第文章。某因讀，亦知作文之法。植。

孟子，全讀方見得意思貫。某因讀孟子，見得古人作文法，亦有似今人間架。淳。

「孟子文章妙不可言。」文蔚曰：「他每段自有一二句綱領，其後只是解此一二句。」曰：「此猶是淺者，其他自有妙處。惟老蘇文深得其妙。」文蔚。

孟子之文，恐一篇是一人作。又疑孟子親作，不然，何其妙也！豈有如是人出孟子之門，而没世不聞耶！方。

集注且須熟讀，記得。方子。集注。

語吴仁父曰：「某語孟集注，添一字不得，減一字不得，公子細看。」又曰：「不多一箇字，不少一箇字。」節。

論語集注如稱上稱來無異，不高些，不低些。自是學者不肯用工看。如看得透，存養熟，可謂甚生氣質。友仁。

「某於論、孟，四十餘年理會，中間逐字稱等，不教偏些子。學者將注處，宜子細看。」又曰：「解説聖賢之言，要義理相接去，如水相接去，則水流不礙。」後又云：「中庸解每番看過，不甚有疑。大學則一面看，一面疑，未甚愜意，所以改削不已。」過。

讀書别無法，只管看，便是法。正如獃人相似，捱來捱去。自家都未要先立意見，且虚心只管看。看來看去，自然曉得。某那集注都詳備，只是要人看無一字閑。那箇無緊要閑底字，越要看。自家意裹説是閑字，那箇正是緊要字。上蔡云「人不可無根」，便是難。所謂根者，只管看，便是根，不是外面别討箇根來。僩。

前輩解説，恐後學難曉，故集注盡撮其要，已説盡了，不須更去注脚外又添一段説話。

只把這箇熟看，自然曉得，莫枉費心去外面思量。

問：「集注引前輩之説，而增損改易本文，其意如何？」曰：「其説有病，不欲更就下面安注脚。」又問：「解文義處，或用『者』字，或用『謂』字，或用『猶』字，或直言，其輕重之意如何？」曰：「直言，直訓如此。猶者，猶是如此。」又問「者」、「謂」如何。曰：「是恁地。」節。

集注中有兩説相似而少異者，亦要相資。有説全別者，是未定也。淳。

或問：「集注有兩存者，何者爲長？」曰：「使某見得長底時，豈復存其短底？只爲是二説皆通，故并存之。然必有一説合得聖人之本意，但不可知爾。」復曰：「大率兩説，前一説勝。」拱壽。

問：「語解胡氏爲誰？」曰：「胡明仲也。向見張欽夫殊不取其説，某以爲不然。他雖有未至處，若是説得是者，豈可廢！」廣。

集注中曾氏是文清公，黄氏是黄祖舜，晁氏是晁以道，李氏是李光祖。廣。

程先生經解，理在解語内。某集注論語，只是發明其辭，使人玩味經文，理皆在經文内。易傳不看本文，亦是自成一書。杜預左傳解，不看經文，亦自成一書。鄭箋不識經大旨，故多隨句解。

論語集注蓋某十年前本，爲朋友間傳去，鄉人遂不告而刊。及知覺，則已分裂四出，而不可收矣。其間多所未穩，煞誤看讀。要之，聖賢言語，正大明白，本不須恁地傳注。正所謂「記其一而遺其百，得其粗而遺其精」者也。道夫。

或述孟子集注意義以問。曰：「大概如此，只是要熟，須是日日認過。」述大學以問。曰：「也只如此，只是要日日認過。讀新底了，反轉看舊底，教十分熟後，自別有意思。」又曰：「如雞伏卵，只管日日伏，自會成。」賀孫。

初解孟子時，見自不明。隨著前輩說，反不自明，不得其要者多矣。方。

集注乃集義之精髓。道夫。集注、集義。

問：「孟子比論語却易看，但其間數段極難曉。」曰：「只盡心篇語簡了，便難理會。且如『養氣』一章，被它說長了，極分曉，只是人不熟讀。」問：「論語浩博，須作年歲間讀，然中間切要處先理會，如何？」曰：「某近來作論語略解，以精義太詳，說得没緊要處，多似空費工夫，故作此書。而今看得，若不看精義，只看略解，終是不浹洽。」因舉五峰舊見龜山，問爲學之方。龜山曰：「且看論語。」五峰問：「論語中何者爲要？」龜山不對。久之，曰：「熟讀。」先生因曰：「如今且只得挨將去。」榦。

諸朋友若先看集義，恐未易分別得，又費工夫。不如看集注，又恐太易了。這事難說。不奈何，且須看集注教熟了，可更看集義。集義多有好處，某却不編出者，這處却好商量，却好子細看所以去取之意如何。須是看得集義，方始無疑。某舊日只恐集義中有未曉得義理，費盡心力，看來看去，近日方始都無疑了。賀孫。

因說「吾與回言」一章，曰：「便是許多緊要底言語，都不曾說得出。且說精義是許多言語，而集注能有幾何言語！一字是一字。其間有一字當百十字底，公都把做等閑看了。聖人言語本自明白，不須解說。只爲學者看不見，所以做出注解與學者省一半力。若注解上更看不出，却如何看得聖人意出！」又曰：「凡看文字，端坐熟讀，久久於正文邊自有細字注脚迸出來，方是自家見得親切。若只於外面捉摸箇影子說，終不濟事。聖人言語只熟讀玩味，道理自不難見。若果曾著心，而看他道理不出，則聖賢爲欺我矣！如老蘇輩，只讀孟韓二子，便翻繹得許多文章出來。且如攻城，四面牢壯，若攻得一面破時，這城子已是自家底了，不待更攻得那三面，方入得去。初學固是要看大學、論、孟。若讀得大學一書透徹，其他書都不費力，觸處便見。」喟然歎者久之，曰：「自有這箇道理，說與人不信！」

問：「近看論語精義，不知讀之當有何法？」曰：「別無方法，但虛心熟讀而審擇之耳。」人傑。集義。

因論集義論語，曰：「於學者難說。看衆人所說七縱八横，如相戰之類，於其中分别得甚妙。然精神短者，又難教如此。只教看集注，又皆平易了，興起人不得。」振。

問：「要看精義，不知如何看？」曰：「只是逐段子細玩味。公記得書否？若記不得，亦玩味不得。横渠云：『讀書須是成誦。』」又曰：「某近看學者須是專一。譬如服藥，須是專服一藥，方見有效。」榦。

問：「精義有說得高遠處，不知如何看？」曰：「也須都子細看，取予却在自家。若以爲高遠而略之，便鹵莽了！」榦。

讀書，且須熟讀玩味，不必立說，且理會古人說教通透。如語孟集義中所載諸先生語，須是熟讀，一一記放心下，時時將來玩味，久久自然理會得。今有一般學者，見人恁麼說，不窮究它說是如何，也去立一說來攙說，何益於事！只贏得一箇理會不得爾。廣。

讀書，須痛下工夫，須要細看。心粗性急，終不濟事。如看論語精義，且只將諸說相比並看，自然比得正道理出來。如識高者，初見一條，便能判其是非。如未能，且細看，如看按欵相似。雖未能便斷得它按，然已是經心盡知其情矣。只管如此，將來粗急之心亦磨礲得細密了。横渠云：「文欲密察，心欲洪放。」若不痛做工夫，終是難入。德明。

看精義，須寬著心，不可看殺了。二先生說，自有相關透處，如伊川云：「有主則實。」

又云：「有主則虛。」如孟子云：「生於其心，害於其政；發於其政，害於其事。」又云：「作於其心，害於其事；作於其事，害於其政。」自當隨文、隨時、隨事看，各有通徹處。德明。

讀論語，須將精義看。先看一段，次看第二段，將兩段比較孰得孰失，孰是孰非。又將第三段比較如前。又總一章之説而盡比較之。其間須有一説合聖人之意，或有兩説，有三説，有四五説皆是，又就其中比較疏密。如此，便是格物。及看得此一章透徹，則知便至。或自未有見識，只得就這裏挨。一章之中，程子之説多是，門人之説多非。然初看時，不可先萌此心，門人所説亦多有好處。蜚卿曰：「只將程子之説爲主，如何？」曰：「不可，只得以理爲主，然後看它底。看得一章直是透徹了，然後看第二章，亦如此法。若看得三四篇，此心便熟，數篇之後，迎刃而解矣。某嘗苦口與學者説得口破，少有依某去著力做工夫者。且如『格物、致知』之章，程子與門人之説，某初讀之，皆不敢疑。後來編出細看，見得程子諸説雖不同，意未嘗不貫。其門人之説，與先生蓋有大不同者矣。」驤。

讀書考義理，似是而非者難辨。且如精義中，惟程先生説得確當。至其門人，非惟不盡得夫子之意，雖程子之意，亦多失之。今讀語孟，不可便道精義都不是，都廢了。須借它做階梯去尋求，將來自見道理。知得它是非，方是自己所得處。如張無垢文字淺近，却易見也。問：「如何辨得似是而非？」曰：「遺書所謂義理栽培者是也。如此用工，久之自能辨得。」德明。

論語中，程先生及和靖説，只於本文添一兩字，甚平淡，然意味深長，須當子細看。要見得它意味，方好。淳。

問：「精義中，尹氏説多與二程同，何也？」曰：「二程説得已明，尹氏只説出。」問：「謝氏之説多華掞。」曰：「胡侍郎嘗教人看謝氏論語，以其文字上多有發越處。」敬仲。

先生問：「尋常精義，自二程外，孰得？」曰：「自二程外，諸説恐不相上下。」又問蜚卿。答曰：「自二程外，惟龜山勝。」曰：「龜山好引證，未説本意，且將别説折過。人若看它本説未分明，併連所引失之。此亦是一病。」又問仲思。答曰：「據某，恐自二程外，惟和靖之説爲簡當。」曰：「以某觀之，却是和靖説得的當。雖其言短淺，時説不盡，然却得這意思。」頃之，復曰：「此亦大綱偶然説到此，不可以爲定也。」

明道説道理，一看便好，愈看而愈好。伊川猶不無難明處，然愈看亦愈好。上蔡過高，多説人行不得底説話。楊氏援引十件，也要做十件引上來。范氏一箇寬大氣象，然説得走作，便不可曉。端蒙。

上蔡論語解，言語極多。看得透時，它只有一兩字是緊要。賜。

問：「謝氏説多過，不如楊氏説最實。」曰：「尹氏語言最實，亦多是處。但看文字，亦不可如此先懷權斷於胸中。如謝氏説，十分有九分過處，其間亦有一分説得恰好處，豈可先立定説？今且須虚心玩理。」大雅問：「理如何玩？」曰：「今當以小説明之：一人欲學相氣色，其師與五色綫一串，令入暗室中認之。云：『辨得此五色出，方能相氣色。』看聖人意旨，亦要如此精專，方得之。到自得處，不從説來，雖人言亦不信。蓋開導雖假人言，得處須是自得，人則無如之何也。孔子言語簡，若欲得之，亦非用許多工夫不得。孟子之言多，若欲得之，亦合用許多工夫。孔子言簡，故意廣無失。孟子言多意長，前呼後唤，事理俱明，亦無失。若他人語多，則有失。某今接士大夫，答問多，轉覺辭多無益。」大雅。

原父論語解，緊要處只是莊老。必大。

諸家解。

先生問：「曾文清有論語解，曾見否？」曰：「嘗見之，其言語簡。」曰：「其中極有好處，亦有先儒道不到處。某不及識之，想是一精確人，故解書言多簡。」某曰：「聞之，文清每日早，必正衣冠，讀論語一篇。」曰：「此所謂『學而時習之』，與今日學者讀論語不同。」可學。

建安吴才老作論語十説，世以爲定夫作者，非也。其功淺，其害亦淺。又爲論語考異，其功漸深，而有深害矣。至爲語解，即以己意測度聖人，謂聖人爲多詐輕薄人矣！徐葳爲刊其書越州以行。方。

學者解論語，多是硬説。須習熟，然後有箇入頭處。季札。

孟子疏，乃邵武士人假作。蔡季通識其人。當孔穎達時，未尚孟子，只尚論語、孝經爾。其書全不似疏樣，不曾解出名物制度，只繞纏趙岐之説耳。璘。

問伊川説「讀書當觀聖人所以作經之意，與聖人所以用心」一條。曰：「此條，程先生説讀書，最爲親切。今人不會讀書是如何？只緣不曾求聖人之意，纔拈得些小，便把自意硬入放裏面，胡説亂説。故教它就聖人意上求，看如何。」問：「『易其氣』是如何？」曰：「只是放教寬慢。今人多要硬把捉教住，如有箇難理會處，便要刻畫百端討出來，枉費心力。少刻只説得自底，那裏見聖人意！」又曰：「固是要思索，思索那曾恁地！」又舉「闕其疑」一句，歎美之。賀孫。集注讀論孟法。

先生嘗舉程子讀論、孟切己之説，且如「學而時習之」，切己看時，曾時習與否？句句如此求之，則有益矣。余正甫云：「看中庸、大學，只得其綱而無目，如衣服只有領子。」過當時不曾應。後欲問：「謂之綱者，以其目而得名；謂之領者，以其衣而得名。若無目，則不得謂之綱矣。故先生編禮，欲以中庸、大學、學記等篇置之卷端，爲禮本。」正甫未之從。過。

問：「孔子言語句句是自然，孟子言語句句是事實。」曰：「孔子言語一似没緊要説出來，自是包含無限道理，無些滲漏。如云『道之以政，齊之以刑；道之以德，齊之以禮』數句，孔子初不曾著氣力，只似没緊要説出來，自是委曲詳盡，説盡道理，更走它底不得。若孟子便用著氣力，依文按本，據事實説無限言語，方説得出。此所以爲聖賢之别也。孟子説話，初間定用兩句説起箇頭，下面便分開兩段説去，正如而今人做文字相似。」僩。

論語之書，無非操存、涵養之要；七篇之書，莫非體驗、擴充之端。蓋孔子大概使人優游饜飫，涵泳諷味；孟子大概是要人探索力討，反己自求。故伊川曰：「孔子句句是自然，孟子句句是事實。」亦此意也。如論語所言「居處恭，執事敬，與人忠」，「出門如見大賓，使民如承大祭」，「非禮勿視聽言動」之類，皆是存養底意思。孟子言性善，存心，養性，孺子入井之心，四端之發，若火始然，泉始達之類，皆是要體認得這心性下落，擴而充之。於此等類語玩味，便自可見。端蒙。

問：「齊景公欲封孔子以尼谿之田，晏嬰不可。楚昭王欲封孔子以書社之地，子西不可。使無晏嬰、子西，則夫子還受之乎？」曰：「既仕其國，則須有采地，受之可也。」人傑。集注序説。

楚昭王招孔子，孔子過陳蔡被圍。昭王之招無此事。鄒魯間陋儒尊孔子之意如此。設使是昭王招，陳蔡乃其下風耳，豈敢圍？張無垢所謂者非。

朱子語類卷第二十

論語二

學而篇上

學而時習之章

今讀論語，且熟讀學而一篇，若明得一篇，其餘自然易曉。壽昌。

學而篇皆是先言自修，而後親師友。「有朋自遠方來」，在「時習」之後；「而親仁」，在「入則孝，出則弟」之後；「就有道而正焉」，在「食無求飽，居無求安」之後；「毋友不如己者」，在「不重則不威」之後。今人都不去自修，只是專靠師友説話。璘。

入道之門，是將自家身己入那道理中去，漸漸相親，久之與己爲一。而今人道理在這裏，自家身在外面，全不曾相干涉！僩。

劉問「學而時習之」。曰：「今且理會箇『學』是學箇甚底，然後理會『習』字、『時』字。蓋人只有箇心，天下之理皆聚於此，此是主張自家一身者。若心不在，那裏得理來！惟學之久，則心與理一，而周流泛應，無不曲當矣。且説爲學有多少事，孟子只説『學問之道，求其放心而已矣』。蓋爲學之事雖多有頭項，而爲學之道，則只在求放心而已。心若不在，更有甚事！」雉。學習。

書也只是熟讀，常記在心頭，便得。雖孔子教人，也只是「學而時習之」。若不去時習，則人都不奈你何。只是孔門弟子編集，把這箇作第一件。若能時習，將次自曉得。十分難曉底，也解曉得。義剛。

或問：「『學而時習』，不是詩書禮樂。」「固不是詩書禮樂。然無詩書禮樂，亦不得。聖人之學與俗學不同，亦只爭這些子。聖賢教人讀書，只要知所以爲學之道。俗學讀書，便只是讀書，更不理會爲學之道是如何。」淳。

問：「注云：『學之爲言，效也。』『效』字所包甚廣。」曰：「是如此。博學，慎思，審問，明辨，篤行，皆學效之事也。」驤。容録云：「人凡有可效處，皆當效之。」

吴知先問「學習」二字。曰：「『學』，是未理會得時，便去學；『習』，是已學了，又去重學。非是學得了，頓放在一處，却又去習也。只是一件事。『如鳥數飛』，只是飛了又飛，所謂『鷹乃學習』是也。」先生因言：「此等處，添入集注中更好。」銖。

未知未能而求知求能之謂學，已知已能而行之不已之謂習。義剛。

讀書、講論、修飭，皆要時習。銖。

「學而時習之」，雖是講學、力行平説，然看他文意，講學意思終較多。觀「則以學文」，「雖曰未學」，則可見。伯羽。

或問「學而時習之」。曰：「學是學别人，行是自家行。習是行未熟，須在此習行之也。」履。

問：「時習，是温尋其義理，抑習其所行？」曰：「此句所包廣。只是學做此一件事，便須習此一件事。且如學『克己復禮』，便須朝朝暮暮習這『克己復禮』。學，效也，是效其人。未能孔子，便效孔子；未能周公，便效周公。巫、醫亦然。」淳。

學習，須是只管在心，常常習。若習得專一，定是脱然通解。賀孫。

且如今日説這一段文字了，明日又思之；一番思了，又第二、第三番思之，便是時習。今學者才説了便休。學蒙。

問：「如何是時習？」曰：「如寫一箇『上』字，寫了一箇，又寫一箇，又寫一箇。」當時先生亦逐一書此「上」於掌中。節。

國秀問：「格物、致知是學，誠意、正心是習；學是知，習是行否？」曰：「伊川云：『時復思繹，浹洽於中，則説也。』這未説到行。知，自有知底學，自有知底習；行，自有行底學，自有行底習。如小兒寫字，知得字合恁地寫，這是學；便須將心思量安排，這是習。待將筆去寫成幾箇字，這是行底學；今日寫一紙，明日寫一紙，又明日寫一紙，這是行底習。人於知上不習，便要去行，如何得！人於知上不習，非獨是知得不分曉，終不能有諸己。」賀孫。

問：「程子二説：一云『時復思繹』，是就知上習；『所學在我』，是就行上習否？」曰：「是如此。」柄。

「浹洽」二字，宜子細看。凡於聖賢言語思量透徹，乃有所得。譬之浸物於水：水若未入，只是外面稍濕，裏面依前乾燥。必浸之久，則透内皆濕。程子言「時復思繹，浹洽於中，則説」，極有深意。先生令諸生同講「學而時習之，不亦説乎」。「須以近者譬得分曉乃可。如小子初授讀書，是學也。令讀百數十遍，是時習也。既熟，則不煩惱，覆背得，此便是説也。書字亦然。或問中云：『學是未知而求知底工夫，習是未能而求能底工夫。』以此推之，意可得矣。」雜説載魏帝「三三横，兩兩縱，誰能辨之賜金鍾」之令。答者云：「吴人没水自云工，屠兒割肉與稱同，伎兒擲繩在虚空。」蓋有類三句。陳思王見三人答後，却云：「臣解得是『習』字。」亦善謔矣。皆説習熟之意。先生然之。過。

「學而時習之」，若伊川之説，則專在思索而無力行之功；如上蔡之説，則專於力行而廢講究之義，似皆偏了。道夫。

問：「程云：『習，重習也。時復思繹，浹洽於中，則説也。』看來只就義理處説。後添入上蔡『坐如尸』一段，此又就躬行處説，然後盡時習之意。」曰：「某備兩説，某意可見。兩段者各只説得一邊，尋繹義理與居處皆當習，可也。」後又問：「『習，鳥數飛也』，如何是數飛之義？」曰：「此是説文『習』字從『羽』。月令：『鷹乃學習。』只是飛來飛去也。」寓。

問：「『學而時習之』，伊川説『習』字，就思上説；范氏、游氏説，都就行上説。集注多用思意，而附謝氏『坐如尸，立如齊』一段，爲習於行。據賀孫看，不思而行，則未必中道；思得慣熟了，却行無不當者。」曰：「伊川意是説習於思。天下事若不先思，如何會行得！説習於行者，亦不是外於思。思與行亦不可分説。」賀孫。

「坐如尸，立如齊。」學時是知得「坐如尸，立如齊」。及做時，坐常是如尸，立常是如齊，此是習之事也。卓。

上蔡謂：「『坐如尸』，坐時習；『立如齊』，立時習。」只是儱侗説成一箇物，恁地習。以見立言最難。某謂，須坐常常照管教如尸，方始是習；立常常照管教如齊，方始是習。逐件中各有一箇習，若恁散説，便寬了。淳。

「坐如尸，立如齊」，謝氏説得也疏率。這箇須是説坐時常如尸，立時常如齊，便是。今謝氏却只將這兩句來儱侗説了。不知這兩句裏面尚有多少事，逐件各有箇習在。立言便也是難。義剛。

方叔弟問：「平居時習，而習中每覺有愧，何也？」曰：「如此，只是工夫不接續也。要習，須常令工夫接續則得。」又問尋求古人意思。曰：「某嘗謂學者須是信，又須不信。久之，却自尋得箇可信底道理，則是真信也。」大雅。

「學而時習之」，須是自己時習，然後知心裏説處。祖道。説。

或問「不亦説乎」。曰：「不但只是學道有説處。今人學寫字，初間寫不好，到後來一旦寫得好時，豈不歡喜！又如人習射，初間都射不中，到後來射得中時，豈不歡喜！大抵學到説時，已是進一進了。只説後，便自住不得。且如人過險處，過不得，得人扶持將過。纔過得險處了，見一條平坦路，便自歡喜行將去矣。」時舉。

問：「集注謂『中心喜悦，其進自不能已』。」曰：「所以欲諸公將文字熟讀，方始經心，方始謂之習。習是常常去習。今人所以或作或輟者，只緣是不曾到説處。若到説處，自住不得。看來夫子只用説『學而時習』一句，下面事自節節可見。」明作。

問：「『有朋自遠方來』，莫是爲學之驗否？」曰：「不必以驗言。大抵朋友遠來，能相信從，吾既與他共知得這箇道理，自是樂也。」或問：「説與樂如何？」曰：「説是自家心裏喜説，人却不知；樂則發散於外也。」謨。朋自遠方來。

鄭齊卿問「以善及人而信從者衆，故可樂」。曰：「舊嘗有『信從者衆，足以驗己之有得』。然己既有得，何待人之信從始爲可樂？須知己之有得，亦欲他人之皆得。然信從者但一二，亦未能愜吾之意。至於信之從之者衆，則豈不可樂！」又曰：「此段工夫專在時習上做。時習而至於説，則自不能已，後面工夫節節自有來。」人傑。

問：「『以善及人而信從者衆』，是樂其善之可以及人乎？是樂其信從者衆乎？」曰：「樂其信從者衆也。大抵私小底人或有所見，則不肯告人，持以自多。君子存心廣大，己有所得，足以及人。若己能之，以教諸人，而人不能，是多少可悶！今既信從者自遠而至，其衆如是，安得不樂！」又云：「緊要在『學而時習之』，到説處自不能已。今人學而不能久，只是不到可説處。到學而不能自已，則久久自有此理。」祖道。

問「以善及人而信從者衆」。曰：「須是自家有這善，方可及人；無這善，如何及得人。看聖人所言，多少寬大氣象！常人褊迫，但聞得些善言，寫得些文字，便自寶藏之，以爲己物，皆他人所不得知者，成甚模樣！今不必説朋來遠方是以善及人。如自家寫得片文隻字而歸，人有求者，須當告之，此便是以善及人處。只是待他求方可告之，不可登門而告之。若登門而告之，是往教也，便不可如此。」卓。

問：「『以善及人而信從者衆』。語初學，將自謀不暇，何以及得人？」曰：「謂如傳得師友些好說話好文字，歸與朋友，亦唤做及人。如有好說話，得好文字，緊緊藏在籠篋中，如何得及人。」容。

或問：「『有朋自遠方來』，程先生云：『推己之善以及人。』有舜善與人同底意。」曰：「不必如此思量推廣添將去，且就此上看。此中學問，大率病根在此，不特近時爲然。自彪德美來已如此，蓋三十餘年矣。向來記得與他說中庸鬼神之事，也須要說此非功用之鬼神，乃妙用之鬼神，衮纏說去，更無了期。只是向高乘虛接渺說了。此正如看屋，不向屋裏看其間架如何，好惡如何，堂奥如何，只在外略一綽過，便說更有一箇好屋在，又說上面更有一重好屋在。又如喫飯，不喫在肚裏，却向上家討一椀來比，下家討一椀來比，濟得甚事！且如讀書，直是將一般書子細沈潛去理會。有一看而不曉者，有再看而不曉者，其中亦有再看而可曉者。看得來多，不可曉者自可曉。果是不曉致疑，方問人。今來所問，皆是不曾子細看書，又不曾從頭至尾看，只是中間接起一句一字來備禮發問。此皆是應故事來問底，於己何益，將來何用。此最學者大病！」謙。

程氏云：「以善及人而信從者衆，故樂。」此說是。若楊氏云「與共講學」之類，皆不是。我既自未有善可及人，方資人相共講學，安得「有朋自遠方來」！璘。

吴仁父問「非樂不足以語君子」。曰：「惟樂後，方能進這一步。不樂，則何以爲君子！」時舉云：「説在己，樂有與衆共之之意。」曰：「要知只要所學者在我，故説。人只争這一句。若果能悦，則樂與不愠，自可以次而進矣。」時舉。

「説在心，樂主發散在外。」説是中心自喜説，樂便是説之發於外者。僩。説樂。

説是感於外而發於中，樂則充於中而溢於外。道夫。

「人不知而不愠，不亦君子乎！」自是不相干涉，要他知做甚！自家爲學之初，便是不要人知了，至此而後真能不要人知爾。若煅煉未能得十分如此成熟，心裏固有時被它動。及到這裏，方真箇能人不我知而不愠也。僩。人不知不愠。

「人不知而不愠」。爲善乃是自己當然事，於人何與。譬如喫飯，乃是要得自家飽。我既在家中喫飯了，何必問外人知與不知。蓋與人初不相干也。拱壽。

問「人不知而不愠」。曰：「今有一善，便欲人知；不知，則便有不樂之意。不特此也，人有善而人或不知之，初不干己事，而亦爲之不平，況其不知己乎！此則不知不愠，所以爲難。」時舉。

尹氏云：「學在己，知不知在人，何愠之有！」此等句極好。君子之心如一泓清水，更不起些微波。人傑。

問：「學者稍知爲己，則人之知不知，自不相干。而集注何以言『不知不愠者逆而難』？」曰：「人之待己，平平恁地過，亦不覺。若被人做箇全不足比數底人看待，心下便不甘，便是愠。愠非忿怒之謂。」賀孫。

或問「不亦樂乎」與「人不知而不愠」。曰：「樂公而愠私。君子有公共之樂，無私己之怨。」時舉。樂、不愠。

有朋自遠方來而樂者，天下之公也；人不知而愠者，一己之私也。以善及人而信從者衆，則樂；人不己知，則不愠。樂愠在物不在己，至公而不私也。銖。

「或問謂朋來講習之樂爲樂。」曰：「不似伊川説得大。蓋此箇道理天下所公共，我獨曉之，而人曉不得，也自悶人。若『有朋自遠方來』，則信向者衆，故可樂。若以講習爲樂，則此方有資於彼而後樂，則其爲樂也小矣。這箇地位大故是高了。『人不知而不愠』，説得容易，只到那地位自是難。不愠，不是大故怒，但心裏略有些不平底意思便是愠了。此非得之深、養之厚者，不能如此。」夔孫。義剛録同，見訓揚。

聖賢言語平鋪地説在那裏。如夫子説「學而時習之」，自家是學何事，便須著時習。習之果能説否？「有朋自遠方來」，果能樂不樂？今人之學，所以求人知之。不見知，果能不慍否？道夫。總論。

問：「『學而時習之，不亦説乎！』到熟後，自然説否？」曰：「見得漸漸分曉，行得漸漸熟，便説。」又問：「『人不知而不慍』，此是所得深後，外物不足爲輕重。學到此方始是成否？」曰：「此事極難。慍，非勃然而怒之謂，只有些小不快活處便是。」正叔曰：「上蔡言，此一章是成德事。」曰：「習亦未是成德事。到『人不知而不慍』處，方是成德。」文蔚。

吴子常問「學而時習」一章。曰：「學只是要一箇習，習到熟後，自然喜説不能自已。今人學所以便住了，只是不曾習熟，不見得好。此一句却係切己用功處，下句即因人矣。」又曰：「『以善及人而信從者衆。』善，不是自家獨有，人皆有之。我習而自得，未能及人，雖説未樂。」銖。

黄問：「學而首章是始、中、終之序否？」曰：「此章須看：如何是『學而時習之』，便『不亦説乎』！如何是『有朋自遠方來』，便『不亦樂乎』！如何是『人不知而不慍』，便『不亦君子乎』？裏面有許多意思曲折，如何只要將三字來包了！若然，則只消此三字，更不用許多話。向日君舉在三山請某人學中講説此，謂第一節是心與理一，第二節是己與人一，第三節是人與天一，以爲奇論。可謂作怪！」淳。黄録詳，别出。

問：「學而首章，把作始、中、終之序看時，如何？」曰：「道理也是恁地，然也不消恁地說。而今且去看『學而時習之』是如何，『有朋自遠方來』是如何。若把始、中、終三箇字括了時便是了，更讀箇甚麽！公有一病，好去求奇。如適間說文子，只是他有這一長，故謚之以『文』，未見其他不好處。今公却恁地去看。這一箇字，如何解包得許多意思？大概江西人好拗，人說臭，他須要說香。如告子不如孟子，若只恁地說時，便人與我一般。我須道，告子强似孟子。王介甫嘗作一篇兵論，在書院中硯下，是時他已參政。劉貢父見之，值客直入書院，見其文。遂言庶官見執政，不應直入其書院，且出。少頃，廳上相見，問劉近作，劉遂將適間之文意换了言語答它。王大不樂，退而碎其紙。蓋有兩箇道此，則是我說不奇，故如此。」因言福州嘗有姓林者，解「學而時習」是心與理爲一，「有朋自遠方來」是已與人爲一，「人不知而不愠」是人與天爲一。君舉大奇之，這有甚好處！要是它們科舉之習未除，故說得如此。義剛。

問：「横渠解『學而時習之』云：『潛心於學，忽忽爲他慮引去者，此氣也。』震看得爲他慮所引，必是意不誠，心不定，便如此。横渠却以爲氣，如何？」曰：「人誰不要此心定。到不定時，也不奈何得。如人擔一重擔，盡力擔到前面，忽擔不去。緣何如此？只爲力量不足。心之不定，只是合下無工夫。」曰：「所以不曾下得工夫，病痛在何處？」曰：「須是有所養。」曰：「所謂養者，『以直養』否？」曰：「未到『以直養』處，且『持其志無暴其氣』

可也。若我不放縱此氣，自然心定。」震又云：「其初用力把捉此心時，未免難，不知用力久後自然熟否？」曰：「心是把捉人底，人如何去把捉得他！只是以義理養之，久而自熟。」震。諸説。

「范説云：『習在己而有得於內，朋友在人而有得於外。』恐此語未穩。」先生問：「如何？」卓云：「得雖在人，而得之者在我，又安有內外之別！」曰：「此説大段不是，正與告子義外之説一般。」卓。

再見，因呈所撰論語精義備説。觀二章畢，即曰：「大抵看聖賢語言，不須作課程。但平心定氣熟看，將來自有得處。今看老兄此書，只是拶成文字，元不求自得。且如『學而時習』一章，諸家説各有長處，亦有短處。如云『「鷹乃學習」之謂』，與『時復思繹浹洽於中則説矣』，此程説最是的當處。如云『以善及人而信從者衆，故可樂』，此程説，正得夫子意。如云『學在己，知不知在人』，尹子之言當矣。如游説『宜其令聞廣譽施其身，而人乃不知焉』。是有命，『不知命無以爲君子』，此最是語病。果如此説，則是君子爲人所不知，退而安之於命，付之無可奈何，却如何見得真不愠處出來。且聖人之意儘有高遠處，轉窮究，轉有深義。今作就此書，則遂不復看精義矣。自此隔下了，見識止如此，上面一截道理更不復見矣。大抵看聖賢語言，須徐徐俟之，待其可疑而後疑之。如庖丁解牛，他只尋罅隙處，游刃以往，而衆理自解，芒刃亦不鈍。今一看文字，便就上百端生事，謂之起疑。且解牛而用斧鑿，鑿開成痕，所以刃屢鈍。如此，如何見得聖賢本意。且前輩講求非不熟，初學須是自處於無能，遵禀他前輩説話，漸見實處。今一看未見意趣，便争手奪脚，近前争説一分。以某觀之，今之作文者，但口不敢説耳，其意直是謂聖賢説有未至，他要説出聖賢一頭地。曾不知於自己本無所益。鄉令老兄虚心平氣看聖人語言，不意今如此支離！大抵中年以後爲學，且須愛惜精神。如某在官所，亦不敢屑屑留情細務者，正恐耗了精神，忽有大事來，則無以待之。」大雅。

問「學而」一章。曰：「看精義，須看諸先生説『學』字，誰説得好；『時習』字，誰説得好；『説』字，誰説得好。須恁地看。」林擴之問：「多把『習』字作『行』字説，如何？」曰：「看古人説『學』字、『習』字，大意只是講習，亦不必須是行。」榦問：「謝氏、游氏説『習』字，似分曉。」曰：「據正文意，只是講習。游、謝説乃推廣『習』字，畢竟也在裏面。游氏説得雖好，取正文便較迂曲些。」問：「伊川解『不亦説』作『説在心』，范氏作『説自外至』，似相反。」曰：「這在人自忖度。」榦曰：「既是『思繹浹洽於中』，則説必是在内。」曰：「范氏這一句較疏。説自是在心，説便如暗歡喜相似。樂便是箇發越通暢底氣象。」問：「范氏下面『樂由中出』與伊川『發散在外』之説却同。」曰：「然。」問：「范氏以『不亦説乎』作『比於説，猶未正夫說』，如何？」曰：「不必如此說。」問：「范氏、游氏皆以『人不知而不愠，不亦君子乎』作『不知命無以爲君子乎』，如何？」曰：「此也是小可事，也未說到命處。爲學之意，本不欲人知。『學在己，知不知在人，何愠之有』！」問：「謝氏『知我者希』之說如何？」曰：「此老子語也。亦不必如此說。」榦。

蕭定夫說：「胡致堂云：『學者何？仁也。』」曰：「『學』字本是無定底字，若止云仁，則漸入無形體去了。所謂『學』者，每事皆當學，便實。如上蔡所謂『「坐如尸」，坐時習也；「立如齊」，立時習也』，以此推之，方是學。某到此，見學者都無南軒鄉來所說一字，幾乎斷絕了！蓋緣學者都好高，說空，說悟。」定夫又云：「南軒云：『致堂之說未的確。』」曰：「便是南軒主胡五峰而抑致堂。某以爲不必如此，致堂亦自有好處。凡事，好中有不好，不好中又有好。沙中有金，玉中有石，要自家辨得始得。」震。

「致堂謂『學所以求仁也』。仁是無頭面底，若將『學』字來解求仁，則可；若以求仁解『學』字，又没理會了。」直卿云：「若如此說，一部論語，只將『求仁』二字說便了也。」先生又曰：「南軒只說五峰說底是，致堂說底皆不是，安可如此！致堂多有說得好處，或有文定、五峰說不到處。」蓋卿。

有子曰其爲人也孝弟章

問有子言孝悌處。先生謂：「有子言語似有些重複處，然是其誠實踐履之言，細咀嚼之，益有味。」振。

因説陸先生每對人説有子非後學急務，又云以其説不合有節目，多不直截。某因謂，是比聖人言語較緊。且如孝弟之人豈尚解犯上，又更作亂！曰：「人之品不同，亦自有孝弟之人解犯上者，自古亦有作亂者。聖賢言語寬平，不須如此急迫看。」振。

陸伯振云：「象山以有子之説爲未然。仁，乃孝弟之本也。有子説：『君子務本，本立而道生。』起頭説得重，却得。『孝弟也者，其爲仁之本與』，却説得輕了。」先生曰：「上兩句汎説，下兩句却説行仁當自孝弟始。所以程子云：『謂孝弟爲行仁之本，則可；謂是仁之本，則不可。』所謂『親親而仁民』也。聖賢言仁不同。此是説『爲仁』，若『巧言令色，鮮矣仁』，却是近裏説。」因言有子説數段話，都説得反覆曲折，惟「盍徹」一段説得直截耳。想是一箇重厚和易底人，當時弟子皆服之，所以夫子没後，「欲以所事夫子者事之」也。人傑。

「其爲人也孝弟」，此説資質好底人，其心和順柔遜，必不好犯上，仁便從此生。鮮，是少，對下文「未之有也」，上下文勢如此。若「巧言令色，鮮矣仁」，鮮字則是絶無。「君子務本，本立而道生」，此兩句泛説凡事是如此，與上下不相干。下文却言「孝弟也者」，方是應上文也，故集注著箇「大凡」也。明作。

或説：「世間孝弟底人，發於他事，無不和順。」曰：「固是。人若不孝弟，便是這道理中間斷了，下面更生不去，承接不來，所以説孝弟仁之本。」李敬子曰：「世間又有一種孝慈人，却無剛斷。」曰：「人有幾多般，此屬氣稟。如唐明皇爲人，於父子夫婦君臣分上煞無狀，却終始愛兄弟不衰，只緣寧王讓他位，所以如此。這一節感動，終始友愛不衰。或謂明皇因寧王而後能如此，這也是他裏面有這道理，方始感發得出來。若其中元無此理，如何會感發得！」僩。

問：「干犯在上之人，如『疾行先長者』之類？」曰：「然。干犯便是那小底亂，到得『作亂』，則爲争鬬悖逆之事矣！」問：「人子之諫父母，或貽父母之怒，此不爲干犯否？」曰：「此是孝裏面事，安得爲犯？然諫又自『下氣怡色柔聲以諫』，亦非淩犯也。」又問：「諫争於君，如『事君有犯無隱』，如『勿欺也而犯之』，此『犯』字如何？」曰：「此『犯』字又説得輕。如君有不是，須直與他説，此之謂『犯』。但人臣之諫君，亦有箇宛轉底道理。若暴揚其惡，言語不遜，叫喚狂悖，此便是干犯矣，故曰：『人臣之事君當熟諫。』」僩。

問：「有犯上者，已自不好，又何至於『作亂』？可見其益遠孝弟之所爲。」曰：「只言其無此事。論來犯上，乃是少有拂意便是犯，不必至陵犯處乃爲犯也。若作亂，謂之『未之有也』，絶無可知。」寓。

「犯上者鮮矣」，是對那「未之有」而言，故有淺深。若「鮮矣仁」，則是專言。這非只是少，直是無了！但聖人言得慢耳。義剛。

「犯上者鮮矣」之「鮮」，與「鮮矣仁」之「鮮」不同。「鮮矣仁」是絶無了。「好犯上者鮮」，則猶有在；下面「未之有也」，方是都無。僩。

問：「『君子務本』注云：『凡事專用力於根本。』如此，則『孝弟爲仁之本』，乃是舉其一端而言？」曰：「否。本是説孝弟，上面『務本』，是且引來。上面且泛言，下面是收入來説。」曰：「君臣父子夫婦兄弟皆是本否？」曰：「孝弟較親切。『於親孝，故忠可移於君；事兄弟，故順可移於長』，便是本。」寓。

問：「合當説『本立而末生』，有子何故却説『本立而道生』？」曰：「本立則道隨事而生，如『事親孝，故忠可移於君；事兄弟，故順可移於長』。」節。

問「本立道生」。曰：「此甚分明。如人能孝能弟，漸漸和於一家，以至親戚，以至故舊，漸漸通透。」賀孫。

孝弟固具於仁。以其先發，故是行仁之本。可學。以下孝弟仁之本。

子上説：「孝弟仁之本，是良心。」曰：「不須如此説，只平穩就事上觀。有子言其爲人孝弟，則必須柔恭；柔恭，則必無犯上作亂之事。是以君子專致力於其本。然不成如此便止，故曰：『本立而道生，孝弟也者，其爲仁之本歟！』蓋能孝弟了，便須從此推去，故能愛人利物也。」昔人有問：「孝弟爲仁之本，不知義禮智之本。」先生答曰：「只孝弟是行仁之本，義禮智之本皆在此：使其事親從兄得宜者，行義之本也；事親從兄有節文者，行禮之本也；知事親從兄之所以然者，智之本也。『不愛其親而愛他人者，謂之悖德；不敬其親而敬他人者，謂之悖禮。』舍孝弟則無以本之矣。」璘。可學録別出。

問：「孝弟是良心之發見，因其良心之發見，爲仁甚易。」曰：「此説固好，但無執著。觀此文意，只是云其爲人孝弟，則和遜温柔，必能齊家，則推之可以仁民。務者，朝夕爲此，且把這一箇作一把頭處。」可學。

或問「孝弟爲仁之本」。曰：「這箇仁，是愛底意思。行愛自孝弟始。」又曰：「親親、仁民、愛物，三者是爲仁之事。親親是第一件事，故『孝弟也者，其爲仁之本與』。」又曰：「知得事親不可不孝，事長不可不弟，是爲義之本；知事親事長之節文，爲禮之本；知事親事長，爲智之本。」張仁叟問：「義亦可爲心之德？」曰：「義不可爲心之德。仁是專德，便是難説，某也只説到這裏。」又曰：「行仁之事。」又曰：「此『仁』字是偏言底，不是專言底。」又曰：「此仁，是仁之一事。」節。

胡兄説：「嘗見世間孝弟底人，少間發出來，於他事無不和順，慈愛處自有次第道理。」曰：「固是。人若不孝弟，便是這箇道理中間跌斷了，下面生不去，承接不來了，所以説『孝弟也者，其爲仁之本歟』。」

問：「『孝弟爲仁之本』，是事父母兄既盡道，乃立得箇根本，則推而仁民愛物，方行得有條理。」曰：「固是。但孝弟是合當底事，不是要仁民愛物方從孝弟做去。」可學云：「如草木之有本根，方始枝葉繁茂。」曰：「固是。但有本根，則枝葉自然繁茂。不是要得枝葉繁茂，方始去培植本根。」南升。

陳敬之説「孝弟爲仁之本」一章，三四日不分明。先生只令子細看，全未與説。數日後，方作一圖示之：中寫「仁」字，外一重寫「孝弟」字，又外一重寫「仁民愛物」字。謂行此仁道，先自孝弟始，親親長長，而後次第推去，非若兼愛之無分别也。過。

問「孝弟爲仁之本」。曰：「此是推行仁道，如『發政施仁』之『仁』同，非『克己復禮爲仁』之『仁』，故伊川謂之『行仁』。學者之爲仁，只一念相應便是仁。然也只是這一箇道理。『爲仁之本』，就事上説；『克己復禮』，就心上説。」又論「本」字云：「此便只是大學『其本亂而末治者否矣』意思。理一而分殊，雖貴乎一視同仁，然不自親始，也不得。」伯羽。

問：「孝弟仁之本。今人亦有孝弟底而不盡仁，何故？莫是志不立？」曰：「亦其端本不究，所謂『由之而不知，習矣而不察』。彼不知孝弟便是仁，却把孝弟作一般善人，且如此過，却昏了。」又問：「伊川言『仁是本，孝弟是用』，所謂用，莫是孝弟之心油然而生，發見於外？」曰：「仁是理，孝弟是事。有是仁，後有是孝弟。」可學。

直卿説「孝弟爲仁之本」，云：「孔門以求仁爲先，學者須是先理會得一箇『心』字。上古聖賢，自堯舜以來，便是説『人心道心』。集注所謂『心之德，愛之理』，須理會得是箇甚底物，學問方始有安頓處。」先生曰：「仁義禮智，自天之生人，便有此四件，如火爐便有四角，天便有四時，地便有四方，日便有晝夜昏旦。天下道理千枝萬葉，千條萬緒，都是這四者做出來。四者之用，便自各有許多般樣。且如仁主於愛，便有愛親、愛故舊、愛朋友底許多般道理。義主於敬，如貴貴，則自敬君而下，以至『與上大夫、下大夫言』許多般；如尊賢，便有『師之者，友之者』許多般。禮智亦然。但是愛親愛兄是行仁之本。仁便是本了，上面更無本。如水之流，必過第一池，然後過第二池、第三池，未有不先過第一池，而能及第二第三者。仁便是水之原，而孝弟便是第一池。不惟仁如此，而爲義禮智亦必以此爲本也。」夔孫。

仁如水之源，孝弟是水流底第一坎，仁民是第二坎，愛物則三坎也。銖。

問：「『孝弟爲仁之本』，便是『物有本末，事有終始，知所先後』之意？」曰：「然。」過。

問：「『孝弟爲仁之本』，此是專言之仁、偏言之仁？」曰：「此方是偏言之仁，然二者亦都相關。說著偏言底，專言底便在裏面；說專言底，則偏言底便在裏面。雖是相關，又要看得界限分明。如此章所言，只是從愛上說。如云『惻隱之心仁之端』，正是此類。至於說『克己復禮爲仁』，『仁者其言也訒』，『居處恭，執事敬，與人忠』，『仁，人心也』，此是說專言之仁，又自不同。然雖說專言之仁，所謂偏言之仁亦在裏面。孟子曰：『仁之實，事親是也。』此便是都相關說，又要人自看得界限分明。」僩。

問「孝弟爲仁之本」。曰：「論仁，則仁是孝弟之本；行仁，則當自孝弟始。」又云：「孟子曰：『仁之實，事親是也；義之實，從兄是也；智之實，知斯二者弗去是也；禮之實，節文斯二者是也；樂之實，樂斯二者是也。』以此觀之，豈特孝弟爲仁之本？四端皆本於孝弟而後見也。然四端又在學者子細省察。」祖道。

問：「有子以『孝弟爲仁之本』，是孝弟皆由於仁矣。孟子却說『仁之實，事親是也；義之實，從兄是也』，却以弟屬義，何也？」曰：「孝於父母，更無商量。」僩。

「仁者愛之理」，只是愛之道理，猶言生之性，愛則是理之見於用者也。蓋仁，性也，性只是理而已。愛是情，情則發於用。性者指其未發，故曰「仁者愛之理」。情即已發，故曰「愛者仁之用」。端蒙。集注。愛之理。

「仁者愛之理」，理是根，愛是苗。仁之愛，如糖之甜，醋之酸，愛是那滋味。方子。

仁是根，愛是苗，不可便喚苗做根。然而這箇苗，却定是從那根上來。佐。

仁是未發，愛是已發。節。

仁父問「仁者愛之理」。曰：「這一句，只將心性情看，便分明。一身之中，渾然自有箇主宰者，心也。有仁義禮智，則是性；發爲惻隱、羞惡、辭遜、是非，則是情。惻隱，愛也，仁之端也。仁是體，愛是用。」又曰：「『愛之理』，愛自仁出也。然亦不可離了愛去說仁。」問韓愈「博愛之謂仁」。曰：「是指情爲性了。」問：「周子說『愛曰仁』，與博愛之說如何？」曰：「『愛曰仁』，猶曰『惻隱之心，仁之端也』，是就愛處指出仁。若『博愛之謂仁』之謂，便是把博愛做仁了，終不同。」問：「張無垢說：『仁者，覺也。』」曰：「覺是智，以覺爲仁，則是以智爲仁。覺也是仁裏面物事，只是便把做仁不得。」賀孫。

說「仁者，愛之理」，曰：「仁自是箇和柔底物事。譬如物之初生，自較和柔；及至夏間長茂，方始稍堅硬；秋則收結成實，冬則斂藏。然四時生氣無不該貫。如程子說生意處，非是說以生意爲仁，只是說生物皆能發動，死物則都不能。譬如穀種，蒸殺則不能生也。」

又曰：「以穀種譬之，一粒穀，春則發生，夏則成苗，秋則結實，冬則收藏，生意依舊包在裏面。每箇穀子裏，有一箇生意藏在裏面，種而後生也。仁義禮智亦然。」又曰：「仁與禮，自是有箇發生底意思；義與智，自是有箇收斂底意思。」雉。

「愛之理」能包四德，如孟子言四端，首言「不忍人之心」，便是不忍人之心能包四端也。伯羽。

仁是愛之理，愛是仁之用。未發時，只喚做仁，仁却無形影；既發後，方喚做愛，愛却有形影。未發而言仁，可以包義禮智；既發而言惻隱，可以包恭敬、辭遜、是非。四端者，端如萌芽相似，惻隱方是從仁裏面發出來底端。程子曰：「因其惻隱，知其有仁。」因其外面發出來底，便知是性在裏面。植。

問：「先生前日以『爲仁之本』之『仁』是偏言底，是愛之理。以節觀之，似是仁之事，非愛之理。」曰：「親親、仁民、愛物，是做這愛之理。」又問：「節常以『專言則包四者』推之，於體上推不去，於用上則推得去。如無春，則無夏、秋、冬。至於體，則有時合下齊有，却如何包得四者？」曰：「便是難説。」又曰：「用是恁地時，體亦是恁地。」問：「直卿已前説：『仁義禮智皆是仁，仁是仁中之切要底。』此説如何？」曰：「全謂之仁亦可。只是偏言底是仁之本位。」節。

問：「『仁者心之德』，義禮智亦可爲心之德否？」曰：「皆是心之德，只是仁專此心之德。」淳。心之德。

知覺便是心之德。端蒙。

仁只是愛底道理，此所以爲「心之德」。泳。愛之理，心之德。

問「心之德，愛之理」。曰：「愛是箇動物事，理是箇静物事。」賀孫。

愛是惻隱。惻隱是情，其理則謂之仁。「心之德」，德又只是愛。謂之心之德，却是愛之本根。賀孫。

「心之德」是統言，「愛之理」是就仁義禮智上分説。如義便是宜之理，禮便是别之理，智便是知之理。但理會得愛之理，便理會得心之德。又曰：「愛雖是情，愛之理是仁也。仁者，愛之理；愛者，仁之事。仁者，愛之體；愛者，仁之用。」道夫。

「心之德」，是兼四端言之。「愛之理」，只是就仁體段説。其發爲愛，其理則仁也。仁兼四端者，都是這些生意流行。賀孫。

「其爲人也孝弟」章，「心之德，愛之理」。戴云：「『仁者，仁此者也；義者，宜此者也；禮者，履此者也；智者，知此者也。』只是以孝弟爲主。仁義禮智，只是行此孝弟也。」先生曰：「某尋常與朋友説，仁爲孝弟之本，義禮智亦然。義只是知事親如此孝，事長如此弟，禮亦是有事親事長之禮，知只是知得孝弟之道如此。然仁爲心之德，則全得三者而有之。」又云：「此言『心之德』，如程先生『專言則包四者』是也；『愛之理』，如所謂『偏言則一事』者也。」又云：「仁之所以包四者，只是感動處便見。有感而動時，皆自仁中發出來。仁如水之流，及流而成大池、小池、方池、圓池，池雖不同，皆由水而爲之也。」卓。

「愛之理」，是「偏言則一事」；「心之德」，是「專言則包四者」。故合而言之，則四者皆心之德，而仁爲之主；分而言之，則仁是愛之理，義是宜之理，禮是恭敬、辭遜之理，知是分別是非之理也。時舉。

以「心之德」而專言之，則未發是體，已發是用；以「愛之理」而偏言之，則仁便是體，惻隱是用。端蒙。

問：「『仁者，心之德，愛之理。』聖賢所言，又或不同，如何？」曰：「聖賢言仁，有就『心之德』説者，如『巧言令色，鮮矣仁』之類；有就『愛之理』説者，如『孝弟爲仁之本』之類。」過。

楊問：「『仁者，愛之理。』看孔門答問仁多矣，如克己等類，『愛』字恐未足以盡之。」曰：「必著許多，所以全得那愛，所以能愛。如『克己復禮』，如『居處恭，執事敬』，這處豈便是仁？所以喚醒那仁。這裏須醒覺，若私欲昏蔽，這裏便死了，没這仁了。」又問：

「『心之德』，義禮智皆在否？」曰：「皆是。但仁專言『心之德』，所統又大。」安卿問：「『心之德』，以專言；『愛之理』，以偏言。」曰：「固是。『愛之理』，即是『心之德』，不是『心之德』了，又别有箇『愛之理』。偏言、專言，亦不是兩箇仁。小處也只在大裏面。」淳録云：「仁只是一箇仁，不是有一箇大底仁，其中又有一箇小底仁。嘗粗譬之，仁，恰似今福州太守兼帶福建路安撫使。以安撫使言之，則統一路州軍；以太守言之，泉州太守、漳州太守都是一般太守，但福州較大耳。然太守即是這安撫使，隨地施用而見。」寓。

或問「仁者心之德，愛之理」。曰：「『愛之理』，便是『心之德』。公且就氣上看。如春夏秋冬，須看他四時界限，又却看春如何包得三時。四時之氣，温涼寒熱，涼與寒既不能生物，夏氣又熱，亦非生物之時。惟春氣温厚，乃見天地生物之心。到夏是生氣之長，秋是生氣之斂，冬是生氣之藏。若春無生物之意，後面三時都無了。此仁所以包得義禮智也，明道所以言義禮智皆仁也。今且粗譬喻，福州知州，便是福建路安撫使，更無一箇小底做知州，大底做安撫也。今學者須是先自講明得一箇仁，若理會得後，在心術上看也是此理，在事物上看也是此理。若不先見得此仁，則心術上言仁與事物上言仁，判然不同了。」又言：「學者『克己復禮』上做工夫，到私欲盡後，便粹然是天地生物之心，須常要有那温厚底意思方好。」時舉。

「『仁者愛之理』，是將仁來分作四段看。仁便是『愛之理』，至於愛人愛物，皆是此理。義便是宜之理，禮便是恭敬之理，智便是分別是非之理。理不可見，因其愛與宜，恭敬與是非，而知有仁義禮智之理在其中，乃所謂『心之德』，乃是仁能包四者，便是流行處，所謂『保合太和』是也。仁是箇生理，若是不仁，便死了。人未嘗不仁，只是爲私欲所昏，才『克己復禮』，仁依舊在。」直卿曰：「私欲不是別有箇私欲，只心之偏處便是。」汪正甫問：「三仕三已不爲仁，管仲又却稱仁，是如何？」曰：「三仕三已是獨自底，管仲出來，畢竟是做得仁之功。且如一箇人坐亡立化，有一箇人仗節死義。畢竟還仗節死義底是。坐亡立化，濟得甚事！」晏亞夫問「殺身成仁，求生害仁」。曰：「求生，畢竟是心不安。理當死，即得殺身，身雖死，而理即在。」亞夫云：「要將言仁處類聚看。」曰：「若如此，便是趕縛得急，却不好。只依次序看，若理會得一段了，相似忘却，忽又理會一段，覺見得意思轉好。」南升。

或問「仁者心之德」。曰：「義禮智，皆心之所有，仁則渾然。分而言之，仁主乎愛；合而言之，包是三者。」或問：「仁有生意，如何？」曰：「只此生意。心是活物，必有此心，乃能知辭遜；必有此心，乃能知羞惡；必有此心，乃能知是非。此心不生，又烏能辭遜、羞惡、是非！且如春之生物也，至於夏之長，則是生者長；秋之遂，亦是生者遂；冬之成，亦是生者成也。百穀之熟，方及七八分，若斬斷其根，則生者喪矣，其穀亦只得七八分；若生者不喪，須及十分。收而藏之，生者似息矣，只明年種之，又復有生。諸子問仁不同，而今曰『愛之理』云者，『克己復禮』，亦只要存得此愛，非以『克己復禮』是仁。『友其士之仁者，事其大夫之賢者』，亦只是要見得此愛。其餘皆然。」力行。

問「愛之理，心之德」。曰：「理便是性。緣裏面有這愛之理，所以發出來無不愛。程子曰：『心如穀種，其生之性，乃仁也。』生之性，便是『愛之理』也。嘗譬如一箇物有四面：一面青，一面紅，一面白，一面黑。青屬東方，則仁也；紅屬南方，禮也；白屬西方，義也；黑屬北方，智也。然這箇物生時，却從東方左邊生起。故寅卯辰屬東方，便是這仁，萬物得這生氣方生。及至巳午未，南方，萬物盛大，便是這生氣已充滿。及申酉戌，西方，則物又只有許多限量，生滿了，更生不去，故生氣到此自是收斂。若更生去，則無收殺了。又至亥子丑，北方，生氣都收藏。然雖是收斂，早是又在裏面發動了，故聖人說『復見天地之心』，可見生氣之不息也。所以仁貫四端，只如此看便見。」僩。

問：「渾然無私，便是『愛之理』；行仁而有得於己，便是『心之德』否？」曰：「如此解釋文義亦可，但恐本領上未透徹爾。」少頃，問濂溪中正仁義之說。先生遽曰：「義理才覺有疑，便劄定脚步，且與究竟到底。謂如說仁，便要見得仁是甚物。如義，如智，如禮，亦然。識得道理一一分曉，了然如在目中，則自然浹洽融會，形之言語自別。若只仿像測度，才說不通，便走作向別處去，是終不能貫通矣。且如『仁』字有多少好商量處，且子細玩索。」謨退而講曰：「一性稟於天，而萬善皆具，仁義禮智，所以分統萬善而合爲一性者也。方『寂然不動』，此理完然，是爲性之本體。及因事感發而見於中節之時，則一事所形，一理隨著。一理之當，一善之所由得。仁固性也，而見於事親從兄之際，莫非仁之發也。有子謂孝弟行仁之本，說者於是以愛言仁，而愛不足以盡之；以心喻仁，而心實宰之。必曰『仁者愛之理』，然後仁之體明；曰『仁者心之德』，然後仁之用顯。學者識是『愛之理』，而後可以全此『心之德』。如何？」曰：「大意固如此，然說得未明。只看文字意脈不接續處，便是見得未親切。」曰：「莫是不合分體、用言之否？」曰：「然。只是一箇心，便自具了仁之體、用。喜怒哀樂未發處是體，發於惻隱處，便却是情。」因舉天地萬物同體之意極問其理。曰：「須是近裏著身推究，未干天地萬物事也。須知所謂『心之德』者，即程先生穀種之說；所謂『愛之理』者，則正謂仁是未發之愛，愛是已發之仁爾。只以此意推之，不須外邊添入道理。若於此處認得『仁』字，即不妨與天地萬物同體。若不會得，便將天地萬物同體爲仁，却轉無交涉矣。孔門之教說許多仁，却未曾正定說出。蓋此理直是難言，若立下一箇定說，便該括不盡。且只於自家身分上體究，久之自然通達。程先生曰：『四德之元，猶五常之仁，偏言則一事，專言則包四者。』須是統看仁如何却包得數者，又却分看義禮智信如何亦謂之仁。大抵於仁上見得盡。須知發於剛果處亦是仁，發於辭遜是非亦是仁，且欵曲研究，識盡全體。正猶觀山所謂『横看成嶺，直看成峰』，若自家見他不盡，初謂只是一嶺，及少時又見一峰出來，便是未曾盡見全山，到底無定據也。此是學者緊切用功處，宜加意焉。」此一條，中間初未看得分明，後復以書請問，故發明緊切處兼載書中之語。謨。

問：「『愛之理』實具於心，『心之德』發而爲愛否？」曰：「解釋文義則可，實下功夫當如何？」曰：「據其已發之愛，則知其爲『心之德』；指其未發之仁，則知其爲『愛之理』。」曰：「某記少時與人講論此等道理，見得未真，又不敢斷定，觸處間又自爲疑惑，皆是臆度所致，至今思之，可笑。須是就自己實做工夫處，分明見得這箇道理，意味自别。如『克己復禮』則如何爲仁？『居處恭，執事敬』，與『出門如見大賓』之類，亦然。『克己復禮』本非仁，却須從『克己復禮』中尋究仁在何處，親切貼身體驗出來，不須向外處求。」謨曰：「平居持養，只克去己私，便是本心之德；流行發見，無非愛而已。」曰：「此語近之。正如疏導溝渠，初爲物所壅蔽，才疏導得通，則水自流行。『克己復禮』，便是疏導意思；流行處，便是仁。」謨。

先生嘗曰：「『仁者心之德，愛之理。』論、孟中有專就『心之德』上説者，如『克己復禮』，『承祭、見賓』，與答樊遲『居處恭』，『仁人心也』之類。有就『愛之理』上説者，如『孝弟爲仁之本』，與『愛人』，『惻隱之心』之類。」過續〔一〕與朋友講此，因曰：「就人心之德説者，有是『心之德』。」陳廉夫云：「如此轉語方得。」先生嘗説：「如有所譽者，其有所試矣。」蔡季通曰：「如『雍也可使南面』，是也。」先生極然之。楊至之嘗疑先生「君子而時中」解處，恐不必説「而又」字，先生曰：「只是未理會此意。」過曰：「正如程子易傳云『正不必中，中重於正』之意。」曰：「固是。既君子，又須時中；彼既小人矣，又無忌憚。」先生語輔漢卿曰：「所看文字，於理會得底更去看，又好。」過。

「孝弟爲仁之本」注中，程子所説三段，須要看得分曉。仁就性上説，孝弟就事上説。僩。集注。程子説。

孝弟如何謂之順德？且如義之羞惡，羞惡則有違逆處。惟孝弟則皆是順。義剛。

伊川説：「爲仁以孝弟爲本，論性則以仁爲孝弟之本。」此言最切，須子細看，方知得是解經密察處。非若今人自看得不子細，只見於我意不合，便胡罵古人也。銖。

〔一〕「續」，周本作「後」。

仁是性，孝弟是用。用便是情，情是發出來底。論性，則以仁爲孝弟之本；論行仁，則孝弟爲仁之本。如親親，仁民，愛物，皆是行仁底事，但須先從孝弟做起，舍此便不是本。所載「程子曰」兩段，分曉可觀。語録所載他説，却未須看。如語録所載，「盡得孝弟便是仁」，此一段最難曉，不知何故如此説。明作。

「『爲仁以孝弟爲本』，即所謂『親親而仁民，仁民而愛物』。『論性則以仁爲孝弟之本』，『孩提之童，無不知愛其親；及其長也，無不知敬其兄』，是皆發於心德之自然，故『論性以仁爲孝弟之本』。『爲仁以孝弟爲本』，這箇『仁』字，是指其周徧及物者言之。『以仁爲孝弟之本』，這箇『仁』字，是指其本體發動處言之否？」曰：「是。道理都自仁裏發出，首先是發出爲愛。愛莫切於愛親，其次便到弟其兄，又其次便到事君以及於他，皆從這裏出。如水相似，愛是箇源頭，漸漸流出。」賀孫。

問：「孝根原是從仁來。仁者，愛也。愛莫大於愛親，於是乎有孝之名。既曰孝，則又當知其所以孝。子之身得之於父母，『父母全而生之，子全而歸之』，故孝不特是承順養志爲孝，又當保其所受之身體，全其所受之德性，無忝乎父母所生，始得。所以『爲人子止於孝』。」曰：「凡論道理，須是論到極處。」以手指心曰：「本只是一箇仁，愛念動出來便是孝。程子謂：『爲仁以孝弟爲本，論性則以仁爲孝弟之本。仁是性，孝弟是用。性中只有箇仁義禮智，曷嘗有孝弟來？』譬如一粒粟，生出爲苗。仁是粟，孝弟是苗，便是仁爲孝弟之本。又如木有根，有榦，有枝葉，親親是根，仁民是榦，愛物是枝葉，便是行仁以孝弟爲本。」淳。

「『由孝弟可以至仁』一段，是劉安節記，最全備。」問：「把孝弟喚做仁之本，却是把枝葉做本根。」曰：「然。」賀孫。

「由孝弟可以至仁」，則是孝弟在仁之外也。孝弟是仁之一事也。如仁之發用三段，孝弟是第一段也。仁是箇全體，孝弟却是用。凡愛處皆屬仁。愛之發，必先自親親始。「親親而仁民，仁民而愛物」，是行仁之事也。

問：「『孝弟爲仁之本。』或人之問：『由孝弟可以至仁』，是仁在孝弟之中；程子謂『行仁自孝弟始』，是仁在孝弟之外。」曰：「如何看此不子細！程先生所答，煞分曉。據或人之問，仁不在孝弟之中，乃在孝弟之外。如此建陽去，方行到信州。程子正説在孝弟之中，只一箇物事。如公所説程子之意，孝弟與仁却是兩箇物事，豈有此理！」直卿曰：「正是倒看却。」曰：「孝弟不是仁，更把甚麽做仁！前日戲與趙子欽説，須畫一箇圈子，就中更畫大小次第作圈。中間圈子寫一『性』字，自第二圈以下，分界作四去，各寫『仁義禮智』四字。『仁』之下寫『惻隱』，『惻隱』下寫『事親』，『事親』下寫『仁民』，『仁民』下寫『愛物』。

『義』下寫『羞惡』，『羞惡』下寫『從兄』，『從兄』下寫『尊賢』，『尊賢』下寫『貴貴』。於『禮』下寫『辭遜』，『辭遜』下寫『節文』。『智』下寫『是非』，『是非』下寫『辨別』。」直卿又謂：「但將仁作仁愛看，便可見。程子說『仁主於愛』，此語最切。」曰：「要從裏面說出來。仁是性，發出來是情，便是孝弟。孝弟仁之用，以至仁民愛物，只是這箇仁。『行仁自孝弟始』，便是從裏面行將去，這只是一箇物事。今人看道理，多要說做裏面去，不要說從外面來，不可曉。深處還他深，淺處還他淺。」寓。

「行仁自孝弟始。」蓋仁自事親、從兄，以至親親、仁民，仁民、愛物，無非仁。然初自事親、從兄行起，非是便能以仁徧天下。只見孺子入井，這裏便有惻隱欲救之心，只恁地做將去。故曰「安土敦乎仁，故能愛」，只是就這裏當愛者便愛。蓋卿。

問節：「如何仁是性，孝弟是用？」曰：「所以當愛底是仁。」曰：「不是。」曰：「仁是孝弟之母子，有仁方發得孝弟出來，無仁則何處得孝弟！」先生應。次日問曰：「先生以節言所以當愛底不是，未達。」曰：「『當』字不是。」又曰：「未說著愛在。他會愛，如目能視，雖瞑目不動，他却能視。仁非愛，他却能愛。」又曰：「愛非仁，愛之理是仁；心非仁，心之德是仁。」節。

舉程子說云：「『性中只有箇仁義禮智，何嘗有孝弟來！』說得甚險。自未知者觀之，其説亦異矣。然百行各有所屬，孝弟是屬於仁者也。」因問仁包四者之義。曰：「仁是箇生底意思，如四時之有春。彼其長於夏，遂於秋，成於冬，雖各具氣候，然春生之氣皆通貫於其中。仁便有箇動而善之意。如動而有禮，凡其辭遜皆禮也；然動而禮之善者，則仁也。曰義，曰智，莫不皆然。又如慈愛、恭敬、果毅、知覺之屬，則又四者之小界分也。譬如『普天之下莫非王土』，固也。然王畿之内是王者所居，大而諸路，王畿之所轄也；小而州縣市鎮，又諸路之所轄也。若王者而居州鎮，亦是王土，然非其所居矣。」又云：「智亦可以包四者，知之在先故也。」人傑。

孝弟便是仁。仁是理之在心，孝弟是心之見於事。「性中只有箇仁義禮智，曷嘗有孝弟！」見於愛親，便喚做孝；見於事兄，便喚做弟。如「親親而仁民，仁民而愛物」，都是仁。性中何嘗有許多般？只有箇仁。自親親至於愛物，乃是行仁之事，非是行仁之本也。故仁是孝弟之本。推之，則義爲羞惡之本，禮爲恭敬之本，智爲是非之本。自古聖賢相傳，只是理會一箇心，心只是一箇性。性只是有箇仁義禮智，都無許多般樣，見於事，自有許多般樣。

仁是理之在心者，孝弟是此心之發見者。孝弟即仁之屬，但方其未發，則此心所存只是有愛之理而已，未有所謂孝弟各件，故程子曰：「何曾有孝弟來！」必大。

問：「明道曰：『孝弟有不中理，或至犯上。』既曰孝弟，如何又有不中理？」曰：「且如父有争子，一不中理，則不能承意，遂至於犯上。」問：「明道曰『孝弟本其所以生，乃爲仁之本』，如何？」曰：「此是不忘其所由生底意，故下文便接『孰不爲事，事親事之本』來説。其他『愛』字，皆推向外去；此箇『愛』字，便推向裏來。玩味此語儘好。」問：「或人問伊川曰：『「孝弟爲仁之本」，此是由孝弟可以至仁否？』伊川曰：『非也。』不知如何？」曰：「仁不可言至。仁者，義理之言，不是地位之言，地位則可以言至。又不是孝弟在這裏，仁在那裏，便由孝弟以至仁，無此理。如所謂『何事於仁，必也聖乎』，聖，却是地位之言。程先生便只説道：『盡得仁，斯盡得孝弟；盡得孝弟，便是仁。』又曰：『孝弟，仁之一事。』」問：「曰仁是義理之言，蓋以仁是自家元本有底否？」曰：「固是。但行之亦有次序，所以莫先於孝弟。」問：「伊川曰：『仁是性也。』仁便是性否？」曰：「『仁，性也。』『仁，人心也。』皆如所謂乾卦相似。卦自有乾坤之類，性與心便有仁義禮智，却不是把性與心便作仁看。性，其理；情，其用。心者，兼性情而言；兼性情而言者，包括乎性情也。孝弟者，性之用也。惻隱、羞惡、辭讓、是非，皆情也。」問：「伊川何以謂『仁是性』？孟子何以謂『仁人心』？」曰：「要就人身上説得親切，莫如就『心』字説。心者，兼體、用而言。程子曰：『仁是性，惻隱是情。』若孟子，便只説心。程子是分别體、用而言，孟子是兼體、用而言。」問：「伊川曰

『仁主乎愛』，愛便是仁否？」曰：「『仁主乎愛』者，仁發出來便做那慈愛底事。某嘗説『仁主乎愛』，仁須用『愛』字説，被諸友四面攻道不是。呂伯恭亦云：『説得來太易了。』愛與惻隱，本是仁底事。仁本不難見，緣諸儒説得來淺近了，故二先生便説道，仁不是如此説。後人又却説得來高遠没理會了。」又曰：「天之生物，便有春夏秋冬，陰陽剛柔，元亨利貞。以氣言，則春夏秋冬；以德言，則元亨利貞。在人則爲仁義禮智，是箇坯樸裏便有這底。天下未嘗有性外之物。仁則爲慈愛之類；義則爲剛斷之類；禮則爲謙遜；智則爲明辨；信便是真箇有仁義禮智，不是假，謂之信。」問：「如何不道『鮮矣義禮智』，只道『鮮矣仁』？」曰：「程先生易傳説：『四德之元，猶五常之仁，專言則包四者，偏言之則主一事。』如『仁者必有勇』，便義也在裏面；『知覺謂之仁』，便智也在裏面。如『孝弟爲仁之本』，便只是主一事，主愛而言。如『巧言令色，鮮矣仁』，『汎愛衆，而親仁』，皆偏言也。如『克己復禮爲仁』，却是專言。纔有私欲，則義禮智都是私，愛也是私愛。譬如一路數州，必有一帥，自一路而言，便是一帥；自一州而言，只是一州之事。然而帥府之屬縣，便較易治。若要治屬郡之縣，却隔一手了。故仁只主愛而言。」又曰：「仁義禮智共把來看，便見得仁。譬如四人分作四處住，看了三箇，則那一箇定是仁。不看那三箇，只去求一箇，如何討得著！」又曰：「『仁主乎愛』，如燈有光。若把光做燈，又不得。謝氏說曰〔一〕：『若不知仁，則只知「克己復禮」而已。』豈有知『克己復禮』而不知仁者！謝氏這話都不甚穩。」問：「知覺是仁否？」曰：「仁然後有知覺。」問：「知覺可以求仁否？」曰：「不可。」問：「謝氏曰『試察吾事親從兄之時，此心如之何，知此心則知仁』，何也？」曰：「便是這些話心煩人，二先生却不如此說。」問：「謝氏曰：『人心之不僞者，莫如事親、從兄。』如何？」曰：「人心本無僞，如何只道事親從兄是不僞？」曰：「恐只以孝弟是人之誠心否？」曰：「也不然。人心那箇是不誠底？皆是誠。如四端不言信，蓋四端皆是誠實底。」問：「四肢痿痺爲不仁，莫把四肢喻萬物否？」曰：「不特喻萬物，他有數處說，有喻萬物底，有只是頃刻不相應，便是不仁。如病風人一肢不仁，兩肢不仁，爲其不省悟也。似此等語，被上蔡說，便似忒過了。他專把省察做事。省察固是好，如『三省吾身』，只是自省，看這事合恁地，不合恁地，却不似上蔡諸公說道去那上面察探。要見這道理，道理自在那裏，何用如此等候察探他。且如上蔡說仁，曰：『試察吾事親、從兄時，此心如之何？』便都似剩了。仁者便有所知覺，不仁者便無所知覺，恁地却說得。若曰『心有知覺之謂仁』，却不得。『仁』字

〔一〕賀本爲「曰說」，據陳本乙。

最難言，故孔子罕言仁。仁自在那裏，夫子却不曾説，只是教人非禮勿視聽言動與『居處恭，執事敬，與人忠』，便是説得仁前面話；『仁者其言也訒』、『仁者先難而後獲』、『仁者樂山』之類，便是説得仁後面話。只是這中間便著理會仁之體。仁義禮智，只把元亨利貞、春夏秋冬看，便見。知覺自是智之事，在四德是『貞』字。而智所以近乎仁者，便是四端循環處。若無這智，便起這仁不得。」問：「先生作克己齋銘有曰：『求之於機警危迫之際。』想正爲此設。」曰：「後來也改却，不欲説到那裏。然而他説仁，説知覺，分明是説禪。」又曰：「如湖南五峰多説『人要識心』。心自是箇識底，却又把甚底去識此心！且如人眼自是見物，却如何見得眼！故學者只要去其物欲之蔽，此心便明。如人用藥以治眼，然後眼明。他而今便把孟子愛牛入井做主説。却不知孟子他此説，蓋爲有那一般極愚昧底人，便著恁地向他説道是心本如此，不曾把做主説。諸公於此，便要等候探知這心，却恐不如此。」榦。集義。

或疑上蔡「孝弟非仁也」一句。先生曰：「孝弟滿體是仁。内自一念之微，以至萬物各得其所，皆仁也。孝弟是其和〔一〕合做底事。若説孝弟非仁，不知何從得來。上蔡之意，

〔一〕「是其和」，院本同，賀疑誤。

蓋謂别有一物是仁。如此，則是性外有物也。」或曰：「『知此心，則知仁矣。』此語好。」曰：「聖門只説爲仁，不説知仁。或録云「上蔡説仁，只從知覺上説，不就爲仁處説。聖人分明説『克己復禮爲仁』，不曾説知覺底意。上蔡一變」云云。蓋卿録云「孔門只説爲仁，上蔡却説知仁。只要見得此心，便以爲仁。上蔡一轉」云云。上蔡一變而爲張子韶。上蔡所不敢衝突者，張子韶出來，盡衝突了。蓋卿録云：「子韶一轉而爲陸子静。」近年陸子静又衝突出張子韶之上。」蓋卿録云：「子韶所不敢衝突者，子静盡衝突。」方子。

問：「『孝弟是行仁之本』，則上面『生』字恐著不得否？」曰：「亦是仁民愛物，都從親親上生去。孝弟也是仁，仁民愛物也是仁。只孝弟是初頭事，從這裏做起。」問：「『爲仁』，只是推行仁愛以及物，不是去做那仁否？」曰：「只是推行仁愛以及物，不是就這上求仁。如謝氏説『就良心生來』，便是求仁。程子説，初看未曉，似悶人；看熟了，真攧撲不破！」淳。

問「孝弟爲仁之本」。曰：「上蔡謂：『事親、從兄時，可以知得仁。』是大不然！蓋爲仁，便是要做這一件事，從孝弟上做將去。曰『就事親從兄上知得仁』，却是只借孝弟來，要知箇仁而已，不是要爲仁也。上蔡之病，患在以覺爲仁。但以覺爲仁，只將針來刺股上，才覺得痛，亦可謂之仁矣。此大不然也！」時舉。

巧言令色鮮矣仁章

或問「巧言令色，鮮矣仁」。曰：「只心在外，便是不仁也。祖道録云：「他自使去了此心在外，如何得仁？」不是別更有仁。」雉。

「巧言令色，鮮矣仁！」只争一箇爲己、爲人。且如「動容貌，正顔色」，是合當如此，何害於事？若做這模樣務以悦人，則不可。

或以巧言爲言不誠。曰：「據某所見，巧言即所謂花言巧語，如今世舉子弄筆端做文字者便是。看做這般模樣時，其心還在腔子裏否？」文蔚。

問：「『巧言令色，鮮矣仁！』記言『辭欲巧』，詩言『令儀令色』者，何也？」曰：「看文字不當如此。記言『辭欲巧』，非是要人機巧，蓋欲其辭之委曲耳。如語言『夫子爲衛君乎』，答曰『吾將問之』，入曰『伯夷、叔齊何人也』之類是也。詩人所謂令色者，仲山甫之正道，自然如此，非是做作恁地。何不看取上文：『仲山甫之德，令儀令色。』此德之形於外者如此，與『鮮矣仁』者不干事。」去僞。

問：「巧言令色是詐僞否？」曰：「諸家之説，都無詐僞意思。但馳心於外，便是不仁。若至誠巧令，尤遠於仁矣！」人傑。

「巧言令色，鮮矣仁！」聖人説得直截。專言鮮，則絶無可知，是辭不迫切，有含容之意。若云鮮矣仁者，猶有些在，則失聖人之意矣。人傑。

問：「『鮮矣仁』，集注以爲絶無仁，恐未至絶無處否？」曰：「人多解作尚有些箇仁，便粘滯，咬不斷了。子細看，巧言令色，心皆逐物於外，大體是無仁了。縱有些箇仁，亦成甚麽！所以程子以巧言令色爲非仁。『絶無』二字，便是述程子之意。」淳。

問：「『鮮矣仁』，先生云『絶無』，何也？」曰：「只是心在時，便是仁。若巧言令色之人，一向逐外，則心便不在，安得謂之仁！『顏子三月不違仁』，也只是心在。伊川云：『知巧言令色之非仁，則知仁矣。』謂之非仁，則絶無可知。」南升。

問：「『鮮矣仁』，程子却説非仁，何也？」曰：「『鮮』字若對上面説，如『不好犯上而好作亂者鮮』，這便是少。若只單説，便是無了。巧言令色，又去那裏討仁！」道夫。

人有此心，以其有是德也。此心不在，便不是仁。巧言令色，此雖未是大段姦惡底人，然心已務外，只求人悦，便到惡處亦不難。程子曰：「知巧言令色之非仁，則知仁矣。」此説極盡。若能反觀此心，才收拾得不走作務外，便自可。與前章「程子曰」兩條若理會得，則論語一書，凡論仁處皆可通矣。論語首章載時習，便列兩章説仁次之，其意深矣！明作。

問：「『鮮矣仁』章，諸先生説都似迂曲，不知何説爲正？」曰：「便是這一章都生受。惟楊氏後説近之，然不似程説好，更子細玩味。」問：「游氏説『誠』字，如何？」曰：「他却説成『巧言令色鮮矣誠』，不是『鮮矣仁』。説仁，須到那仁處，便安排一箇『仁』字安頓放教却好，只消一字，亦得。不然，則三四字亦得。又須把前後説來相參，子細玩味，看道理貫通與不貫通，便見得。如洙泗言仁一書，却只總來恁地看，却不如逐段看了來相參，自然見得。」先生因問曰：「曾理會得伊川曰『論性則仁爲孝弟之本』否？」榦曰：「有這性，便有這仁。仁發出來，方做孝弟。」曰：「但把這底看『巧言令色鮮矣仁』，便見得。且如巧言令色人，盡是私欲，許多有底，便都不見了。私慾之害，豈特是仁，和義禮智都不見了。」問：「何以不曰『鮮矣義禮智』，而只曰『鮮矣仁』？」曰：「程先生曰：『五常之仁，如四德之元。偏言之，則主一事；專言之，則包四者。』」先生又曰：「仁與不仁，只就向外向裏看，便見得。且如這事合恁地方中理，必可以求仁，亦不至於害仁。如只要人知得恁地，便是向外。」問：「謝氏説如何？」曰：「謝氏此一段如亂絲，須逐一剔撥得言語異同，『巧言』字如何不同，又須見得有箇總會處。且如『辭欲巧』，便與『遜以出之』一般。『逞顏色』與仲山甫之『令儀令色』，都是自然合如此，不是旋做底。『惡訐以爲直』，也是箇巧言令色底意思。巧言令色，便要人道好，他便要人道直。『色厲而内荏』，又是令色之尤者也。」榦。

朱子語類卷第二十一

論語三

學而篇中

曾子曰吾日三省吾身章

周伯壽問：「『爲人謀而不忠』三句，不知是此三事最緊要，或是偶於此照管不到？」曰：「豈不是緊要！若爲人謀而不忠，既受人之託，若不盡心與他理會，則不惟欺人，乃是自欺。且說道爲人謀而不忠後，這裏是幾多病痛！此便是慎獨底道理。」蓋卿。

伯壽問：「曾子只以此三者自省，如何？」曰：「蓋是來到這裏打不過。」又問忠信。曰：「忠，以心言；信，以事言。青是青，黄是黄，這便是信。未有忠而不信，信而不忠，故明道曰：『忠信，内外也。』這内外二字極好。」節。

問曾子三省。曰：「此三省自是切己底事。爲人處如何不要忠！一才不忠，便是欺矣。到信，只就事上去看，謂如一件事如此，爲人子細斟酌利害，直似己事，至誠理會，此便是忠。如這事我看得如此，與他説亦是如此，只此便是信。程先生云：『循物無違之謂信。』極好。不須做體、用説。」謙。

蜚卿言：「曾子三省，固無非忠信學習之事。然人之一身，大倫之目，自爲人謀、交朋友之外，得無猶在所省乎？」曰：「曾子也不是截然不省别底，只是見得此三事上，實有纖毫未到處。其他處固不可不自省，特此三事較急耳。大凡看文字，須看取平，莫有些小偏重處。然也用時候到。曾子三省，只是他這些未熟。如今人記書，熟底非全不記，但未熟底比似這箇較用著心力照管。這也是他打不過處。」又云：「爲人謀而忠，也自是難底事。大凡人爲己謀，便盡；爲人謀，便未必盡。」直卿因舉先生舊説云：「人在山路避人，必須立己於路後，讓人於路前，此爲人謀之不忠也。如此等處，蹉過多少！」道夫。

問曾子三省。曰：「此是他自見得身分上有欠闕處，或録云：「他自覺猶於此欠闕。」故將三者省之。若今人欠闕處多，却不曾自知得。」恪。

曾子三省，看來是當下便省得，才有不是處，便改。不是事過後方始去改，省了却又休也。只是合下省得，便與它改。銖。

三省固非聖人之事，然是曾子晚年進德工夫，蓋微有這些子渣滓去未盡耳。在學者則當隨事省察，非但此三者而已。鎬。

問：「三省忠信，是聞一貫之後，抑未聞之前？」曰：「不見得。然未一貫前也要得忠信，既一貫後也要忠信。此是徹頭徹尾底。」淳。

爲人謀時，竭盡自己之心，這箇便是忠。問：「如此，則忠只是箇待人底道理？」曰：「且如自家事親有不盡處，亦是不忠。」節。爲人謀不忠。

「爲人謀而不忠乎？」爲他人謀一件事，須盡自家伎倆與他思量，便盡己之心。不得鹵莽滅裂，姑爲它謀。如烏喙是殺人之藥，須向他道是殺人，不得説道有毒。如火，須向他道會焚灼人，不得説道只是熱。如今人爲己謀必盡，爲他人謀不曾著心，謾爾如此，便是不忠。泳。

問：「爲人謀有二意：一是爲人謀那事；一是這件事爲己謀則如此，爲人謀則如彼。」曰：「只是一箇爲人謀，那裏有兩箇？文勢只説爲人謀，何須更將爲己來合插此項看！爲人謀不忠，如何便有罪過？曾子便知人於爲己謀，定是忠，便不必説。只爲人謀易得不忠。爲人謀如爲己謀，便是忠；不如爲己謀，便是不忠。如前面有虎狼，不堪去，説與人不須去，便是忠。若道去也得，不去也得，便是不忠。文勢如此，何必拗轉枝蔓？看文字自理會一直路去。豈不知有千蹊萬徑，不如且只就一直路去，久久自然通透？如精義諸老先生説，非不好，只是説得忒寬，易使人向別處去。某所以做箇集注，便要人只恁地思量文義。曉得了，只管玩味，便見聖人意思出來。」寓。

「爲人謀而不忠」，謀是主一事説。「朋友交而不信」，是泛説。人自爲謀，必盡其心；到得爲他人謀，便不子細，致悮他事，便是不忠。若爲人謀事一似爲己，爲盡心。夔孫。爲人謀不忠，與朋友交不信。

問「爲人謀而不忠，與朋友交」云云。曰：「人之本心，固是不要不忠信。但才見是別人事，便自不如己事切了。若是計較利害，猶只是因利害上起，這箇病猶是輕。惟是未計較利害時，已自有私意，這箇病却最重。往往是才有這箇軀殼了，便自私了，佛氏所謂流注想者是也。所謂流注者，便是不知不覺，流射做那裏去。但其端甚微，直是要省察！」時舉。寓録同，別出。

子善問云云。曰：「未消説計較，只是爲別人做事，自不著意，這箇病根最深於計較。伊川云：『人才有形，便有彼己，所以難與道合。』釋氏所謂流注想，如水流注下去。才有形，便有此事，這處須用省察。」寓。

「『爲人謀而不忠乎？』人以事相謀，須是子細量度，善則令做，不善則勿令做，方是盡己。若胡亂應去，便是不忠。或謂人非欲不忠於人，緣計較利之所在，才要自家利，少間便成不忠於人。」曰：「未説到利處。大率人情處自己事時甚著緊，把他人便全不相干，大段緩了，所以爲不忠。人須是去却此心，方可。」明作。

問：「爲人謀，交朋友，是應接事物之時。若未爲人謀、未交朋友之時，所謂忠信，便如何做工夫？」曰：「程子謂：『舜「鷄鳴而起，孳孳爲善」，若未接物時，如何爲善？只是主於敬。』此亦只是存養此心在這裏，照管勿差失，寓録作「令勿偏倚」。便是『戒慎乎其所不覩，恐懼乎其所不聞』，『不動而敬，不言而信』處。」淳。寓録略。

「與朋友交而不信乎？」凡事要當用自家實底心與之交。有便道有，無便道無。泳。與朋友交。

忠信，實理也。道夫。忠信。

忠信，以人言之。蓋忠信以理言，只是一箇實理；以人言之，則是忠信。蓋不因人做出來，不見得這道理。端蒙。

信者，忠之驗。忠只是盡己。因見於事而信，又見得忠如此。端蒙。

忠信只是一事。但是發於心而自盡，則爲忠；驗於理而不違，則爲信。忠是信之本，信是忠之發。義剛。

忠信只是一事，而相爲内外始終本末。有於己爲忠，見於物爲信。做一事說，也得；做兩事說，也得。僩。

問：「曾子忠信，却於外面理會？」曰：「此是『修辭立其誠』之意。」曰：「莫是内面工夫已到？」曰：「内外只是一理。事雖見於外，而心實在内。告子義外，便錯了。」可學。

問「忠信」二字。曰：「忠則只是盡己，與事上忠同體。信不過是一箇『實』字意思，但說處不同。若只將做有諸己說，未是。」祖道。

信是言行相顧之謂。道夫。

林子武問「盡己之謂忠」。曰：「『盡己』字本是『忠』字之注脚。今又要討『盡己』注脚，如此是隔幾重！何不試思，自家爲人謀時，己曾盡不曾？便須見得盡己底意思也。」閎祖。盡己之謂忠。

問：「『盡己之謂忠』，不知盡己之甚麽？」曰：「盡己之心。」又曰：「今人好說『且恁地』，便是不忠。」節。

問「盡己之謂忠」。曰：「盡時須是十分盡得，方是盡。若七分盡得，三分未盡，也不是忠。」又問：「忠是人心實理。於事父謂之孝，處朋友謂之信，獨於事君謂之忠，何也？」曰：「父子兄弟朋友，皆是分義相親。至於事君，則分際甚嚴，人每若有不得已之意，非有出於忠心之誠者，故聖人以事君盡忠言之。」又問：「忠與誠如何？」曰：「忠與誠，皆是實理。一心之謂誠，盡心之謂忠。誠是心之本主，忠又誠之用處。用者，只是心中微見得用。」卓。

問：「盡己之忠，此是學者之忠，聖人莫便是此忠否？」曰：「固是。學者是學聖人而未至者，聖人是爲學而極至者。只是一箇自然，一箇勉强爾。惟自然，故久而不變；惟勉强，故有時而放失。」因舉程子説：「孟子若做孔子事，儘做得，只是未能如聖人。」龜山言：「孔子似知州，孟子似通判權州。」此喻甚好。通判權州，也做得，只是不久長。壯祖。

或問：「學者盡己之忠，如何比得聖人至誠不息？」曰：「只是這一箇物，但有精粗。衆人有衆人底忠，學者有學者底忠，賢者有賢者底忠，聖人有聖人底忠。衆人只是朴實頭不欺瞞人，亦謂之忠。」直卿云：「『己』字便是『至誠』字，『盡』字便是『不息』字。『至誠』便是『維天之命』，『不息』便是『於穆不已』。」學蒙。

未有忠而不信，未有信而不忠者。「盡己之謂忠，以實之謂信。」以，用也。泳。盡己謂忠，以實爲信。

文振問「盡己之謂忠，以實之謂信」。曰：「忠信只是一理。自中心發出來便是忠，著實便是信。謂與人説話時，説到底。見得恁地了，若説一半不肯説盡，便是不忠。有這事説這事，無這事便説無，便是信。只是一箇理，自其發於心謂之忠，驗於事謂之信。」又，文振説：「『發己自盡爲忠，循物無違爲信。』發己自盡，便是盡己。循物無違，譬如香爐只喚做香爐，桌只喚做桌，便著實不背了。若以香爐爲桌，桌爲香爐，便是背了它，便是不著實。」恪。

問「盡己之謂忠」。曰：「盡己只是盡自家之心，不要有一毫不盡。如爲人謀一事，須直與它説這事合做與否。若不合做，則直與説這事決然不可爲。不可説道，這事恐也不可做，或做也不妨。此便是不盡忠。信即是忠之見於事者。所以説『忠信，内外也』，只是一物。未有忠而不信者，亦未有信而不出於忠者。只是忠則專就發己處説，信則説得來周遍，事上都要如此。」問「忠信爲傳習之本」。曰：「人若不忠信，更無可得説，習箇甚麽！」僩。

林正卿問「盡己之謂忠，以實之謂信」。曰：「自中心而發出者，忠也；施於物而無不實者，信也。且如甲謂之甲，乙謂之乙，信也；以甲爲乙，則非信矣。與『發己自盡，循物無違』之義同。」又問：「『維天之命，於穆不已，忠也』，與盡己之忠如何？」曰：「不同。曾子答門人一貫之問，借此義以形容之耳。」人傑。

問：「『盡己之謂忠，以實之謂信。』信既是實，先生前又説道忠是實心，不知如何分別？」曰：「忠是就心上説，信是指事上説。如今人要做一件事，是忠；做出在外，是信。如今人問火之性是如何，向他説熱，便是忠。火性是熱，便是信。心之所發既實，則見於事上皆是實。若中心不實，則見於事上便不實，所謂『不誠無物』。若心不實，發出來更有甚麼物事！」賀孫。

忠就心上看，信就事上看。「忠信，内外也。」集注上除此一句，甚害事！方子。集注諸事。

某一日看曾子三省處，集注説亦有病，如省察已做底事。曾子省察，只當下便省察，俯視拱手而曰：「爲人謀而不忠乎？」節。

問：「集注云三句又以忠信爲本。竊謂傳習以忠信爲本，少間亦自堅固。」曰：「然。但此一篇，如説『則以學文』，『就有道而正焉』之類，都是先説一箇根本，而後説講學。」壽。

伯豐舉程先生曰：「人道惟在忠信，『不誠無物』。誠便是忠信否？」曰：「固是。」至之問：「集注説：『三者之序，又以忠信爲傳習之本。』」曰：「大抵前面許多話，皆是以忠信爲本之意。若無忠信，便不是人，如何講學！」恪。

問：「集注：『三者之序，又以忠信爲本。』人若不誠實，便傳也傳箇甚底！」言未畢，先生繼云：「習也習箇甚底！」南升。

問：「尹氏謂：『曾子守約，故動必求諸身。』莫也須博學而後守之以約否？」曰：「『參也魯。』其爲人質實，心不大段在外，故雖所學之博，而所守依舊自約。」道夫。

曾子之學，大率力行之意多。守約，是於樸實頭省氣力處用功。方子。佐同。

問：「『諸子之學，愈遠而失真』，莫是言語上做工夫，不如曾子用心於内，所以差否？」曰：「只爲不曾識得聖人言語。若識得聖人言語，便曉得天下道理；曉得理，便能切己用工如曾子也。」明作。

問：「伊川謂『曾子三省，忠信而已』。不知此説盡得一章意否？」「伊川之意，似以『傳不習』爲不習而傳與人，亦是不忠信者。」問：「如此説，莫倒了語意否？」曰：「然。但以上文例推之，也却恁地。要之，亦不須如此説。大抵學而篇數章，皆是以忠信爲本，而後濟之以學。」道夫。集注。

或問「發己自盡爲忠，循物無違謂信」。曰：「忠信只是一事，只是就這一物上見有兩端。如人問自家這件事是否，此事本是，則答之以是，則是發己自盡，此之謂忠。其事本是，自家答之以是，則是循物無違，是之謂信。不忠不信者，反是。只是發於己者既忠，則見於物者便信，一事而有兩端之義也。」僩。

問：「『發己自盡爲忠，循物無違爲信。』如何循物無違？」曰：「只是依物而實言之。忠信只是一箇道理。發於己者自然竭盡，便是忠；見諸言者以實，便是信。循物無違，如這桌子，黃底便道是黃，黑者便道是黑，這便是無違。程子曰：『一心之謂誠，盡心之謂忠，存於中者之謂孚，見於事者之謂信。』」卓。

問「發己自盡爲忠」。曰：「發己是從這己上發生出來。盡是盡己之誠，不是盡己之理，與孟子盡心不同。如十分話，對人只說七分，便是不盡。」問「循物無違謂信」。曰：「『盡己之謂忠，以實之謂信』，此語已都包了。如盞便喚做盞，楪便喚做楪。若將楪喚做盞，便違背了。忠是體，信是用。自發己自盡者言之，則名爲忠，而無不信矣；自循物無違者言之，則名爲信，而無不出於忠矣。」淳。

問：「『發己自盡爲忠』，何以不言反己？」曰：「若言反己，是全不見用處，如何接得下句來！推發此心，更無餘蘊，便是忠處，恕自在其中。如今俗語云『逢人只說三分話』，只此便是不忠。循體事物而無所乖違，是之謂信。後來伊川往往見此說尚晦，故更云：『盡己之謂忠，以實之謂信。』便是穩當分明。」大雅。

問：「何謂『發己自盡』？」曰：「且如某今病得七分，對人說只道兩三分，這便是發於己者不能盡。」「何謂『循物無違』？」曰：「正如恰方説病相似。他本只是七分，或添作十分，或減作五分，這便不是循物，便是有違。要之，兩箇只是一理。忠是有諸内，信是形諸外。忠則必信，信則必是曾忠，池本作：「不信必是不曾忠。」所以謂『表裏之謂』也。」問：「伊川謂『盡己之謂忠，以實之謂信。忠信，内外也』，只是這意？」曰：「然。明道之語，周於事物之理，便恁地圓轉；伊川之語嚴，故截然方正。大抵字義到二程説得方釋然。只如『忠信』二字，先儒何嘗説得到此？伊川語解有一處云：『一心之謂誠，盡心之謂忠，存於中之謂孚，見於事之謂信。』被他稱停得也不多半箇字，也不少半箇字。如他平時不喜人説文章，如易傳序之類，固是説道理。如其他小小記文之類，今取而讀之，也不多一箇字，也不少一箇字。」居父曰：「『盡己之謂忠』，今有人不可以盡告，則又當如何？」曰：「聖人到這裏，又却有義。且如有人對自家説那人，那人復自來問自家，儻其人凶惡，若盡己告之，必至殺人，夫豈可哉！到這裏，又却是一箇道理。所以聖人道『信近於義，言可復也』。蓋信不近義，則不可以復。」道夫。寓録别出。

仲思問：「如何是『發己自盡』？」曰：「發於己而自盡其實。」先生因足疾，舉足言曰：「足有四分痛，便説四分痛，與人説三分，便不是發己自盡。」又問「循物無違」。曰：「亦譬之足。實是病足，行不得，便説行不得；行得，便説行得。此謂循其物而無違。」楊舉伊川言「盡己之謂忠，以實之謂信」。曰：「伊川之說，簡潔明通，較又發越也。」寓因問：「忠信實有是事，故實有是言，則謂之忠信。今世間一等人，不可與露心腹處，只得隱護其語，如此亦爲忠信之權乎？」曰：「聖人到這處，却有箇義存焉。有可說與不可說，又當權其輕重。如不當說而說，那人好殺，便與說這人當殺，須便去殺他始得。『信近於義，言可復也。』信不近義，豈所謂信！」因說，伊川講解，一字不苟。如論語中一項有四說，極的當：「一心之謂誠，盡心之謂忠，存於中之謂孚，見於事之謂信。」直是不可移易。如忠恕處，前輩說甚多，惟程先生甚分曉。因問：「集注說忠恕，謂『盡己之謂忠，推己之謂恕』，此借學者之事以明之。在聖人則『至誠無息』，而萬物各得其所也。如此，則忠恕却有兩用，不知如何？」曰：「皆只是這一箇。學者是這箇忠恕，聖人亦只是這箇忠恕，天地亦只是這箇忠恕。但聖人熟，學者生。聖人自胸中流出，學者須著勉强。然看此『忠恕』二字，本爲學者做工夫處說。子思所謂『違道不遠』，正謂此也。曾子懼門人不知夫子之道，故舉學者之事以明之，是即此之淺近，而明彼之高深也。」寓。

「循物無違」，即是「以實」，但說得較詳。閎祖。

「循物無違爲信」。循此事物，不違其實。銖。

「循物無違謂信」。物之大曰大，小曰小，此之謂循物無違。物之大曰小，小曰大，此之謂違於物。僩。

問「循物無違謂信」。曰：「物便是事物。信主言而言，蓋對忠而説。在己無不盡之心爲忠，在人無不實之言爲信。」木之。

或問：「『循物無違謂信』，物是性中之物否？」曰：「那箇是性外之物！凡言物，皆是面前物。今人要高似聖人了，便嫌聖人説眼前物爲太卑，須要擡起了説。如所謂『有物有則』之『物』，亦只是這眼前物。語言，物也；而信，乃則也。君臣，物也；仁與忠，乃則也。」學蒙。

問：「明道、伊川以忠信爲表裏内外，何也？」曰：「『盡己之謂忠』，見於事而爲信，將彼己看，亦得。發於我而自盡者，忠也。他人見得，便是信。」問：「莫只是一事否？」曰：「只是一箇道理。」問：「有説『信』字，又不説『忠』字，如何？」曰：「便兼表裏而言。」問：「有説『忠』字而不説『信』字，如何？」曰：「信非忠不能，忠則必信矣。」又曰：「且如這事，自家見得十分，只向人説三分，不説那七分，便是不信。如何是循物無違！有人問今日在甚處來，便合向他説在大中寺來。故程先生曰：『一心之謂誠，盡心之謂忠，存於中之謂孚，見於事之謂信。』」問：「伊川曰『以實之謂信』，何也？」曰：「此就事而言。故曾子言信，便就交際上説。」問：「范氏以不忠作『有我與人』，以不信作『誠意不至』；游氏以忠爲

『操心』，以信爲『立行』；楊氏以不忠作『違仁』，以不信作『違道』，三説皆推廣，非正意。」先生曰：「三説不同，然『操心、立行』底較得。『誠意不至，有我與人』底寬；『違道、違仁』底疏」。問「傳不習乎」。曰：「傳人以己所未嘗習之事。然有兩説。」榦。

謝先生解論語有過處。如曾子「爲人謀而不忠」，只説「爲人謀」，而上蔡更説「平居靜慮所以處人」，使學者用工不專。故説論語、孟子，惟明道、伊川之言無弊。和靖雖差低，而却無前弊。易曰：「學以聚之，問以辨之，寬以居之，仁以行之。」子張曰：「執德不弘，信道不篤。」學聚問辨矣，而繼之以寬居；信道篤矣，而先之以執德弘。人心不可促迫，須令著得一善，又著得一善。善之來無窮，而吾心受之有餘地，方好。若著一般，第二般來便未著得，如此則無緣心廣而道積也。洽。

問：「曾子用心於内，工夫已到，又恐爲人謀而未忠，朋友交而不信，傳而未習，日加省察，求欲以盡乎人也。」先生細思少定，曰：「如何分内外得！游氏之説正如此。爲人謀不忠，便是己有未盡處，去那裏分作内外！果如此，則『多學而識之者歟』！」容。

盡己之謂忠，盡物之謂信，只是一理。但忠是盡己，信却是於人無所不盡。猶曰：「忠信，内外也。」端蒙。

問：「『盡物之謂信』，盡物只是『循物無違』意否？」曰：「是。」淳。

道千乘之國章

「道千乘之國」。道，治也。作開導，無義理。「道之以政」，方可訓開導。人傑。

因説「千乘之國」疏云，方三百一十六里，有畸零，算不徹。曰：「此等只要理會過，識得古人制度大意。如至微細，亦不必大段費力也。」闔祖。

問：「『敬事而信』，疑此敬是小心畏謹之謂，非『主一無適』之謂。」曰：「遇事臨深履薄而爲之，不敢輕，不敢慢，乃是『主一無適』。」伯羽。

「敬事而信」，是「節用愛人，使民以時」之本。敬又是信之本。闔祖。

問「道千乘之國」一章。曰：「這五句，自是五句事。只當逐句看：是合當有底，無底；合當做底，不當做底。不消如做時文，要著兩句來包説。」又問：「程先生云：『聖人之言，兼通上下。』恐是聖人便見得道理始終，故發言自是該貫。衆人緣不見得，所以説得一頭，又遺了一頭。」曰：「這箇也不干見事。但衆人説得，自是不及聖人説話。聖人説得自別。便是大賢説話，也自是不及聖人。蓋聖人説得來，自是與人別。若衆人非無見。如這五事，衆人豈不見得？但説時定自是別有關竅，決不及聖人也。」

問「道千乘之國」章。曰：「龜山説此處，極好看。今若治國不本此五者，則君臣上下漠然無干涉，何以爲國！」又問：「須是先有此五者，方可議及禮樂刑政。」曰：「且要就此五者，反覆推尋，看古人治國之勢要。此五者極好看。若每章翻來覆去，看得分明，若看十章，敢道便有長進！」南升。賀孫録别出。集注。

文振説「道千乘之國」。曰：「龜山最説得好。須看此五者是要緊。古聖王所以必如此者，蓋有是五者，而後上之意接於下，下之情方始得親於上。上下相關，方可以爲治。若無此五者，則君抗然於上，而民蓋不知所向。有此五者，方始得上下交接。」賀孫。

問：「『道千乘之國』，楊氏云：『未及爲政也。』」曰：「然此亦是政事。如『敬事而信』，便是敬那政事也。節用，有節用之政事；愛人，有愛人之政事；使民，有使民之政事。這一段，是那做底。子細思了，若無敬，看甚事做得成！不敬，則不信；不信，則不能『節用愛人』；不『節用愛人』，則不能『使民以時』矣。所以都在那敬事上。若不敬，則雖欲信不可得。如出一令，發一號，自家把不當事忘了，便是不信。然敬又須信，若徒能敬，而號令施於民者無信，則爲徒敬矣。不信固不能節用，然徒信而不能節用，亦不濟事。不節用固不能愛人，然徒能節用而不愛人，則此財爲誰守邪！不愛人固不能『使民以時』，然徒能愛人，而不能『使民以時』，雖有愛人之心，而人不被其惠矣。要之，根本工夫都在『敬』字。若能敬，則下面許多事方照管得到。自古聖賢，自堯舜以來便説這箇『敬』字。孔子曰：

『修己以敬。』此是最要緊處！」僩。

子升問：「集注云：『五者相因，各有次序。』」曰：「聖人言語，自是有倫序，不應胡亂説去。敬了，方會信；信了，方會節用；節用了，方會愛人；愛人了，方會『使民以時』。又敬了，須是信；信了，須是節用；節用了，須是愛人；愛人，須是『使民以時』。如後面『弟子入則孝，出則弟，謹而信』之類，皆似此有次第。」又問：「學而一篇，多是務本之意。獨此章言及爲政，是如何？」曰：「此便是爲政之本。如『尊五美，屏四惡』，『行夏之時，乘殷之輅，服周之冕』之類，無此基本，如何做去！」木之。

子升問：「如何信了方能節用？」曰：「無信，如何做事。如朝更夕改，雖商鞅之徒亦不可爲政。要之下面三事，須以敬信爲主。」木之云：「如此，凡事都著信，不止與節用相繫屬。」曰：「固是。」木之。

問「五事反覆相因，各有次第」。曰：「始初須是敬，方能信；能敬信，方真箇是節用；真箇節用，方是愛人；能真箇愛人，方能『使民以時』。然世固有能敬於己而失信於人者，故敬了又有信；亦有能信於人而自縱奢侈者，故信了又用節用；亦有自儉嗇而不能推愛他人者，故節用了又用愛人；愛人了，又用『使民以時』，使民不以時，却是徒然也。」明作。

「道千乘之國」，五者相因，這只消從上順説。人須是事事敬，方會信。纔信，便當定如此，若恁地慢忽，便没有成。今日恁地，明日不恁地，到要節用，今日儉，明日奢，便不是節用。不會節用，便急征重斂，如何得愛民！既無愛民之心，如何自會「使民以時」！這是相因之説。又一説：雖則敬，又須著信於民，只恁地守箇敬不得。雖是信，又須著務節儉。雖會節儉，又須著有愛民之心，終不成自儉嗇而愛不及民，如隋文帝之所爲。雖則是愛民，又須著課農業，不奪其時。賀孫。

吴伯遊問「道千乘之國」三句，反覆相因，各有次第。曰：「不敬於事，没理没會，雖有號令，何以取信於人？無信，則朝儉暮奢，焉能節用！不節用，則傷財害民，焉能愛人！若不愛人，則不能『使民以時』。」又説：「既敬了，須用信，或有敬而不能信者。時舉録作：「世固有能敬於己而或不信於民者。」信又用節用，有能示信於人而自縱欲奢侈者。節用又用愛人，有愛惜官物時舉録作：「有自鄙吝慳儉。」而不能施惠於百姓者。愛人，又用『使民以時』；使不以時，亦徒愛耳。」又問：「楊氏謂『未及爲政』，今觀『使民以時』，又似爲政。」曰：「孟子説『不違農時』，只言王道之始，未大段是政事在。」銖。時舉同。

問：「『敬事而信』章，五者相承，各有次序。是能如此而後能如彼，抑既如此，更要如彼耶？」曰：「能恁地敬，便自然信。下句又是轉説。節用了，更須當愛人；愛人了，更當

『使民以時』。有一般人敬而不能信，有一般人能節用，只是吝嗇，却不能愛人。故能敬，便自然信；而敬又不可以不信。聖人言語，自上說下來，也恁地；自下說上去，也恁地。聖人言語都如此。」曰：「信與節用，有何相關？」曰：「信是的確。若不的確，有時節，有時又不節。」淳。

陳希真問：「須先敬了，方可以信；先節用了，方可以愛人；又須是『使民以時』。是如此否？」曰：「這般處從上說下，固是一般意思；從下說上，又是一般意思。如敬事而信，固是有人凡事要誠信；然未免有不敬處，便是不實。有人却知節用，然不知愛民，則徒然鄙吝於己，本不爲民。有人知所以愛人，却不知勿奪其時。這般處，與『君子不重則不威』一章，都用恁地看。」賀孫。

弟子入則孝章

問：「『弟子入則孝』一章，力行有餘暇，便當學六藝之文。要知得事父兄如何而爲孝弟，言行如何而能謹信。」語尚未終，先生曰：「下面說得支離了。聖人本意重處在上面，言弟子之職須當如此。下面言餘力則學文。大凡看文字，須認聖人語脉，不可分毫走作。若說支離，將來又生出病。」南升。

問「泛愛衆」。曰：「人自是當愛人，無憎嫌人底道理。」又問：「人之賢不肖，自家心中自須有箇辨別。但交接之際，不可不汎愛爾。」曰：「他下面便説『而親仁』了。仁者自當親，其它自當泛愛。蓋仁〔一〕是箇生底物事。既是生底物，便具生之理，生之理發出便是愛。纔是交接之際，便須自有箇恭敬，自有箇意思，池本作「思意」。如何漠然無情，不相親屬得！聖人説出話，兩頭都平。若只説汎愛，又流於兼愛矣。」僩。

問「而親仁」。曰：「此亦是學文之本領。蓋不親仁，則本末是非何從而知之！」燾。

問：「『行有餘力』，所謂有餘，莫是入孝出弟之理，行之綽綽然有餘裕否？」曰：「誰敢便道行之有餘裕？如『汎愛衆，而親仁』，何曾便時時有衆之可愛，便有仁者於此，得以時時親之。居常無事，則學文講義。至事與吾接，則又出而應之。入孝出弟，亦是當孝當弟之時。行謹言信，亦是如此。他時有餘力，自當學文。」寓。

問「則以學文」。曰：「此論本末，先本後末。今人只是先去學文。又且驗平日果能孝弟、恭謹、誠信、愛衆、親仁乎？如此了，方學文。此五句，又以孝弟爲本。不孝，則不能弟。不孝而能弟，弟亦何用！不孝不弟，縱行謹言信，愛衆親仁，亦何用！」銖。

〔一〕賀疑當作「人」。

歐陽希遜問：「『行有餘力，則以學文』，學文在後；『博學於文，約之以禮』，文又在先，如何？」曰：「『博學於文』，也不説道未有『行有餘力』以上許多事。須是先有許多了，方可以學文。且如世上有人入不孝，出不弟，執事不謹，出言不信，於衆又無愛，於仁又不能親，道要去學文，實是要去學不得！」賀孫。

「『汎愛』，不是人人去愛他。如羣居不將一等相擾害底事去聒噪他，及自占便宜之類是也。無弟子之職以爲本，學得文，濟甚事！此言雖近，真箇行得，亦自大段好。文是詩、書六藝之文。詩、書是大概詩、書，六藝是禮樂射御書數。古人小學便有此等，今皆無之，所以難。」問：「集注：『力行而不學文，則無以考聖賢之成法，識事理之當然。』六藝如何考究得成法？」曰：「小學中，一事具得這事之理。禮樂，如知所以爲禮樂者如此，從此上推將去，如何不可考成法？緣今人都無此學，所以無考究處。然今詩、書中可考，或前言往行亦可考。如前輩有可法者，都是。人須是知得古人之法，方做不錯。若不學文，任意自做，安得不錯！只是不可先學文耳。子夏矯枉過正，放重一邊，又忒重了，不似此章聖人説得兩無欠闕。如棘子成矯當時之弊，説得質太重。子貢又矯棘子成之弊，却道『文猶質也，質猶文也』，都偏了。惟聖人之心和平，所謂高下小大皆宜，左右前後不相悖，説得如此盡。」明作。集注。

問：「集注云：『力行而不學文，則無以識事理之當然。』且上五件條目，皆是天理人倫之極致，能力行，則必能識事理之當然矣。如集注之説，則是學文又在力行之先。」曰：「若不學文，則無以知事理之當否。如爲孝爲弟亦有不當處。孝於事親，然事父之敬，與事母之愛便别了。」（車）〔卓〕〔一〕。

不學文，則事事做不得。節。

胡氏解「則以學文」，謂古者有業文之家。今觀微子之命、蔡仲之命、左傳中數處誥命，大抵文意相類。及以閟宫、殷武末章觀之，誠恐古人作文，亦須有箇格様遞相祖述。必大。

賢賢易色章

問：「『賢賢易色』有兩説。」曰：「只變易顏色亦得，但覺説得太淺。斯須之間，人誰不能，未知他果有誠敬之心否。須從好色之説，便見得賢賢之誠處。」明作。

問：「變易顏色，莫是待臨時易色未善？」曰：「亦不必如此説。只是下面『致其身、竭

〔一〕據陳本改。

其力』太重，變易顔色太輕耳。」可學。

敬之問：「『賢賢易色』有二説。」曰：「變易顔色，有僞爲之者。不若從上蔡説，易其好色之心，方見其誠也。」德明。

問「賢賢易色」。曰：「『吾未見好德如好色者』，『去讒遠色，賤貨而貴德，所以勸賢也』，已分明説了。」僴用。

「事父母能竭其力」，凡事當盡力爲之，不可挨推，只做七八分，留兩三分。淳。

或問「事君致其身」。曰：「致身，一如送這身與他，便看他將來如何使。」時舉。

「事君能致其身」，集注謂「不有其身」，是不爲己之私計也。明作。

袁子節問「賢賢易色」章。曰：「資質好底，也會恁地。問學也只是理會許多事。」時舉。

漢臣説「雖曰未學，吾必謂之學矣」。先生曰：「此還是已學邪？蓋人固是資禀自好，不待學而自能盡此數條者。然使其爲學，則亦不過學此數者耳。故曰：人雖以爲未學，而吾必以爲已學也。」時舉。

問「賢賢易色」章。「爲學之道，只要就人倫上做得是當。今既能如此，雖或以爲未學，我必以爲已學。」曰：「必竟是曾學未學？」曰：「先生所謂『非其生質之美，必其務學之至』。」曰：「看得是。」曰：「今日本欲看『君子不重不威』一章，又見稍長，不敢貪多。」曰：「慢看不妨，只要常反覆玩味聖人旨要，尋見著落處。」又云：「近覺多病，恐來日無多，欲得朋友勇猛近前，也要相傳。某之心，便是公之心一般！」南升。

子夏之言，不免有弊。蓋孔子上章但是平説，子夏此章皆是説到誠處，説得重了。然今有這樣人，若不是他學問來，又不是天資高，安能如此？但子夏説得太粗了，故謂其「辭氣抑揚太過」也。夔孫。

「雖曰未學」。世間也有資禀高，會做許多事底。但子夏此兩句被他説殺了，所以吴氏謂其言之有弊。明作。

「『易色』，須作『好德如好色』説。若作變易顏色，恐裏面欠了字多。這也只是敬賢之誠。」問：「此四事，莫是箇處得極至，只得如此否？」曰：「這地位儘高。」問：「伊川曰『學求如是而已』，如何？」曰：「這却和『學』字説在裏面。子夏本言，却作不須學底意思。吴才老以子夏此言，與子路『何必讀書』之説同，其意固善，然其弊皆至於廢學。若『行有餘力，則以學文，就有道而正焉，可謂好學』之類，方爲聖人之言。此説却好。子夏既説殺了，雖是上面説務本，終不如聖人之言也。」榦。

「吾必謂之學矣」，子夏此話説得激，有矯枉過直意思。聖人便不如此，且看「行有餘力，則以學文」，是多少渾成！他意只欲反本，故説得如此激。如棘子成説：「君子質而已矣，何以文爲！」這便全是有激之論。子貢説：「文猶質也，質猶文也。」這也有病。質與文似不同。「一言可以喪邦，有諸？」聖人便説「言不可若是其幾」。如「唯其言而莫予違也」，又説，如其善而莫之違，固是好；如不善而莫之違，不幾乎一言而喪邦！如「禮，與其奢也，寧儉；喪，與其易也，寧戚」，雖都是偏，就其間論之，便須説奢與易有輕重。聖人説話，都自恁地平。向伯恭見此説，甚以爲看得出。賀孫。

林一之問「賢賢易色」章。曰：「他是重其所重，輕其所輕，固爲激切之辭，覺得那一邊偏重。聖人言語便平，如曰：『禮，與其奢也，寧儉；喪，與其易也，寧戚。』不説禮只專是儉，喪只專是戚也。」砥。

義剛説「賢賢易色」一章。先生接集注所言云：「此不若上章。但竭力等事，比上面入孝出弟之類較重，所以子夏謂『吾必謂之學矣』。」義剛。

或問夫子言「則以學文」，子夏言「吾必謂之學矣」兩章。曰：「聖人之言，由本及末，先後有序。其言平正，無險絶之意。子夏則其言傾側而不平正，險絶而不和易，狹隘而不廣大，故未免有弊。然子夏之意欲人務本，不可謂之不是。但以夫子之言比之，則見其偏之若此也。」人傑。

君子不重則不威章

「君子不重則不威」。既曰君子，何以不重、不威？此是大概説君子之道如此。「主忠信」是誠實無僞，樸實頭。「主」字最重，凡事靠他做主。程子曰：「不誠無物。」謂如去水南，却説去水北。實不曾去水北，便無這去水北一事。明作。

輕最害事。飛揚浮躁，所學安能堅固。故「學則不固」，與不重、不威，只一套事。砥。

「主忠信」，忠以心言，信以事言。以實之謂信。振。

「主忠信」。人道惟在忠信，「不誠無物」。人若不忠信，如木之無本，水之無原，更有甚底！一身都空了。今當反看自身，能盡己之心，能不違於物乎？若未盡己之心而不違於物，則是不忠信。凡百處事接物，皆是不誠實，且謾爲之。如此四者，皆是修身之要。就其中「主忠信」，又是最要。若不「主忠信」，便「正衣冠，尊瞻視」，只是色莊，爲學亦是且謾爲學，取朋友未便盡誠，改過亦未必真能改過。故爲人須是「主忠信」。學而一篇，再三言之。南升。

問：「明道曰『不誠則無物』，如何？」曰：「『實有此理，便實有此事。且如今向人説，我在東，却走西去那一邊，便成妄誕了。』」問：「伊川曰『忠信者，以人言之，要之則實理』，何也？」曰：「以人言之，則爲忠信；不以人言之，則只是箇實理。如『誠者天之道』，則只是箇實理；如『惟天下之至誠』，便是以人言之。」榦。

問集注「不誠無物」一節。曰：「心無形影，惟誠時方有這物事。今人做事，若初間有誠意，到半截後意思懶散，謾做將去，便只是前半截有物，後半截無了。若做到九分，這一分無誠意，便是這一分無物。」時舉。

問「人道惟在忠信，不誠無物」。曰：「凡應接事物之來，皆當盡吾誠心以應之，方始是有這箇物事。且幹一件事，自家心不在這上，這一事便不成，便是没了這事。如讀書，自家心不在此，便是没這書。」賀孫。

「人道惟在忠信，不誠無物」。物，只是眼前事物，都唤做物。若誠實，方有這物。若口裏説莊敬，肚裏自慢忽，口裏説誠實，肚裏自狡僞，則所接事物還似無一般。須是實見得是，實見得非，截定而不可易，方有這物。且如欲爲善，又有箇爲惡意思；欲爲是，又有爲非意思；這只是不實，如何會有物！賀孫。

問「人道惟在忠信，不誠無物」。曰：「説道恁地，又不曾真箇恁地，便是『不誠無物』。説道爲善，又不曾爲得善；説道惡惡，又不曾不爲惡，便是無此物。『誠者物之終始，不誠無物』。如人做事，只至誠處，便有始有末；才間斷處，以後便皆無物。『忠信所以進德』，是有這骨子，然後能進德。如顏子『三月不違仁』，只未違以前便有始末；才失照管處，便無物矣，又須到再接續處，方有終始。惟天地聖人未嘗有一息間斷。『維天之命，於穆不已』，何嘗間斷？間斷，造化便死了！故天生箇人，便是箇人；生出箇物，便是箇物，且不曾生箇假底人物來。」仲思問：「如陰陽舛錯，雨暘失時，亦可謂之誠乎？」曰：「只是乖錯，不是假底，依舊是實在。人只是不要外面有，裏面無。且如讀書十遍，初四遍心在，後六遍心不在，只是口頭讀過，便只第一遍至第四遍是始是終。第六遍後，便只似不曾讀一般，便無物也。」又問：「『吾不與祭，如不祭』，是『不誠無物』否？」曰：「然。」伯羽。道夫一云：「蜚卿問『人道惟在忠信，不誠無物』。曰：『說道爲善，又不曾爲得善；說道惡惡，又不曾去惡，便是無物。如人做事，只至誠處，便有始有末；才間斷處，便無物。天地造化，聖人德業，未嘗有一息之間。「維天之命，於穆不已」，曷嘗間斷？有些間斷，則造化便死了！故生出一箇人，便是一箇人；生出一箇物，便是一箇物，更無些假。』道夫問：『陰陽舛錯，雨暘不時，亦可謂之誠否？』曰：『雖恁地，亦只是舛錯，不是假，依舊是實在。人則不要外面有，裏面無。』」

「無友不如己者」，與勝己者處也。人傑。

問：「『無友不如己』，作不與不勝己友，則他人勝己者亦不與之友。」曰：「不然。人自是要得臨深以爲高。」幹。

問：「『無友不如己者』與『勝己』字如何？」曰：「勝己，便是如己之意。人交朋友，須求有益。若不如我者，豈能有益？仍是朋友才不如我時，便無敬畏之意，而生狎侮之心。如此則無益。」義剛。

友不如己者，自是人一箇病。周恭叔看得太過了。上焉者，吾師之；下焉者，若是好人，吾教之；中焉者，勝己則友之，不及者亦不拒也，但不親之耳。若便佞者，須却之方可。璘。

問：「集注謂『友以輔仁，不如己，則有損而無益』。今欲擇勝己者與之爲友，則彼必以我爲不及，而不肯與我友矣。雖欲友之，安得而友之？」曰：「無者，禁止之辭。我但不可去尋求不如己者，及其來也，又焉得而却之！推此，則勝己者亦自可見。」道夫。

趙兄問「無友不如己者」。曰：「凡人取友，須是求勝己者，始有益。且如人學作文，須是與勝己者商量，然後有所發明。若只與不如己者商量，則好者彼或不知，不是彼或不識。我又只見其不勝己，渾無激勵之意，豈不爲害！」趙曰：「然則有不勝我者，終不可與處乎？」曰：「若不勝者來求於我，則不當拒之也。聖人此言，但教人求友之法耳。」壯祖。

問：「『無友不如己者』，伊川以爲同志，何如？」曰：「此求之過。大凡師則求其賢於己者，友則求其勝者，至於不肖者，則當絶之。聖人此言，非謂必求其勝己者。今人取友，見其勝己者則多遠之，而不及己則好親之。此言乃所以救學者之病。」可學。

問「無友不如己者」。曰：「這是我去求勝己者爲友。若不如我者，他又來求我，這便是『童蒙求我，匪我求童蒙』也。前輩説這一句，多是被不如己者不與爲友底意思礙却，便説差了。其實本不相背。」時舉。

吴知先問「過則勿憚改」。曰：「程子所謂『知其不善則速改以從善』，曲折專以『速改』字上著力。若今日不改，是壞了兩日事；明日不改，是壞了四日事。今人只是憚難，過了日子。」銖。時舉録云：「最要在『速』字上著力。凡有過，若今日過愈深，則善愈微。若從今日便改，則善可自此而積。」

今爲學約而易操者，莫如敬，敬則凡病皆可去。如「不重則不威」章，敬是總腦，不渾在散句裏，必敬而後能不輕。如「主忠信」，亦先因敬，不敬則誕謾而已，何以主之！「毋友不如己」，亦然。重亦不難見，如人言語簡重，舉動詳緩，則厚重可知。言語輕率，聽得便説，説則無能得了。舉動輕肆，飛揚淺露，其人輕易可知。伯羽。

朱子語類卷第二十二

論語四

學而篇下

慎終追遠章

「慎終追遠」，伊川云：「不止爲喪祭。」推之是如此，但本意只是爲喪祭。王問：「伊川謂：『不止喪祭。』此說如何？」曰：「指事而言，恐曾子當初只是說喪祭。推此意，則每事都要存這些子。」雉。

「慎終追遠」，專主喪祭而言。若看得喪祭事重時，亦自不易。只就喪祭上推，亦是多少事。或說天下事皆要慎終追遠，亦得。明作。

胡叔器問：「『追遠』，是親否？」曰：「言追，則不是親了。」包顯道問：「遠祖時人不解更有追念之意，想只是親。」曰：「只江南來不如此。湖北人上墳，不問遠祖也哭，這却好。人之一身，推其所自，則必有本，便是遠祖，畢竟我是它血脈。若念及此，則自不能無追感之情。且如今老人不能得見箇孫子，今若便見十世孫時，也惜，畢竟是自家骨肉。人只是不思量到這裏，所以追感之誠不至也。」義剛。

陳仲亨説「民德歸厚」。先生問：「如何謂厚是有餘之意？」陳未達。曰：「謂如此已自得了，更添些子。恰似著衣，如此已暖了，更加一件，是之謂厚。厚對薄而言。若我未厚，民自是趨從薄處去。」義剛。

問：「程子云：『推而至於天下之事，皆能慎其終，不忘於遠。』如何？」曰：「事事皆要如此。慎終，則末梢雖是理會教盡，不忘於遠。遠是人易忘。且如今追封人及祖父等事，這是久遠恩澤。人多是據眼前有功者有賞，而無久而不忘底意思。這般事若能追念起來，在己之德既厚，而民心亦有所興起。」賀孫。

夫子至於是邦章

敬子問「夫子温、良、恭、儉、讓」。曰：「此子貢舉夫子可親之一節，温之一事耳。若論全體，須如『子温而厲，威而不猛，恭而安』。」德明。

問：「溫是恁地溫和深厚，良是恁地簡易正直，恭是端嚴恭敬，儉是省約有節，讓是謙遜自卑。」曰：「『良』字説未是。良即是良善，猶今言善人。所謂易，乃樂易、坦易之『易』。直，如世人所謂白直之『直』，無姦詐險詖底心，如所謂開口見心是也。此章亦須見得聖人不求人，而人自求之意。」南升。

或問：「良何以訓『易直』？」曰：「良，如今人言無蹺崎爲良善，無險阻密蔽。」又曰：「易，平易，和易；直，無屈曲。」節。

李問：「良如何訓『易直』？」曰：「良善之人，自然易直而無險詐，猶俗言白直也。」雉。

問「良，易直」之義。曰：「平易坦直，無許多艱深纖巧也。」銖。

亞夫問：「良何以爲易直？」曰：「只是平易、白直而已。」因舉韓詩外傳有一段與樂記相似。但「易直子諒之心生矣」處，改「子諒」二字爲「慈良」，此却分明也。時舉。

問：「『良，易直也』。如何？」曰：「此心不傾險，不粗戾，自是平易簡直。樂記言『易直子諒之心』，昔人改『子諒』作『慈良』，看來『良』字却是人之初心。慈愛良善，便是『元者善之長』。孟子説『惻隱之心』，『人皆有不忍人之心』，皆是這般心。聖人教人，先要求此心，正爲萬善之總處。」寓。

問：「儉就那處看？」曰：「儉只是用處儉，爲衣冠、服飾、用度之類。」寓。

儉，謂節制，非謂儉約之謂。只是不放肆，常收斂之意。明作。

聖人之德無不備，非是只有此五者。但是此五者，皆有從後謙退不自聖底意思，故人皆親信而樂告之也。夔孫。

伯游問「温良恭儉讓」一章。曰：「最要看得此五字：『温』是如何氣象，『良』是如何氣象，『恭、儉、讓』又是如何。深體之於我，則見得聖人有不求人而人自即之底意思。今人却無非是求。自請舉以往，並是求人。雖做宰相地位，也是恁地。縱不肯明求，也須暗地結托。蓋以求人爲常，而不知其爲非也。『學而』一篇，多是先以此教人。如『人不知而不愠』，如『巧言令色』，如『不患人之不己知』，皆是。雖中庸亦多此意，如『衣錦尚絅』，皆是。且要理會那不求底道理。」時舉。

龜山解夫子「温、良、恭、儉、讓」，有「暴慢、侈泰」等語。正淳以爲暴慢侈泰誠所當戒，而先生以爲其流至於爲人，似不然之。曰：「暴慢侈泰固所當戒，但不當於此言。龜山説話，常有些畏罪禍底意思在。不知聖人『温、良、恭、儉、讓』，是自然常如此，非欲爲是以求聞政也。」賀孫。

父在觀其志章

論「父在觀其志」，曰：「此一句已有處變意思，必有爲而言。」節。

「父在觀其志，没觀其行」，孝子之志行也。人傑。

觀志、觀行，只是大概。須是無改，方見得孝。若大段悖理處，又自當改，此特言其常耳。明作。

邵漢臣說「父在觀其志」一章。曰：「父在時，使父賢而子不肖，雖欲爲不肖之事，猶以父在而不敢爲；然雖無甚不肖之行，而其志可知矣。使子賢而父不肖，雖欲爲善事，而父有所不從，時有勉强而從父之爲者。此雖未見其善行，而要其志之所存，則亦不害其爲賢矣。至於父没，則己自得爲，於是其行之善惡，可於此而見矣。父在時，子非無行也，而其所主在志；父没時，子非無志也，其所主在行。故子曰云云也。」時舉。

問：「此章上二句見守身之行，下一句見愛親之心。」曰：「也不必做兩截說，只是折轉說。上二句觀人之大概，下一句就『觀其行』細看其用心之厚薄如何。行雖善矣，父道可以未改，而輕率改之，亦未善也。」伯羽。

「三年無改於父之道，可謂孝矣」。道，猶事也。言道者，尊父之詞。人傑。

或問「三年無改」。曰：「是有可改而未十分急者，只得且存之。父在則子不得專，而其志却可知。父没則子雖得專，而其不改之意又可見。此所謂孝。」祖道。

「三年無改」，謂是半上半下底事在所當改者。但不可忽遽急改之，若有死其親之心，有揚其親之過之意。待三年然後徐改之，便不覺。若是大故不好底事，則不在此限耳。夔孫。

才說「三年無改」，便是這事有未是處了。若父之道已是，何用說無改？終身行之可也。事既非是，便須用改，何待三年？孝子之心，自有所不忍耳。若大段害人底事，須便改，始得。若事非是而無甚妨害，則三年過了方改了。僩。

問：「『三年無改於父之道』，只就孝子心上看。孝子之心，三年之間只思念其父，有不忍改之心。」曰：「大概是如此。但其父若有聖賢之道，雖百世不可改。此又就事上看。」直卿云：「游氏所謂『在所當改而可以未改處』，亦好看。」南升。游氏説。

「游氏曰：『「三年無改」，亦謂在所當改，而可以未改者爾。』謂此事當改，但三年之間，孝子之心有所未忍改耳。向時南軒却改作『可以改而可以未改耳』。某與說，若如此說，則雖終身不改可也。此章之意則云，此事必當改，但可以未改耳。三年過則必當改也。」僩問：「若父有大段不是底事，妨國害政者，只得便改，豈可必待三年？」曰：「若有大段不是，須是便改。」或曰：「『孟莊子之孝也，其他可能也，其不改父之臣與父之政，是難能也。』與此同否？」曰：「不同。此章是言父之所行有不善，而子不忍改，乃見其孝。若莊子之父獻子，自是箇賢者，其所施之政、所用之臣皆是。莊子能不改之，此其所以爲難。」問：「若然，則何足以爲難？」曰：「子孫不能守父之業而輕改之者多矣，莊子乃能守之，非難能而何！先儒以爲莊子之賢不及獻子，疑其不能守父之政，不能用父之臣。而莊子乃能不改，此其所以爲難能也。此説得之。」僩。

游氏謂「在所當改而可以未改者」，此正是説得謹密處。聖人之意亦正如此。若以可改而未改，則三年之後，四年改之，其意如何。既合於道，雖終身守之可也，奚止三年？若不合於道，如盜跖之所爲，則不得不改。若其事雖不善，無甚緊要，亦姑守之以待三年。若遽改之，是忘其親也。某舊日朋友亦看此處不透。與南軒説，他却改作「可以改而可以未改」者。此語與「在所當改者」大爭。「在所當改」，正是這樣事若不改，則不當於理；若要改，則亦未爲急。故遲之者，以孝子之心不忍也。子蒙。

「三年無改」，游氏此解極好。向時欽夫改作「可以改，可以未改」，却不是。但此章必有爲而發，然無所考。又曰：「死其親而暴其過，孝子所不忍爲。」義剛。

諸説，唯游氏説得好。「在所當改而可以未改」，此説極穩。此正指在所當改，可以未改處。深味之，孝子之心可見。銖。

問：「或説不改事父之道，又説不改父存所行之道，二説奚擇？」先生反而問之：「欲從何説？」曰：「不改父在所行之道恐是。」曰：「然。遂舉游氏『可以改而未改者』。所謂三年，云不必改者。此説却切當。若説道不可改，雖終身守之可也，豈止三年乎！此爲在所當改，而可以遲遲三年者也。自新法之行，諸公務爲緣飾，文致一詞，將此一句辨論無限，而卒莫之合也。」寓。

或問「父在，觀其志；父没，觀其行」。曰：「觀其文意，便是父在時，其子志行已自有與父不同者。然於此三年之間，必能不改父道，乃見其孝。不然，所行雖善，亦未得爲孝。此必有爲而言。然緊要在看游氏、尹氏兩節意。」銖。

戴智老問：「近見先生説此章，疑聖人有爲而發。」曰：「聖人之言，未有若此曲折者。疑當説時亦有事在所當改而可以未改者，故聖人言此。」又云：「尹氏説得孝子之心，未説得事。若如其説，則孔子何必更説『三年無改』。必若游氏説，則説得聖人語意出。」銖。

「三年無改」，尹氏説得心，於事上未盡。游氏於事理上説得好，故並載之，使互相發。拱壽。

「三年無改於父之道」，諸先生之説有過者，謂要改。有不及，謂不改。有至當者，須要將去辨别，豈可不讀書！振。

禮之用和爲貴章

先生問學者：「今人行禮，多只是嚴，如何得他和？」答者皆不契。曰：「只是要知得禮合如此，所以行之則和緩而不迫。蓋聖人制禮，無一節是强人，皆是合如此。且如孔子與上大夫言時，自然誾誾；與下大夫言時，自然侃侃。在學者須知道與上大夫言合用誾誾，與下大夫言合用侃侃，便自然和。嘗謂吕與叔説得數句好云：『自斬至緦，衣服異等，九族之情無所憾；自王公至皂隸，儀章異制，上下之分莫敢争。皆出於性之所有，循而行之，無不中節也。』此言禮之出於自然，無一節强人。須要知得此理，則自然和。」黄有開因舉先生舊説云：「且如父坐子立，君尊臣卑，多少是嚴！若見得父合坐，子合立，君合尊，臣合卑，則無不安矣。」曰：「然。」雉。

直卿言：「『禮之用，和爲貴。』今觀内則一篇，則子事父母之禮亦嚴矣。然下氣怡色，則和可知也。觀玉藻、鄉黨所載，則臣之事君，禮亦嚴矣。然一爵而言言，二爵而油油，君在與與，則和可知也。」曰：「如此，則和與禮成二物矣。須是見得禮便是和，乃可。如『入公門，鞠躬如也，如不容』，可謂至嚴矣！然而自肯甘心爲之，而無厭倦之意者，乃所以爲和也。至嚴之中，便是至和處，不可分做兩截去看。」道夫。

伯游問「禮之用，和爲貴」，云：「禮之體雖截然而嚴，然自然有箇撙節恭敬底道理，故其用從容和緩，所以爲貴。苟徒知和而專一用和，必至於流蕩而失禮之本體。今人行事，莫是用先王禮之體，而後雍容和緩以行之否？」曰：「説固是恁地，却如何做功夫？」伯游云：「順理而行。」先生又徧問坐上諸友。叔重曰：「知得是當然之理，自甘心行之，便自不拘迫。」時舉云：「其初須持敬。持之久則漸熟，熟處便和。」曰：「要須是窮理始得。見得這道理合用恁地，便自不得不恁地。如賓主百拜而酒三行，固是用恁地，如『入公門，鞠躬如也，屏氣似不息。過位，踧踖如也』。苟不知以臣事君合用如此，終是不解和。且如今人被些子燈花落手，便説痛。到灼艾時，因甚不以爲痛？只緣知道自家病合當灼艾，出於情願，自不以爲痛也。若要放教和，却便是『知和而和』矣。」時舉。銖録别出。

吴問「禮之用，和爲貴」。先生令坐中各説所見。銖曰：「頃以先生所教思之：禮者，天理節文之自然，人之所當行者。人若知得是合當行底，自甘心行之，便自不拘迫。不拘迫，所以和，非是外面討一箇和來添也。」曰：「人須是窮理，見得這箇道理合當用恁地，我自不得不恁地。如賓主百拜而酒三行，因甚用恁地？如入公門鞠躬，在位踧踖，父坐子立，苟不知以臣事君，以子事父，合用爲此，終是不解和。譬之今人被些子燈花落手，便須説痛。到灼艾時，因甚不以爲苦？緣它知得自家病合用灼艾，出於情願，自不以爲痛也。」銖因問：「如此，則這和亦是自然之和。若所謂『知和而和』，却是有心於和否？」曰：「『知和而和』，離却禮了。『禮之用和』，是禮中之和。『知和而和』，是放教和些子。纔放教和，便是離却禮了。」銖。

問「禮之用，和爲貴」。曰：「禮中自有和。須是知得當如此，則行之自然和。到和處方爲美。」因舉龜山與薛宗博説逐日會職事茶事。其人云：「禮起聖人之僞。今日會茶，莫不消得如此？」龜山曰：「既是不消得，因何又却會茶？」其人曰：「只爲心中打不過。」龜山曰：「只此打不過處，便是禮，非聖人之僞。『禮之用，和爲貴』。只爲不如此，則心有不安，故行之自和耳。」銖。

問「禮之用，和爲貴」。曰：「禮如此之嚴，分明是分毫不可犯，却何處有箇和？須知道吾心安處便是和。如『入公門，鞠躬如也』，須是如此，吾心方安。不如此，便不安；才不安，便是不和也。以此見得禮中本來有箇和，不是外面物事也。」又問：「『知和而和』是如何？」曰：「『知和而和』，却是一向去求和，便是離了禮。且如端坐不如箕踞，徐行後長者不如疾行先長者，到這裏更有甚禮，可知是不可行也。」時舉。

「禮之用，和爲貴」。見君父自然用嚴敬，皆是人情願，非由抑勒矯拂，是人心固有之同然者，不待安排，便是和。才出勉强，便不是和。聖人品節裁限，使事事合於中正，這箇當在這裏，那箇當在那裏，更不得過。才過，便不是禮。若和而知限節，便是禮。明作。

「禮之用，和爲貴」。和是自家合有底，發見出來，無非自然。賀孫。

或問「禮之用，和爲貴」。曰：「禮是嚴敬之意。但不做作而順於自然，便是和。和者，不是别討箇和來，只就嚴敬之中順理而安泰者便是也。禮樂亦只是如此看。」祖道。

或問：「『禮之用，和爲貴』。君臣父子之間，可謂嚴矣。若不和，則情不通。」曰：「不必如此説。且以人之持敬，若拘迫，則不和；不和，便非自然之理。」人傑。

問：「『禮之用，和爲貴』，莫是禮之中便有一箇和？莫是在用處？」曰：「禮雖主於嚴，其用則和。」因舉「禮主於減，樂主於盈」一節，問「禮樂」二字相離不得。曰：「也須看得各自爲一物，又非判然二物。」又曰：「天下之事，嚴而不和者却少，和而不節之以禮者常多。」謙之。

邵問「禮之用，和爲貴」。曰：「如人入神廟，自然肅敬，不是强爲之。禮之用，自然有和意。」又問：「和便是樂否？」曰：「也是禮中之樂，未便是樂。樂中亦有禮，如天子八佾，諸侯六，大夫四，士二，又是樂中之禮。」

禮之和處，便是禮之樂；樂有節處，便是樂之禮。僩。

問：「禮以全體言，何故用和？」曰：「如此，則不消得樂。」振。

「小大由之」，言小事大事皆是箇禮樂。合於禮，便是樂。故通書云：「陰陽理而後和。」故禮先而樂後。卓。

問：「『禮之用，和爲貴』，是和在禮中；『知和而和』，是和在禮外？」曰：「只爲它『知和而和』，都忘却禮耳。」銖。

有禮而不和，則尚是存得那本之體在。若只管和，則併本都忘了。就這兩意說，又自有輕重。義剛。

周舜功問：「『從容不迫』，如何謂之和？」曰：「只是說行得自然如此，無那牽强底意思，便是從容不迫。那禮中自然箇從容不迫，不是有禮後，更添箇從容不迫。若離了禮說從容不迫，便是自恣。」義剛。集注。

「禮主於敬，而其用以和爲貴。然如何得他敬而和？著意做不得。才著意嚴敬，即拘迫而不安；要放寬些，又流蕩而無節。須是眞箇識得禮之自然處，則事事物物上都有自然之節文，雖欲不如此，不可得也。故雖嚴而未嘗不和，雖和而未嘗不嚴也。」又曰：「和便有樂底意思，故和是樂之本。」閎祖。

問：「集注云云，上一截將『從容不迫』說『禮之用，和爲貴』，甚分明。但將『從容不迫』就下一截體驗，覺得未通。如鄉黨一書，也只是從容不迫，如何却會不行？若會從容不迫，必不會無節。」曰：「只是立心要從容不迫不得。才立心要從容不迫，少間便都放倒了。且如聖人『恭而安』，聖人只知道合著恭，自然不待勉强而安。才說要安排箇安，便添了一箇。」賀孫。

問：「『知和而和』，是從容不迫。」曰：「從容不迫雖是和，然其流遂至於縱而無節。」又曰：「學者而今但存取這心，這心是箇道之本領。這心若在，這義理便在。存得這心，便有箇五六分道理了。若更時時拈掇起來，便有箇七八分底道理。」卓。

仁甫問：「集注載程子禮樂之說，何如？」曰：「也須先是嚴敬，方有和。若直是盡得敬，不會不和。臣子入朝，自然極其恭敬，也自和。這不待勉强如此，是他情願如此，便自和。君君臣臣、父父子子、兄兄弟弟、夫婦朋友各得其位，自然和。若君失其所以爲君，臣失其所以爲臣，如何會和？如諸公在此坐，都恁地收斂，這便是和。若退去自放肆，或乖爭，便是不和。通書說：『禮，理也；樂，和也。陰陽理而後和。君君臣臣，父父子子，兄兄弟弟，夫夫婦婦，萬物各得其理然後和，故禮先而樂後。』說得最好。易說：『利者，義之和。』利只在義之和。義本是箇割截裁制之物，惟施得宜則和，此所以爲利。從前人說這一句都錯。如東坡說道：『利所以爲義之和。』他把義做箇慘殺之物看了，却道得利方和。

利是乾卦一德，如何這一句却去説義！兼他全不識義，如他處説亦然。」又曰：「『有所不行』，只連下面説方通。如曰有所不行者，『知和而和，不以禮節之，亦不可行也』。如易裏説：『其唯聖人乎！知進退存亡而不失其正者，其唯聖人乎！』」賀孫。

問：「集注云：『和者，心以爲安，而行之不迫。』後又引程子云『恭而安，别而和』二句。竊謂行而不迫，只説得『恭而安』，却未有『别而和』底意思。」曰：「是如此。後來集注却去了程説。」柄。

問：「伊川曰：『别而和。』『别』字如何？」曰：「分雖嚴，而情却通。如『知和而和』，執辭不完，却疑記録有差。」㽦。集義。

問：「上蔡謂『禮樂之道，異用而同體』。還是同出於情性之正？還是同出於敬？」曰：「禮主敬，敬則和，這便是他同體處。」道夫。

問：「『禮樂之道，異用同體』，如何？」曰：「禮主於敬，樂主於和，此異用也；皆本之於一心，是同體也。然敬與和，亦只一事。砥録云：「却只是一事，都從這裏發出，則其體同矣。」敬則和，和則自然敬。」仲思問：「敬固能和，和如何能敬？」曰：「和是碎底敬，敬是合聚底和。蓋發出來無不中節，便是和處。砥録云：「發出來和，無不中節，便是處處敬。」敬與和，猶『小德川流，大德敦化』。」伯羽。砥少異。淳録云：「問：『先生常云：「敬是合聚底和，和是碎底敬。」是以敬對和而言否？』曰：

『然。敬只是一箇敬，無二箇敬，二便不敬矣。和便事事都要和，這裏也恰好，這處也中節，那處也中節。若一處不和，便不是和矣。敬是「喜怒哀樂未發之中」，和是「發而皆中節之和」。才敬，便自然和。如敬，在這裏坐，便自有箇氤氲磅礴象也。』」寓録云：「『敬只是一箇敬，分不得。才有兩箇，便不敬矣。和則處處皆和，是事事中節。若這處中節，那處不中節，便非和矣』。又曰：『凡恰好處皆是和。但敬存於此，則氤氲磅礴，自然而和。』」

問：「禮樂同體，是敬與和同出於一理否？」曰：「敬與和同出於一心。」曰：「謂一理，如何？」曰：「理亦説得。然言心，却親切。敬與和，皆是心做。」曰：「和是在事否？」曰：「和亦不是在事，在心而見於事。」淳。

童問：「上蔡云『禮樂異用而同體』，是心爲體，敬和爲用。集注又云敬爲體，和爲用，其不同何也？」曰：「自心而言，則心爲體，敬和爲用；以敬對和而言，則敬爲體，和爲用。大抵體用無盡時，只管恁地移將去。如自南而視北，則北爲北，南爲南；移向北立，則北中又自有南北。體用無定，這處體用在這裏，那處體用在那裏。這道理儘無窮，四方八面無不是，千頭萬緒相貫串。」以指旋，曰：「分明一層了，又一層，横説也如此，豎説也如此。翻來覆去説，都如此。如以兩儀言，則太極是太極，兩儀是用；以四象言，則兩儀是太極，四象是用；以八卦言，則四象又是太極，八卦又是用。」淳。道夫録少異。

問：「禮樂之用，相反相成？」曰：「且如而今對面端嚴而坐，這便是禮；合於禮，便是和。如君臣之間，君尊臣卑，其分甚嚴。若以勢觀之，自是不和。然其實却是甘心爲之，皆合於禮，而理自和矣。且天子之舞八佾，諸侯六，大夫四，皆是當如此。若天子舞天子之舞，諸侯舞諸侯之舞，大夫舞大夫之舞，此便是和。若諸侯僭天子，大夫僭諸侯，此便是失禮；失禮便不和。易言：『利者，義之和也。』若以理言之，義自是箇斷制底氣象，有凛然不可犯處，似不和矣，其實却和。若臣而僭君，子而犯父，不安其分，便是不義；不義則不和矣。孟子云『未有仁而遺其親者也，未有義而後其君者也』，即是這意思，只是箇依本分。若依得本分時，你得你底，我得我底，則自然和而有别。若『上下交征利』，則上下相攘相奪，便是不義不和，而切於求利矣。老蘇作利者義之和論，却把利别做一箇物來和義，都不是了。他於理無所見，只是胡亂恁地説去。」卓。

問：「諸先生以和爲樂，未知是否？」曰：「和似未可便説樂，然亦有樂底意思。」

信近於義章

問「信近於義，言可復也」。曰：「如今人與人要約，當於未言之前，先度其事之合義與不合義。合義則言，不合義則不言。言之，則其言必可踐而行之矣。今不先度其事，且鶻突恁地説了，到明日却説這事不義，我不做，則是言之不可踐也。言而不踐，則是不信；踐其所言，又是不義，是不先度之故。」卓。

凡言，須先度是非可否。果近於義而後言，則其言可踐。恐不近於義，其言將不可復也。德明。

問「言可復也」。曰：「前輩說，都是說後來事。如說出話了後，看是義與不義，方理會復與不復。若是恁地，更不消說也得。某看來，是要人謹於未發，皆是未交際之先。」賀孫。

問：「『信近義，恭近禮』，何謂近？」曰：「近只是合，古人下字寬。今且就近上說，雖未盡合義，亦已近義了；雖未盡合禮，亦已近禮了。」寓。以下信、恭。

吳問「信近於義」。曰：「與人要約不是當，不問行得行不得，次第踐其言，則害於義；不踐其言，則害於信。須是合下要約時便審令近義。致恭亦然。若不中節，不失之過，則失之不及，皆是取辱。」潘子善因曰：「『近』字說得寬。」曰：「聖賢之言不迫切。」銖。

或問：「『信近於義』，莫便是合義？『恭近於禮』，莫便是中禮？」先生曰：「近亦是對遠而言。遠於義，則言不可復；遠於禮，則必不能遠恥辱。」

或問：「集注云：『約信而合其宜，致恭而中其節。』合其宜，便是義；中其節，便是禮。如何是近義、近禮？」曰：「此亦大綱說，如『巧言令色，鮮矣仁』之意。然只得近於義，近於禮，亦好。是便合其宜，中其節，更好。」廣。

問：「如何得『約信而合其宜』？」曰：「只是不妄發。」曰：「萬一料事不過，則如之何？」曰：「這却無可奈何，却是自家理不明爾。」問：「『致恭而中其節』，則能遠恥辱。這恥辱，是在人？在己？」曰：「兼有在裏。且如見尊長而拜，禮也，我却不拜。被詰問，則無以答，這便是爲人所恥辱。有一般人不當拜而拜之，便是諂諛，這則可恥可辱者在我矣。」道夫。

「因不失其親」，親如「親仁」之「親」。人傑。以下因親可宗。

因，如今人云倚靠人之意。「宗」即是「主」字，如「主讎由」之「主」。必大。

因，如「因徐辟」之「因」。因，猶傍也。親又較厚。宗則宗主之，又較重。問注「因仍苟且」。曰：「因仍與苟且一樣字。因仍，猶因循；苟且，是事恁地做。一般人初間不謹擇，便與他交。下梢他有氣勢，便道是我來宗他，豈不被他累？孔子當時若不擇揀，去主癰疽，便被壞了。」寓。

所依不失其所可親之人，亦可宗而主之矣。主，猶「主顏讎由」之「主」。蓋當時羈旅之臣，所至必有主。須於其初審其所可親者，從而主之可也。賀孫。

宗，主也，所宗者可以久而宗主之。如夫子於衛主顏讎由，則可親之人。若主癰疽與寺人瘠環，便是不可親之人。此是教人接人底道理也。時舉。

「因不失其親，亦可宗也」，三字有淺深輕重。因乃泛言，親則近之矣，宗則尊之也。如孔子於衛，或舍於寺人瘠環之家，然謂之親，則不可。可學。

問「亦可宗也」。曰：「我所親之人，將來便可爲吾之宗主。主，如『主顔讎由』之『主』。且如此人不可親，而吾乃親之。若此人他日得志，援我以進，則是我失其所主矣。陳了翁曾受蔡卞之薦，後來擺脱不得，乃是失其所親者也。」人傑。

漢臣説「因不失其親」。曰：「與人交際，當謹之於始。若其人下來不可宗主，則今日莫要親他。若今日苟且過了，與之相親，則下來所宗，非其可宗者矣。」時舉。

「因」字輕，「宗」字重。初間若不子細，胡亂與之相依，下梢却是宗他了。且如做官，與箇至不好底人往來，下梢忽然爲他所薦舉，便是宗他。賀孫。

正淳問「亦可宗也」。曰：「如今初間與好人相親，後來受他薦舉辟差，便是著宗他。此是前不失親，後亦可宗也。」賀孫。

問「因不失其親」。曰：「『因』字最輕，偶然依倚他，此時便須物色其人賢與不賢，後去亦可宗主。如韓文公與崔羣書所論交往；或其人後不入於善，而於己已厚，雖欲悔之，亦不可處相似。」枅。

問「因不失其親」。曰：「而今與人同官，也是相親。將來或用它薦舉，因它超擢，便著宗主它。如所親者不善，安知它異日不能薦舉我，超擢我，便著宗主它，這箇便是失其所可宗者。『信近義，恭近禮，因不失其親』，此三句是今目下事。『言可復，遠恥辱，亦可宗』，是將來底事。」銖。全章。

此一節，須作兩截看，上面「恭近於禮，信近於義，因不失其親」，是接物與人之初，下數句却是久而無弊之效。但當初合下，便須著思量到無弊處也。」時舉。

問「信近於義」一段。曰：「未説著不必信，只是信合於宜。且如一人相約爲事，已許之，少間却不行，是不合義，不可踐矣。恭，凡致敬皆恭也。禮則辨其異。若與上大夫接，而用下大夫之恭，是不及也；與下大夫接，而用上大夫之恭，是過也。過與不及，必取辱矣。」可學。

問「信近於義」一章。曰：「約信事甚多。今與人約做一件事，須是合當做底事，方可與之約，則所約之言方可行。如不可約之事，則休與之約，謂其不可行也。」問：「『恭近於禮』，謂致敬於人，須是合當加禮之人。」曰：「不是加禮。如致敬於人，當拜於堂上，乃拜於堂下；當揖，却拜，皆是不中節，適以自取辱。」問：「『因不失其親』，謂依賴於人，須是得箇正當可親近之人，而後可以宗主。」曰：「也是如此，更子細推去。」又問：「集注『人之言行交際』一段，恐言是約信，行是致敬，交際是依人。」曰：「大綱如此説，皆交際也。『言可復』，便是行。」南升。

此一章，皆是言謹始之意。只如初與人約，便用思量他日行得，方可諾之。若輕諾之，他日言不可復，便害信也。必大録云：「若不看義之可行，便與他約，次第行不得，便成脱空。」「恭近於禮」，且如合當在堂上拜，却下堂拜，被人非笑，固是辱；合當堂下拜，却在堂上拜，被人斥罵，亦是辱。因失其親，且如此人不好，初去親他時，似不害，將來主之，便錯了。須是揀擇見得是好，方可親他。且如趨事上位，其人或不可親，既去親了他，一日，或以舉狀與我，我受了，便用主之非其人，雖悔何及！大率有子説底言語奥澁難曉，裏面儘有滋味，須用子細玩味。明作。

王問：「『因不失其親』，集注舊連上句義禮，後本却不如此。」曰：「後來看得信與義，恭與禮，因與親，各各是一事，有此兩項。」李問「恭近於禮」。曰：「非止諂媚於人是取辱之道。若恭不及禮，亦能取辱。且如見人有合納拜者，却止一揖；有合不拜者，反拜他，皆不近禮。不合拜，固是取辱。若合拜而不拜，被他責我不拜，豈不是取辱？」先生因言，論語中有子説數章，文勢皆奥澁，難爲人解。雉。

古人文字皆叶韻，如「信近於義，言可復也；恭近於禮，遠恥辱也；因不失其親，亦可宗也」。宗，叶音族。淳。

楊允叔問：「伊川言：『信非義，近於義者，以其言可復也。恭非禮，近於禮者，以其遠恥辱也。信恭因不失近於義禮，亦可宗敬也。』此說如何？」曰：「某看不當如此說。聖人言語不恁地連纏。要去致敬那人，合當拜，却自長揖，則爲不及於禮。禮數不至，人必怒之，豈不爲辱！合當與那人相揖，却去拜，則是過於禮。禮數過當，被人不答，豈不爲恥！所依者，須是得其可親之人方可。如一般不好人來薦我，是爲失其所親。須是合下知得此人是如何，於其初謹之可也。若失其可親之人而宗之，將來必生悔吝。」問：「横渠說：『君子寧言之不顧，不規規於非義之信；寧身被困辱，不徇人以失禮之恭；寧孤立無助，不失親於可賤之人。』尹和靖書以自警，今墨蹟可見。不知此說如何？」曰：「伊川說得太遠，横渠說較近傍。」寓。集義。

「『信近於義』章，疑上三句是工夫。言如能近義，則有可復言之理否？」曰：「然。人說話固要信，然不近義時，其勢不可踐，踐却便反害於信矣。」問：「横渠云：『寧言之不顧，不規規於非義之信；寧身被恥辱，不徇人以非禮之恭；寧孤立無助，不失親於可賤之人。』此却似倒看了文義矣。重在下句相似，如何？」曰：「此便是先儒舊底說。它爲惑箇『也』字，故然。如某解底『也』字，便只是箇『矣』字。」又問：「程先生所解是於文義不合乎？

是道理未必然乎？」曰：「也是一說。但如此說，都無緊要了。如橫渠說底雖似，倒猶有一截工夫。程先生說底，某便曉未得。」直卿云：「他猶可也，中一句最難說。」曰：「他有說不倒時。」伯羽又問：「謝氏說，末云：『欲免此，惟學而已，故人貴乎明善。』此雖無謹始慮終之意，然大段意好否？」首肯之，曰：「然。人固貴乎學，但學是平昔當如此，此是說事之發慮當審也。」伯羽。

問：「程先生說如何？」曰：「『信近於義』，以『言可復』，他意思要說『也』字出，恐不必如此說。」「范氏說如何？」曰：「范說不甚好。『恭近於禮』，恭合下便要近禮；『信近於義』，信合下便要近義，故其言可復，恥辱可遠。信只似與人相約，莫要待得言不可復時，欲徇前言便失義，不徇便失信。只是低頭唱喏時，便看近禮與不近禮。」問：「『大人言不必信』，又如何？」曰：「此大人之事。大人不拘小節，變通不拘。且如大人不是合下便道，我言須是不信；只是到那箇有不必信處，須著如此。學者只要合下信便近義，恭便近禮。」榦。

君子食無求飽章

「食無求飽，居無求安」。須是見得自家心裏常有一箇合當著緊底道理，此類自不暇及。若説道要在此地著緊，都不濟事。

問：「『敏於事而慎於言』，先生謂『不敢盡其所有餘』，如何？」曰：「言易得多，故不敢盡；行底易得不足，故須敏。」又曰：「行常苦於不足，言常苦於有餘。」謙之。

問：「『食無求飽』一章，先生嘗語學者曰：『此須是反覆看。』其意如何？」曰：「若只不求安飽，而不謹言敏行，有甚意思！若只謹言敏行，而不就正於有道，則未免有差。若工夫不到，則雖就有道亦無可取正者。聖人之言，周備無欠闕，類如此。中庸『尊德性，道問學』數語，亦此意。」廣。

事難行，故要敏；言易出，故要謹。就有道而正其言行之是非。蓋求飽求安，是其存心處；敏行謹言，是其用工處。須是正，方得。又曰：「有許多工夫，不能就有道以正其是非，也不得。若無許多工夫，雖欲正，亦徒然。」又曰：「『敏於事』，是合當做底事，須便要做了。」明作。

「食無求飽，居無求安」，而不敏於事，不謹於言，也未是好學。若不能恁地，則「就有道而正焉」，又是正箇甚麽。但能敏事謹言，而不就有道而正，也不得。這裏面折一句不得。義剛。

「就有道而正焉」。若先無本領，就正箇甚。然但知自做工夫，而不就正於有道，未必自家見得便是。反覆兩邊看，方盡。大抵看文字，皆當如此。閎祖。

「就有道而正焉」，須是上面做得許多工夫。既有根本，方可就正於有道。或録云：「學者須先有根本，方有可正也。」禪家云：「三家村也有叢林。」須是自去做工夫得七八分了，方來從師有質正。當此時，一兩句便可剖判。今來此逐旋學，也難。」又云：「能久從師去也好。」南升。

問：「『就有道而正焉』，只是正上面言與事否？」曰：「不是説上句。大概言每用取正於有道之人。若是説上句『居無求安，食無求飽』，敏事謹言，皆自當如此，又何用取正耶！」雉。

貧而無謟章

富無驕，貧無謟，隨分量皆可著力。如不向此上立得定，是入門便差了！士毅。

希真問：「『貧而無謟』一章，大意謂人必當如此。」曰：「不是説必著如此。但人且要就自身己上省察，若有謟與驕之病，且就這裏克治。」賀孫。

問「富而好禮」。曰：「只是不奢侈。凡事好循理，不恁地勉强。好，有樂意，便全不見那驕底意思。有人亦合禮，只是勉强如此，不是好。」淳。

曾光祖云：「『貧而無諂，富而無驕』，須是先能如此，方可以到那樂與好禮田地。」曰：「不特此章如此，皆是恁地。如適來説『食無求飽』樣，也是恁地。」義剛。

可學云：「無諂、無驕，尚有貧富之心；至樂、好禮，則忘之矣。」曰：「貧而諂，富而驕，最不好。添一『無』字，恰遮蓋得過。樂與好禮，乃於此上加功。」可學。

問：「『貧而樂』，如顔子非樂於簞瓢，自有樂否？」曰：「也不消説得高。大概是貧則易諂，富則易驕。無諂無驕，是知得驕諂不好而不爲之耳。樂，是他自樂了，不自知其爲貧也；好禮，是他所好者禮而已，亦不自知其爲富也。」曰：「然則二者相去甚遠乎？」曰：「也在人做到處如何。樂與好禮，亦（自）〔有〕〔一〕淺深。也消得將心如此看，且知得是争一截。學之不可已也如此。」伯羽。

「貧而無諂，富而無驕」，與「貧而樂，富而好禮」，此無次序，只看資質與學之所至如何。資質美者，便自能「貧而樂，富而好禮」。如未及此，却須無諂而後能樂，能無驕而後能好禮也。謨。

童問：「『貧而無諂，富而無驕，未若貧而樂，富而好禮』，是學要造其精極否？」曰：

〔一〕據陳本改。

「看文字要脱灑，不要黏滯。自無諂無驕者言之，須更樂與好禮，方爲精極。不可道樂與好禮，須要從無諂無驕上做去。蓋有人資質合下便在樂與好禮地位，不可更回來做無諂無驕底工夫。孔子意做兩人説，謂一般人無諂無驕，不若那一般人樂與好禮，較勝他。子貢意做一人説，謂無諂無驕，不若更樂與好禮。」淳。

楊問「貧而無諂」一段。曰：「此是兩節，不可如此説。世間自有一般資質高底人，合下便能『貧而樂，富而好禮』。他已在『貧而樂，富而好禮』地位了，終不成又教他去學無諂無驕！」問：「集注説『學者不可忽下而趨高』，却似有先後不可躐等之意。」曰：「自與學者言之是如此。今人未能無諂無驕，却便到『貧而樂，富而好禮』，如何得？聖人此語，正似説兩人一般。猶言這人『貧而無諂，富而無驕』，固是好。然不似那一人『貧而樂，富而好禮』，更勝得他。子貢却盡得無諂無驕底了，聖人更進得他『貧而樂，富而好禮』地位。」寓。上條疑同聞。集注非今本。

問：「子貢問貧無諂，富無驕。伊川諸説，大抵謂其貨殖非若後人之豐財，但此心未忘耳。今集注謂其先貧後富，則是亦嘗如後世之生産作業矣。」曰：「怕是如此。聖人既説貨殖，須是有些如此。看來子貢初年也是把貧與富煞當事了。」賀孫。

吴仁父問此章。曰：「後面子貢舉詩之意，不是專以此爲『貧而樂，富而好禮』底工夫。蓋見得一切事皆合爲此，不可安於小成而不自勉也。」時舉。

不切，則磋無所施；不琢，則磨無所措。切與琢是無諂無驕，磋與磨是樂與好禮。集注謂「超乎貧富之外」者，蓋若爲貧而樂與富而好禮，便是不能超貧富了。樂，自不知貧；好禮，自不知富。明作。

叔蒙問：「子貢云：『如切如磋，如琢如磨。』若只是説夫子樂與好禮之意，又何以謂之『告往知來』？」曰：「他説意思闊，非止説貧富，故云『告往知來』。」賀孫。

問：「『知來』，指何者而言？」曰：「子貢於此煞是用工夫了，聖人更進他上面一節，以見義理不止於此。然亦不止就貧富上説，講學皆如此，天下道理更闊在。」寓。

問「貧而無諂」章。曰：「公只管纏某『義理無窮』一句。子貢問無諂無驕，夫子以爲僅可，然未若樂與好禮。此其深淺高下，亦自分明。子貢便説切磋琢磨，方是知義理之無窮也。」直卿云：「若謂無諂無驕爲如切如琢，樂與好禮爲如磋如磨，則下文『告往知來』一句便説不得；切磋琢磨兩句，説得來也無精采。只此小小文義間要用理會。子貢言無諂無驕，孔子但云僅可而已，未若樂與好禮，子貢便知義理無窮。人須就學問上做工夫，不可少有得而遽止。詩所謂『如切如磋，如琢如磨』，治之已精而益求其精者，其此之謂乎。故子曰：『賜也可與言詩，告諸往而知來。』告其所已言者，謂處貧富之道；而知其所未言者，謂學問之功。」南升。倪録别出。

文振問「貧而無諂」一章。曰：「『貧而無諂，富而無驕』，比他樂與好禮者，别人便説不足道，聖人只云『可也』。蓋『可也』時便也得了，只是比樂與好禮者分明争一等。諂者必不能好禮。若於諂與驕中求樂與好禮，此如適越北其轅，反行求及前人，無可至之理。集注中所謂『義理無窮』者，不是説無諂無驕至樂與好禮處便是義理無窮，自是説切磋琢磨處精而益精爾。」倪。

陶安國問「貧而無諂」章。曰：「聖門學者工夫確實縝密，逐步挨去，下學上達。如子貢之無諂無驕，是它實做到這裏，便只見得這裏。聖人知其已是實了得這事，方進它一步。它方始道上面更有箇樂與好禮，便豁然曉得義理無窮。學問不可少得而遽已也，聖門爲學工夫皆如此。子路衣敝緼袍而不恥，孔子稱其『不忮不求』。它實到此位，但便以此自喜，故孔子曰：『是道也，何足以臧！』它方知道尚有功夫在。此正與子貢『無諂無驕』一章相似。今之學者先知得甚高，但著實行處全然欠闕了。且如樂與好禮，今人皆知道是强得無諂無驕，便貪要説它。却不知無諂無驕功夫自未實進得，却恐從這處做病痛。程門諸公不能盡聞伊川之説，然却據它所聞各做工夫。今語録悉備，向上道理知得明，皆説得去，只是就身分上切實工夫大欠了。」銖。

或問：「集注云：『學者固不可安於小成，而不求造道之極致；亦不可騖於虛遠，而不察切己之實病也。』」曰：「固是要進。然有第一步，方可進第二步。」燾。

仲思問樂與好禮。曰：「無諂無驕，此就貧富裏用功耳。樂與好禮，則大不干事。至此，蓋富亦樂，貧亦好禮，而言貧樂富好禮者，但且因貧富上而舉其重者耳。明道曰：『「貧而樂」，非「富而好禮」不能；「富而好禮」，非「貧而樂」不能。』」伯羽。集注。

不患人之不己知章

漢臣問：「『患不知人也』。如何知得他人？」曰：「見得道理明，自然知人。自家不識得道理破，如何知得他人賢否！」時舉。

仁父問：「此條以知己與知人對說，須是先從裏面做出。」「知人却是裏面做出。若自家不能知得人，便是自家不知得道理。」賀孫。

問：「知人是隆師親友？」曰：「小事皆然。然學做工夫，到知人地位已甚高。」可學。

問「不患人之不己知」章。曰：「自家德行充於中，不待人之知，若自家不知人，這箇便是不知道。不知則所見不明，不能明人之賢否，所謂『不知言，無以知人也』。知言，如『詖辭知其所蔽，淫辭知其所陷，邪辭知其所離，遁辭知其所窮』。若能知言，他纔開口，自家便知得他心裏事，這便是知人。若宰相不能知人，則用捨之際，不能進賢而退不肖。若學者不能知人，則處朋友之際，豈能擇乎！」又曰：「論語上如此言者有三。『不病人之不己知，病其不能也』。『不患莫己知，求爲可知也』。聖人之言雖若同，而其意皆别。『病其不能』者，言病我有所不能於道。『求爲可知』者，當自求可知之實，然後人自知之。雖然如此，亦不是爲昭灼之行，以蘄人之必知。」卓。

「不患人之不己知，患不知人也」。今人都倒做了工夫！

朱子語類卷第二十三

論語五

爲政篇上

爲政以德章

問：「『爲政以德』，莫是以其德爲政否？」曰：「不必泥這『以』字。『爲政以德』，只如爲政有德相似。」節。

亞夫問「爲政以德」云云。曰：「人之有德，發之於政，如水便是箇濕底物事，火便是箇熱底物事。有是德，便有是政。」植。

德與政非兩事。只是以德爲本，則能使民歸。若是「所令反其所好」，則民不從。義剛。

文振問：「『爲政以德』，莫是以身率之？」曰：「不是强去率它。須知道未爲政前先有是德。若道『以身率之』，此語便粗了。」時舉。鄭録云：「德是得之於我者。更思此意。」

或問「爲政以德」。曰：「『爲政以德』，不是欲以德去爲政，亦不是塊然全無所作爲，但德修於己而人自感化。然感化不在政事上，却在德上。蓋政者，所以正人之不正，豈無所作爲？但人所以歸往，乃以其德耳。故不待作爲，而天下歸之，如衆星之拱北極也。」銖。

「爲政以德」，非是不用刑罰號令，但以德先之耳。以德先之，則政皆是德。上蔡説：「辰非是北辰，乃天之北極。天如水車，北辰乃軸處。水車動，而軸未嘗動。」上蔡所云乃北斗。北斗同衆星一日一周天，安得謂之居其所！可學。

衆問「爲政以德」章。曰：「此全在『德』字。『德』字從『心』者，以其得之於心也。如爲孝，是心中得這箇孝；爲仁，是心中得這箇仁。若只是外面恁地，中心不如此，便不是德。凡六經言『德』字之意，皆如此，故曰『忠信，所以進德也』。忠信者，謂實得於心，方爲德也。『爲政以德』者，不是把德去爲政，是自家有這德，人自歸仰，如衆星拱北辰。北辰者，天之樞紐。乃是天中央安樞處。天動而樞不動，不動者，正樞星位。樞有五星。其前一明者太子。其二最明者曰帝座，乃太一之常居也。其後一箇分外開得些子而不甚明者，極星也，惟此一處不動。衆星於北辰，亦是自然環向，非有意於共之也。」子蒙。

問：「『北辰，北極也』。不言『極』，而言『辰』，何義？」曰：「辰是大星。」又云：「星之界分，亦謂之辰，如十二辰是十二箇界分。極星亦微轉，只是不離其所，不是星全不動，是箇傘腦上一位子不離其所。」因舉晉志云：「北極五星。天運無窮，三光迭耀，而極星不移。」「故曰：『居其所而衆星共之。』」銖。論北辰。

安卿問北辰。曰：「北辰是那中間無星處，這些子不動，是天之樞紐。北辰無星，緣是人要取此爲極，不可無箇記認，故就其傍取一小星謂之極星。這是天之樞紐，如那門笋〔一〕子樣。又似箇輪藏心，藏在外面動，這裏面心都不動。」義剛問：「極星動不動？」曰：「極星也動。只是它近那辰後，雖動而不覺。如那射糖盤子樣，那北辰便是中心椿子。極星便是近椿底點子，雖也隨那盤子轉，却近那椿子，轉得不覺。今人以管去窺那極星，見其動來動去，只在管裏面，不動出去。向來人説北極便是北辰，皆只説北極不動。至本朝人方去推得是北極只是北辰頭邊，而極星依舊動。又一説，那空無星處皆謂之辰。康節説日月星辰自是四件，辰是一件。天上分爲十二段，即十二辰。辰，天壤也。此説是每一

〔一〕「笋」，賀疑誤。

辰各有幾度，謂如日月宿於角幾度，即所宿處是辰也，故曰日月所會之處爲辰。」又曰：「天轉，也非東而西，也非循環磨轉，却是側轉。」義剛言：「樓上渾儀可見。」曰：「是。」直卿舉鄭司農五表日景之説。曰：「其説不是，不如鄭康成之説。」又曰：「南極在地下中處，南北極相對。天雖轉，極却在中不動。」義剛問：「如説『南極見，老人壽』，則是南極也解見。」曰：「南極不見。是南邊自有一老人星，南極高時，解浮得起來。」義剛。

問：「北辰是甚星？集注以爲『北極之中星，天之樞也』。上蔡以爲『天之機也。以其居中，故謂之「北極」。以其周建於十二辰之舍，故謂之「北辰」』。不知是否？」曰：「以上蔡之明敏，於此處却不深考。北辰，即北極也。以其居中不動而言，是天之樞軸。天形如雞子旋轉，極如一物，橫亘居中，兩頭稱定。一頭在北上，是爲北極，居中不動，衆星環向也。一頭在南，是爲南極，在地下，人不可見。」因舉先生感興詩云：「感此南北極，樞軸遥相當。」「即是北極否？」曰：「然。」又問：「太一有常居，太一是星否？」曰：「此在史記中，説太一星是帝座，即北極也。以星辰位言之，謂之太一；以其所居之處言之，謂之北極。太一如人主，極如帝都也。」「詩云：『三辰環侍傍。』三辰謂何？」曰：「此以日、月、星言也。」寓。

問：「謝氏云：『以其居中，故謂之北極。』先生云非是，何也？」曰：「所謂以其所建周於十二辰者，自是北斗。史記載北極有五星，太一常居中，是極星也。辰非星，只是星中間界分。其極星亦微動，惟辰不動，乃天之中，猶磨之心也。沈存中謂始以管窺，其極星不入管，後旋大其管，方見極星在管絃上轉。」一之。

子上問北極。曰：「北極自是北極，居中不動者，史記天官書可見。謝顯道所説者乃北斗。北斗固運轉也。」璘。

問：「集注云：『德者，行道而有得於身也。』後改『身』作『心』，如何？」曰：「凡人作好事，若只做得一件兩件，亦只是勉强，非是有得。所謂『得』者，謂其行之熟，而心安於此也。如此去爲政，自是人服。譬如今有一箇好人在説話，聽者自是信服。所謂無爲，非是盡廢了許多簿書之類。但是我有是德而彼自服，不待去用力教他來服耳。」義剛。集注。

「行道而有得於身」，「身」當改作「心」。諸經注皆如此。又曰：「古人製字皆不苟。如德字中間從心，便是曉此理。」僩。

舊説：「德者，行道而有得於身。」今作「得於心而不失」。諸書未及改，此是通例。安卿曰：「『得於心而不失』，可包得『行道而有得於身』。」曰：「如此較牢固，真箇是得而不失了。」義剛。

問「無爲而天下歸之」。曰：「以身率人，自是不勞力。禮樂刑政，固不能廢。只是本分做去，不以智術籠絡天下，所以無爲。」明作。

問：「『爲政以德』，如何無爲？」曰：「聖人合做處，也只得做，如何不做得。只是不生事擾民，但爲德而民自歸之。非是説行此德，便要民歸我。如齊桓、晉文做此事，便要民如此，如大蒐以示禮、伐原以示信之類。但聖人行德於上，而民自歸之，非有心欲民之服也。」僩。

子善問：「『「爲政以德」，然後無爲』。聖人豈是全無所爲邪？」曰：「聖人不是全無一事。如舜做許多事，豈是無事，但民心歸向處，只在德上，却不在事上。許多事都從德上出。若無德而徒去事上理會，勞其心志，只是不服。『爲政以德』，一似燈相似，油多，便燈自明。」恪。賀孫録云：「子善問『「爲政以德」，然後無爲』。曰：『此不是全然不爲。但以德則自然感化，不見其有爲之迹耳。』」

問邵漢臣：「『爲政以德，然後無爲』，是如何？」漢臣對：「德者，有道於身之謂，自然人自感化。」曰：「看此語，程先生説得也未盡。只説無爲，還當無爲而治，無爲而不治？這合著得『政者正也，子帥以正，則莫敢不正』，而天下歸之，却方與『譬北辰居其所而衆星共之』相似。」邵因舉集注中所備録者。曰：「下面有許多話，却亦自分曉。」賀孫。

問：「『爲政以德』，老子言無爲之意，莫是如此否？」曰：「不必老子之言無爲。孔子嘗言：『無爲而治者，其舜也與！夫何爲哉？恭己正南面而已矣。』老子所謂無爲，便是全不事事。聖人所謂無爲者，未嘗不爲，依舊是『恭己正南面而已矣』；是『己正而物正』，『篤恭而天下平』也。後世天下不治者，皆是不能篤恭盡敬。若能盡其恭敬，則視必明，聽必聰，而天下之事豈有不理！」卓。賀孫録云：「老子所謂無爲，只是簡忽。聖人所謂無爲，却是付之當然之理。如曰：『無爲而治者，其舜也與！夫何爲哉？恭己正南面而已。』這是甚麽樣本領！豈可與老氏同日而語！」

詩三百章

若是常人言，只道一箇「思無邪」便了，便略了那「詩三百」。聖人須是從詩三百逐一篇理會了，然後理會「思無邪」，此所謂下學而上達也。今人止務上達，自要免得下學。如説道「灑埽應對進退」便有天道，都不去做那「灑埽應對進退」之事。到得灑埽，則不安於灑埽；進退，則不安於進退；應對，則不安於應對。那裏面曲折去處，都鶻突無理會了。這箇須是去做，到得熟了，自然貫通。到這裏方是一貫。古人由之而不知，今人不由而但求知，不習而但求察。賀孫。

居父問「思無邪」。曰：「三百篇詩，只是要得人『思無邪』。『思無邪』三字代得三百篇之意。」賀孫。

「思無邪」一句，便當得三百篇之義了。三百篇之義，大概只要使人「思無邪」。若只就事上無邪，未見得實如何。惟是「思無邪」，方得。思在人最深，思主心上。佐。

或問「思無邪」。曰：「此詩之立教如此，可以感發人之善心，可以懲創人之逸志。」祖道。

問「思無邪」。曰：「若言作詩者『思無邪』，則其間有邪底多。蓋詩之功用，能使人無邪也。」植。

徐問「思無邪」。曰：「非言作詩之人『思無邪』也。蓋謂三百篇之詩，所美者皆可以爲法，而所刺者皆可以爲戒，讀之者『思無邪』耳。作之者非一人，安能『思無邪』乎？只是要正人心。統而言之，三百篇只是一箇『思無邪』；析而言之，則一篇之中自有一箇『思無邪』。」道夫。

「思無邪」，乃是要使讀詩人「思無邪」耳。讀三百篇詩，善爲可法，惡爲可戒，故使人「思無邪」也。若以爲作詩者「思無邪」，則桑中、溱洧之詩，果無邪耶？某詩傳去小序，以爲此漢儒所作。如桑中、溱洧之類，皆是淫奔之人所作，非詩人作此以譏刺其人也。聖人存之，以見風俗如此不好。至於做出此詩來，使讀者有所愧恥而以爲戒耳。呂伯恭以爲

「放鄭聲」矣，則其詩必不存。某以爲放是放其聲，不用之郊廟賓客耳，其詩則固存也。如周禮有官以掌四夷之樂，蓋不以爲用，亦存之而已。伯恭以爲三百篇皆正詩，皆好人所作。某以爲，正聲乃正雅也。至於國風，逐國風俗不同，當是周之樂師存列國之風耳，非皆正詩也。如二南固正矣，鄭衛詩分明是有「鄭衛」字，安得謂之正乎！鄭漁仲詩辨：「將仲子只是淫奔之詩，非刺仲子之詩也。」某自幼便知其說之是。然太史公謂三百篇詩，聖人删之，使皆可弦歌。伯恭泥此，以爲皆好。蓋太史之評自未必是，何必泥乎！璘。

或曰：「先儒以三百篇之義皆『思無邪』。」先生笑曰：「如吕伯恭之說，亦是如此。讀詩記序說一大段主張箇詩，說三百篇之詩都如此。看來只是說箇『可以怨』，言詩人之情寬緩不迫，優柔温厚而已。只用他這一說，便瞎却一部詩眼矣！」僩。

問：「如先生說，『思無邪』一句却如何說？」曰：「詩之意不一，求其切於大體者，惟『思無邪』足以當之，非是謂作者皆無邪心也。爲此說者，乃主張小序之過。詩三百篇，大抵好事足以勸，惡事足以戒。如春秋中好事至少，惡事至多。此等詩，鄭漁仲十得其七八。如將仲子詩只是淫奔，艾軒亦見得。向與伯恭論此，如桑中等詩，若以爲刺，則是抉人之陰私而形之於詩，賢人豈宜爲此？伯恭云：『只是直說。』答之云：『伯恭如見人有此事，肯作詩直說否？伯恭平日作詩亦不然。』伯恭曰：『聖人「放鄭聲」，又却取之，如何？』曰：『放者，放其樂耳；取者，取其詩以爲戒。今所謂鄭衛樂，乃詩之所載。』伯恭云：『此皆是雅樂。』曰：『雅則大雅小雅，風則國風，不可紊亂。言語之間，亦自可見。且如清廟等詩，是甚力量！鄭衛風如今歌曲，此等詩，豈可陳於朝廷宗廟！此皆司馬遷之過，伯恭多引此爲辨。嘗語之云：『司馬遷何足證！』子約近亦以書問『止乎禮義』。答之云：『詩有止乎禮義者，亦有不止乎禮義者。』」可學。

問：「『思無邪』，子細思之，只是要讀詩者思無邪。」曰：「舊人說似不通。中間如許多淫亂之風，如何要『思無邪』得？如『止乎禮義』，中間許多不正詩，如何會止乎禮義？怕當時大約說許多中格詩，却不指許多淫亂底說。某看來，詩三百篇，其說好底，也要教人『思無邪』；說不好底，也要教人『思無邪』。只是其它便就一事上各見其意。然事事有此意，但是『思無邪』一句方盡得許多意。」問：「『直指全體』是如何？」曰：「只說『思無邪』一語，直截見得詩教之本意，是全備得許多零碎底意。」又曰：「聖人言詩之教，只要得人『思無邪』。其它篇篇是這意思，惟是此一句包說得盡。某看詩，要人只將詩正文讀，自見其意。今人都緣這序，少間只要說得序通，却將詩意來合序說，却不要說教詩通。呂子約一番說道：『近看詩有所得。』待取來看，却只是說得序通。某意間非獨將序下文去了，首句甚麽也亦去了。且如漢廣詩下面幾句猶似説得通，上一句説『（得）〔德〕[一]廣所及』也，是説甚麽！又如説『賓之初筵，衛武公刺時也』。韓詩説是衛武公自悔之詩。看來只是武公自悔。國語説武公年九十，猶箴警於國曰：『羣臣無以我老耄而舍我，必朝夕端恪以交戒我！』看這意思，只是悔過之詩。如抑之詩，序謂『衛武公刺厲王，亦以自警也』。後來又考見武公時厲王已死，又爲之説是追刺。凡詩説美惡，是要那人知，如何追刺？以意度之，只是自警。他要篇篇有美刺，故如此説，又説道『亦以自警』。兼是説正雅、變雅，看變雅中亦自煞有好詩，不消分變雅亦得。如楚茨、信南山、甫田、大田諸篇，不待看序，自見得是祭祀及稼穡田政分明。到序説出來，便道是『傷今思古』，陳古刺今，那裏見得！如卷阿是説召康公戒成王，如何便到後面民勞、板蕩刺厲王。中間一截是幾時，却無一事係美刺！只緣他須要有美有刺，美便是成康時君，刺只是幽厲，所以其説皆有可疑。」問：「怕是聖人删定，故中間一截無存者。」曰：「怕不曾删得許多。如太史公説古詩三千篇，孔子删定三百，怕不曾删得如此多。」賀孫。

問：「集注以爲『凡言善者，足以感發人之善心；言惡者，足以懲創人之逸志』。而諸

〔一〕「得」，據詩序改。

家乃專主作詩者而言，何也？」曰：「詩有善有惡，頭面最多，而惟『思無邪』一句足以該之。上至於聖人，下至於淫奔之事，聖人皆存之者，所以欲使讀者知所懲勸。其言『思無邪』者，以其有邪也。」直卿曰：「詩之善惡，如藥之參苓、巴豆，而『思無邪』乃藥之單方，足以當是藥之善惡者也。」曰：「然。」道夫曰：「如此，則施之六經可也，何必詩？」曰：「它經不必言。」又曰：「詩恰如春秋。春秋皆亂世之事，而聖人一切裁之以天理。」道夫。集注。

問：「夫子言三百篇詩，可以興善而懲惡，其用皆要使人『思無邪』而已云云。」曰：「便是三百篇之詩，不皆出於情性之正。如關雎、二南詩，四牡、鹿鳴詩，文王、大明詩，是出於情性之正。桑中、鶉之奔奔等詩豈是出於情性之正！人言夫子刪詩，看來只是採得許多詩，往往只是刊定。聖人當來刊定，好底詩，便吟咏，興發人之善心；不好底詩，便要起人羞惡之心。」又曰：「詩三百篇，雖桑中、鶉奔等詩，亦要使人『思無邪』，一句可以當得三百篇之義。猶云三百篇詩雖各因事而發，其用歸於使人『思無邪』，然未若『思無邪』一句説得直截分明。」南升。時舉録別出。

文振問「思無邪」。曰：「人言夫子刪詩，看來只是採得許多詩，夫子不曾刪去，往往只是刊定而已。聖人當來刊定，好底詩，便要吟咏，興發人之善心；不好底詩，便要起人羞惡之心，皆要人『思無邪』。蓋『思無邪』是魯頌中一語，聖人却言三百篇詩惟魯頌中一言足以盡之。」時舉。

問所謂「其言微婉，各因一事而發」。曰：「一事，如淫奔之詩，只刺淫奔之事；如暴虐之詩，只刺暴虐之事。『思無邪』，却凡事無所不包也。」又曰：「陳少南要廢魯頌，忒煞輕率。它作序，却引『思無邪』之說。若廢了魯頌，却沒這一句。」寓。

或問：「『思無邪』如何是『直指全體』？」曰：「詩三百篇，皆無邪思，然但逐事無邪爾，唯此一言舉全體言之。」因曰：「『夏之日，冬之夜，百歲之後，歸于其居。冬之夜，夏之日，百歲之後，歸于其室。』此無邪思也。『出其東門，有女如雲；雖則如雲，匪我思存；縞衣綦巾，聊樂我員。』此亦無邪思也。爲子而賦凱風，亦無邪思也；爲臣而賦北門，亦無邪思也，但不曾說破爾。惟『思無邪』一句便分明說破。」或曰：「如淫奔之詩如何？」曰：「淫奔之詩固邪矣。然反之，則非邪也。故某說：『其善者可以感發人之善心，惡者可以懲創人之逸志。』」廣。

程子曰：「思無邪，誠也。」誠是實，心之所思，皆實也。明作。程子說。

問：「『思無邪，誠也。』非獨是行無邪，直是思無邪，方是誠。」曰：「公且未要說到這裏。且就詩三百，如何『一言以蔽之曰思無邪』？集注說：『要使人得情性之正。』情性是貼思，正是貼無邪。此如做時文相似，只恁地貼，方分曉。若好善惡惡皆出於正，便會無邪。若果是正，自無虛僞，自無邪。若有時，也自入不得。」賀孫。

問「思無邪」。曰：「不但是行要無邪，思也要無邪。誠者，合内外之道，便是表裏如一，内實如此，外也實如此。故程子曰：『思無邪，誠也。』」時舉。

「思無邪，誠也」，不專説詩。大抵學者思常要無邪，況視聽言動乎？誠是表裏都恁地實。又曰：「不獨行處要如此，思處亦要如此。表裏如此，方是誠。」

伊川曰：「思無邪，誠也。」每常只泛看過。子細思量，極有義理。蓋行無邪，未是誠；思無邪，乃可爲誠也。賀孫。

問：「『思無邪，誠也』。所思皆無邪，則便是實理。」曰：「下『實理』字不得，只得下『實心』字。言無邪，也未見得是實；行無邪，也未見得是實。惟『思無邪』，則見得透底是實。」義剛。

問：「程子曰：『思無邪，誠也。』」曰：「思在言與行之先。思無邪，則所言所行，皆無邪矣。惟其表裏皆然，故謂之誠。若外爲善，而所思有不善，則不誠矣。爲善而不終，今日爲之而明日廢，則不誠矣。中間微有些核子消化不盡，則亦不誠矣。」又曰：「伊川『誠也』之説，也粗。」胡泳。僩録別出。

因言「思無邪」與「意誠」，曰：「有此種，則此物方生；無此種，生箇甚麽。所謂『種』者，實然也。如水之必濕，火之必燒，自是住不得。『思無邪』，表裏皆誠也。若外爲善，而所思有不善，則不誠矣。爲善而不終，今日爲之，而明日廢忘，則不誠矣。中間微有些核子消化不破，則不誠矣。」又曰：「『思無邪』有兩般。伊川『誠也』之説，也粗。」僩。

問「思無邪，誠也」。曰：「人聲音笑貌或有似誠者，然心有不然，則不可謂之誠。至於所思皆無邪，安得不謂之誠！」夔孫。

因潘子善問「詩三百」章，遂語諸生：「伊川解『思無邪』一句，如何只著一箇『誠也』？伊川非是不會説，只著此二字，不可不深思。大凡看文字，這般所在，須教看得出。『思無邪，誠也』，是表裏皆無邪，徹底無毫髮之不正。世人固有修飾於外，而其中未必能純正。惟至於思亦無邪，斯可謂之誠。」賀孫。

義剛説「思無邪」，集注云「誠也」之意。先生曰：「伊川不是不會説，却將一『誠』字解了。且如今人固有言無邪者，亦有事無邪者，然未知其心如何。惟『思無邪』，則是其心誠實矣。」又曰：「詩之所言，皆『思無邪』也。如關雎便是説『樂而不淫，哀而不傷』，葛覃便是説節儉等事，皆歸於『思無邪』也。然此特是就其一事而言，未足以括盡一詩之意。惟『思無邪』一語，足以蓋盡三百篇之義，蓋如以一物蓋盡衆物之意。」義剛。

林問「思無邪」。曰：「人之踐履處，可以無過失。若思慮亦至於無邪，則是徹底誠實，安得不謂之誠！」人傑。

李兄問：「『思無邪』，伊川說作『誠』，是否？」曰：「誠是在思上發出。詩人之思，皆情性也。情性本出於正，豈有假僞得來底！思，便是情性；無邪，便是正。以此觀之，詩三百篇皆出於情性之正。」卓。

問「思無邪」。曰：「只此一言，當盡得三百篇之義。讀詩者，只要得『思無邪』耳。看得透，每篇各是一箇『思無邪』，總三百篇亦只是一箇『思無邪』。『毋不敬』，禮之所以爲教；『思無邪』，詩之所以爲教。」寓。范氏說。

問「思無邪」。曰：「前輩多就詩人上說『思無邪』，『發乎情，止乎禮義』。某疑不然。不知教詩人如何得『思無邪』。如文王之詩，稱頌盛德盛美處，皆吾所當法；如言邪僻失道之人，皆吾所當戒，是使讀詩者求無邪思。分而言之，三百篇各是一箇『思無邪』；合三百篇而言，總是一箇『思無邪』。」問：「聖人六經皆可爲戒，何獨詩也？」曰：「固是如此。然詩中因情而起，則有思。欲其思出於正，故獨指『思無邪』以示教焉。」問：「詩說『思無邪』，與曲禮說『毋不敬』，意同否？」曰：「『毋不敬』，是用功處，所謂『正心、誠意』也。『思無邪』，思至此自然無邪，功深力到處，所謂『心正、意誠』也。若學者當求無邪思，而於正心、誠意處著力。然不先致知，則正心、誠意之功何所施；所謂敬者，何處頓放。今人但守一箇『敬』字，全不去擇義，所以應事接物處皆顛倒了。中庸『博學之，審問之，慎思之，明辨之，篤行之』；孟子『博學而詳説之，將以反説約也』；顔子『博我以文，約我以禮』，從上聖賢教人，未有不先自致知始。」寓。

「思無邪」，不必説是詩人之思及讀詩之思。大凡人思皆當無邪。如「毋不敬」，不必説是説禮者及看禮記者當如此。大凡人皆當「毋不敬」。人傑。去僞録云：「此一句出處，止是説爲孔子見得此一句皆當三百篇之義，故舉以爲説。」餘同。

楊士訓尹叔問「思無邪」，「毋不敬」。曰：「禮言『毋不敬』，是正心、誠意之事；詩言『思無邪』，是心正、意誠之事。蓋毋者，禁止之辭。若自無不敬，則亦心正、意誠之事矣。」又曰：「孔子曰：『博學於文，約之以禮。』顔子曰：『博我以文，約我以禮。』孟子曰：『博學而詳説之，將以反説約也。』今若祇守著兩句，如何做得？須是讀了三百篇有所興起感發，然後可謂之『思無邪』；真箇『坐如尸，立如齊』，而後可以言『毋不敬』。」道夫。

問：「『思無邪』，『毋不敬』，是一意否？」曰：「『思無邪』有辨別，『毋不敬』却是渾然好底意思。大凡持敬，程子所謂敬如有箇宅舍。講學如遊騎，不可便相離遠去。須是於知處求行，行處求知，斯可矣。」謨。

「毋不敬」，「思無邪」。「毋不敬」是渾然底，思是已萌，此處只争些。可學。

上蔡説「思無邪」一條，未甚親切。東萊詩記編在擗初頭。看它意，只説得箇「詩可以怨」底意，如何説「思無邪」！賀孫。〔集〕義〔一〕。

「思無邪」，如正風雅頌等詩，可以起人善心。如變風等詩，極有不好者，可以使人知戒懼不敢做。大段好詩者，大夫作；那一等不好詩，只是閭巷小人作。前輩多説是作詩之思，不是如此。其間多有淫奔不好底詩，不成也是無邪思。上蔡舉數詩，只説得箇「可以怨」一句，意思狹甚。若要盡得「可以興」以下數句，須是「思無邪」一語甚闊。呂伯恭做讀詩記首載謝氏一段説話，這一部詩便被此壞盡意思。夫「善者可以感發得人之善心，惡者可以懲創得人之逸志」。今使人讀好底詩，固是知勸；若讀不好底詩，便悚然戒懼，知得此心本不欲如此者，是此心之失。所以讀詩者，使人心無邪也，此是詩之功用如此。明作。

問：「周氏説『思無邪』，皆無心而思。無心，恐無縁有思。」曰：「不成三代直道而行，人皆無心而思！此是從引『三代直道』便誤認了。」㽦。

〔一〕據陳本增。

道之以政章

問「道之以政」。曰：「聖人之意，只爲當時專用政刑治民，不用德禮，所以有此言。謂政刑但使之遠罪而已；若是格其非心，非德禮不可。聖人爲天下，何曾廢刑政來！」恪。

「道之以德」，是躬行其實，以爲民先。如必自盡其孝，而後可以教民孝；自盡其弟，而後可以教民弟，如此類。「宜其家人，而後可以教國人；宜兄宜弟，而後可以教國人。」賀孫。

或問「齊之以禮」。曰：「『道之以德』，是以感人之善心；若不著禮以爲之規矩，如何齊得它？須以禮齊之，使賢者知所止，不肖者有所跂及。」問「格」字。曰：「是合格、及格之『格』，使人之合法度而已。」祖道。

讀「道之以德，齊之以禮」，曰：「纔説禮，便自有箇中制。賢者可以俯而就之，不肖者便可企而及之。」炎。

問「道之以德，齊之以禮」。曰：「這『德』字只是適來説底『德』，以身率人。人之氣質有淺深厚薄之不同，故感者不能齊一，必有禮以齊之。如周官一書，何者非禮。以至歲時屬民讀法之屬，無不備具者，正所以齊民也。齊之不從，則刑不可廢。若只『道之以德』，而無禮以約之，則儱統無收殺去。格者，至於善也。如『格于文祖』，『格于上下』，與夫『格物』，格者，皆至也。」儲宰云：「此是堯舜地位。」曰：「古人有『得百里之地而君之』，便能如此。明道便是有此氣象。」子蒙。

問「道之以德，齊之以禮」。曰：「資質好底便化，不好底須立箇制度，教人在裏面，件件是禮。後世專用『以刑』。然不用刑，亦無此理。但聖人先以德禮，到合用處，亦不容已。『有恥且格』，只將『格』字做至字看，至是真箇有到處。如『王假有廟』，『格于上帝』之『格』。如遷善遠罪，真箇是遠罪，有勉强做底便是不至。」季札。

問：「『道之以德』，猶可致力。『齊之以禮』，州縣如何做得？」曰：「便是如今都蕩然無此家具了，便也難得相應。古人比、閭之法，比有長，閭有師，便真箇能行禮以帥之。民都是教了底人，故教人可以流通。如一大圳水，分數小圳去，無不流通。後世有聖賢作，必不肯只恁休。須法古，從底做起，始得。」一之。

先之以法制禁令，是合下有猜疑關防之意，故民不從。又却「齊之以刑」，民不見德而畏威，但圖目前苟免於刑，而爲惡之心未嘗不在。先之以明德，則有固有之心者，必觀感而化。然稟有厚薄，感有淺深，又「齊之以禮」，使之有規矩準繩之可守，則民恥於不善，而有以至於善。南升。論全章。

「道之以政，齊之以刑，民免而無恥；道之以德，齊之以禮，有恥且格」，此謂庶民耳。

若所謂士者，「行己有恥」，不待上之命也。鎬。

問「道之以政，齊之以刑；道之以德，齊之以禮」。曰：「近見一朋友讀道德功術策，前一篇説得不是，盡説術作不好。後一篇却説得是。」曰：「有道德，則功術乃道德之功，道德之術；無道德，則功術方不好。某嘗見一宰相説『上甚有愛人之心，不合被近日諸公愛把恢復來説了』。某應之曰：『公説得便不是。公何不曰「愛人乃所以爲恢復，恢復非愛人不能」？』」榦因問：「政刑德禮四者如何説？」曰：「此政與道德功術一般。有德禮，則政刑在其中。不可專道政刑做不得底，但不專用政刑。」榦。

「『道之以德』者，是自身上做出去，使之知所向慕。『齊之以禮』者，是使之知其冠婚喪祭之儀，尊卑小大之别，教人知所趨。既知德禮之善，則有恥而格於善。若道齊之以刑政，則不能化其心，而但使之少革。到得政刑少弛，依舊又不知恥矣。」問：「刑政莫只是伯者之事？」曰：「專用政刑，則是伯者之爲矣。」卓。

「道之以德」。集注云「淺深厚薄之不一」，謂其間資禀信向不齊如此，雖是感之以德，自有不肯信向底，亦有太過底，故齊一之以禮。禮是五禮，所謂吉、凶、軍、賓、嘉，須令一齊如此。所謂「賢者俯而就，不肖者企而及」，正如「齊之以刑」亦然。先立箇法制如此，若不盡從，便以刑罰齊之。集注後面餘意，是説聖人謂不可專恃刑政，然有德禮而無刑政，又做不得。聖人説話無一字無意味。如只説「道之以德，齊之以禮」，便不是了。明作。集注。

「道之以德，齊之以禮」，觀感得深而厚者，固好。若淺而薄者，須有禮以齊之，則民將視吾之禮，必恥於不善而至於善矣。人傑。

問：「『道之以政，齊之以刑。』范氏説『則民無所不至』，語亦過否？」曰：「若只靠政刑去治民，則民是會無所不至。」又問：「呂氏説云：『政刑能使懦者畏，不能使强者革，此之謂失其本心。』亦怕未如此。」曰：「這説亦是偏了。若專政刑，不獨是弱者怕，强者也會怕。到得有德禮時，非獨使强者革，弱者也會革。」因仁父問侯氏云「刑政，霸者之事」，曰：「專用刑政，只是霸者事。」問：「威文亦須有德禮，如左傳所云。」曰：「它只是借德禮之名出做事，如大蒐以示之禮，伐原以示之信，出定襄王以示之義。它那曾有躬行德禮之實！這正是有所爲而爲之也。聖人是見得自家合著恁地躬行，那待臨時去做些。又如漢高祖爲義帝發喪，那曾出於誠心！只是因董公説，分明借這些欺天下。看它來意也只要項羽殺了它，却一意與項羽做頭底。」賀孫。集義。

吾十有五而志于學章

或問「十五志學」章，曰「聖人是生知安行」云云。曰：「且莫説聖人，只於已分上説如何是『志學』，如何是『立』，如何是『不惑』，如何是『知天命』，如何是『耳順』，如何是『從心所欲，不踰矩』，且理會這幾箇字教分曉。某所以逐句下只解其字義，直至後面，方說聖人分上事。今且說如何是『志學』？」曰：「心有所之謂之志，志學，則其心專一向這箇道理上去。」曰：「說文義，大概也只如此說，然更有意思在。世間千歧萬路，聖人爲甚不向別路去，只向這一路來？志是心之深處，故醫家謂志屬腎。如今學者誰不爲學，只是不可謂之『志於學』。如果能『志於學』，則自住不得。『學而時習之』，到得說後，自然一步趲一步去。如人當寒月，自然向有火處去；暑月，自然向有風處去。事君，便從敬上去；事親，便從孝上去。雖中間有難行處，亦不憚其難，直做教徹。」廣曰：「人不志學有兩種：一是全未有知了，不肯爲學者；一是雖已知得，又却說道『但得本莫愁末』了，遂不肯學者。」曰：「後一種，古無此，只是近年方有之。却是有兩種：一種是全未有知者；一種是雖知得了後，却若存若亡，不肯至誠去做者。然知之而不肯爲，亦只是未嘗知之耳。」又曰：「如人要向箇所在去，便是志；到得那所在了，方始能立；立得牢了，方能向上去。」廣。

問聖人十年工夫。曰：「不須理會這箇，且理會『志於學』。能志學，許多科級須著還我。」季札。

「吾十有五」章。曰：「看『志』字最要緊，直須結裹在從心不踰矩上。然又須循乎聖人爲學之序，方可。」炎。

問志學與立。曰：「志是要求箇道，猶是兩件物事。到立時，便是脚下已踏著了也。」時舉。

周問：「『三十而立，無所事志』，何也？」曰：「志方是趨向恁地，去求討未得。到此則志盡矣，無用志了。」淳。

漢臣問：「立者，立於斯道也？」曰：「立，只是外物動摇不得。」賀孫。

問：「立是心有定守，而物不能摇動否？」曰：「是。」

問：「孔子『三十而立』，似與孟子『四十不動心』同，如何？」曰：「『四十而不惑』，却相似。」壯祖。

「四十而不惑」，於事上不惑。「五十而知天命」，知所從來。德明。

文振問「四十不惑，五十知天命」。曰：「此兩句亦相離不得。不惑，是隨事物上見這道理合是如此；知天命，是知這道理所以然。如父子之親，須知其所以親，只緣元是一箇人。凡事事物物上，須是見它本原一線來處，便是天命。」時舉。

問：「『四十而不惑』，是於事物當然之理，如君之仁、臣之敬、父之慈、子之孝之類，皆曉之而不疑。『五十知天命』，是天道流行，賦與萬物，在人則所受之性，所謂仁義禮智，渾然無不該之全體；知者，知之而無不盡。」曰：「須是見得自家曾不惑，曾知天命否，方是切己。」又云：「天命處，未消説在人之性。且説是付與萬物，乃是事物所以當然之故。如父之慈，子之孝，須知父子只是一箇人，慈孝是天之所以與我者。」南升。

問：「先生教某不惑與知命處，不惑是謂不惑於事物，知命謂知其理之當然，如或問所謂『理之當然而不容已者』。某覺見，豈有至人既能不惑於事物矣，又至於十年之久，然後知其理之當然？」曰：「今且據聖人之言如此，且如此去看，不可恁地較遲速遠近。若做工夫未到那貫通處，如何得聖人次第。如伊川説，虎傷人，須是真見得似那虎傷底，方是。」卓。

問：「『五十知天命』，集注云：『天命，即天道也，事物所以當然之故也。』如何是『所以當然之故』？」曰：「如孝親悌長，此當然之事。推其所以然處，因甚如此？學者未便會知此理。聖人學力到此，此理洞然。它人用力久，亦須會到。」寓。

辛問：「『五十知天命』，何謂天命？」先生不答。又問。先生厲辭曰：「某未到知天命處，如何知得天命！」淳。

十五志于學，三十守得定，四十見得精詳無疑，五十知天命。天命是這許多柄子，天命是源頭來處。又曰：「因甚恁地知得來處？」節。

問：「『六十而耳順』，在人之最末，何也？」曰：「聽最是人所不著力。所聞皆是道理，無一事不是，可見其義精仁熟如此。」一之。

問：「『四十而不惑』，是知其然；『五十知天命』，是其所以然。如此説得否？」曰：「如門前有一溪，其先得知溪中有水，其後知得水源頭發源處。如『天命之謂性，率性之謂道』。四十時是見得那『率性之謂道』；五十時是見他『天命之謂性』。到六十時，是見得那道理爛熟後，不待思量，過耳便曉。」義剛。

問「聖人生知安行，所謂志學至從心等道理，自幼合下皆已完具」云云。曰：「聖人此語，固是爲學者立法。然當初必亦是有這般意思，聖人自覺見自有進處，故如此説。聖人自説心中事，而今也不可知，只做得不可知待之。」曰：「立，是大綱處把得定否？」曰：「立，是事物侵奪它不得，須子細看志是如何，立是如何。」問：「伊川謂『知天命而未至命，從心方至命』。此説如何？」曰：「亦是。這知天命是從不惑來。不惑，是見道理恁地灼然；知天命，是知箇源頭來處恁地徹。」淳。總論全章。

問：「志學，便是一箇骨子。後來許多節目，只就這上進工夫。『從心所欲不踰矩』，自從容中道也。」曰：「固是。志學時，便是知了，只是箇小底知；不惑，知天命，耳順，却是箇大底知。立，便是從心不踰矩底根子；從心不踰矩，便是立底事，只是到這裏熟，却是箇大底立。」文蔚。

夒問「志于學」章。曰：「就志學上，便討箇立底意思來；就立上，便討箇不惑底意思來。人[一]自志學之後，十五年工夫方能有立。立比不惑時，立尚是箇持守底意思，不惑便是事理不惑了。然不惑方是事理不惑，到知天命，又是天之所以命我者無不知也。須看那過接處，過得甚巧。」植。

叔蒙問：「看來此章要緊在志上。」曰：「固是。到聖人三十時，這志久交卸了。」又問「五十知天命」。曰：「初來是知事物合著如此；到知命，却是和箇原來都知了。」器之問：「此章，聖人自是言一生工夫效驗次第如此，不似大學格物、誠意、正心、修身，是隨處就實做工夫處否？」曰：「是。聖人將許多鋪攤在七十歲内，看來合下已自耳順，不踰矩了。」寓。

聖人亦大約將平生爲學進德處分許多段説。十五志于學，此學自是徹始徹終。到四十不惑，已自有耳順、從心不踰矩意思，但久而益熟。年止七十，若更加數十歲，也只是這箇，終不然到七十便畫住了！賀孫。

〔一〕「人」上似脱「聖」字。

志學，至從心所欲不踰矩，只是一理。先自人事做，做來做去，就上自長。如事父孝，事君忠，初時也只忠孝，後來便知所以孝，所以忠，移動不得。四十不惑，是於人事間不惑。五十，知皆自天命來。伊川説「『以先知覺後知，以先覺覺後覺』，知是知此事，覺是覺此理」，亦此意。如行之而著，習矣而察，聖賢所説皆有兩節，不可躐等。從周。

吳仁父問：「『十五志于學』章，知、行如何分？」曰：「志學亦是要行，而以知爲重；三十而立亦是本於知，而以行爲重。志學是知之始，不惑與知天命、耳順是知之至；『三十而立』是行之始，『從心所欲不踰矩』是行之至。如此分看。」銖。

「志于學，是一面學，一面力行。至『三十而立』，則行之效也。學與不惑、知天命、耳順相似。立與從心不踰矩相似。」又問：「『四十而不惑』，何更待『五十而知天命』？」曰：「知天命，是知得微妙，而非常人之所可測度矣。耳順，則凡耳聞者，便皆是道理，而無凝滯。伊川云：『知天命，則猶思而得。到耳順，則不思而得也。』」僩。

或問：「『三十而立，四十而不惑』，集注云：『立，守之固也。』然恐未有未不惑而能守者。」曰：「自有三節：自志學至於立，是知所向，而大綱把捉得定，守之事也。不惑是就把捉裏面理會得明，知之事也，於此則能進。自不惑至耳順，是知之極也，不踰矩是不待守而自固者，守之極也。」伯羽。

問「十五志于學」章。曰：「志學與不惑、知天命、耳順是一類。立與從心所欲是一類。志學一類，是説知底意思；立與從欲一類，是説到底地位。」問：「未能盡知事物之當然，何以能立？」曰：「如栽木，立時已自根脚著土，漸漸地生將去。」問：「未知事物之所以然，何以能不疑？」曰：「知事物之當然者，只是某事知得是如此，某事知得是如此。到知其所以然，則又上面見得一截。」又曰：「這箇説得都精。」問耳順。曰：「程子謂『知天命爲思而得，耳順爲不思而得』。耳順時所聞皆不消思量，不消擬議，皆盡見得。」又問：「聞無道理之言，亦順否？」曰：「如何得都有道理？無道理底，也見他是那裏背馳，那裏欠闕。那一邊道理是如何，一見便一落索都見了。」胡泳。

「『吾十有五，而志于學』。古人於十五以前，皆少習父兄之教，已從事小學之中以習幼儀，舞象舞勺，無所不習。到此時節，他便自會發心去做，自去尋這道理。志者，言心之念只在此上，步步恁地做，爲之不厭。『三十而立』者，便自卓然有立，不爲他物移動；任是説虛，説空，説功，説利，便都摇動他不得，以至『富貴不能淫，貧賤不能移，威武不能屈』。『四十而不惑』，於事物當然更無所疑。『五十知天命』，則窮理盡性，而知極其至矣。立時則未免有所把捉，不惑則事至無疑，勢如破竹，迎刃而解矣。不惑者，見事也；知天命者，見理也。伊川云：『先知先覺，知是知此事，覺是覺此理。』」又問：「不惑者，是知其然；知天命者，是知其所以然？」曰：「是如此。如父之慈，子之孝，不惑者知其如此而爲之。知天命者，謂因甚教我恁地，不恁地不得是如何，似覺得皆天命天理。」又曰：「志學是知，立與不惑是行；知天命、耳順是知，從心所欲又是行。下面知得小，上面知得較大；下面行得小，上面又行得較大。」子蒙。

劉潛夫問：「『從心所欲，不踰矩』，莫是聖人極處否？」曰：「不須如此説。但當思聖人十五志學，所志者何事；三十而立，所立者何事；四十而不惑，不惑之意如何；五十知天命，知得了是如何；六十耳順，如何是耳順。每每如此省察，體之於身，庶幾有益。且説如今學者，逐一便能檢防省察，猶患所欲之越乎規矩也。今聖人但從心所欲，自不踰矩，是甚次第！」又曰：「志學方是大略見得如此，到不惑時，則是於應事時件件不惑。然此數者，皆聖人之立，聖人之不惑。學者便當取吾之所以用功處，真切體認，庶幾有益。」壯祖。

「十五志學」一章，全在志于學上，當思自家是志於學與否？學是學箇甚？如此存心念念不放，自然有所得也。三十而立，謂把捉得定，世間事物皆摇動我不得，如富貴、威武、貧賤是也。不惑，謂識得這箇道理，合東便東，合西便西，了然於中。知天命，便是不惑到至處，是知其所以然，如事親必孝、事君必忠之類。耳順，是「不思而得」，如臨事迎刃而解，自然中節，不待思索。所欲不踰矩，是「不勉而中」。季札。

問「耳順」。曰：「到得此時，是於道理爛熟了，聞人言語，更不用思量得，才聞言便曉，只是道理爛熟耳。『志學』字最有力，須是志念常在於學，方得。立，則是能立於道理也，然事至猶有時而惑在。不惑，則知事物當然之理矣。然此事此物當然之理，必有所從來。知天命，是知其所從來也。上蔡云『知性之所自出，理之所自來』，最好。」璘。

問：「『七十從心』一節，畢竟是如何？」曰：「聖人生知，理固已明，亦必待十五而志于學。但此處亦非全如是，亦非全無實，但須自覺有生熟之分。」可學。

蜚卿問「十五志于學」一段。曰：「聖人也略有箇規模與人同。如志學，也是衆人知學時。及其立與不惑，也有箇迹相似。若必指定謂聖人必恁地，固不得；若説聖人全無事乎學，只脱空説，也不得。但聖人便自有聖人底事。」道夫。

問「十五志學」章。曰：「這一章若把做學者功夫等級分明，則聖人也只是如此。但聖人出於自然，做得來較易。」燾。

或問：「『自志學、而立至從心所欲，自致知、誠意至治國、平天下，二者次第等級各不同，何也？』曰：「論語所云，乃進學之次第；大學所云，乃論學之規模。」柄。

所謂以類而推，只是要近去不要遠了。如學者且只是做學者事。所謂志學與立，猶易理會，至耳順以後事，便去測度了。士毅。

「三十而立」，是心自定了，事物不能動摇，然猶是守住。至不惑，則見得事自如此，更不用守。至知天命，則又深一節。如「父子有親，君臣有義」，固是合當親，合當義。更知得天初命我時，便有箇親，有箇義在。又如「命有德，討有罪」，皆是天理合如此。耳順，則又是上面一齊曉得，無所不通矣。又問：「『四十不惑』，是知之明；『五十知天命』，是知極其精；『六十耳順』，是知之之至。」曰：「不惑是事上知，知天命是理上知，耳順是事理皆通，入耳無不順。今學者致知，儘有次第節目。胡氏『不失本心』一段極好，儘用子細玩味。聖人千言萬語，只是要人收拾得箇本心，不要失了。日用間著力屏去私欲，扶持此心出來。理是此心之所當知，事是此心之所當爲，不要埋没了它，可惜！只如修身、齊家、治國、平天下，至大至公，皆要此心爲之。」又云：「人心皆自有許多道理，不待逐旋安排入來。銖録此下云：「但人有以陷溺其心，於是此理不明。」聖人立許多節目，只要人剔刮得自家心裏許多道理出來而已。」明作。銖同。集注。

問：「聖人凡謙詞，是聖人亦有意於爲謙，抑平時自不見其能，只是人見其爲謙耳？」曰：「聖人也是那意思不恁地自滿。」淳舉東萊説：「聖人無謙。本無限量，不曾滿。」曰：「此説也略有些意思，然都把聖人做絶無此，也不得。聖人常有此般心在。如『勞而不伐，有功而不德』，分明是有功有勞，却不曾伐。」淳。

問「十五志于學」。曰：「横渠用做實説，伊川用做假設説。聖人不到得十年方一進，亦不解懸空説這一段。大概聖人元是箇聖人了，它自恁地實做將去。它底志學，異乎衆人之志學；它底立，異乎衆人底立；它底不惑，異乎衆人之不惑。」植。集注。

問：「『十五志于學』，至『七十從心所欲，不踰矩』，程子云『窮理盡性以至於命』，如何？」曰：「這事遠，難説。某嘗解孟子『瞽瞍底豫而天下之爲父子者定』，曰：『知此者爲盡心，能此者爲盡性。』」問：「窮理，莫是自志學時便只是這箇道理，到耳順時便是工夫到處？」曰：「窮理只自十五至四十不惑時，已自不大段要窮了。『三十而立』之時，便是箇鋪模定了；不惑時，便是見得理明也。知天命時，又知得理之所自出；耳順時，見得理熟；『從心所欲不踰矩』時，又是爛熟也。」問：「所學者便是格物至平天下底事，而立至不踰矩，便是進學節次否？」曰：「然。」問：「横渠説『五十窮理盡性，至天之命，六十盡人物之性』，如何？」曰：「據『五十而知天命』，則只是知得盡性而已。」又問：「盡性，恐是盡己之性，然後盡人物之性否？」曰：「只是一箇性，不須如此看。」又曰：「自聖人言之，窮理盡性至命，合下便恁地。自學者言之，且如讀書也是窮理，如何便説到盡性、至命處！易中是説聖人事。論語『知天命』，且説知得如此，未説到行得盡處。如孟子説『盡心、知性、知天』，這便是説知；『存心、養性』，至『所以立命』，這便是説盡性、至命。要説知天命分曉，只把孟子『盡心、知性』説。」問：「『四十不動心』，恐只是『三十而立』，未到不惑處？」曰：「這便是不惑、知言處。可見孟子是義精理明，天下之物不足以動其心，不是强把捉得定。」問：「横渠説『不踰矩』，如何？」曰：「不知它引夢周公如何。是它自立一説，竟理會不得。」問：「范公説『從心所以養血氣』，如何？」曰：「更没理會。」榦。

問「五十知天命」。曰：「上蔡云：『理之所自來，性之所自出。』此語自是。子貢謂夫子性與天道，性便是自家底，天道便是上面一節。這箇物事，上面有箇腦子，下面便有許多物事，徹底如此。太極圖便是這箇物事。箕子爲武王陳洪範，先言五行，次言五事。蓋在天則爲五行，在人則爲五事。知之者，須是知得箇模樣形體如何。某舊見李先生云：『且静坐體認作何形象。』」問：「體認莫用思否？」曰：「固是。且如四端雖固有，孟子亦言『思則得之，不思則不得也』。」又曰：「此箇道理，大則包括乾坤，提挈造化；細則入毫釐絲忽裏去，無遠不周，無微不到，但須是見得箇周到底是何物。」夔孫。

孟懿子問孝至子夏問孝章

問「無違」。曰：「未見得聖人之意在。且説不以禮蓋亦多端：有苟且以事親而違禮，有以僭事親而違禮。自有箇道理，不可違越。聖人雖所以告懿子者意在三家僭禮，然語意渾全，又若不專爲三家發也。」銖。

子曰「無違」，此亦通上下而言。三家僭禮，自犯違了。不當爲而爲，固爲不孝；若當爲而不爲，亦不孝也。詳味「無違」一語，一齊都包在裏。集注所謂「語意渾然者，所以爲聖人之言」。明作。

問「孟懿子問孝」云云。曰：「聖人之言，皆是人所通行得底，不比它人説時，只就一人面上説得，其餘人皆做不得。所謂生事葬祭，須一於禮，此是人人皆當如此。然其間亦是警孟氏，不可不知。」南升。

問：「『生事以禮』章，胡氏謂『爲其所得爲』，是如何？」曰：「只是合得做底。諸侯以諸侯之禮事其親，大夫以大夫之禮事其親，便是合得做底。然此句也在人看如何。孔子當初是就三家僭禮説，較精彩，在三家身上又切。當初却未有胡氏説底意思。就今論之，有一般人因陋就簡，不能以禮事其親；又有一般人牽於私意，却不合禮。」淳。

「生事葬祭之必以禮，聖人説得本闊，人人可用，不特爲三家僭禮而設。然就孟懿子身上看時，亦有些意思如此。故某於末後亦説及之，非專爲此而發也。至龜山又却只説那不及禮者，皆是倚於偏，此最釋經之大病。」因言：「今人於冠婚喪祭一切苟簡徇俗，都不知所謂禮者，又如何責得它違與不違？古禮固難行，然近世一二公所定之禮，及朝廷五禮新書之類，人家儻能相與講習，時舉而行之，不爲無補。」又云：「周禮忒煞繁細，亦自難行。今所編禮書，只欲使人知之而已。觀孔子欲從先進與寧儉寧戚之意，往往得時位，必不盡循周禮。必須參酌古人，別制爲禮以行之。所以告顔子者亦可見。世固有人硬欲行古禮者，然後世情文不相稱。」廣因言書儀中冠禮最簡易，可行。曰：「不獨書儀，古冠禮亦自簡易。頃年見欽夫刊行所編禮，止有婚、喪、祭三禮，因問之。曰：『冠禮覺難行。』某云：『豈可以難行故闕之！兼四禮中冠禮最易行，又是自家事，由己而已。若婚禮，便關涉兩家，自家要行，它家又不要行，便自掣肘。又爲喪祭之禮，皆繁細之甚。且如人遭喪，方哀苦中，那得工夫去講行許多禮數。祭禮亦然，行時且是用人多。昨見某人硬自去行，自家固曉得，而所用執事之人皆不曾講習。觀之者笑，且莫管；至於執事者亦皆忍笑不得。似恁行禮，濟得甚事！此皆是情文不相稱處，不如不行之爲愈。」廣。

叔蒙問：「『父母唯其疾之憂』，注二說，前一說未安。」曰：「它是問孝。如此，可以爲孝矣。」賀孫。以下武伯問孝。

「父母唯其疾之憂」，前說爲佳。後說只說得一截，蓋只管得不義，不曾照管得疾了。明作。

問：「集注中舊說意旨如何？」曰：「舊說似不說背〔一〕面，却說背後一句相似，全用上添一句。新說雖用下添一句，然常得父母之心如此，便也自不爲不孝。故雖添句，已不多添。」一之。

問：「『色難』，此是承順父母之色，或是自己和顏順色以致愛於親爲難？」曰：「人子胸中纔有些不愛於親之意，便有不順氣象，此所以爲愛親之色爲難。」寓。以下子夏問孝。

問：「『曾』字，或訓則，或訓嘗，何也？又詩中『憯』字訓曾，不知一音耶？二音耶？」曰：「除了人姓，皆當音在增反。凡字義云『某之爲言，某也』者，則是音義皆略相近。嘗與則，意亦略同。」廣。

叔蒙問：「『孟懿子問孝，子曰「無違」。』集注云：『此爲懿子發者，告衆人者也。』若看答孟武伯、子游語，亦可謂之告衆人。」曰：「『無違』意思闊。若其它所告，却就其人所患意思多。然聖人雖是告衆人意思，若就孟懿子身上看，自是大段切。雖是專就一人身上說，若於衆人身上看，亦未嘗無益。」賀孫。集注總論四章。

或問：「武伯多可憂之事，如何見得？」曰：「觀聖人恁地說，則知其人之如此矣。」廣。

〔一〕「背」，賀疑作「對」。

或問：「『父母唯其疾之憂』，何故以告武伯？」曰：「這許多所答，也是當時那許多人各有那般病痛，故隨而救之。」又曰：「其它所答，固是皆切於學者。看此句較切，其它只是就道理上說如此。却是這句分外於身心上指出，若能知愛其身，必知所以愛其父母。」賀孫。

問：「『子夏能直義』，如何見它直義處？」曰：「觀子夏所謂『可者與之，不可者拒之』，孟子亦曰『孟施舍似曾子，北宮黝似子夏』，則子夏是箇持身謹、規矩嚴底人。」廣。

問：「『子夏能直義，而或少溫潤之色』，直義，莫是說其資之剛方否？」曰：「只是於事親時無甚回互處。」義剛。

孟懿子、孟武伯、子游、子夏問孝，聖人答之皆切其所短。故當時聽之者止一二句，皆切於其身，今人將數段只作一串文義看了。

問：「孔子答問孝，四章雖不同，意則一。」曰：「如何？」曰：「彼之問孝，皆有意乎事親者。孔子各欲其於情性上覺察，不使之偏勝，則其孝皆平正而無病矣。」曰：「如此看，恰好。」過。

「不敬，何以別乎？」敬，大概是把當事，聽無聲，視無形。色難，是大段恭順，積得厚，方能形見；所以爲難，勉强不得。此二者是因子游、子夏之所短而進之。能養、服勞，只是外面工夫，遮得人耳目所及者。如今人和養與服勞都無了，且得如此，然後就上面更進將去。大率學者且要儘從小處做起。正如起屋，未須理會架屋，且先立箇基趾定，方得。明作。

問：「『色難』有數説，不知孰是？」曰：「從楊氏『愉色婉容』較好。如以爲承順顔色，則就本文上又添得字來多了。然而楊氏説文學處，又説遠了。如此章本文説處，也不道是文太多，但是誠敬不足耳。孔門之所謂文學，又非今日文章之比。但子游爲人則愛有餘而敬不足，子夏則敬有餘而愛不足，故告之不同。」問：「如何見得二子如此？」曰：「且如灑埽應對，子游便忽略了，子夏便只就這上做工夫。」又曰：「謝氏説此章甚差。」榦。

問：「子游見處高明，而工夫則疏；子夏較謹守法度，依本子做。」「觀答爲政、問孝之語可見。惟高明而疏，故必用敬；惟依本做，故必用有愛心。又觀二人『灑埽應對』之論與子夏『博學篤志』之論，亦可見。」伯羽〔一〕。

問：「夫子答子游、子夏問孝，意雖不同，然自今觀之，奉養而無狎恩恃愛之失，主敬

〔一〕此條無答語，似有誤。

而無嚴恭儼恪之偏，儘是難。」曰：「既知二失，則中間須自有箇處之之理。愛而不敬，非真愛也；敬而不愛，非真敬也。敬非嚴恭儼恪之謂，以此爲敬，則誤矣。只把做件事，小心畏謹，便是敬。」道夫。伯羽録云：「敬，只是把做事，小心畏謹，不敢慢道。」

問告子游、子夏云云。曰：「須當體察能養與服勞如何，不足爲孝敬時模樣如何。只説得，不濟事。」南升。

子夏之病，乃子游之藥；子游之病，乃子夏之藥。若以色難告子游，以敬告子夏，則以水濟水，以火濟火。故聖人藥各中其病。方。

朱子語類卷第二十四

論語六

爲政篇下

吾與回言章

論語所載顏子語，止有喟然之歎與「問仁」兩章而已。而夫子曰「吾與回言終日」，不知是説甚麽，惜乎其不傳也！廣。

或問：「顏子『終日不違，如愚』，謂顏子心與聖人契。」曰：「此是前輩已自説了，畢竟要見顏子因甚與聖人契。」問者無言。文蔚曰：「孔子博他以文，約他以禮，他於天下之理無所不明，所以於聖人之言無所不契。」曰：「孔子未博文約禮之前，又如何？」文蔚曰：「顏子已具聖人體段。」曰：「何處是他具聖人體段？」文蔚無答。曰：「顏子乃生知之次，比之聖人已是九分九釐，所争處只争一釐。孔子只點他這些，便與他相凑，他所以深領其言而不再問也。」文蔚。

問：「顏子不違與孔子耳順相近否？」曰：「那地位大段高。不違，是顏子與孔子説話都曉得；耳順，是無所不通。」淳。

李從之問：「顏子省其私，不必指燕私，只是他自作用處。」曰：「便是這意思。但恐没著落，却如何省？只是説燕私，庶幾有箇著處，方有可省處。私不專在無人獨處之地，或有人相對坐，心意默所趨向，亦是私。如『慎獨』之『獨』，亦非特在幽隱人所不見處。只他人所不知，雖在衆中，便是獨也。『察其所安』，安便是箇私處。」𦒿。

問：「『亦足以發』，是顏子於燕私之際，將聖人之言發見於行事否？」曰：「固是。雖未盡見於行事，其理亦當有發見處。然燕私之際，尤見顏子踐履之實處。」𦒿。

問顏子如愚。曰：「夫子與言之時，只似一箇獃底。退而省其私之所爲，亦足以發明其意義，似不獃。如『克己復禮』，他便知得『克己復禮』；如『博我以文，約我以禮』，他皆知之，便是足以發處。」卓。

「不違如愚」，不須説了。「亦足以發」，是聽得夫子説話，便能發明於日用躬行之間，此夫子退而省察顏子之私如此。且如説非禮勿視聽言動，顏子便真箇不於非禮上視聽言動。集注謂「坦然由之而無疑」，是他真箇見得，真箇便去做。明作。

問：「『亦足以發』，莫是所以發明夫子所言之旨否？」曰：「然。且如夫子告以非禮勿視聽言動，顔子受之，不復更問如何是禮與非禮。但是退而省察顔子之所爲，則直是視聽言動無非禮也，此則足以發夫子之言也。」壯祖。

先生令看顔子「亦足以發」，於何處見之，是甚麽意思。或云：「見得親切處，於『非禮勿視聽言動』一章可見。」曰：「大概是如此。」良久，云：「於睟面、盎背皆見之。」因舉程先生之言曰：「『「出門如見大賓，使民如承大祭」，充之則睟面、盎背』，此之謂也。」燾。

「退而省其私，亦足以發」，這些子便難看。且如顔子甚麽處足以見「退而省其私，亦足以發」？如今著一箇人，甚麽處足以發？甚麽處便不足以發？義剛。

問：「『亦足以發』，是顔子退有所省發否？」曰：「不然。集注已説得分明了。蓋與之言，顔子都無可否，似箇愚者。及退而觀其所行，皆夫子與之言者，一一做得出來不差，豈不是足以發明得夫子之道。其語勢只如此。恰如今人説與人做一器用：方與他説箇尺寸高低形製，他聽之全然似不曉底。及明日做得來，却與昨日所説底，更無分毫不似。」祖道。

「亦足以發」，謂其能發己之言。若「不悱不發」，是以此而發彼也。「引而不發」，是引弓而不發矢也。用字各有不同。人傑。

如子貢、子夏，是曉了，較不甚問辨。若它人，則三番四番説都曉不得。獨夫子與顏子説時，它却恁地曉得。這處便當思量，它因甚麼解恁地？且如這一件物事，我曾見來，它也曾見來。及我説這物事，則它便曉得。若其他人不曾見，則雖説與它，它也不曉。義剛。

問「顏子深潛淳粹」。曰：「『深潛』，是深厚不淺露。恁地時，意思常藏在裏面。」燾。集注。

問：「『顏子深潛淳粹』，此只是指天資而言否？」曰：「是。」義剛。

問：「集注載李先生之説甚分明。但所謂『默識心融，觸處洞然，自有條理』，便見顏子聞夫子之言，自原本至於條目，一一理會得，所以與夫子意不相背。『及退省其私，即見其日用語默動静之間，皆足以發明夫子之道，坦然由之而不疑』，便見得顏子不惟理會得夫子言語，及退便行將去，更無窒礙。」曰：「『亦足以發』一句，最好看。若粗説時，便是行將去，然須是子細看『亦足以發』一句。」南升。

問：「李先生謂顏子『聖人體段已具』。『體段』二字，莫只是言箇模樣否？」曰：「然。」

又問：「『惟其具聖人模樣了，故能聞聖人之言，默識心融否？』」曰：「顏子去聖人不爭多，止隔一膜，所(言)〔謂〕〔一〕『於吾言無所不説』。其所以不及聖人者，只是須待聖人之言觸其機，乃能通曉爾。」又問：「所以如此者，莫只是渣滓化未盡否？」曰：「聖人所至處，顏子都見得，只是未到。『仰之彌高，鑽之彌堅，瞻之在前，忽焉在後』。這便顏子不及聖人處。這便見得未達一間處。且如於道理上才著緊，又蹉過；才放緩，又不及。又如聖人平日只是理會一箇大經大法，又却有時而應變達權；才去應變達權處看他，又却不曾離了大經大法。可仕而仕，學他仕時，又却有時而止；可止而止，學他止時，又却有時而仕。『無可無不可』，學他不可，又却有時而可；學他可，又却有時而不可。終不似聖人事事做到恰好處。」又問：「程子説：『孟子，雖未敢便道他是聖人，然學已到聖處。』莫便是指此意而言否？」曰：「顏子去聖人尤近。」或云：「某於『克己復禮』、『動容貌』兩章，却理會得。若是仰高鑽堅，瞻前忽後，終是未透。」曰：「此兩章止説得一邊，是約禮底事，到顏子便説出兩脚來。聖人之教學者，不過博文約禮兩事爾。博文，是『道問學』之事，於天下事物之理，皆欲知之；約禮，是『尊德性』之事，於吾心固有之理，無一息而不存。今見於論語者，雖只有『問仁』、『問爲邦』兩章，然觀夫子之言有曰：『吾與回言終日。』想見凡天下之事無

〔一〕據陳本改。

不講究來。自視聽言動之際，人倫日用當然之理，以至夏之時，商之輅，周之冕，舜之樂，歷代之典章文物，一一都理會得了。故於此舉其大綱以語之，而顏子便能領略得去。若元不曾講究，則於此必疑問矣。蓋聖人循循善誘人，才趲到那有滋味處，自然住不得。故曰『欲罷不能，既竭吾才，如有所立卓爾』！卓爾，是聖人之大本立於此以酬酢萬變處。顏子亦見得此甚分明，只是未能到此爾。又却趲逼他不得，他亦大段用力不得。易曰：『精義入神，以致用也；利用安身，以崇德也。過此以往，未之或知也。窮神知化，德之盛也。』只是這一箇德，非於崇德之外，別有箇德之盛也。做來做去，做到徹處，便是。」廣。

問：「『不違如愚』章。『心融』，恐是功深力到處，見得道理熟了，故言入於心，隨即融化，更無渣滓。故其發見於日用之間，從容和順，所以能發明聖人之道，非生將道理體貼力行之也。是否？」曰：「固是功夫至到，亦是天資高，顏子自是隣於生知者也。」一之。

仲愚問：「『默識心融』，如何？」曰：「說箇『融』字最好，如消融相似。融，如雪在陽中。若不融，一句在肚裏，如何發得出來？如人喫物事，若不消，只生在肚裏，如何能滋益體膚？須是融化，渣滓便下去，精英便充於體膚，故能肥潤。如孔子告曾子『一貫』之語，他人聞之，只是箇『一貫』，曾子聞之，便能融化，故發『忠恕而已』出來。」又問：「是曾子平昔工夫至此乎？」曰：「也是他資質自別。」一之。

器之問：「『亦足以發』，伊川有『天理昭著』語，與先生所説不同。」曰：「便只是這箇。夫子所言，他別會發明而行之。伊川所謂『天理昭著』，便是聖人所説底道理，顔子便會一一與做。且如對人言語，他曉不得，或曉得不分明，少間只恁地悠悠漫漫。雖然恁地説，自將這言語無落著了。到得顔子，聖人與説一句，他便去做那一句；聖人與説兩句，他便去做那兩句。」賀孫。以下諸説。

問「退而省其私」。曰：「私者，他人所不知，而回之所自知者，夫子能察之。如心之所安，燕居獨處之所爲，見識之所獨見，皆是也。」又曰：「『私』字儘闊。『私』與中庸『慎獨』之『獨』同。大意只是初間與回言，一似箇不通曉底人相似。退而觀其所獨爲，又足以發明夫子所説之道。且如『克己復禮』，夫子告之矣。退而察之，則見其果然『克己復禮』。」因説：「范氏説『私』字，作與門人言，恐不是。謝氏以不違作『聲聞相通，雖以耳聽，而實以神受』，又較深。只是『無所不説』，便是不違。」幹。

視其所以章

文振問「視其所以」一章。曰：「此不惟可以觀人，亦當以此自考。」時舉。義剛録云：「觀人固是如此，觀己亦當如此。」

問：「『視其所以』一章，『所以』是大綱目。看這一箇人是爲善底人，是爲惡底人。若是爲善底人，又須觀其意之所從來。若是本意以爲己事所當爲，無所爲而爲之，乃爲己。若以爲可以求知於人而爲之，則是其所從來處已不善了。若是所從來處既善，又須察其中心樂與不樂。若是中心樂爲善，自無厭倦之意，而有日進之益。若是中心所樂不在是，便或作或輟，未免於僞。以是察人，是節節看到心術隱微處，最是難事。亦必在己者能知言窮理，使心通乎道，而能精别是非，然後察人如聖人也。」曰：「於樂處，便是誠實爲善。『如好好色，如惡惡臭』，不是勉强做來。若以此觀人，亦須以此自觀。看自家爲善，果是爲己，果是樂否？」先生又云：「看文字，須學文振每逐章挨近前去。文振此兩三夜說話，大故精細。看論語方到一篇，便如此。」直卿云：「先生說，文振資質好。」南升。

所以，是所爲；所由，是如此做；所安，是所樂。譬如讀書是所爲，豈不是好事？然其去如此做，又煞多般：有爲己而讀書者，有爲名而讀者，有爲利而讀者，須觀其所由從如何。其爲己而讀者，固善矣。然或有出於勉强者，故又觀其所樂。端蒙。

問：「『視其所以，觀其所由，察其所安』三句，前一句是兼善惡而言，後兩句是專言善。尋常有一樣人，所爲雖不善，然其意之所發，却不是要做不善，而心終亦不安於不善。是這般樣人是如何？」曰：「這箇也自有，於『觀過知仁』可見。」燾。

李仲實問：「『視其所以』者，善者爲君子，惡者爲小人。知其小人，不必論也。所由、所安，亦以觀察君子之爲善者否？」曰：「譬如淘米：其糠與沙，其始也固淘去之矣。再三淘之，恐有未盡去之沙粃耳。」人傑。

問「察其所安」云：「今人亦有做得不是底事，心却不安，又是如何？」曰：「此是良心終是微，私欲終是盛，微底須被他盛底勝將去。微底但有端倪，無力爭得出，正如孟子說『非無萌蘖之生』一段意。當良心與私欲交戰時，須是在我大段著力與他戰，不可輸與他。只是殺賊一般，一次殺不退，只管殺，殺數次時，須被殺退了。私欲一次勝他不得，但教真箇知得他不好了，立定脚根，只管硬地自行從好路去。待得熟時，私意自住不得。」因舉濂溪說：「『果而確，無難焉。』須是果敢勝得私欲，方確然守得這道理不遷變。」問：「有何道理可助這箇果？」曰：「別無道理助得，只是自著力戰退他。」明作。

「視其所以」一章。炎問：「觀人之法，論到此却是無遺。」先生微笑曰：「孟子觀人之法，又自簡徑，如曰『胸中正，則眸子瞭焉；胸中不正，則眸子眊焉』便是。」炎。

問：「『觀其所由』，謂『意之所從來』，何也？」曰：「只是看他意思來處如何。如讀書，固是好。然他意思來處，亦有是爲利者。『視其所以』，以，用也，爲也。爲義爲君子，爲利爲小人，方是且粗看。如有一般人，只安常守分，不恁求利，然有時意思亦是求利。『察其所安』，又看他心所安穩處。一節深一節。」淳。集注。

問：「『觀其所由』，集注兩説，如何？」曰：「『意之所從來』，如讀書是好，須看所讀何書。『行其所爲』，或强勉有所爲。後説不如前説。蓋『行其所爲』只是就上面細看過，不如『意之所從來』是就他心術上看。所安，集注下得『樂』字不穩。安，大率是他平日存主習熟處。他本心愛如此，雖所由偶然不如此，終是勉强，必竟所樂不在此，次第依舊又從熟處去。如平日愛倨傲，勉强教他恭敬，一時之間亦能恭敬。次第依舊自倨傲了，心方安。呂氏一説謂：『所由，是看他已前所爲事；所安，是察他已後所爲事。』亦通。所謂『知言、窮理』，蓋知言亦是窮理之一事，然蓋互舉也。」又云：「知人亦是窮理之一端。且如『因不失其親』，須知人方得。」明作。

問：「『觀其所由』，集注言『意之所從來』，如何？」曰：「如齊桓伐楚，固義也。然其意所從來，乃因怒蔡姬而伐蔡，蔡潰，遂伐楚。此則所爲雖是，而所由未是也。」銖。

察人之所安，尤難。故必如聖人之知言、窮理，方能之。廣。

問：「『視其所以，觀其所由，察其所安。』若聖人於人之善惡如見肺肝，當不待如此著力？」曰：「這也爲常人説，聖人固不用得如此。然聖人觀人，也著恁地詳細。如今人説一種長厚説話，便道聖人不恁地，只略略看便了。這箇若不見教徹底善惡分明，如何取舍？且如今從學，也有誠心來底，也有爲利來底。又如今人讀書，也有誠心去讀底，也有爲利讀底。其初也却好，漸漸自見得他心下不恁地，這須著知。且如要從師，須看得那人果是如何。又如委託人事，若是小小事要付託人，尚可以隨其所長，交付與他。若是要成一件大事，如何不見得這人了，方付與！如所謂『可以託六尺之孤，可以寄百里之命，臨大節而不可奪』，若不真見這人是恁地，如何這事託得他！」問：「伊川云：『「視其所以」，是觀人之大概。若「所由、所安」，也只兼善惡說。』今集注只解向不好邊去，恐似無過中求有過，非聖人意。」曰：「這只是平心恁地看，看得十分是如此。若要長厚，便恁地包含。其初欲恕人，而終於自恕，少間漸漸將自己都没理會了，都不知。若能於待人嚴，到得於自身，己也會嚴。」問：「觀人之道，也有自善而入於惡，亦有事雖惡而心所存本好。」曰：「這箇也自可見。須是如此看，方見好底鐵定是好人，不好底鐵定是不好人。讀書不可不仔細。若不因公問，某也不說到這裏。初間才看，善惡便曉然。到觀其所由有不善，這又勝得當下便不是底。到察其所安有不善，這又勝前二項人。不是到這裏便做不好人看他；只是不是他心肯意肯，必不會有終。」今按：此轉語方答得上所疑集注分明。賀孫。

「所以，只是箇大概。所由，便看他所從之道，如爲義，爲利。又也看他所由處有是有非。至所安處，便是心之所以安，方定得。且如看得如此，又須著自反，看自家所以、所由、所安如何，只是一箇道理。吕氏以所以作今所自處，所由作昔所經由，所安作卒所歸宿，却成前後事，非是一時。觀人不必如此説。」又問「觀其所由」。曰：「『視其所以』者，只是觀人之凡日。所由者，便看他如何地做。且如作士人，作商賈，此是『所以』。至如讀書爲利時，又也不好。如孝與忠，若還孝而至於陷父于不義，忠而至於阿諛順旨，其所以忠與孝則同，而所由之道則别。」問曰：「如小人爲利，便是不好了。又更『觀其所由』做甚？」曰：「爲利固是爲利，畢竟便有一節話。若還看得只是這人了，更不須看。」榦。集義。

温故而知新章

温故，只是時習。廣。

「温故知新」，謂温故書而知新義。振。

温故方能知新，不温而求新知，則亦不可得而求矣。礪。

問「温故知新」。曰：「是就温故中見得這道理愈精，勝似舊時所看。」銖。

「温故而知新」，味其語意，乃爲温故而不知新者設。不温故固是間斷了。若果無所得，雖温故亦不足以爲人師，所以温故又要知新。惟温故而不知新，故不足以爲人師也。這語意在知新上。義剛。

問：「温故，聞見之在外者；知新，義理之得於己者。若温故而不知新，則徒聞見而已。惟知新，則是在我之義理，因温故而有以自得之，其應無窮，故可以爲師乎？」曰：「然。」又問：「不離温故之中而知新，其亦『下學上達』之理乎？」曰：「亦是漸漸上達之意。」一之。

問「温故知新」。曰：「道理即這一箇道理。論孟所載是這一箇道理，六經所載也是這箇道理。但理會得了，時時温習，覺滋味深長，自有新得。『温』字對『冷』字，如一杯羹在此冷了，將去温來又好。」南升。

「温故而知新」，此處知新是重。中庸「温故而知新」乃是温故重。聖人言語自有意思，一箇這頭重，一箇那頭重。又曰：「温故而不知新，一句只是一句了。」夔孫。

「温故知新」，不是易底新者，只是故中底道理時習得熟，漸漸發得出來。且如一理，看幾箇人來問。就此一理上，一人與説一箇理，都是自家就此理上推究出來，所以其應無窮。且如記問之學，記得一事，更推第二事不去；記得九事，便説十事不出，所以不足爲人師。明作。集注。

「記問之學，不足爲人師」，只緣這箇死殺了。若知新，則「引而伸之，觸類而長之」，則常活不死殺矣。如記問之學，記得十件，只是十件；記得百件，只是百件。知新，則時復温習舊聞以知新意，所以常活。僩。

温故則能知新。如所引學記，則是温故而不知新，只是記得箇硬本子，更不解去裏面搜尋得道理。義剛。

「温故而知新」是活底，故可以爲人師。記問之學只是死底，故不足以爲人師。振。

「温故而知新，可以爲師矣」。先生曰：「此只是一件事，都有兩箇義理。如温故而不能知新，諸先生把『日知其所亡』做知新，似倒説了。『日知其所亡』，乃温故以前事。日知其所未有，如今日方做事業相似，便方始。『月無忘其所能』，乃温故也。既温故而知新。謝氏説『温故知新』，又説得高遠了。」先生曰：「程先生説『可以爲師』，作只此一句可師，不如便把做爲師之『師』。看此一句，只説是人若不能温故知新，便不可爲人師。守舊而不知新義，便不活，不足以應學者之求。若『温故而知新』，則從此儘推得去。吕氏説師尚多聞，只是泥孟子之語。孟子初間也且恁地説，吕氏便把來作引證不得。大率聖人之言語闊，被他把做恁地説，也無礙理處。」榦。集義。

仁父問：「『温故而知新，可以爲師矣』。伊川謂『此一言可師，此一事可師』，竊有未喻。」曰：「伊川見得亦差了。這一句正對『記問之學不足爲人師』一句。若温習舊聞，則義理日通，無有窮已。若記問之學，雖是記得多，雖是讀得多，雖是聞得多，雖是千卷萬卷，只是千卷萬卷，未有不窮。然而這一句説師，亦只説平常恁地師，却不説是孔子這般師。兼是這主意，只爲世上有不温故知新而便欲爲人師，故發此一句，却不是説如此便可以爲師。言如此方可以爲師，以證人不如此而遽欲爲師者。伊川却只認這意，一向要去分解。以此知讀書儘著仔細，伊川恁地工夫，也自有這般處。聖人語言極精密，無些子偏重，亦無些子罅漏。如説：『一言而喪邦，有諸？』曰：『唯其言而莫之違。』只消如此説亦得；便須説道：『如不善而莫之違也，不幾乎一言而喪邦乎！』『或曰：「以德報怨，何如？」』看來也似好。聖人便問他：『何以報德？以直報怨，以德報德。』若以直報怨，只是依直報之，恰如無怨相似。且如人有些侵我處，若是我不是，便休了。若是他不是，與他理會教是便了。」賀孫問：「『以德報怨』，非獨説道無以報德，只是以德報怨，也自不得。」曰：「然。如此只是僞，只是不誠。」賀孫。

君子不器章

「君子不器」，是不拘於一，所謂「體無不具」。人心原有這許多道理充足，若慣熟時，自然看要如何，無不周遍。子貢瑚璉，只是廟中可用，移去别處便用不得。如原憲只是一箇喫菜根底人，邦有道，出來也做一事不得；邦無道，也不能撥亂反正。夷清，惠和，亦只做得一件事。明作。

或問：「『君子不器』，如孔門德行之外，乃爲器否？」曰：「若偏於德行，而其用不周，亦是器。君子者，才德出衆之名。德者，體也；才者，用也。君子之人，亦具聖人之體用；夔孫録云：「體無不備，用無不周，次於聖人者也。」但其體不如聖人之大，而其用不如聖人之妙耳。」人傑。

「君子不器」，事事有些，非若一善一行之可名也。賢人則器，獲此而失彼，長於此又短於彼。賢人不及君子，君子不及聖人。壽昌。

問「君子不器」之旨。曰：「人心至靈，均具萬理，是以無所往而不知。然而仁義禮智之性，苟以學力充之，則無所施而不通，謂之不器可也。至於人之才具，分明是各局於氣禀，有能有不能。」又問：「如何勉强得？」曰：「君子者，成德之名也。所貴乎君子者，有以化其氣禀之性耳。不然，何足以言君子？中庸言『雖愚必明，雖柔必强』處，正是此意。」壯祖。

問：「君子所以不器者，緣是就格物、致知上做工夫，看得道理周遍精切；及廓然貫通，有以盡其心之全體，故施之於用，無所不宜，非特一才一藝而已。」曰：「也是如此，但説得著力了。成德之士，自是不器。」南升。

「『君子不器』，君子是何等人？」曰：「此通上下而言。有一般對小人而言底君子，便是小底君子。至如『聖人吾不得而見之，得見君子斯可矣』，便説大底君子，便是聖人之次者。」問：「不器，是那箇君子？」曰：「此是成德全才之君子，不可一偏看他。」問：「侯氏舉『君子不可小知而可大受』，如何？」曰：「『不可小知』，便是不可以一偏看他，他却擔負得遠大底。小人時便也有一才一藝可取，故可小知。」問：「子貢，『女器也』，唤做不是君子，得否？」曰：「子貢也是箇偏底，可貴而不可賤，宜於宗廟朝廷而不可退處，此子貢之偏處。」問：「謝氏舉清、和、任，也只是器否？」曰：「這是他成就得偏，却不是器。他本成就得來大。如『得百里之地而君之』一段，他自是大，只是成就得來偏。」問：「諸先生多舉『形而上、形而下』，如何説？」曰：「可見底是器，不可見底是道。理是道，物是器。」因指面前火爐曰：「此是器，然而可以向火，所以爲人用，便是道。」問：「謝氏以爲『顔閔有聖人之一體，未必優於子夏、子游、子張，然而具體也』。既謂之具體，又説不如三子，何也？」曰：「他意只道是顔子便都無許多事，如古人説無所長，『既無所短，安有所長』底意。他把來驅駕作文字，便語中有病。」因問「具體而微」。曰：「五峰説得牽强，看來只是比似孔子較小。今看顔子比孔子，真箇小。」榦。集義。

問：「范氏、謝氏説如何？」曰：「天下道理皆看得透，無一理之不知，無一事之不明，何器之有？如范氏説，也説得去，然不消如此。謝氏説得意思也好。推其極，乃大底不器。伊尹、伯夷、柳下惠皆能一天下，則器固大矣。自一才一藝者觀之，亦不可謂之器矣。然自孔子可仕、可止觀之，則彼止在一邊，亦器也，孟子誠不肯學他底了。」一之。

子貢問君子章

問「先行其言而後從之」。曰：「此爲子貢而發。其實『有德者必有言』，若有此德，其言自足以發明之，無有説不出之理。夫子只云『欲訥於言而敏於行』，『敏於事而慎於言』，未嘗説無事於言。」人傑。

問：「『先行其言而後從之』，苟能行矣，何事於言？」曰：「只爲子貢多言，故告之如此。若道只要自家行得，説都不得，亦不是道理。聖人只説『敏於事而慎於言』，『敏於行而訥於言』，『言顧行，行顧言』，何嘗教人不言！」夔孫。

徐仁甫問：「『先行其言而後從之』，莫須將『先行』作一句否？」曰：「程子如此，却未敢以爲然；恐『其言而後從之』，不成一句。若云『而後其言從之』，方得。不若以『先行其言』作一句，『而後從之』作一句。大意只説先行其所言而後言其所行。讀書須是看出處主意如何。此是子貢問君子，孔子爲子貢多言，故以『先行其言而後從之』答之，蓋爲子貢發也。」

問：「『先行其言』，謂人識得箇道理了，可以説出來，却不要只做言語説過，須是合下便行將去。『而後從之』者，及行將去，見得自家所得底道理步步著實，然後説出來，却不是杜撰意度。須還自家自本至末，皆説得有著實處。」曰：「此一章説得好。」南升。

君子周而不比章

問：「周與比，莫也相似否？」曰：「外面相似，而裏面大差了。如驕泰、和同，亦然。故幾微之間，不可不辨。」幹。

周是無不愛，比是私也。相比，或二人相比也是。植。

「君子周而不比」，周是徧，人前背後都如此，心都一般，不偏滯在一箇。如「老者安之，朋友信之，少者懷之」，亦是周徧。忠信爲周。如這一箇人合當如何待，那箇人又合如何待，自家只看理，無輕重厚薄，便是周徧。周是公底比，比是私底周。周是無所不比也。如爲臣則忠，爲子却不能孝，便是偏比不周徧，只知有君而不知有親。按忠信爲周，他録別有定説。淳。

問「比周」。曰：「君子小人，即是公私之間。皆是與人親厚，但君子意思自然廣大。

小人與人相親時，便生計較，與我善底做一般，不與我善底做一般。周與比相去不遠，要須分別得大相遠處。某集注中曾説此意。」君子與人相親，也有輕重，有厚薄，但意思自是公。南升。

問「周而不比」。曰：「周者，大而遍之謂；比便小，所謂兩兩相比。君子之於人，無一人使之不得其所，這便是周；小人之於人，但見同於己者與之，不同於己者惡之，這便是比。君子之於人，非是全無惡人處，但好善惡惡，皆出於公。用一善人於國，則一國享其治；用一善人於天下，則天下享其治；於一邑之中去一惡人，則一邑獲其安；於一鄉之中去一惡人，則一鄉受其安，豈不是周！小人之心，一切反是。」又云：「歐陽朋黨論説周武以三千爲大朋，商紂億兆之人離心離德。」又云：「『比周』二字，於易中所言，又以『比』字爲美，如『九五顯比』，取『王用三驅，失前禽』之義，皆美也。如『頑嚚不友，相與比周』，又却是不好。」卓。

比之與周，皆親厚之意。周則無所不愛。爲諸侯則愛一國，爲天子則愛天下，隨其親疏厚薄，無不是此愛。若比，則只是揀擇。或以利，或以勢，一等合親底，他却自有愛憎，所以有不周處。又云：「集注謂『普偏』，是泛愛之意；『偏黨』，非特勢利。大概君子心公而大，所以周普。小人心狹而常私，便親厚也只親厚得一箇。」明作。

問「比周」。曰：「且如一鄉之中，有箇惡人，我這裏若可除去，便須除去，却得這一鄉都安，此『君子周而不比』也。至如小人於惡人，則喜其與己合，必須親愛之；到得無惡之人，每與己異，必思傷害之，此小人之『比而不周』也。武三思嘗言：『如何是善人？如何是惡人？與予合者是善人，與予不合者是惡人。』」賀孫。

問「比周」。曰：「周固是好，然而有一種人，是人無不周旋之。使所周之人皆善，固是好。萬一有箇不好底人，自家周旋他去，這人會去作無窮之害。此無他，只是要人之同己，所以爲害。君子則不然，當親則親，當疏則疏而已。」夔孫。

問：「注周言『普偏』，豈『汎愛衆而親仁』之意歟？」曰：「亦是如此。大抵君子立心，自是周偏，好惡愛憎，一本於公。小人惟偏比阿黨而已。」寓。集注。

問：「注云：『君子小人所以分，則在公私之際，毫釐之差耳。』何謂毫釐之差？」曰：「君子也是如此親愛，小人也是如此親愛；君子公，小人私。」節。

問：「注云：『欲學者察乎兩間，而審其取舍之幾。』當在思慮方萌之初，與人交際之始，於此審決之否？」曰：「致察於思慮，固是，但事上亦須照管。動箴曰：『哲人知幾，誠之於思；志士勵行，守之於爲。』須著隨處照管，不應道這裏失了，後面更不去照管。覺得思處失了，便著去事上看，便舍彼取此。須著如此，方得。」恪。

徐問「比周」。曰：「只是公私。周則偏及天下，比則昵於親愛之間。」又問：「『忠信爲周，阿黨爲比』，如何？」曰：「忠信爲周，只緣左傳『周爰咨詢』指作忠信，後人遂將來妄解，最無道理。且如易比卦言：『比，吉也。比，輔也。原筮元永貞，無咎。』則比都是好。大抵比於君子則爲善，比於小人則爲惡，須是看聖人説處本意如何。據此『周而不比，比而不周』，只是公私。」集義。

問：「范氏説『忠信爲周』，恐未説到此。」曰：「忠信，所以周也。若面前背後不誠實，則不周矣。周是公底比，無所不比也。比是私底周，周一邊，背了一邊。周則意思却照管得到。極其至，爲臣則忠，爲子則孝，是亦周也。」一之。

學而不思章

問：「論語言『學』字多不同：『學而不思則罔』，此『學』字似主於行而言；『博學於文』，此『學』字似主於知而言。」曰：「『學而不思則罔』，此『學』也不是行。」問：「『學』字義如何？」曰：「學只是效，未能如此，便去效做。」問：「恐行意較多否？」曰：「只是未能如此，便去學做。如未識得這一箇理，便去講究，要識得，也是學；未識得這一箇書，便去讀，也是學；未曉得這一件事，去問人如何做，便也是學。問人，便是依這本子做去；不問人，便不依本子，只鶻突杜撰做去。學是身去做，思只是默坐來思。」問：「學是學其事，思是思其理否？」曰：「思，只是思所學底事。學而不思，便都罔了。」問：「『思而不學』，何以危殆？」曰：「硬將來拗縛捉住在這裏，便是危殆。只是杜撰恁地，不恁自然，便不安穩。」淳。

學與思，須相連。才學這事，須便思量這事合如何。「學」字甚大，學效他聖賢做事。南升。

學，是學其事，如讀書便是學，須緩緩精思其中義理方得。且如做此事是學，然須思此事道理是如何，只恁下頭做，不思這事道理，則昧而無得。若只空思索，却又不傍所做事上體察，則心終是不安穩。須是事與思互相發明。明作。

學不止是讀書，凡做事皆是學。且如學做一事，須是更經思量方得。然只管思量而不學，則自家心必不安穩，便是殆也。

「學而不思」，如讀書不思道理是如何；「思而不學」，如徒苦思索，不依樣子做。植。

「思而不學則殆」。雖用心思量，不曾就事上習熟，畢竟生硬，不會妥帖。銖。

問：「『不求諸心，則昏而無得；不習其事，則危而不安』，如何？」曰：「『思』與『學』字相對説。學這事，便思這事。人説這事合恁地做，自家不曾思量這道理是合如何，則罔然而已。罔，似今人説『罔兩』。既思得這事，若不去做這事，便不熟，則臬兀不安。如人學射，雖習得弓箭裏許多模樣，若不曾思量這箇是合如何，也不得。既思得許多模樣是合如何，却不曾置得一張弓，一隻箭，向垜邊去射，也如何得！」集注。

或問：「『學而不思』章引程子『「博學、審問、慎思、明辨、力行」，五者廢一非學』，何也？」曰：「凡『學』字便兼『行』字意思。如講明義理，學也；效人做事，亦學也。孔子步亦步，趨亦趨，是效其所爲。才效其所爲，便有行意。」銖。

叔蒙問：「集注却舉中庸學問思辨與行之語。據某看，學與行，是學之始終；問、思、辨，是思之始終。」曰：「然。」賀孫。

問：「『思而不學則殆』，注：『身不親歷。』所謂親歷，豈講求義理與躬行處均爲親歷乎？」曰：「講求義理，又似乎思，但就見定事上學去。」話間因語及某人，曰：「此正思而不學之人，只一向尋空去。凡事須學，方能進步。」集註非定本。寓。

問：「諸先生説，有外意者，有説偏傍者，也須看否？」曰：「也要見得他礙處。」因問：「楊氏説『思則「敬以直內，義以方外」』，如何？」曰：「敬自是存養底事，義自是推行底事。且説思與學，也未須説存養、推行處。若把推行作學，便不是。中庸裏面博學、力行自是兩件。今人説學，便都説到行處去。且如讀書，看這一句理會不得，便須熟讀，此便是學。然『學而不思』，便是按古本也無得處。若徒然閉目靜思而不學，又也徒勞心，不穩當，然後推到行處。」問：「『罔』字作欺罔無實之『罔』，如何？」曰：「不必如此説。罔，是昏昧底意。」問：「『思而不學則殆』，只是尹氏『勞而無所安』底意否？」曰：「是。勞，便是其心勞；不安，便是於義理不安。」問：「謝氏『窮大而失其所居』，如何？」曰：「只是不安。」榦。集義。

攻乎異端章

或問「攻乎異端」。曰：「攻者，是講習之謂，非攻擊之攻。這處須看他如何是異端，如何是正道。異端不是天生出來。天下只是這一箇道理，緣人心不正，則流於邪説。習於彼，必害於此；既入於邪，必害於正。異端不止是楊墨佛老，這箇是異端之大者。」

問：「『攻』字，若作攻擊，也如何便有害？」曰：「便是。聖人若説攻擊異端則有害，便也須更有説話在，不肯只恁地説遂休了。若從攻擊，則呂氏之説近之，不如只作攻治之『攻』，較穩。」榦。

凡言異端不必攻者，皆是爲異端游説反間。孟子謂：「能言距楊墨者，聖人之徒也。」不必便能距楊墨，但能説距楊墨，亦是聖人之徒。淳。

問：「集注云：『攻，專治之也。』若爲學，便當專治之。異端，則不可專治也。」曰：「不惟説不可專治，便略去理會他也不得。若是自家學有定止，去看他病痛，却得。也是自家眼目高，方得。若是凭地，則也奈他不何。如後來士大夫，末年皆流入佛氏者。緣是把自家底做淺底看，便没意思了，所以流入他空寂玄妙之説去。」燾。集注。

問：「程子曰：『佛氏之言近理，所以害甚於楊墨。』看來爲我疑於義，兼愛疑於仁，其禍已不勝言。佛氏如何又却甚焉？」曰：「楊墨只是硬恁地做。佛氏最有精微動得人處，本朝許多極好人無不陷焉。」如李文靖、王文正、謝上蔡、楊龜山、游先生諸人。賀孫。

問：「集注何以言佛而不言老？」曰：「老便只是楊氏。人嘗以孟子當時只闢楊墨，不闢老，不知闢楊便是闢老。如後世有隱遯長往而不來者，皆是老之流。他本不是學老，只是自執所見，與此相似。」淳。

味道問：「只説釋氏，不説楊墨，如何？」曰：「楊墨爲我、兼愛，做出來也淡而不能惑人。只爲釋氏最能惑人。初見他説出來自有道理，從他説愈深，愈是害人。」

「攻乎異端」章。曰：「楊氏爲我，『拔一毛而利天下不爲』；墨氏兼愛，至不知有父。如此等事，世人見他無道理，自不去學他。只如墨者夷之厚葬，自打不過，緣無道理，自是行不得。若佛氏則近理，所以惑人。此事難説，觀其書可見。」明作。

呂氏曰：「君子反經而已矣，經正斯無邪慝。今惡乎異端，而以力攻之，適足以自蔽而已。」説得甚好；但添得意思多了，不敢保是聖人之意。聖人之意，分明只是以力攻之。理會他底未得，枉費力，便將己業都荒了。淳。集注。

由誨女知之章

問：「『知之爲知之』章，子路不應，有以不知爲知之病。」曰：「子路粗暴，見事便自説是曉會得。如『正名』一節，便以爲迂，故和那不知處也不知耳。」銖。

問「知之爲知之」。曰：「子路氣象粗疏，不能隨事精察；或有不合於己，雖於夫子亦艴然，如『子之迂也』之類，故夫子告之以此。」雉。

或問「誨汝知之乎」章。曰：「惟伊川便説得盡，别人只説得一邊。『知之爲知之，不知爲不知』，則無自欺之蔽，其知固自明矣。若不説求其知一著，則是使人安於其所不知也。故程子又説出此意，其説方完，上不失於自欺，下不失於自勉。」廣。

徐問：「上蔡之説如何？」曰：「上蔡説未是，其説求爲過高。要之，聖人之言，只是説緊切底事。只爲今人知之以爲知，將那不知者亦説是知，終至於知與不知都無界限了。若人能於其知者以爲知，於不知者以爲不知，而不强以爲知，此便是知了。只爲子路性勇，怕他把不知者亦説是知，故爲他説如此。」

子張學干禄章

戴智老説「干禄」章。曰：「『多聞、多見』二字，人多輕説過了，將以爲偶然多聞多見耳。殊不知此正是合用功處，聖人所以爲『好古敏以求之』。」又曰：「『多聞，擇其善者而從之，多見而識之』，皆欲求其多也。不然，則聞見孤寡，不足以爲學矣。」時舉。

多聞、闕疑、慎言，三件事。節。

多聞，多見，自不是淺陋迫狹人；又更闕疑，又更慎其餘。方。

聞見亦是互相發明，如「學干禄」章言「多聞闕疑，慎言其餘；多見闕殆，慎行其餘」。聞固是主於言，見固是主於行，然亦有聞而行者，見而言者，不可泥而看也。時舉。

問「干禄」章「聞見」字義。曰：「聞，是聞人之言；見，是見人之行。聞，亦屬自家言處；見，亦屬自家做處。聞見當闕其疑殆，而又勿易言易行之。」問：「聞見因書得之，則又何别？」曰：「見古人説底話，是聞；見古人做底事而欲學之，是見，如舜之孝是也。然就『克己復禮』論之，則看孔子所言是聞，只自家欲循此而爲仁，便是見。此非本文大義，然必欲區别聞見則然。」問：「此答干禄之語，意類『好色』之對乎？」曰：「不干事。孔子不教他干，但云得禄之道在其中，正是欲抹殺了他『干』字。若『太王好貨、好色』等語，便欲比之孔子，便做病了，便見聖賢之分處。」一之。

或問：「慎其餘，只是指無疑、無殆處否？」曰：「固是。」義剛。

林叔恭問：「多聞如何闕疑，多見如何闕殆？」曰：「若不多聞，也無緣見得疑；若不多見，也無緣見得殆。江西諸人纔聞得一說，便把做了，看有甚麽話更入不得，亦如何有疑殆。到他説此一章，却云子張平日專務多聞多見，故夫子告以闕疑，是不欲其多聞多見，此是甚説話！且如一件事，一人如此説，自家也見未得，須是大家都説出來，這裏方見得果是如何。這裏方可以將衆多之説相磨擦，這裏方見得疑殆分明。」賀孫。

或問「尤自外至，悔自内出」。曰：「出言或至傷人，故多尤；行有不至，已必先覺，故多悔。然此亦以其多少言之耳。言而多尤，豈不自悔！行而多悔，亦必至於傷人矣。」廣。

「子張學干禄」一章，是教人不以干禄爲意。蓋言行所當謹，非爲欲干禄而然也。若真能著實用功，則惟患言行之有悔尤，何暇有干禄之心耶！銖。

徐問「學干禄」章。曰：「此是三截事：若人少聞寡見，則不能參考得是處，故聞見須要多。若聞見已多而不能闕疑殆，則胡亂把不是底也將來做是了。既闕其疑殆，而又未能慎其餘，則必有尤悔。」又問：「尤、悔如何分？尤莫是見尤於人否？」曰：「是。大凡言不謹，則必見尤於人；人既有尤，自家安得無悔！行不謹，則己必有悔；己既有悔，則人安得不見尤！此只是各將較重處對説。」又問：「『禄在其中』，只此便可以得禄否？」曰：「雖不求禄，若能無悔尤，此自有得禄道理。若曰『耕也餒在其中矣』。耕本求飽，豈是求餒！然耕却有水旱凶荒之虞，則有時而餒。學本爲道，豈是求禄！然學既寡尤悔，則自可以得禄。如言『直在其中矣』。『父爲子隱，子爲父隱』，本不是直。然父子之道，却要如此，乃是直。凡言『在其中矣』者，道理皆如此。」又問：「聖人不教人求禄，又曰『禄在其中』，如何？」曰：「聖人教人只是教人先謹言行，却把他那禄不做大事看。須是體量得輕重，始得。」

子張學干禄，夫子答之者：聞主言，見主事，尤是「罪自外至」，悔是「理自内出」。凡事不要到悔時，悔時已錯了。「禄在其中」，凡言在其中，皆是不求而自至之意。父子相隱，本非直，而「直在其中」。如耕，本要飽，然有水旱之變，便有「餒在其中」。學，本是要立身，不是要干禄，然言行能謹，人自見知，便有得禄之道。大概是令他自理會身己上事，不要先萌利禄之心。又云：「若人見得道理分明，便不爲利禄動。」明作。

問：「子張在聖門，忽然學干禄，聖人但告之以謹其言行，便是修其天爵而人爵自至。」曰：「修天爵而人爵自至，説得重了。此意重處，只在言行。若言行能謹，便自帶得禄來。時舉録作：「聖人之心，只教他謹言行，因帶禄説。」凡言在其中者，皆不求或作「期」。而自至之辭。如耕，本是求飽，却言『餒在其中』；父子相爲隱，直却在其中。又爲前面也説得深了，聖人本意在謹言行。又不可徒謹，須用得學，又須闕其疑而未信，殆而未安者。便將其餘信而安者做一處，謹言而謹行之，謂其察得可言與可行也。」南升。時舉録小異。

「子張學干禄」。禄固人之所欲，但要去干，却不得。子張恁地時，已不是正底心了。夫子却掉開答他，不教他如何地干，也不教他莫干，但言「禄在其中」。凡言在其中者，皆是求此而得彼之義。如「耕也，餒在其中」之類，皆是君子求其在己而已。然而德行既修，名聲既顯，則人自然來求，禄不待干而自得。如「未有仁而遺其親，未有義而後其君」，這豈是要計較他不遺不後後，方爲仁義。但是爲仁義時，便自恁地。這雖是不曾説利，然使天下人皆不遺不後，利孰大焉！大抵計功之心，也是害事。所謂『仁者先難而後獲』，纔有計功之心，便都不濟事。義剛。

問「學干禄」章。曰：「這也是一説，然便是教人不要去求。如程先生説『使定其心而不爲利禄所動』是也。論語凡言在其中，皆是與那事相背。且如『父爲子隱，子爲父隱』，本不干直事，然直却在其中。耕，本是得食，然有水旱凶荒，則有『餒在其中』。『切問近思』，本只是講學，不是求仁底事，然做得精，則仁亦在其中。如『居處恭，執事敬，與人忠』，皆是切己去做，方是求仁底事。此皆是教人只從這一路做去，且莫管那一邊。然做得這一邊，則那一邊自在其中也。」又曰：「惟是那『君子謀道不謀食。學也，祿在其中；耕也，餒在其中』一章說得最反覆周全。如云『君子謀道不謀食』，是將一句統說了，中央又分兩脚說：『學也，祿在其中；耕也，餒在其中。』又似教人謀道以求食底意思。下面却說『憂道不憂貧』，便和根斬了。」燾。

哀公問何爲則民服章

陳仲蔚說「何爲則民服」及「使民敬忠以勸」二章。先生曰：「前章據本文，夫子只恁地說，未有貴窮理之意。當時哀公擧措之權不在己，問了只恁休了。他若會問時，夫子尚須有說。」義剛。

或問「擧直錯諸枉」。曰：「是便是直，非便是枉。」燾。

「『擧直錯枉』，集注謂『大居敬而貴窮理』。」曰：「若不居敬，如何窮理！不窮理，如何識人爲擧直錯枉之本！」又曰：「人最要見得是與不是，方有下手處。如今人都不見得是非，分別不出。」又曰：「須是居敬、窮理，自做工夫，銖録云：「此是自修工夫。」方能照得人破。若心不在焉，則視之而不見，聽之而不聞，以枉爲直，以直爲枉矣！」明作。銖同。

問：「哀公問『何爲則民服』，往往只是要得人畏服他。聖人却告之以進賢退不肖，乃是治國之大本，而人心自服者。蓋好賢而惡不肖，乃人之正性；若舉錯得宜，則人心豈有不服。謝氏又謂『若無道以照之，則以直爲枉，以枉爲直，此君子大居敬而貴窮理』，此又極本原而言。若人君無知人之明，則枉直交錯，而舉錯未必得宜矣。」曰：「説得分明。」

季康子問使民敬忠以勸章

問「使民敬忠以勸」。曰：「『莊』，只是一箇字，上能端莊，則下便尊敬。至於孝慈，則是兩事，孝是以躬率之，慈是以恩結之，如此，人方忠於己。『舉善而教不能』，若善者舉之，不善者便去之，誅之，罰之，則民不解便勸。惟是舉其善者，而教其不能者，所以皆勸。便是文字難看，如這樣處，當初只是大概看了便休，而今思之，方知集注説得未盡。」義剛。

問：「『孝慈則忠』，何以能使之忠也？」曰：「孝以率之，慈以結之，所以使之忠也。」問：「孝慈主父子而言，可乎？」曰：「如此，安能便使之忠也！此『慈』字兼内外而言。若大學「齊家」章孝慈，乃主父子而言也。」

孝於親，是做箇樣子；慈於衆，則推此意以及人。兼此二者，方能使民忠於己。若徒孝於親，而不能推及於衆；若徒慈於衆，而無孝親底樣子，都不得。明作。

孝是以身率之，慈是以恩結之。善者固可舉；若不能者遽刑之，罰之，則彼何由勸。

舉善於前，而教不能於後，則是誘引之使趨於善也，是以勸。夔孫。

問：「康子之意，必要使民能如此。聖人但告之以己所當爲，而民自應者。方其端莊孝慈，舉善教不能，不是要民如此而後爲。做得自己工夫，則民不期然而然者。」曰：「也是如此。」

或謂子奚不爲政章

「惟孝友于兄弟」，謂孝然後友，友然後政，其序如此。振。

問：「『施於有政』，是使一家人皆孝友否？」曰：「『刑于寡妻，至于兄弟，以御于家邦』，是也。政，一家之事也，固不止是使之皆孝友耳。然孝友爲之本也。」一之。

「推廣此心，以爲一家之政」，便是齊家。緣下面有箇「是亦爲政」，故不是國政。又云：「在我者孝，則人皆知孝；在我者弟，則人皆知弟，其政豈不行於一家！」明作。

問：「『惟孝友于兄弟』，可以『施於有政』。」曰：「此全在『推』字上，言『舉斯心加諸彼』。今人只爲不能善推其所爲耳。范唐鑑言唐明皇能友愛兄弟，而殺其三子，正以其不能推此心耳。」銖。

問：「此夫子難以不仕之意告或人，故托以告之。然使夫子得時得位，其爲政之本，也只就人倫上做將去。」曰：「文振看文義看得好，更宜涵泳。」南升。

人而無信章

問「人而無信，不知其可也」。曰：「人而無真實誠心，則所言皆妄，今日所言要往東，明日走在西去，這便是言不可行。」卓。

問：「先生但謂『車無此二者則不可以行，人而無信，亦猶是也』，而不及無信之所以不可行，何也？」曰：「若人無信，則語言無實，何處行得？處家則不可行於家，處鄉黨則不可行於鄉黨。」曰：「此與『言不忠信，雖州里行乎哉』之意同。」曰：「然。」廣。

子張問十世可知章

周問：「三代所因者不易，而所損益可知，如何？」曰：「此所謂『不易也』，『變易也』。三綱、五常，亘古亘今不可易。至於變易之時與其人，雖不可知，而其勢必變易，可知也。蓋有餘必損，不及必益，雖百世之遠可知也。猶寒極生煖，煖甚生寒，雖不可知，其勢必如此，可知也。」銖。

所因之禮，是天做底，萬世不可易；所損益之禮，是人做底，故隨時更變。燾。

所因，謂大體；所損益，謂文爲制度，那大體是變不得底。雖如秦之絶滅先王禮法，然依舊有君臣，有父子，有夫婦，依舊廢這箇不得。義剛。

忠、質、文。忠，只是樸實頭白直做將去；質，則漸有形質制度，而未及於文采；文，則就制度上事事加文采。然亦天下之勢自有此三者，非聖人欲尚忠、尚質、尚文也。夏不得不忠，商不得不質，周不得不文。彼時亦無此名字，後人見得如此，故命此名。僩。以下集注。

問：「忠與質如何分？」曰：「忠，只是渾然誠確。質與文對。質便自有文了，但文未盛；比之文，則此箇質耳。」銖。

或問：「忠與質如何分？」先生喜其善問，答云：「質朴則未有文，忠則渾然無質可言矣。」過。

或問忠與質異處。曰：「此如人家初做得箇家計成，人雖有許多動用，其誠意直是質實。到做得家計成，次第便有動用器使。其初務純朴，不甚浮華。及其漸久，用度日侈，駸駸然日趨於文而不容自已，其勢然也。」子蒙。

行夫問三統。曰：「諸儒之説爲無據。某看只是當天地肇判之初，天始開，當子位，故以子爲天正；其次地始闢，當丑位，故以丑爲地正；惟人最後方生，當寅位，故以寅爲人正。即邵康節十二會之説。當寅位，則有所謂開物；當戌位，則有所謂閉物。閉物，便是天地之間都無了。看他說，便須天地翻轉數十萬年。」

問天統、地統、人統之別。曰：「子是一陽初動時，故謂之天統；丑是二陽，故謂之地統；寅是三陽，故謂之人統。」因舉康節元、會、運、世之說：十二萬九千六百年爲一元，一元有十二會；一萬八百年爲一會，一會有三十運；三百六十年爲一運，一運有十二世。以小推大，以大推小，箇箇一般，謂歲、月、日、時皆相配合也。如第一會第二會時尚未生人物，想得地也未硬在。第三會謂之開物，人物方生，此時屬寅。到得戌時，謂之閉物，乃人消物盡之時也。大率是半明半晦，有五六萬年好，有五六萬年不好，如晝夜相似。到得一元盡時，天地又是一番開闢。問：「先生詩云：『前推更無始，後際那有終！』如何？」曰：「惟其終而復始，所以無窮也。」燾。

問：「子、丑、寅之建正如何？」曰：「此是三陽之月。若秦用亥爲正，直是無謂。大抵三代更易，須著如此改易一番。」又問：「忠、質、文，本漢儒之論。今伊川亦用其說，如何？」曰：「亦有此理。忠是忠樸，君臣之間一味忠樸而已。才說質，便與文對矣。」又問「五運」之說。曰：「本起於五行。萬物離不得五行，五運之説亦有理。於三代已前事，經書所不載者甚多。」又問：「五運之說，不知取相生、相克？」曰：「取相生。」又問：「漢承秦水德之後，而以火德繼之，是如何？」先生曰：「或謂秦是閏位。然事亦有適然相符合者。如我太祖以歸德軍節度即位，即是商丘之地，此火德之符也，事與高祖赤帝子一般。」去僞。

器之説損益。曰：「勢自是如此。有人主出來，也只因這箇勢，自住不得，到這裏方看做是如何。惟是聖人能順得這勢，盡得這道理。以下人不能識得損益之宜，便錯了，壞了，也自是立不得。因只是因這箇，損益也是損益這箇。」寓。以下總論。

叔蒙問十世所因損益。曰：「綱常千萬年磨滅不得。只是盛衰消長之勢，自不可已，盛了又衰，衰了又盛，其勢如此。聖人出來，亦只是就這上損其餘，益其不足。聖人做得來自是恰好，不到有悔憾處。三代以下做來不恰好，定有悔憾。雖做得不盡善，要亦是損益前人底。雖是人謀，然大勢不得不出此。但這綱常自要壞滅不得，世間自是有父子，有上下。羔羊跪乳，便有父子；螻蟻統屬，便有君臣；或居先，或居後，便有兄弟；犬馬牛羊成羣連隊，便有朋友。始皇爲父，胡亥爲子；扶蘇爲兄，胡亥爲弟，這箇也泯滅不得。」器之問：「三代損益，如衣服、器用、制度，損益却不妨。如正朔，是天時之常，却要改，如何？」曰：「一番新民觀聽，合如此。如新知縣到任，便變易號令一番；住持入院，改换行者名次，相似。」寓。

此一章「因」字最重。所謂損益者，亦是要扶持箇三綱、五常而已。如秦之繼周，雖損益有所不當，然三綱、五常終變不得。君臣依舊是君臣，父子依舊是父子，只是安頓得不好爾。聖人所謂可知者，亦只是知其相因者也。如四時之運，春後必當是夏，夏後必當是秋；其間雖寒暑不能無繆戾，然四時之運終改不得也。康節詩云「千世萬世，中原有人」，正與此意合。時舉。

這一段，諸先生説得「損益」字，不知更有箇「因」字不曾説。「因」字最重。程先生也只滚説將去。三代之禮，大概都相因了。所損也只損得這些箇，所益也只益得這些箇，此所以「百世可知」也。且如秦最是不善繼周，酷虐無比。然而所因之禮，如三綱、五常，竟滅不得。馬氏注：「所因，謂三綱、五常；損益，謂質、文三統。」此説極好。榦。

「繼周百世可知」。秦繼周者也，安得爲可知？然君臣父子夫婦依舊在，只是不能盡其道爾。淳。

問「十世可知」。曰：「三綱、五常，雖衰亂大無道之世，亦都在。且如繼周者秦，是大無道之世。畢竟是始皇爲君，李斯等爲臣；始皇爲父，胡亥爲子。三綱、五常地位占得大了，便是損益亦不多。至秦欲尊君，便至不可仰望；抑臣，便至十分卑屈。此段重在『因』字，損益只些子。」南升。

致道問：「夫子繼周而作，則忠、質損益之宜如何？」曰：「孔子有作，則併將前代忠、質而爲之損益，却不似商只損益得夏，周只損益得二代。」又問：「孔子監前代而損益之，及其終也，能無弊否？」曰：「惡能無弊！」賀孫。

問：「其所闕者宜益，其所多者宜損，固事勢之必然。但聖人於此處得恰好，其他人則損益過差了。」曰：「聖人便措置一一中理。如周末文極盛，故秦興必降殺了。周恁地柔弱，故秦必變爲强戾；周恁地纖悉周緻，故秦興，一向簡易無情，直情徑行，皆事勢之必變。但秦變得過了。秦既恁地暴虐，漢興，定是寬大。故云：『獨沛公素寬大長者。』秦既鑒封建之弊，改爲郡縣，雖其宗族，一齊削弱。至漢，遂大封同姓，莫不過制。賈誼已慮其害，晁錯遂削一番，主父偃遂以誼之説施之武帝諸侯王，只管削弱。自武帝以下，直至魏末，無非剗削宗室，至此可謂極矣。晉武起，盡用宗室，皆是因其事勢，不得不然。」賀孫

問：「本朝大勢是如何？」曰：「本朝監五代，藩鎮兵也收了，賞罰刑政，一切都收了。然州郡一齊困弱，靖康之禍，寇盜所過，莫不潰散，亦是失斟酌所致。又如熙甯變法，亦是當苟且惰弛之餘，勢有不容已者，但變之自不中道。」賀孫。

先生謂：「『繼周百世可知』，諸公看繼周者是秦，果如夫子之言否？」皆對以爲秦不能繼周，故所因所革皆不可考。曰：「若説秦不能繼周，則夫子之言不是始得。夫子分明説『百世可知』。看秦將先王之法一切掃除了，然而所謂三綱、五常，這箇不曾泯滅得。如尊君卑臣，損周室君弱臣强之弊，這自是有君臣之禮。如立法説父子兄弟同室内息者皆

有禁之類，這自是有父子兄弟夫婦之禮，天地之常經。自商繼夏，周繼商，秦繼周以後，皆變這箇不得。秦之所謂損益，亦見得周末許多煩文縟禮如此，故直要損其太過，益其欠處，只是損益得太甚。然亦是事勢合到這裹，要做箇直截世界，做箇没人情底所爲。你才犯我法，便死，更不有許多勞勞攘攘。如議親、議賢、議能、議功之類，皆不消如此，只是白直做去，他亦只爲苟簡自便計。到得漢興，雖未盡變亡秦之政，如高文之寬仁恭儉，皆是因秦之苛刻驕侈而損益其意也。大綱恁地寬厚，到後便易得廢弛，便有强臣篡奪之禍。故光武起來，又損益前後之制，事權歸上，而激厲士大夫以廉恥。」賀孫。

非其鬼而祭之章

「非其鬼而祭之」，如天子祭天地，諸侯祭山川，大夫祭五祀，庶人祭其先，上得以兼乎下，下不得以兼乎上也。庶人而祭五祀，大夫而祭山川，諸侯而祭天地，此所謂「非其鬼」也。僩。

問：「『非其鬼而祭之』，如諸侯僭天子、大夫僭諸侯之類。又如士庶祭其旁親遠族，亦是非其鬼否？」曰：「是。又如今人祭甚麽廟神，都是非其鬼。」問：「如用僧尼道士之屬，都是非其鬼。」曰：「亦是。」問：「祭旁親遠族不當祭，若無後者則如之何？」曰：「這若無人祭，只得爲他祭。自古無後者合當祭於宗子之家，今何處討宗子？看古禮今無存者，要一一行之也難。」賀孫。

問：「『非其鬼而祭之』。尋常人家所當祭者，只是祖先否？」曰：「然。」又問：「土地山川之神，人家在所不當祭否？」曰：「山川之神，季氏祭之尚以爲僭，況士庶乎？如土地之神，人家却可祭之。禮云：『庶人立一祀，或立户，或立竈。』户竈亦可祭也。」又問：「中霤之義如何？」曰：「古人穴居，當土室中開一竅取明，故謂之中霤。而今人以中堂名曰中霤者，所以存古之義也。」又云：「中霤亦土地之神之類。五祀皆室神也。」燾。

問：「『見義不爲無勇』，莫是連上句意否？」曰：「不須連上句。自説凡事見得是義，便著做，不獨説祭祀也。」賀孫。

子善問：「『見義不爲無勇』，這亦不爲無所見，但爲之不力，所以爲無勇也。」曰：「固是見得是義而爲之不力，然也是先時見得未分明。若已見得分明，則行之自有力。這般處著兩下並看：就『見義不爲』上看，固見得知之而不能爲；若從源頭上看下來，乃是知之未至，所以爲之不力。」賀孫。恪録别出。

子善問「見義不爲無勇也」。曰：「此直説眼前事，若見得合做底事，且須勇決行之。若論本原上看，則只是知未至。若知至，則當做底事，自然做將去。」恪。

朱子語類卷第二十五

論語七

八佾篇

孔子謂季氏章

季氏八佾，止是多添人數，未有明文，故夫子就其事責之。若三家雍徹，則分明歌天子之詩，故夫子引其詩以曉之。人傑。

問：「是可忍也，孰不可忍也！」曰：「季氏初心，也須知其爲不安。然見這八佾人數熱鬧，便自忍而用之。這便是遏絶天理，失其初心也。」

子升問集注兩説不同。曰：「如今亦未見聖人之言端的是如何。如後説之意，亦自當存，蓋只此便是天理發處。聖人言語，固是旨意歸一。後人看得有未端的處，大率意義長者録在前，有當知而未甚穩者録在後。如『放於利而行多怨』，或者又説求利而不得，則自多怨天尤人。此意亦自是。但以意旨觀之，人怨之説爲分曉，故只從一説。」木之。

居父問：「『是可忍也』，後説恐未安。聖人氣象似不如此暴露。」曰：「前日見趙子欽亦疑此，亦是。但聖人亦自有大段叵耐人處。如孔子作春秋，是大段叵耐，忍不得處。」賀孫。

問：「『是可忍也』，范氏謂季氏『罪不容誅』，莫是有不容忍之意否？」曰：「只大概如此説，不是有此意。」時舉。

三家者以雍徹章

問「三家者以雍徹」。曰：「這箇自是不當用，更無可疑。」問：「是成王賜周公？」曰：「便是成王賜周公，也是成王不是。若武王賜之，也是武王不是。公道是成王賜，便不敢道不是了。雍詩自是武王之樂，餘人自是用他不得。（武）成王已自用不得了，何況更用之於他人！」卓。

問：「雍徹，程子謂『成王之賜，伯禽之受，皆非也』。」曰：「使魯不曾用天子之禮樂，則三家亦無緣見此等禮樂而用之。」時舉。

問：「范氏以成王賜魯以天子禮樂，惟用以祀周公於大廟，非使魯君亦得以用之也。不如伊川斷然便道成王不當賜，伯禽不當受。」曰：「然。范先生説書，大抵言語寬，所以至此。」榦。

「居是邦不非其大夫」，只是不議其過惡。若大夫有不善，合當諫正者，亦不可但已。孔子謂季氏八佾與三家雍徹之事，又却不然。人傑。

人而不仁如禮何章

或問：「人而不仁，如禮何！人而不仁，如樂何！」曰：「如禮樂何，謂其不柰禮樂何也。『心中斯須不和不樂，而鄙詐之心入之；外貌斯須不莊不敬，而慢易之心入之。』既不和樂，不莊敬，如何行得禮樂！儒用録云：「不莊不敬，不和不樂，便是不仁。暴慢鄙詐，則無如禮樂何矣。」譬如不善操舟，必不柰一舟何；不善乘馬，必不柰一馬何。」又問：「禮樂是玉帛鐘鼓之文否？」曰：「看其文勢，却是説玉帛鐘鼓之禮樂也。」人傑。儒用同。

「人既不仁，自是與那禮樂不相管攝。禮樂雖是好底事，心既不在，自是呼喚他不來，他亦不爲吾用矣。心既不仁，便是都不醒了。如人身體麻木，都不醒了，自是與禮樂不相干事。所以孟子説：『學問之道無他，求其放心而已矣。』只是一箇求放心，更無别工夫。」

或曰：「初求放心時，須是執持在此，不可令他放。」曰：「也不用擒捉他，只是要常在這裏。」或曰：「只是常常省察照管得在，便得，不可用心去把持擒捉他。」曰：「然。只知得不在，才省悟，便在這裏。」或曰：「某人只恁擒制這心，少間倒生出病痛，心氣不定。」曰：「不是如此。只是要照管常在此，便得。」

問：「禮者，天理之節文；樂者，天理之和樂。仁者，人心之天理。人心若存得這天理，便與禮樂湊合得著；若無這天理，便與禮樂湊合不著。」曰：「固是。若人而不仁，空有那周旋百拜，鏗鏘鼓舞，許多劳攘，當不得那禮樂。」燾。

「人而不仁」，則其心已不是；其心既不是，便用之於禮樂，也則是虛文，決然是不能爲。心既不正，雖有鐘鼓玉帛，亦何所用！卓。

「人而不仁，如禮何」！而今莫說「八佾」、「雍徹」，是無如禮樂何。便教季氏用四佾以祭，也無如禮樂何，緣是它不仁了。夔孫。

蜚卿問：「『人而不仁，如禮何』！是無惻隱之心，則禮樂皆爲虛文。」曰：「此仁是指全體而言，不是指惻隱。」可學。

希真問：「『人而不仁』，與『不能以禮讓爲國』，皆曰『如禮何』！意同否？」曰：「『人而不仁』，是以仁對禮樂言。『不以禮讓』，是以禮之實對禮之文言。能以遜讓爲先，則人心感服，自無乖争陵犯之風。」恪。

或問：「集注云『禮樂不爲之用』，如何？」曰：「禮是恭敬底物事，爾心中自不恭敬，外面空做許多般模樣；樂是和樂底物事，爾心中自不和樂，外面强做和樂，也不得。心裏不恁地，外面强做，終是有差失。縱饒做得不差失，也只表裏不相應，也不是禮樂。」集注。

「集注云『禮樂不爲用』，是如何？」曰：「不仁之人，渾是一團私意，自不柰那禮樂何。禮樂須是中和温厚底人，便行得。若不仁之人，與禮樂自不相關了。譬如無狀之人去讀語、孟六經。語、孟六經自是語、孟六經，與他即無干涉，又安得爲之用！」時舉。

或問「人而不仁」注下數語。曰：「『其如禮樂何哉』，是柰他不下；禮樂不爲之用也，是不爲我使，我使他不得。雖玉帛交錯，不足以爲禮；雖鐘鼓鏗鏘，不足以爲樂。雖有禮而非禮，雖有樂而非樂。」因言「季氏，當初成王不賜，伯禽不受，則後人雖欲僭，亦無樣子，他也做不成」。又曰：「觀天子之禮於魯宋。宋是二王後，有天子之禮。當時諸侯皆不識天子之禮，皆於魯宋觀之。」節。

「仁者，天下之正理」。只是汎說，不是以此說仁體。若曰「義者，天下之正理，也得」。義剛。

問「仁者，天下之正理」。曰：「説得自好，只是太寬。須是説仁是本心之全德，便有箇天理在。若天理不在，人欲横肆，如何得序而和！」時舉。

程子説「仁者，天下之正理」，固好；但少疏，不見得仁。仁者，本心之全德。人若本然天理之良心存而不失，則所作爲自有序而和。若此心一放，只是人欲私心做得出來，安得有序，安得有和！銖。

問「仁者，天下之正理」。曰：「此説太寬。如義，亦可謂天下之正理；禮，亦可謂天下之正理。」又問：「仁是合知覺與理而爲之與，捨知覺而爲之與？」曰：「仁自是知覺。」又問：「知覺是仁中之一件否？」久之，曰：「生底是仁。」又曰：「仁義禮智是四箇根子，惻隱、羞惡、恭敬、是非是根上所發底苗。」又曰：「生是元，長是亨，收斂是利，藏是貞，只是一氣。理無形，故就氣上看理，也是恁地。」次日，又曰：「仁是根，愛是苗。」又曰：「古人言仁，多以慈詳愷悌。易則曰：『安土敦乎仁，故能愛。』何嘗以知覺爲仁！」又曰：「程子曰『仁是理』，此説太寬。如曰『偏言則一事，專言則包四者』，此説却是緊要底。」問：「仁如何包四者？」曰：「易便説得好：『元者，善之長。』義禮知莫非善，這箇却是善之長。」又曰：「義禮知無仁，則死矣，何處更討義禮知來？」又曰：「如一間屋分爲四段，仁是中間緊要一段。孟子言『仁人心，義人路』，後不言義者，包義在其中。如『克己復禮爲仁』，亦是恁地。」節。

問：「仁者，心之德也。不仁之人，心德既亡，方寸之中，絶無天理。平日運量酬酢，盡是非僻淫邪之氣，無復本心之正。如此等人，雖周旋於玉帛交錯之間，鐘鼓鏗鏘之際，其於禮樂判爲二物，如猿狙衣周公之服一般，其如禮樂何！伊川所謂『仁者，天下之正理。失正理，則無序而不和』。所謂正理，即心之德也。若天理不亡，則見得禮樂本意，皆是天理中發出來，自然有序而和。若是胸中不有正理，雖周旋於禮樂之間，但見得私意擾擾，所謂升降揖遜，鏗鏘節奏，爲何等物！不是禮樂無序與不和，是他自見得無序與不和，而禮樂之理自在也。」曰：「只是如此。」南升。

問：「『人而不仁，如禮樂何』！據李氏之説，則指在外之禮樂言之，如玉帛鐘鼓之類。程先生所謂『無序而不和』，却是主在内者言之，如何？」曰：「兩説只是一意。緣在我者無序而不和，故在外之禮樂亦不爲我用。」又問：「仁義禮智，皆正理也，而程子獨以仁爲天下之正理，如何？」曰：「便是程子之説有太寬處，此只是且恁寬説。」曰：「是以其專言者言之否？」曰：「也是如此。」廣。

問：「集注舉三説：若游氏則言心，程氏主理，李氏謂『待人而後行』。」曰：「所疑者何？」曰：「今觀前二説，與後説不相似。」曰：「仲思以爲如何？」曰：「此正『苟非其人，道不虛行』之意。蓋心具是理，而所以存是心者，則在乎人也。」曰：「恁地看，則得之。」道夫。

問：「呂氏曰：『禮樂之情，皆出於仁。』此語似好。」曰：「大概也只是如此。」問：「游氏曰：『人而不仁，則人心亡矣，如何？』」曰：「此説好。」問：「曾見先生説『仁者，心之德』。義禮智皆心之德否？」曰：「都是。只仁是箇大底。」問：「謝氏曰：『未能顛沛造次由於是，故如禮何！未能不憂，故如樂何！』似説得寬。」曰：「他只似做時文用故事，也不必恁地。」問：「程先生、尹先生皆以仁爲正理，如何是正理？」曰：「只是正當底道理。」榦。集義。

林放問禮之本章

問：「『林放問禮』章，先生謂『得其本，則禮之全體無不在其中』，如何是禮之全體？」曰：「兼文質本末言之。」曰：「後面只以質爲禮之本，如何又説文質皆備？」曰：「有質則有文，有本則有末。徒文而無質，如何行得？譬如樹木，必有本根，則自然有枝葉華實。若無本根，則雖有枝葉華實，隨即萎落矣。」廣。

林聞一問：「『林放問禮之本』，而孔子并以喪告之，何也？」曰：「喪亦是禮。奢底是禮之吉者，喪是禮之凶者。」節。

辛適正問：「『林放問禮之本』，何故只以喪禮答之？」曰：「禮不過吉凶二者而已。上句泛以吉禮而言，下句專指凶禮而言。然此章大意不在此，須看問答本意。孔子只是答他問禮之本，然儉戚亦只是禮之本而已。及其用也，有當文時，不可一向以儉戚爲是，故曰『品節斯，斯之謂禮』，蓋自有箇得中恰好處。」僩。

問「喪與其易也，寧戚」。曰：「其他冠婚祭祀，皆是禮，故皆可謂『與其奢也，寧儉』。惟喪禮獨不可，故言『與其易也，寧戚』。易者，治也，言治喪禮至於習熟也。喪者，人情之所不得已。若習治其禮有可觀，則是樂於喪，而非哀戚之情也，故禮云：『喪事欲其縱縱爾。』」卓。

問：「『喪與其易也，寧戚』，注易爲治，何也？」曰：「古人做物滑淨，無些礙處，便是易。在禮，只是太滑熟了。生固無誠實，人纔（大）〔太〕〔一〕滑熟，亦便少誠實。」曰：「夫子何故只以儉戚答禮之本？」曰：「初頭只是如此，未有後來許多文飾，文飾都是後來事。喪初頭只是戚，禮初頭只是儉。當初亦未有那儉，儉是對後來奢而言之，蓋追説耳。如堯土堦三尺，當初只是恁地，不是爲儉，後來人稱爲儉耳。東坡説忠、質、文，謂當初亦未有那質，只因後來文，便稱爲質。孔子曰：『從先進。』周雖尚文，初頭尚自有些質在。」曰：

〔一〕據陳本改。

「三綱、五常亦禮之本否？」曰：「初頭亦只有箇意耳。如君臣亦只是箇誠敬而已，未有許多事。」淳。

問「禮之本」。曰：「初間只有箇儉戚，未有那文。儉戚是根，有這根然後枝葉自發出來。」又問：「戚是此心自然發出底，儉又不類。」曰：「儉亦不是故意儉，元初且只有汙樽抔飲之類。」毅父問：「先生舊說，儉、戚且是近本。」曰：「對奢、易言之，且得說儉、戚是本。若論禮之本，則又在儉、戚之前。未用如此說得。」時舉。

奢、易過於文，儉、戚則不及而質。與其過也，寧不及，不及底可添得。夔孫。

問：「『林放問禮之本』一章，某看來，奢、易是務飾於外，儉、戚是由中。」曰：「也如此說不得。天下事，那一件不由心做。但儉、戚底發未盡在，奢、易底發過去了，然都由心發。譬之於花，只是一箇花心，却有開而未全開底，有開而將離披底。那儉、戚底便猶花之未全開，奢、易底便猶花之離披者。且如人之居喪，其初豈無些哀心，外面裝點得來過當，便埋没了那哀心。人之行禮，其初豈無些恭敬之心，亦緣他裝點得來過當，便埋没了那恭敬之心。而今人初以書相與，莫不有恭敬之心。後來行得禮數重複，使人厭煩，那恭敬之心便埋没了。」或問：「『易』字，集注引孟子『易其田疇』之『易』，是習熟而平易之意否？」曰：「易，只是習得來熟，似歡喜去做，做得來手輕足快，都無那惻怛不忍底意思。」

因舉檀弓「喪事欲其縱縱爾」與曲禮「喪事先遠日」，皆是存惻怛不忘之意也。燾。

胡叔器説「林放問禮之本」一章。曰：「林放若問禮之大體，便包得闊。今但問本，似未爲大。然當時習於繁文，人但指此爲禮，更不知有那實處。故放問，而夫子大之，想是此問大段契夫子之心。蓋有那本時，文便在了。若有那文而無本，則豈得爲禮！『易其田疇』之説，蓋由范氏『喪易而文』之語推之。治田者須是經犁經耙，治得窒礙，方可言熟也。若居喪習熟於禮文，行得皆無窒礙，則哀戚必不能盡，故曰『不若戚而不文之愈也』。如楊氏『汙樽抔飲』之説，他是就儉説，却不甚親切。至於『喪不可以徑行直情』一句，大覺文意顛倒。後面云『則其本戚而已』，却似與前面無收殺。此須是説居喪先要戚，然却不可無衰麻哭踊之數以爲之節，如此説，方得。今却説得衰麻哭踊似是先底，却覺語意不完。龜山説話多如此，不知如何。却是范氏『儉者，物之質；戚者，心之誠』二語好。」又曰：「人只習得那文飾處時，自是易忘了那朴實頭處，如『巧言令色鮮矣仁』之類。」義剛。

楊氏謂禮始諸飲食燔炙。言禮之初，本在飲食。然其用未具，但以火熾石，其石既熱，却以肉鋪其上，熟而食之，安有鼎俎籩豆也！然方其爲鼎俎之始，亦有文章，雕鏤煩而質滅矣，故云「與奢寧儉」。又云：「楊説『喪不可直情而徑行』。此一語，稍傷那哀戚之意。其意當如上面『始諸飲食』之語，謂喪主於哀戚，爲之哭泣擗踊，所以節之，其本則戚而已。」楊氏語多如此，所以取彼處亦少。子蒙。

問：「『林放問禮之本』。夫禮貴得中，奢、易則過於文，儉、戚則不及而質，皆未爲合禮。然質乃禮之本，過於文則去本已遠。且禮之始，本諸飲食，『汙樽而抔飲，蕢桴而土鼓』，豈不是儉？今若一向奢而文，則去本已遠，故寧儉而質。喪主於哀戚，故立衰麻哭踊之數以節之。今若一向治其禮文，而無哀戚之意，則去本已遠，故寧戚而質，乃禮之本。」曰：「也只是如此。」南升。

問：「易，乃慢易，如何范氏以爲『喪易而文』？」曰：「易也近文。『易』字訓治，不是慢易、簡易之『易』。若是慢易、簡易，聖人便直道不好了，知何更下得『與其』字，只此可見。」榦。

夷狄之有君章

問：「『夷狄之有君』一章，程氏注似專責在下者陷無君之罪，君氏注似專責在上者不能盡爲君之道，何如？」曰：「只是一意。皆是説上下僭亂，不能盡君臣之道，如無君也。」義剛。

「夷狄之有君，不如諸夏無君且勝之者」，此説無意義。振。

問：「范氏、吕氏皆以爲夷狄有君而無禮義，不如諸夏之無君而有禮義，恐未當。」曰：「不知他如何恁地説。且如聖人恁地説時，便有甚好處！不成中國無君恰好！」問：「亡，莫只是有無君之心否？」曰：「然。」榦。

季氏旅於泰山章

問「季氏旅於泰山」一段。曰：「天子祭天地，諸侯祭其國之山川，只緣是他屬我，故我祭得他。若不屬我，則氣便不與之相感，如何祭得他。」因舉太子申生「秦將祀予」事。時舉。

問「曾謂泰山不如林放乎」。曰：「聖人也不曾是故意爲季氏説。只是據事説，季氏聞之自當止。」

君子無所争章

問「君子無所争」章。曰：「『君子無所争』，必於射見之。言射有勝負，是相争之地，而猶若此，是不争也。語勢是如此。」南升。

「其争也君子」，言争得來也君子。銖。

問："『其争也君子』，只是横渠説，争爲辭遜底否？"曰："然。畢竟是爲君子之争，不爲小人之争。"榦。

巧笑倩兮章

"素以爲絢"，不知是何詩。若以爲今碩人詩，則章句全。且此一句最有理，亦不應删去。因説"古人繪事，未必有今人花巧。如『雲』字、『雷』字，見筆談"。賀。去僞同。

問："伊川云『美質待禮以成德，猶素待繪以成絢』，却似有質須待禮，有素須待絢。"曰："不然。此質却重。"賀。

"素以爲絢"，言人有好底姿容材質，又有口輔之美、盼倩之佳，所以表其質也。此見素以爲質，而絢以文之也。"起予"之義者，謂孔子言繪事後素之時，未思量到禮後乎處，而子夏首以爲言，正所以啓發夫子之意。非謂夫子不能，而子夏能之以教夫子也。子蒙。

因論"起予者商"、"回非助我"等處，云："聖人豈必待二子之言而後有所啓發耶！然聖人胸中雖包藏許多道理，若無人叩擊，則終是無發揮於外。一番説起，則一番精神也。"柄。

夏禮吾能言之章

問：「『夏禮吾能言之』，所謂禮，是説制度文章，不是説三綱、五常，如前答子張所問者否？」曰：「這也只是説三綱、五常。」問：「『吾能言之』，是言甚事？」曰：「聖人也只説得大綱，須是有所證，方端的。『足則吾欲證之』，證之，須是杞宋文獻足，方可證。然又須是聖人，方能取之以證其言。古禮今不復存。如周禮，自是紀載許多事。當時别自有箇禮書，如云『宗伯掌邦禮』，這分明自有禮書、樂書，今亦不可見。」賀孫。

問「文、獻」。曰：「只是典籍、賢人。若以獻作法度，却要用這『憲』字。」問：「『徵』字訓『成』字如何？」曰：「也有二義。如此，只是證成之，故魏徵字『玄成』。」又曰：「這一段，中庸説得好，説道『有宋存焉』，便見得杞又都無了。如今春秋傳中，宋猶有些商禮在。」榦。

或問：「孔子能言夏殷之禮而無其證。是時文獻不足，孔子何從知得？」曰：「聖人自是生知聰明，無所不通。然亦是當時『賢者識其大，不賢者識其小』。孔子廣詢博問，所以知得。杞國最小，所以文獻不足。觀春秋所書，杞初稱侯，已而稱伯，已而稱子。蓋其土地極小，財賦不多，故寧甘心自降爲子、男之國，而其朝覲貢賦，率以子、男之禮從事。聖人因其實書之，非貶之也。」僩。

問：「『夏禮吾能言之』章，以中庸參看，殷猶可考，夏之文獻不足尤甚。」曰：「杞國最小，所以文獻不足。觀春秋所書，初稱侯，已而稱伯，已而稱子，蓋其朝覲貢賦之屬，率以子、男之禮從事。聖人因其實而書之，非貶之也。如滕國亦小，隱十一年來朝書侯，桓二年來朝書子。解者以爲桓公弑君之賊，滕不合朝之，故貶稱子。某嘗疑之，以爲自此以後一向書子，使聖人實惡其黨惡來朝之罪，則當止貶其一身。其子孫何罪？一例貶之，豈所謂『惡惡止其身』耶！後來因沙隨云：『滕國至小，其朝覲貢賦，不足以附諸侯之大國，故甘心自降爲子。子孫一向微弱，故終春秋之世，常稱子，聖人因其實而書之耳。』故鄭子產嘗爭貢賦之次，曰：『昔天子班貢，輕重以列。鄭伯，男也，而使從公、侯之貢，懼弗給也，敢以爲請。』即其事也。春秋之世，朝覲往來，其禮極繁。大國務吞并，猶可以辦。小國侵削之餘，何從而辦之？其自降爲子，而一切從省者，亦何足怪！若謂聖人貶人，則當時大國滅典禮、叛君父、務吞并者，常書公書侯，不貶此，而獨責備於不能自存之小國，何聖人畏强陵弱，尊大抑小，其心不公之甚！故今解春秋者，某不敢信，正以此耳。」胡泳。

禘自既灌而往者章

禘，只祭始祖及所自出之帝。祫，乃合羣廟皆在。當以趙匡之説爲正。從周。方子録云：「所自出之帝無廟。」

「程先生說：『禘，是禘其始祖之所自出，併羣廟之主皆祭之。祫，則止自始祖而下，合羣廟之主皆祭之。』所謂禘之說，恐不然。故論語集解中止取趙伯循之說。」廣云：「觀『禘祫』兩字之義亦可見。」曰：「禘，只是王者既立始祖之廟，又請他那始祖之尊長來相熱樂相似。」廣。

仁父問：「『禘自既灌而往者，吾不欲觀之。』集注有兩意？」曰：「這其實也只說既灌而往不足觀。若『不王不禘』，而今自著恁地說將來。其實這一句只說灌以後不足觀。」又云：「『觀，盥而不薦，有孚顒若，下觀而化也。』這盥，自與灌不同。灌，是以秬鬯之酒灌地以降神。這盥，只是洗手。凡祭祀數數盥手，一拜則掌拊地，便又著洗。伊川云：『人君正其表儀，以爲下民之觀，當莊嚴如始盥之初，勿使誠意少散如既薦之後。』某看觀卦意思，不是如此。觀義自說聖人至德，出治天下自然而化，更不待用力，而下莫不觀感而化，故取義於盥。意謂積誠之至，但是盥滌而不待乎薦享，有孚已自顒若，故曰『下觀而化也』。」蔡季通因云：「『盥而不薦，有孚顒若』，言其理也；『下觀而化』，述其德也。」賀孫。

問：「禘之說，諸家多云，魯躋僖公，昭穆不順，故聖人不欲觀。如何？」曰：「禘是於始祖之廟推所自出之帝，設虛位以祀之，而以始祖配，即不曾序昭穆。故周禘帝嚳，以后稷配之。王者有禘有祫，諸侯有祫而無禘，此魯所以爲失禮也。」時舉。

問：「呂氏以未盥之前，誠意交於神明，既灌而後，特人事耳。如何？」曰：「便是有這一説，道是灌以前可觀，以後不必觀。聖人制禮，要終始皆盡誠，不必如此説。」榦。

李公晦問：「知其説者之於天下也，其如示諸斯乎！」曰：「此尚明得，何況其他！此尚感得，何況其他！」節。

器之問：「禘之説，治天下如指諸掌，恐是至誠感動之意。」曰：「禘是祭之甚遠甚大者。若其他四時之祭及祫祭，祭止於太祖。若禘，又祭其祖之所自出，如祭后稷，又推后稷上一代祭之，周人禘嚳是也。『禮，不王不禘。』禘者，祭其祖之所自出，而以祖配之。蓋無廟而祭於祖廟，所以難以答或人。固是魯禘非禮，然事體大，自是難説。若主祭者須是極其誠意，方可感格。」賀孫。

問：「『或問禘之説』，集注所謂『非仁孝誠敬之至，不足以與此』，何也？蓋祭祀之事，以吾身而交於鬼神，最是大事。惟仁則不死其親，惟孝則篤於愛親。又加之誠敬以聚集吾之精神，精神既聚，所謂『祖考精神，便是吾之精神』，豈有不來格者！」曰：「看得文字皆好。」南升。

禘是追遠之中又追遠，報本之中又報本。蓋人於近親曾奉養他底，則誠易感格，如思其居處言笑，此尚易感。若太遠者，自非極其至誠不足以格之，所以難下語答他。此等處，極要理會，在論語中爲大節目。又曰：「聖人制祭祀之意深遠，非常人所能知。自祖宗以來，千數百年，元是這一氣相傳。德厚者流光，德薄者流卑。但法有止處，所以天子只得七廟，諸侯五，大夫三。此是法當如此。然聖人之心猶不滿，故又推始祖自出之帝，以始祖配之。然已自無廟，只是祔於始祖之廟。然又惟天子得如此，諸侯以下不與焉。故近者易感，遠者難格。若薄俗粗淺之人，他誠意如何得到這裏！不是大段見得義理分明底，如何推得聖人報本反始之意如此深遠！非是將這事去推那事，只是知得此說，則其人見得義理儘高，以之觀他事，自然沛然，所以治天下不難也。」明作。

叔共問禘之說。曰：「尋常祭祀，猶有捉摸。到禘時，則甚渺茫。蓋推始祖之所自出者，而祭之於始祖之廟，以始祖配之，其所禘者無廟無主，便見聖人追遠報本之意，無有窮已。若非誠敬之至，何以及此！故『知禘之說，則誠無不格』，此聖人所以難言也。」時舉。

問：「『知禘之說，則理無不明』，如何？」曰：「幽明只是一理。若是於那渺茫幽深之間知得這道理，則天下之理皆可推而明之矣。」恪。

問：「『知禘之說，則理無不明，誠無不格，治天下不爲難矣。』先王報本反始之意，雖莫深於禘，如何纔知其說，便能於理無所不明？」曰：「此是理之至大者。蓋人推至始祖，則已極矣。今又推始祖所自出之帝而祀焉，則其理可謂窮深極遠矣。非仁孝誠敬之至，何以及此！能知此，則自然理無不明，誠無不格，於治天下真不爲難矣。」廣。

子升問禘之説。曰：「禘之意最深長。如祖考與自家身心未相遼絶，祭祀之理，亦自易理會。至如郊天祀地，猶有天地之顯然者，不敢不盡其心。至祭其始祖，已自大段闊遠，難盡其感格之道。今又推其始祖之所自出而祀之，苟非察理之精微，誠意之極至，安能與於此哉！故如此，則於治天下不難也。」木之。

問：「『知禘之説，則理無不明，誠無不格，而天下不難治。』此只是説聖人窮盡物理，而無一念之不實，雖至幽至遠之神，猶能感通，則其治天下自是明且易否？」曰：「此是説禘與他祭不同，當看那『禘』字。」義剛言：「禘是祭始祖所自出之帝。蓋遠而易忘，人情所不追念者，而乃能感而通之，非仁孝誠敬之至，孰能與此！」曰：「然。」義剛。

仁父問：「『知禘之説，則理無不明，誠無不格，治天下不難。』如何？」曰：「天地陰陽生死晝夜鬼神，只是一理。若明祭祀鬼神之理，則治天下之理不外於此。『七日戒，三日齊，必見其所祭者』，故『郊焉則天神格，廟焉則人鬼享』。此可謂至微而難通者。若能如此，到得治天下，以上感下，以一人感萬民，亦初無難者。這鬼神生死之理，却惟上蔡見得。看他説『吾之精神，即祖考之精神』，説得有道理。如説『非其鬼而祭之』一段，亦説得好。」賀孫。

問：「知禘之説，何故治天下便易？」曰：「禘，諸公説得也多頭項，而今也見不得，集注中且依約如此説。」或問：「以魯人僭，故孔子不説否？」曰：「也未必是如此。不知，只是不敢知。」或曰：「只是知得報本否？」曰：「亦不專是如此。中庸『明乎禘嘗之義，治國其如示諸掌』，亦如此説。蓋禘是箇大祭，那裏有君臣之義，有父子之親，知得則大處是了，便也自易。」曰：「恐此只是既知得報本，又知得名分，又知得誠意否？」曰：「是。此處游氏説得好。祭統中説『祭有十倫』，亦甚好。子細看，方知得不是空言。」淳。

或問禘之説。曰：「謝氏云『全得自家精神，便是祖考精神』，此説好。苟能全得自家精神，則『郊焉而天神格，廟焉而人鬼享』。」子蒙。

問：「魯之郊、禘，自成王之賜、伯禽之受不是了，後世子孫合如何而改？」曰：「時王之命，如何敢改！」曰：「恐不可自改，則當請命於天王而改之否？」先生首肯，曰：「是。」淳。

祭如在章

問：「『祭如在』，人子固是盡誠以祭，不知真可使祖宗感格否？」曰：「上蔡言：『自家精神，即祖考精神。』這裏盡其誠敬，祖宗之氣便在這裏，只是一箇根苗來。如樹已枯朽，邊傍新根，即接續這正氣來。」寓。

或問「祭如在，祭神如神在」。曰：「祭先主於孝，祭神主於敬。雖孝敬不同，而如在之心則一。聖人萬一有故而不得與祭，雖使人代，若其人自能極其恭敬，固無不可；然我這裏自欠少了，故如不祭。」時舉。

正甫問「祭如在，祭神如神在」。曰：「祭先如在，祭外神亦如神在。愛敬雖不同，而如在之誠則一。吾不與祭，而他人攝之，雖極其誠敬，而我不得親致其如在之誠，此心終是闕然。」僩。

「祭如在，祭神如神在」。此是弟子平時見孔子祭祖先及祭外神之時，致其孝敬以交鬼神也。孔子當祭祖先之時，孝心純篤，雖死者已遠，因時追思，若聲容可接，得以竭盡其孝心以祀之也。祭外神，謂山林溪谷之神能興雲雨者，此孔子在官時也。雖神明若有若亡，聖人但盡其誠敬，儼然如神明之來格，得以與之接也。「吾不與祭，如不祭」，孔子自謂當祭之時，或有故而使人攝之，禮雖不廢，然不得自盡其誠敬，終是不滿於心也。范氏所謂「有其誠則有其神，無其誠則無其神」。蓋神明不可見，惟是此心盡其誠敬，專一在於所祭之神，便見得「洋洋然如在其上，如在其左右」。然則神之有無，皆在於此心之誠與不誠，不必求之恍忽之間也。南升。

問：「『祭神如神在』，何神也？」曰：「如天地、山川、社稷、五祀之類。」曰：「范氏謂『有其誠則有其神，無其誠則無其神』，只是心誠，則能體得鬼神出否？」曰：「誠者，實也。有誠則凡事都有，無誠則凡事都無。如祭祀有誠意，則幽明便交；無誠意，便都不相接了。」曰：「如非所當祭而祭，則爲無是理矣。若有是誠心，還亦有神否？」曰：「神之有無也不可必，然此處是以當祭者而言。若非所當祭底，便待有誠意，然這箇都已錯了。」淳。

問：「范氏云：『有其誠則有其神，無其誠則無其神。』恐是自家心裏以爲有便有，以爲無便無。」曰：「若只據自家以爲有便有，無便無，如此却是私意了。這箇乃是自家欠了他底，蓋是自家空在這裏祭，誠意却不達於彼，便如不曾祭相似。」燾。

子善問鬼神：「范氏解『祭如在』云：『有其誠則有其神，無其誠則無其神。』虛空中無非氣。死者既不可得而求矣，子孫盡其誠敬，則祖考即應其誠，還是虛空之氣自應吾之誠，還是氣只是吾身之氣？」曰：「只是自家之氣，蓋祖考之氣與己連續。」賀孫。

與其媚於奧章

「王孫賈之意，欲夫子媚己。緊要是『媚』字不好。如夫子事君盡禮，也何嘗是媚！

他見夫子當時事君盡禮，便道夫子媚奥。故夫子都不答他，只道是不如此，獲罪於天，則無所禱。何爲媚奥？亦何爲媚竈？逆理而動，便獲罪於天。」問：「此兩句，恐是時人有語，故問曰：『何謂也？』」曰：「恐是如此。」榦。

王孫賈庸俗之人，見孔子在衛，將謂有求仕之意，欲孔子附己，故有媚奥與媚竈之言。彼亦須聞有孔子之聖，但其氣習卑陋，自謂有權可以引援得孔子也。「子曰『不然』」者，謂媚奥與媚竈皆非也。天下只有一箇正當道理。循理而行，便是天。若稍違戾於理，便是得罪於天，更無所禱告而得免其罪也。猶言違道以干進，乃是得罪於至尊至大者，可畏之甚，豈媚時君與媚權臣所得而免乎！此是遜辭以拒王孫賈，亦使之得聞天下有正理也。南升。

周問：「『獲罪於天』，集注曰：『天即理也。』此指獲罪於蒼蒼之天耶，抑得罪於此理也？」曰：「天之所以爲天者，理而已。天非有此道理，不能爲天，故蒼蒼者即此道理之天，故曰：『其體即謂之天，其主宰即謂之帝。』如『父子有親，君臣有義』，雖是理如此，亦須是上面有箇道理教如此始得。但非如道家說，真有箇『三清大帝』著衣服如此坐耳！」銖。

問：「注云：『天即理也。逆理，則獲罪於天矣。』人若順理而行，則心平氣和，而自然安裕。若悖理傷道，非必有所謂天禍人刑，而其胸次錯亂，乖氣充積，此即是獲罪於天否？」曰：「固是如此，也不消説道心氣和平。這也只見有爲惡幸免者，故有此説。然也不必説道有無人禍天刑。即是纔逆理，便自獲罪於天。」賀孫。

或問竈陘。曰：「想是竈門外平正可頓柴處。」義剛。

問「五祀皆設主而祭於所，然後迎尸而祭於奧」。曰：「譬如祭竈，初設主於竈陘。陘非可做好安排，故又祭於奧以成禮。凡五祀皆然。但亦有不可曉者。若被人問第二句，便曉未得。問以何人爲尸，便曉不得。五祀各有主，未祭及祭畢，不知於何處藏，是無所考也。」賀孫。

周監於二代章

周公制成周一代之典，乃視夏商之禮而損益之。故三代之禮，其實則一，但至周而文爲大備，故孔子美其文而從之。南升。

夫子得志，大概從周處多。道夫。

問「吾從周」。曰：「孔子爲政，自是從周處多。蓋法令自略而日入於詳，詳者，以其弊之多也，既詳則不可復略。今法令明備，猶多姦宄，豈可更略？略則姦宄愈滋矣！」僩。

子入太廟章

問「子入太廟，每事問」。曰：「雖是有司之事，孔子亦須理會。但其器物須有人家無者，故見不得。今入宗廟方及見之，亦須問方得。」南升。

「子入太廟，每事問。」知底更審問，方見聖人不自足處。賀孫。

「『子入太廟，每事問。』宗廟朝廷重事，自用謹，雖知亦問。」曰：「是當然。必有差失處〔一〕。每常思量，行事所以錯處，多是有忽之之心。且如使人做一事，丁寧諄復，其中已有意以爲易曉而忽之不囑者。少間事之差處，都由那忽處生。」僩。

射不主皮章

説「射不主皮」章，曰：「夫子亦非是惡貫革之射。但是當時皆習於此，故言古人之道耳。如古人亦只是禮射不主皮；若武射，依舊要貫革。若不貫革，何益？」義剛。

或問：「『射不主皮』，是絶不取於貫革？」曰：「先王設射，謂『弧矢之利，以威天

〔一〕賀疑此句有誤。

下』，豈不願射得深中？如『不失其馳，舍矢如破』，『發彼小豝，殪此大兕』之類，皆是要得透，豈固以不主皮爲貴？而但欲略中而已。蓋鄉射之時是習禮容。然習禮容之人，未必皆勇敢之夫。若以貫革爲貴，則失所以習禮之意。故謂若有人體直心正，持了弓矢又審固，若射不貫革，其禮容自可取，豈可必責其貫革哉！此所以謂『爲力不同科』也。」時舉。

或問「射不主皮，爲力不同科」。先生舉易「弧矢之利，以威天下」；又舉詩「舍矢如破」，曰：「射之本意，也是要得貫革。只是大射之禮主於觀德，却不全是裸股肱決射御底人。只要『内志正，外體直』，取其中，不專取其力耳。」僩。植同。

古人用之戰鬬，須用貫革之射。若用之於禮樂，則觀德而已。武王克商，散軍郊射，而貫革之射息。則是前此用兵之時，須用貫革之射，今則不復用矣。又曰：「郭先生云：『弓弩之制，被神宗改得不好。』高宗亦嘗如此說。」又曰：「郭先生謂古人射法易學，今人射法難學，渠須理會得。郭先生論弓弩及馬甚精。」南升。

問：「明道說：『此與爲力而射者不同科。』伊川曰：『功力非一端，苟有可取，不必同科。』此二說，都就本文上添了字多，方解得，恐未穩。」曰：「便是如此，這處自是甚分明。」又問：「明道曰『射不專以中爲善』，如何？」曰：「他也只是一時間恁地說，被人寫放册上，便有礙。如『内志正，外體直』，只要箇中。不要中，要甚底！」問：「『主皮』如何說？」曰：「『皮』字，看來只做箇『貫革』字；主，便是主於貫革。」因問：「古人射要如何用？」曰：「其初也只是修武備，聖人文之以禮樂。」幹。

子貢欲去告朔之餼羊章

或問論語數段。曰：「依文解義，只消如此說，只是更要看他聖人大底意思。且如適間公說『愛禮存羊』一段，須見得聖人意思大。常人只是屑屑惜那小費，聖人之心却將那小費不當事，所惜者是禮，他所存者大。更看得這般意思出，方有益；自家意思方寬展，方有箇活動長進處。」僩。

居父問：「『餼羊』，注云：『特羊。』」曰：「乃專特之『特』，非牛也。『特牲』、『用特』，皆是特用一牛，非指特爲牛也。」賀孫。

事君盡禮章

如「拜下禮也，今拜乎上」，而孔子必拜乎下，此孔子盡禮處。銖。

君使臣以禮章

或説：「『君使臣以禮，臣事君以忠。』講者有以先儒謂『君使臣以禮，則臣事君以忠』爲非者。其言曰：『君使臣不以禮，則臣可以事君而不忠乎！君使臣不以禮，臣則有去而已矣。事之不以忠，非人臣之所宜爲也。』」先生曰：「此説甚好，然只説得一邊。尹氏謂『君使臣以禮，則臣事君以忠』，亦有警君之意，亦不專主人臣而言也。如孟子言：『君之視臣如犬馬，則臣視君如寇讐！』此豈孟子教人臣如此哉！正以警其君之不以禮遇臣下爾。爲君當知爲君之道，不可不使臣以禮；爲臣當盡爲臣之道，不可不事君以忠。君臣上下兩盡其道，天下其有不治者哉！乃知聖人之言，本末兩盡。」去僞。

問：「尹氏謂『君使臣以禮，則臣事君以忠』，此恐只是説泛然之臣。若任重之臣，恐不當如此説。」曰：「就人君而言，則如此説。但道理亦是如此。自是人主不善遇之，則下面人不盡心。如孟子所謂『君之視臣如手足，則臣視君如腹心』，道理是如此。」義剛因問：「孟子此章，前輩皆謂有圭角，如何？」安卿言：「孟子恐只是爲戰國人君而設。」曰：「也是理當如此。自人臣言，固是不可不忠。但人君亦豈可不使臣以禮！若只以爲臣下當忠，而不及人主，則無道之君聞之，將謂人臣自是當忠，我雖無禮亦得。如此，則在上者得肆其無禮。後人好避形迹，多不肯分明説。却不知使上不盡禮，而致君臣不以善終，却是賊其君者也。若使君能盡禮，則君臣劃地長久。」義剛。

關雎樂而不淫章

問：「『關雎樂而不淫，哀而不傷』，於詩何以見之？」曰：「憂止於『輾轉反側』，若憂愁哭泣，則傷矣；樂止於鐘鼓、琴瑟，若沉湎淫泆，則淫矣。」僩。又云：「是詩人得性情之正也。」

問「關雎樂而不淫，哀而不傷」。曰：「此言作詩之人樂不淫、哀不傷也。」因問：「此詩是何人作？」曰：「恐是宫中人作。蓋宫中人思得淑女以配君子，未得則哀，既得則樂。然當哀而哀，而亦止於『輾轉反側』，則哀不過其則；當樂而樂，而亦止於鐘鼓、琴瑟，則樂不過其則，此其情性之正也。」銖。

問：「『關雎樂而不淫，哀而不傷』，是詩人情性如此，抑詩之詞意如此？」曰：「是有那情性，方有那詞氣聲音。」淳。

問：「關雎之詩，得情性之正如此。學者須是『玩其辭，審其音』，而後知之。」曰：「只玩其辭，便見得。若審其音，也難。關雎是樂之卒章，故曰『關雎之亂』。亂者，樂之卒章也，故楚辭有『亂曰』是也。前面須更有，但今不可考耳。」南升。集注。

問：「『審其音』，如何？」曰：「辭氣音節亦得其正。如人傳嵇康作廣陵散操，當魏末晉初，其怒晉欲奪魏，慢了商弦，令與宮弦相似。宮爲君，商爲臣，是臣陵君之象。其聲憤怒躁急，如人鬧相似，便可見音節也。」銖。

講關雎「樂而不淫，哀而不傷」，有引明道之説爲證者：「『哀窈窕，思賢才，而無傷善之心焉。』此言『無傷善』，與所謂『哀而不傷』者，如何？」講者云：「爲其相似，故明道舉以爲證否？」曰：「不然。無傷善，與哀而不傷兩般。『樂而不淫，哀而不傷』，是言哀樂中節。謂不傷爲『無傷善之心』，則非矣。」謨。

哀公問宰我章

問：「『古者各樹其所宜之木以爲社。』不知以木造主，還便以樹爲主？」曰：「看古人意思，只以樹爲社主，使神依焉，如今人説神樹之類。」問：「不知周禮載『社主』是如何？」曰：「古人多用主命，如出行大事，則用絹帛就廟社請神以往，如今魂帛之類。社只是壇。若有造主，何所藏之！古者惟喪國之社屋之。」賀孫。

或問：「有以『使民戰栗』爲哀公之言者。」曰：「諸家多如此説，却恐未然，恐只是宰我之辭。上有一『曰』字者，宰我解『周人以栗』之義，故加一『曰』字以發其辭耳。『子聞之曰：「成事不説，遂事不諫，既往不咎。」蓋云『駟不及舌』，言豈可以輕發邪！言出宰我之口，入哀公之耳矣，豈可更諫而追之哉！」

問：「『成事不説，遂事不諫，既往不咎』，三句有別否？」曰：「亦有輕重。然社也無説話。便待宰我當初答得好，也無説話。況『使民戰栗』之語，下面又將啓許多事邪！」淳。

問：「宰我所言，尚未見於事，如何不可救？」曰：「此只責他易其言，未問其見於事與未見於事。所謂『駟不及舌』，『斯言之玷，不可爲也』，蓋欲使謹於言耳。」木之。

管仲之器小哉章

問管仲小器。曰：「緣他器小，所以做出來事皆如此。」燾。

或説「管仲器小」章。義剛言：「使仲器局宏闊，須知我所爲『功烈如彼其卑』，豈肯侈然自肆，至於奢僭如此！」曰：「也不説道功烈卑時不當如此，便是功大，亦不可如此。」義剛

「管仲器小。」陶兄云：「須是如孟子言『居天下之廣居，立天下之正位，行天下之大道』，方是大器。」曰：「是。」子蒙。

「『管氏有三歸』，不是一娶三姓女。若此，却是僭。此一段意，只舉管仲奢處，以形容他不儉。下段所説，乃形容他不知禮處，便是僭。竊恐不可做三娶説。」明作。

問：「『管仲之器小哉？』集注云：『度量褊淺，規模卑狹。』」曰：「度量褊淺，是他容受不去了。容受不去，則富貴能淫之，貧賤能移之，威武能屈之矣。規模，是就他施設處說。」僩。集注。

林聞一問：「『度量褊淺，規模卑狹』，只是一意否？」曰：「某當時下此兩句，便是有意。」因會坐間朋友各說其意。叔重云：「『度量褊淺』，言容納不得也。管仲志於功利，功利粗成，心已滿足，此便器小處。蓋不是從反身修德上做來，故規模卑狹，奢而犯禮，器小可知。器大，則自知禮矣。」時舉云：「管仲以正天下、正諸侯爲莫大之功，却不知有『行一不義，殺一不辜』底事更大於此，此所以爲小也。」先生曰：「必兼某上面兩句，方見得它器小。蓋奢而犯禮，便是它裏面著不得，見此些小功業，便以爲驚天動地，所以肆然犯禮無所忌也。亦緣他只在功利上走，所以施設不過如此。才做到此，便不覺自足矣。古人論王、伯，以爲王者兼有天下，伯者能率諸侯。此以位論，固是如此。然使其正天下，正諸侯，皆出於至公，而無一毫之私心，則雖在下位，何害其爲王道？惟其『摟諸侯以伐諸侯』，假仁義以爲之，欲其功盡歸於己，故四方貢賦皆歸於其國，天下但知有伯而不復知有天子。此其所以爲功利之心，而非出於至公也。在學者身上論之，凡日用常行應事接物之際，才有一毫利心，便非王道，便是伯者之習，此不可不省察也。」或云：「王、伯之分，固是如此。然邵康節多説『皇、王、帝、伯之道』，不知皇、帝與王又有何異同？是時使之然耶？」曰：「此亦是其德有厚有薄。皇與帝終是自然。然黄帝亦曾用兵戰鬬，亦不是全然無所作爲也。」時舉。

問：「『管仲之器小哉！』器，莫只是以資質言之否？」曰：「然。」「若以學問充滿之，則小須可大？」曰：「固是。」曰：「先生謂其『度量褊淺，規模卑狹』，此二句盡得器小之義否？」曰：「前日亦要改『度量』作『識量』，蓋才説度量，便只去寛大處看了。人只緣見識小，故器量小。後又思量，亦不須改。度量是言其資質，規模是言其所爲。惟其器小，故所爲亦展拓不開。只欲去後面添説所以如此者，只緣不知學以充之之意。管仲只緣器量小，故才做得他這些功業，便包括不住，遂至於奢與犯禮。奢與犯禮，便是那器小底影子。若是器大者，自然不至如此。看有甚功業，處之如無。胡文定春秋傳却只以執轅濤一事爲器小，此太拘泥。」因言：「管仲相桓公以伐楚，只去問他『包茅』、『昭王不返』二事，便見他得如此休。據楚當時，憑陵中夏，僭號稱王，其罪大矣！如何不理會？蓋才説著此事，楚決不肯服，便事勢住不得。故只尋此年代久遠已冷底罪過及些小不供貢事去問，想它見無大利害，決不深較。只要他稍稍追聽，便收殺了。此亦是器小之故。才是器小，自然無大功業。」廣。

問：「『管仲之器小哉！』此是孔子説管仲胸中所藴及其所施設處，將『器小』二字斷盡了。蓋當時之人，只見管仲有九合之功，將謂它大處大故。孔子却見它一生全無本領，只用私意小智做出來，僅能以功利自强其國；若是王佐之才，必不如此，故謂之『器小』。蓋奢與僭，便是器小之人方肯做。然亦只是器小底人，一兩件事看得來。孔子『器小』兩字，是包括管仲一生，自本至末，是箇褊淺卑狹底人。」曰：「管仲固是用私意小智做出來。今爲管仲思量，看當做如何方得？」某云：「須如孟子告齊梁之君，若不可，則休。」曰：「是時周室猶未衰，此最是難事，合爲它思量。」直卿云：「胡文定公云：『當上告天王，下告方伯。』是時天王又做不起。桓公係是方伯了，也做不得。是時楚强大，幾無周室。若非桓公出來，也可慮。但管仲須相桓公伐楚了，却令桓公入相于周，輔助天子。」曰：「是時有毛韓諸公皆爲天子三公，豈肯便信得桓公過，便放桓公入來。」又云：「若率諸侯以朝王，如何？」曰：「也恐諸公未肯放桓公率許多諸侯入周來。此事思量是難事，又也難説。」南升。

問：「規矩如何爲大器？」曰：「這一箇物事方，只是這一箇物事方，不能令其他底方。如規可以令天下物事圓，矩可以令天下物事方。把這一箇矩看，要甚麼皆可以方，非大器而何！」節。

蕭景昭舉楊氏曰：「道學不明，而王、伯之略混爲一塗，故聞管仲之器小，則疑其爲儉；以不儉告之，則又疑其知禮。」先生曰：「恐『混爲一塗』之下少些曲折。蓋當時人但見有箇管仲，更不敢擬議他，故疑器小之爲儉，又疑不儉之爲知禮。」時舉。

問管仲小器。曰：「只爲他本領淺，只做得『九合諸侯、一匡天下』之功。揚雄説得極好：『大器其猶規矩準繩，無施不可。』管仲器小，只做得這一件事。及三歸反坫等事，用處皆小。上蔡説得來太小，如曰：『則其得君而專政，夫豈以天下爲心哉？不過濟耳目之欲而已。』管仲又豈止如此？若如此，又豈能『九合諸侯，一匡天下』！大凡自正心、誠意，以及平天下，則其本領便大。今人只隨資禀去做。管仲資禀極高，故見得天下利害都明白，所以做得許多事。自劉漢而下，高祖、太宗亦是如此，都是自智謀功力中做來，不是自聖賢門户來，不是自自家心地義理中流出。使高祖、太宗當湯武，固自不得；若當桓文，尚未可知。」問：「使二君與桓文同時，還在其上，還出其下？」曰：「桓公精密，做工夫多年。若文公只是六年，一作「疎淺」。已自甚快。但管仲作内政，盡從脚底做出，所以獨盛於諸侯。漢高從初起至入秦，只是擄掠將去，與項羽何異？但寬大，不甚殺人耳。秦以苛虐亡，故高祖不得不寬大；隋以拒諫失國，故太宗不得不聽人言。皆是他天資高，見得利害分明，稍不如此，則天下便叛而去之。如太宗從諫，甚不得已，然當時只有這一處服得人。」又曰：「漢唐與齊晉之時不同。漢唐甚倉猝。」又問：「謝氏却言子雲之説不然。」

曰：「他緣是快，只認得量淺底意思，便説將去：『無所往而不利，無所適而不通，無所爲而不成，無所受而不可。以之爲己，則順而祥；以之爲人，則愛而公；以之爲心，則和而平；以之爲天下國家，無所處而不當。』『富貴不能淫，貧賤不能移，威武不能屈』，要之，大器即此便是。如上蔡，只認得箇『富貴不能淫』。」驤。集義。

子語魯太師樂章

問：「『始作，翕如也』，謂樂之初作，五聲六律，合同而奏，故曰翕如。從者，放也。言聲音發揚出來，清濁高下，相濟而和。既是清濁高下相濟而和了，就中又各有條理，皦然而明，不相侵奪。既有倫理，故其聲相連續，而遂終其奏。言自始至終，皆條理如此。」曰：「此亦是據夫子所説如此。古樂既亡，無可考處。但是五聲、六律翕然同奏了，其聲音又純然而和，更無一聲參差。若有一聲參差，便不成樂。且如一宮只得七聲。若黄鐘一宮，合得姑洗等七聲。或少一聲也不得，多一聲也不得。」南升。

儀封人請見章

問：「古人相見，皆有將命之詞。而論語獨載儀封人之説，及出，便説『二三子何患於喪乎』！是他如何便見得？」曰：「某嘗謂這裏儘好看。如何『從者見之』後，便見得夫子恁地？這也見得儀封人高處。據他謂『君子之至於斯，吾未嘗不得見』。他大段見得好人多，所以一見之頃，便見得聖人出。大抵當周之末，尚多有賢人君子在，故人得而見之。」至之云：「到孟子時，事體又別。如公都子、告子、萬章之徒尚不知孟子，況其他乎！」曰：「然。」道夫。

問：「儀封人亦是據理而言。若其得位失位，則非所及知也。」曰：「儀封人與夫子說話，皆不可考。但此人辭氣最好，必是箇賢有德之人。一見夫子，其觀感之間，必有所見，故爲此言。前輩謂『作者七人』，以儀封人處其一，以此。」南升。

子謂韶盡美矣章

問：「韶盡美盡善，武盡美未盡善，是樂之聲容都盡美，而事之實有盡善、未盡善否？」曰：「不可如此分說，便是就樂中見之。蓋有這德，然後做得這樂出來；若無這德，却如何做得這樂出來！故於韶之樂，便見得舜之德是如此；於武之樂，便見得武王之德是如此。都只是一統底事。」壽。

或問韶、武美善。曰：「德有淺深。舜性之，武王反之，自是有淺深。又舜以揖遜，武以征伐，雖是順天應人，自是有不盡善處。今若要强説舜武同道，也不得；必欲美舜而貶武，也不得。」又曰：「舜武不同，正如孟子言伯夷、伊尹之於孔子不同。至謂『得百里之地而君之，皆能以朝諸侯，有天下；行一不義，殺一不辜，而得天下不爲，是則同也』。舜武同異正如此。故武之德雖比舜自有深淺，而治功亦不多争。韶、武之樂正是聖人一箇影子，要得因此以觀其心。大凡道理須寬心看，使各自開去。打疊了心胸，安頓許多道理在裏面，高者還他高，下者還他下，大者還他大，小者還他小，都歷歷落落，是多少快活！」道夫。

叔蒙問韶盡美盡善，武盡美未盡善。曰：「意思自不同。觀禮記所説武王之舞：『始而北出』，周在南，商在北，此便做箇向北意思；『再成而滅商』，須做箇伐商意思；『三成而南』，又做箇轉歸南意思；『四成而南國是疆，五成而分周公左，召公右』，又分六十四箇做兩處。看此舞，可想見樂音須是剛，不似韶純然而和。武須有些威武意思。」又問：「堯舜處湯武之時，肯如湯武所爲否？」曰：「聖德益盛，使之自服耳。然到得不服，若征伐也免不得，亦如征有苗等事，又如黄帝大段用兵。但古人用兵，與後世不同。古人只擯將退，便是贏，那曾做後世樣殺人，或十五萬，或四十萬，某從來不信。謂之多殺人，信有之。然指定數四十萬，必無此理。只如今安頓四十萬人，亦自大段著地位。四十萬人也須會走，也須争死，如何掘箇窟去埋得許多！」賀孫。

子善問「韶盡美矣」一章。曰：「後世所謂文武之舞，亦是就韶武舞變出來。韶舞不過是象那『地平天成，六府三事允治』，天下恁地和平底意思。武舞不過象當時伐商底意思。觀此二箇意思，自是有優劣。但若論其時，則當時聚一團惡人爲天下害，不能消散，武王只得去伐。若使文王待得到武王時，他那舊習又不消散，文王也只得伐。舜到這裏，也著伐。但恐舜文德盛，其徒或自相叛以歸之，亦未可知。但武王之時只得如此做。『堯舜性之也，湯武身之也。』性，是自有底；身，是從身上做得來，其實只是稟資略有些子不相似處耳。」恪。

「韶與武，今皆不可考。但書所謂：『正德利用厚生惟和，九功惟叙，九叙惟歌，戒之用休，勸之以九歌。』此便是作韶樂之本也。所謂『九德之歌，九韶之樂』，是也。看得此歌，本是下之人作歌，不知當時如何取之以爲樂，却以此勸在下之人。武王之武，看樂記便見得，蓋是象伐紂之事。其所謂北出者，乃是自南而北伐紂也，看得樂氣象便不恁地和。韶樂只是和而已。故武所以未盡善。」又云：「樂聲也易得亡失。如唐太宗破陣樂，今已不可考矣。」南升。

問：「集注：『美者，聲容之盛；善者，美之實。』如何是美之實？」曰：「據書中説韶樂云：『德惟善政，政在養民，水火金木土穀惟修，正德利用厚生惟和。九功惟叙，九叙惟歌。』此是韶樂九章。看他意思是如何？到得武樂，所謂『武始而北出，再成而滅商，三成而南，四成而南國是疆，五成而分周公左、召公右，六成而復綴以崇』，與夫『總干而山立，武王之事也；發揚蹈厲，太公之志也』，其意思與韶自是不同。」廣。集注。

「善者，美之實。」實，只是事，是武王之事不稱也。舜之德性之，武王反之，是他身上事，與揖遜、征伐不相干。但舜處武王時畢竟又別。明作。

問「善者美之實」。曰：「實是美之所以然處。且如織出絹與布，雖皆好，然布終不若絹好。」問：「『性之、反之』，似此精微處，樂中如何見得？」曰：「正是樂上見。只是自家不識它樂，所以見不得。」僩。

問「善者美之實」。曰：「美是言功，善是言德。如舜『九功惟叙，九叙惟歌』，與武王仗大義以救民，此其功都一般，不争多。只是德處，武王便不同。」曰：「『未盡善』，亦是征伐處未滿意否？」曰：「善只説德，是武王身上事，不干征伐事。」曰：「是就武王反之處看否？」曰：「是。」謝教，曰：「畢竟揖遜與征伐也自是不同，征伐是箇不得已。」曰：「亦在其中，然不專就此説。」淳曰：「既征伐底是了，何故又有不得已意？」曰：「征伐底固是，畢竟莫如此也好。所以孔子再三誦文王至德，其意亦可見矣。樂便是聖人影子，這處『未盡善』，便是那裏有未滿處。」淳。

或問韶、武善美之别。曰：「只就世俗論之，美如人生得好，善則其中有德行耳。以樂論之，其聲音節奏與功德相稱，可謂美矣，善則是那美之實。」又問：「或説武王之心與舜一般，只是所行處與心相反，所以有『盡善、未盡善』之别。」曰：「聖人固無兩心，烏有心如此而所行相反者！且如堯之末年，水土之害如此，得舜承當了，天下遂極治。紂之時，天下大亂，得武王仗仁義，誅殘賊，天下遂大治。以二聖人之功業論之，皆可謂盡美矣。然其美之實有盡、未盡者，只是舜較細，武王較粗些。然亦非聖人實要如此，只是所遇之時不同耳。」僩。

問：「征伐固武王之不幸。使舜當之，不知如何？」曰：「只看舜是生知之聖，其德盛，人自歸之，不必征伐耳。不然，事到頭，也住不得。如文王亦然。且如『殷始咎周，周人乘黎。祖伊恐，奔告于受』。這事勢便自是住不得。若曰『奔告于受』，則商之忠臣義士何嘗一日忘周？自是紂昏迷爾。」道夫問：「吴氏稗傳謂書序是後人傅會，不足信。」曰：「亦不必序，只經文謂祖伊恐，奔告于王曰：『天子，天既訖我殷命！』則是已交手爭競了。紂固無道，然亦是武王事勢不相安，住不得了。仲虺告成湯曰：『肇我邦于有夏，若苗之有莠，若粟之有秕，小大戰戰，罔不懼于非辜。』則仲虺分明言事勢不容住，我不誅彼，則彼將圖我矣。後人多曲爲之説以諱之。要之，自是避不得。」道夫。

或問：「『盡善、盡美』，説揖遜、征誅足矣，何以説『性之、反之』處？」曰：「也要尋它本身上來，自是不同。使舜當武王時，畢竟更强似大武；使武王當舜時，必不及韶樂好。」銖。

問：「『子謂韶盡美矣』章，引程氏曰：『堯舜湯武，其揆一也。征伐非其所欲，所遇之時然耳。』使舜遇湯武之時，不知如何？」曰：「只怕舜德盛，人自歸之。若是大段負固，不得已，也須征伐，如伐苗是也。」又問：「『舜性之，湯武反之』，地位亦自不同。」曰：「舜之德如此，又撞著好時節；武王德不及舜，又撞著不好時節。」銖。

問：「堯舜在湯武時，還做湯武事否？」曰：「堯舜且做堯舜看，湯武且做湯武看。看得其心分明，自見得。」可學。

湯武之征伐，只知一意惻怛救民而已，不知其他。僩。

問「武未盡善」。曰：「若不見得他『性之、反之』不同處，又豈所謂『聞其樂而知其德』乎！舜與武王固不待論。今且論湯武，則其反之至與未至，雖非後學所敢議，然既嘗讀其書，恐亦不待聞樂而知之也。」請問。曰：「以書觀之，湯畢竟反之工夫極細密，但以仲氏稱湯處觀之，如『以禮制心，以義制事』等語，又自謂『有慚德』，覺見不是，往往自此益去加功。如武王大故疏，其數紂之罪，辭氣暴厲。如湯，便都不如此。」賜。

或問「武未盡善」一段。先生以所答示諸友云：「看得如何？」皆未有所答。次問祖道。答曰：「看來湯武也自别。如湯自放桀歸來，猶做工夫，如『從諫弗咈』，『改過不吝』，『昧爽丕顯，旁求俊彦』，刻盤銘，修人紀，如此之類，不敢少縱。武王自伐紂歸來，建國分土，散財發粟之後，便只垂拱了。又如西旅之獒費了太保許多氣力，以此見武王做工夫不及成湯甚遠。先生所謂『觀詩書可見』者，愚竊以爲如此。」先生笑曰：「然。某之意正如此。」祖道。問：「范氏以爲德不同，謝氏以爲時不同，游氏以爲事不同。三者孰是？」曰：「畢竟都有些子，如何得同？楊氏曰：『武之武，非聖人之所欲。』横渠亦曰：『征伐豈其所欲！』此説好。」榦。集義。

居上不寬章

子升問「居上不寬」。曰：「『寬』字難識。蓋有政教法度，而行之以寬耳，非廢弛之謂也。如『敬敷五教，在寬』，蓋寬行於五教之中也。」木之。

「居上不寬」三句，句末這三字是本。有其本，方可就其本上看他得失厚薄。若無其本，更看箇甚麽？明作。

「居上而不寬，爲禮而不敬，臨喪而不哀」，更無可據以爲觀者矣。蓋寬也，敬也，哀也，所謂本也。其本既亡，則雖有條教法令之施，威儀進退之節，擗踊哭泣之數，皆無足觀者。若能寬，能敬，能哀了，却就它這寬、敬、哀中去考量他所行之是否。若不寬，不敬，不哀，則縱其他有是處，皆不在論量之限矣。如醋，須是酸，方就它酸之中，看那箇釅，那箇淡。若只似水相似，更論量箇甚麽，無可説矣。僩。

問「居上不寬」一章。曰：「才無那寬敬哀三者，便是無可觀了，把什麽去觀他！惟有三者，方可觀其至與不至，盡與不盡，行此三者之得失也。但看『何以觀之』字，便自見得『觀』字去著。」燾。

希真問「吾何以觀之哉」章。曰：「如寬便有過不及，哀便有淺深，敬便有至不至。須有上面這箇物事，方始就這上見得他得失。若無這箇物事，却把甚麽觀得他！」恪。

葉問「吾何以觀之哉」。曰：「居上緊要在寬，爲禮緊要在敬，臨喪緊要在哀，三者俱無，則居上、爲禮、臨喪，却似不曾一般，將以何者觀之哉！言將甚底看它，它都無了。」銖。去僞録云：「居上只要觀它寬，爲禮只要觀它敬，臨喪只要觀它哀。今皆無之，無可觀矣！」

朱子語類卷第二十六

論語八

里仁篇上

里仁爲美章

或問：「里仁一篇，自首至『觀過斯知仁矣』，都是説仁。『里仁爲美』，是指言仁厚之俗；『觀過斯知仁』，是指言慈愛底仁。其他則皆就心德上説。」曰：「雖是如此，然統體便都只是那箇仁。如里有仁厚之俗，便那一里之人這心不大故走作，所以有仁厚之俗。『觀過斯知仁』，便也是這心。」僩。

問：「『里仁爲美』，論語、孟子注不同，如何？」曰：「論語本文之意，只是擇居。孟子引來證擇術，又是一般意思。言里以仁者爲美，人之擇術，豈可不謹？然亦不争多。」

問：「美，是里之美？抑人之美？」曰：「如云俗美一般。如今有箇鄉村人淳厚，便是那鄉村好；有箇鄉村人不仁、無廉、無恥者多，便是那鄉村不好。這章也無甚奥義，只是擇居而已。然『里仁』字也差異。」淳。

問：「『里仁爲美』，孟子引用，自要説下文『安宅』。謝氏説：『論語本意不是如此。』」曰：「若這般説話，也要認得本旨是了。若如孟子説，也無害；如謝氏，也無害。」賀孫。

問：「此章謝氏引孟子擇術爲證，如何？」曰：「聖人本語不是説擇術。古人居必擇鄉，遊必就士，是合著事。」劉問：「今人數世居此土，豈宜以他鄉俗美而遽遷邪？」曰：「古人『危邦不入，亂邦不居』。近而言之，若一鄉之人皆爲盜賊，吾豈可不知所避！聖人言語説得平正，必欲求奇説令高遠如何！今人説文字，眼前淺近底，他自要説深；在外底，他要説向裏；本是説他事，又要引從身上來；本是説身上事，又要引從心裏來，皆不可。」寓。

不仁者不可以久處約章

問：「『不仁者不可以久處約，不可以長處樂。仁者安仁，知者利仁』，此四句都相屬。

知者則知天理之爲是而必循之，知人欲之爲非而必去之，所以能處約處樂，而不至於濫與淫。」曰：「如此説時，便是硬去做，都不見利仁底意思。如安仁者，他便是仁了，更不用説。如所謂利仁者，是真箇見得這仁愛這一箇物事好了，猶甘於芻豢而不甘於粗糲。若只是聞人説這箇是好，自家也髣髴見得是，如此，却如何得如『芻豢之悦我口』，如何得利仁底意，便只是硬去做了。」燾。

問：「既是『失其本心』，則便解濫淫，而必以久言之，何故？」曰：「也有時下未肯恁地做底，聖人説話穩。而今説道他不仁，則約便濫，樂便淫，也有不便恁地底。」義剛。賀孫録云：「亦有乍能勉强一時者。」

至之問「仁者安仁」。曰：「仁者心便是仁，早是多了一『安』字。『知者利仁』，未能無私意，只是知得私意不是著脚所在，又知得無私意處是好，所以在這裏千方百計要克去箇私意，這便是利仁。」時舉。

劉潛夫問「安仁」、「利仁」之別。曰：「安仁者不知有仁，如帶之忘腰，屨之忘足。利仁者是見仁爲一物，就之則利，去之則害。」壯祖。

晞遜問：「所謂利仁者，莫是南軒所謂『有所爲而爲』者否？」曰：「『有所爲而爲』不是好底心，與利仁不同。『仁者安仁』，恰似如今要做一事，信手做將去，自是合道理，更不待逐旋安排。如孟子説：『動容周旋中禮者，盛德之至也。哭死而哀，非爲生者也；經德不回，非以干祿也；言語必信，非以正行也。』這只順道理合做處便做，更不待安排布置。待得『君子行法以俟命而已』，便與上不同。」又云：「有爲而爲之，正是説『五霸假之也』之類。」賀孫。

仁者温淳篤厚，義理自然具足，不待思而爲之，而所爲自帖帖地皆是義理，所謂仁也。知者知有是非，而取於義理，以求其是而去其非，所謂知也。升卿。

蕭景昭問：「而今做工夫，且須利仁。」曰：「唯聖人自誠而明，合下便自安仁。若自明而誠，須是利仁。」銖。

仁、知雖一，然世間人品所得，自有不同：顔子、曾子，得仁之深者也；子夏、子貢，得知之深者也。如程門之尹氏則仁勝，上蔡則知勝。升卿。

或問「仁者心無精粗内外遠近之間」。曰：「若有，便成兩段。此句爲『仁者安仁』設。」節。集義。

或問：「『仁者心無内外遠近精粗之間』，如何？」曰：「仁者洞然只是一箇心，所以無内外精粗遠近之間。然須看自家有間底心是如何，然後看無間底心是如何。」又問：「『無内外之間』，是如何？」曰：「表裏如一。」又問：「如何是『遠近精粗之間』？」曰：「他當初若更添『高下、顯微、古今』這樣字，也只是一理。」又問：「纔有些箇攙絶間斷〔一〕，便不得。」曰：「纔有私意，便間斷了。所以要『克己復禮』，便是要克盡私意。蓋仁者洞然只是這一箇心。如一椀清水，纔入些泥，有清處，有濁處。」又問：「上蔡解此段，只是論『仁者安仁，知者利仁』，先解這一段，方連上面説。」曰：「看他文義，須是包上面説，方得相貫。然『仁者安仁，知者利仁』，又須著自去看。」

問：「不能無遠近精粗之間，如何？」曰：「亦只是内外意思。『吾心渾然一理，無内外遠近精粗』，這段分別説極通透。上蔡尋常説有過當處，此却他人説不到。」先生再三誦「安仁則一，利仁則二」之句，以爲解中未有及此者，因歎云：「此公見識直是高。利仁，貪利爲之，未要做遠底，且就近底做；未要做精底，且就粗底做。」問：「『安仁者非顔閔以上不知此味』，便是聖人之事乎？」曰：「是。須知『非顔閔以上不知此味』，到顔閔地位知得此味，猶未到安處也。」寓。

問：「安仁者，『心無内外遠近精粗之間』。性之未動，既皆至理所存；情之既發，無非至理所著。利仁固是審於既發，莫更著謹於未發否？」曰：「若未發時，自著不得工夫。

〔一〕「攙絶間斷」，賀疑有訛。

未發之時，自堯舜至於塗人，一也。」問：「原憲『克、伐、怨、欲不行』，是他許多不好物事都已發了，只白地壅遏得住，所以非獨不得爲仁，亦非求仁之事。」曰：「是如此。」賀孫。

問：「上蔡云：『安仁，非顏閔以上做不得。』顏閔似未至安仁？」曰：「亦見此意思。」可學。

惟仁者能好人能惡人章

蕭景昭說此章。先生云：「注中引程子所謂『得其公正』，是如何？」答云：「只是好惡當理，便是公正。」先生曰：「程子只著箇『公正』二字解，某恐人不理會得，故以『無私心』解『公』字，『好惡當於理』解『正』字。有人好惡當於理，而未必無私心；有人無私心，而好惡又未必皆當於理。惟仁者既無私心，而好惡又皆當於理也。」時舉。

問「唯仁者能好人，能惡人」，程子所謂「得其公正是也」。曰：「今人多連看『公正』二字，其實公自是公，正自是正，這兩箇字相少不得。公是心裏公，正是好惡得來當理。苟公而不正，則其好惡必不能皆當乎理；正而不公，則切切然於事物之間求其是，而心却不公。此兩字不可少一。」僩。

居父問：「仁者動静皆合正理，必有定則，凡可好可惡者，皆湊在這則子上，所以『能好人，能惡人』。」曰：「然。程子所以説『得其公正是也』。惟公然後能正，公是箇廣大無私意，正是箇無所偏主處。」賀孫。

問：「『惟仁者能好人，能惡人』。好善而惡惡，天下之同情。若稍有些子私心，則好惡之情發出來便失其正。惟仁者心中渾是正理，見人之善者則好之，見不善者則惡之。或好或惡，皆因人之有善惡，而吾心廓然大公，絶無私係，故見得善惡十分分明，而好惡無不當理，故謂之『能好能惡』。」曰：「程子之言約而盡。公者，心之平也；正者，理之得也。一言之中，體用備矣。」南升。

苟志於仁章

問：「『苟志於仁矣，無惡也』。（切）〔竊〕[一]謂學者有志於仁，雖有趨向已正，而心念未必純善而無過差。纔有過差，便即是惡，豈得言無？」曰：「志於仁，則雖有過差，不謂之惡。惟其不志於仁，是以至於有惡。此『志』字，不可草草看。」人傑。

先生問學者：「『苟志於仁矣，無惡也』，與『士志於道，而恥惡衣惡食者，未足與議

〔一〕據文義改。

也』，前面説志於仁則能無惡，此段説志於道而猶有此病。其志則一，而其病不同，如何？」諸友言不合。曰：「仁是最切身底道理。志於仁，大段是親切做工夫底，所以必無惡。志於道，則説得來闊。凡人有志於學，皆志於道也。若志得來泛泛不切，則未必無恥惡衣惡食之事。又恥惡衣食，亦有數樣。今人不能甘粗糲之衣食，又是一樣。若恥惡衣惡食者，則是也喫著得，只是怕人笑，羞不如人而已，所以不足與議。」僩。

「『苟志於仁矣』，方志仁時，便無惡。若間斷不志仁時，惡又生。」或云：「過非心所欲爲，惡則心所欲。」曰：「惡是誠中形外，過是偶然過差。」明作。

楊氏云：「苟志於仁矣，未必無過舉也，然而爲惡則無矣。」先生問學者：「過與惡，如何分別？」曰：「過非心所欲爲，惡是心所欲爲。」曰：「惡是誠於中，形諸外，所以異也。」銖。

富與貴章

或問：「富貴不處，是安於義；貧賤不去，是安於命。」曰：「此語固是。但須知如何此是安義，彼是安命。蓋吾何求哉？求安於義理而已。不當富貴而得富貴，則害義理，故不處。不當貧賤而得貧賤，則自家義理已無愧，居之何害！富貴人所同欲，若不子細，便錯了。貧賤人所同惡，自家既無愧義理，若更去其中分疏我不當貧賤，便不是。張子韶説『審富貴而安貧賤』，極好。」學蒙。

「審富貴而安貧賤」者，言不以其道得富貴，須是審。苟不以其道，決是不可受它底。不以其道得貧賤，却要安。蓋我雖是不當貧賤，然當安之，不可於上面計較云「我不當得貧賤」，有汲汲求去之心，譬如人作折本經紀相似。銖。

問：「君子當得富貴。所謂不當得而得者，乃人君不能用其言，徒欲富貴其身。」曰：「富貴不以道得之，不但説人君不用其言，只富貴其身。如此説，却説定了。凡是富貴貧賤有不當得而得者，皆不處不去。如『孔子主我，衞卿可得』之類，亦是不當得之富貴。須且平説，不要執定一事。又終食、造次、顛沛，一句密似一句，須至傾覆流離之際，亦不違仁也。」南升。

文振問「富與貴」一章。曰：「『富與貴，不以其道得之』，若曰是諂曲以求之，此又是最下等人。所謂得之者，便設有自到我面前者，吾知其有一毫不是處，也不可處。譬如秀才赴試，有一人先得試官題目將出來賣，只要三兩貫錢，便可買得，人定是皆去買。惟到這裏見得破，方是有學力。聖人言語，豈可以言語解過一徧便休了！須是實體於身，灼然行得，方是讀書。」時舉。

問：「貧賤，如何是不當得而得之？」曰：「小人放僻邪侈，自當得貧賤。君子履仁行義，疑不當得貧賤，然却得貧賤，這也只得安而受之，不可説我不當得貧賤，而必欲求脱去也。今人大率於利，雖不當得，亦泯默受之；有害，則必以爲不當得，而求去之矣。君子則於富貴之來，須是審而處之；於貧賤，則不問當得與不當得，但當安而受之，不求去也。」問：「此二節語，猶云『怨有不讐，而德無不報』之意否？」曰：「然。蓋於富貴則有所不處，於貧賤則必受之而不辭也。」僩。

問：「『不以其道得之不去也』，『去』字或讀作上聲，可否？」曰：「自家離去之『去』，去聲讀；除去之『去』，上聲讀。此章只是去聲。」義剛。

「君子去仁」之「去」只音去聲。如「孟子去齊」之「去」，我元有而自離去之也。若作上聲，則是除却。賀孫。明作録云：「是除却了，非也。」

「富與貴，貧與賤」一章。某曰：「學者須是從富貴貧賤處判斷得下，方有用工處。」先生喜曰：「這裏看得分曉，須要做下面工夫。若做得下面工夫，看上面事愈覺分曉。」又問：「『惡不仁者』，直是如此峻潔！」曰：「只緣是不要一點不仁底事著在身上。」又曰：「如此看得，方是。」炎。

子善問此章。曰：「且如不處、不去，若是資質好底，所見稍明，便於這裏也能見得，只是未必到無終食不違底意思。不處、不去，乃是立脚處好了，細密工夫方下得。若上面無立脚處了，其他可見。一作：「下面工夫，無緣可見。」聖人之意，不獨是教人於富貴貧賤處做工夫，須是到終食不違，顛沛造次都用工，方可。」恪。

先生因寓看里仁篇，云：「前面幾段更好熟看，令意脈接續。」因問：「造次是『急遽苟且之時』。苟且，莫只就人情上説否？」曰：「苟且是時暫處，苟可以坐，苟可以立，令此心常存，非如大賓大祭時也。」問：「曾子易簀，莫是苟且時否？」曰：「此正是顛沛之時。那時已不可扶持，要如此坐，也不能得。」寓。

敬之問：「富貴貧賤，聖人教人，要得分别取舍到箇真切處，便隨道理做去。有一般昏弱之人，都只是人欲上行，便是不識痛癢底人。」先生曰：「聖人這處恰似説得疏。學工夫儘多，聖人去富貴貧賤上做工夫。不是處富貴貧賤時節，又如何做工夫？終不成閑過了這處！聖人且立箇大界限，先要人分别得箇路頭。『君子去仁』，便是不成箇君子。看聖人説得來似疏，下面便説到細密處。須是先説箇粗，後面方到細處。若不是就粗處用工，便要恁地細密，也不得。須知節節有工夫，剥了一重又一重，去了一節又一節。」敬之云：「此章説此三句，可謂緊切。雖然，只説存養，未説仁處，要是教人自體認看。」先生笑曰：「公又如此。所見這裏未是極處，更要去言外説道理，如何得？聖人這處，正是説築底處，正是好著力處，却如此輕說過了！衆人是這箇心，聖人也只是這箇心，存得心在這裏，道理便在這裏。從古聖賢，只是要理會這箇物事。保養得這箇在，那事不從這裏做出！」寓。

「富與貴，貧與賤」，方是就至粗處說。後面「無終食之間違仁」，與「造次、顛沛必於是」，方說得來細密。然先不立得這箇至粗底根脚，則後面許多細密工夫更無安頓處，人更無可得說。須是先能於富貴不處，貧賤不去，立得這箇粗底根脚了，方可說上至細處去。若見利則趨，見便則奪，這粗上不曾立得定，更說箇甚麽！正如「貧而無諂，富而無驕」，與「貧而樂，富而好禮」相似。若未能無諂無驕，如何說得樂與好禮！却是先就粗處說上細上去。僩。

「富貴貧賤，不處不去，此一節，且說箇粗底，方是箇君子皮殻，裏面更多有事在。然先會做這事，方始能不去其仁。既把得定，然後存養之功自此漸漸加密。夔孫録此下云：「然必先『無終食違仁』，然後『造次、顛沛必於是』。」如孟子言『善、利之間』，須從『間』字上看。但孟子之言勇決，孔子之言詳緩，學者須就這上著力。今學者都不濟事，才略略有些利害，便一齊放倒了！某嘗向朋友說，須是就這上立得脚住，方是離得泥水。若不如此，則是在泥裏行，才要出，又墮在泥裏去。縱說得道理，也没安頓處。如大學所謂『誠其意者，毋自欺也』。毋自欺有多少事，他却只就『小人閒居爲不善，見君子而後厭然，揜其不善而著其善』處説。爲甚先要去了這箇？蓋不切，則磋無所施；不琢，則磨無所措矣。」又曰：「『審富貴』，是義；『安貧賤』，是命。」賜。

不以道得富貴不處，不以道得貧賤不去，是説處這事。「君子去仁，惡乎成名」，是主宰處。終食、造次、顛沛，是操存處。李先生説得好。端。

問「富與貴是人之所欲也」一章。曰：「如孔子言此，便是自平居時説到那造次、顛沛之際。如孟子説義重於生處，却又説急處有打得過時，如閒居時却有照管不到處，或失之。」燾。

周李卿問造次之義。曰：「杜預謂『造次之期，言草草不成禮也』，便是此意。左傳謂『過信爲次』，亦只是苟且不爲久計之意。」義剛。

蜚卿問：「注云：『取舍之分明，然後存養之功密；存養之功密，則取舍之分益明。』如何？」曰：「此言内外大小皆當理會。外若不謹細行，則内何以爲田地根本？内雖有田地根本，而外行不謹，則亦爲之摇奪。如世間固有小廉曲謹而臨大節無可取者，亦有外面界辨分明而内守不固者。」可學。

問：「明道云：『不以其道得之富貴，如患得之。』文義如何？」曰：「『如患得之』，是患不得之，將此『得』字解上『得』字。」必大。集義。

我未見好仁者章

問：「好仁即便會惡不仁，惡不仁便會好仁，今並言如何？」曰：「固是好仁能惡不仁。然有一般天資寬厚温和底人，好仁之意較多，惡不仁之意較少；一般天資剛毅奮發底人，惡不仁之意較多，好仁之意較少。『好仁者，無以尚之。惡不仁，不使不仁者加乎其身』。這個便是好惡樣子。」問：「此處以成德而言，便是顏子『得一善拳拳服膺』，曾子『任重而道遠』與啓手足處，是這地位否？」曰：「然。」

好仁者，自是那一等天資純粹底人，亦其真知仁之可好而實好之，故視天下之物無以尚乎此。惡不仁者，又是那一等天資耿介底人，亦其真知不仁之可惡而實惡之，故凡不仁之事，不使毫髮加諸己。若好仁而有以尚之，這便不是真好；惡不仁而未免有所不當爲，這便不是真惡。然好仁者於不仁非不惡，終是好底意思多；惡不仁者於仁非不好，終是惡底意思重。好仁，非顏曾未易言。惡不仁，恐伯夷、叔齊方始當得。

問此一章。曰：「好仁者與惡不仁者雖略有輕重，然惡不仁者到得『不使不仁加乎其身』，便亦是仁了。二者以資禀言之，其寬弘静重者，便是好仁底人；其剛毅特立者，便是惡不仁底人。」時舉曰：「利仁者即是好仁者否？」曰：「好仁，惡不仁，皆利仁者之事。」時舉曰：「『蓋有之矣，我未之見也』，是言未見用力底人，還是未見用力而力不足之人？」曰：「此意，聖人只是言其用力者之難得。用力於好者固未之見，到資稟昏弱欲進而不能者亦未之見，可見用力者難得也。」

問：「好仁、惡不仁，是有優劣否？」曰：「略有之。好仁者，自有一般人資質較寬和温厚；惡不仁者，自是有一般人資稟較剛果決裂，然而皆可謂之成德。横渠言『好仁、惡不仁，只是一人』，説得亦好，但不合。聖人言兩『者』字，必竟是言兩人也。」

問：「好仁、惡不仁，有輕重否？」曰：「也微有些輕重。好仁，是他資質寬厚和重；惡不仁，是剛毅方正。好仁，則於仁與禮上多些；惡不仁，則於義與智上多些。好仁，只知有仁，而不見那不仁來害他；惡不仁，是曾得知這病痛，惟恐來害他。略與『安行、强行』相似。好仁，是康强底人，平生未嘗病，亦不知有病痛；惡不仁，是曾被病害，知得病源，惟恐病來侵著。惡不仁終是兩件，好仁却渾淪了。學者未能好仁，且從惡不仁上做將去，庶幾堅實。」僩。

問：「好仁者如顔子，惡不仁者似孟子否？」曰：「好仁者與惡不仁者本無優劣，只是他兩箇資質如此。好仁底人，是箇温柔寬厚底資質，只見得好仁處好，不甚嫌那不仁底，他只見得好仁路上熟。惡不仁者，便是箇剛勁峭直底資質，心裹真箇是惡那不仁底事。好仁底較强些子，然好仁而未至，却不及那惡不仁之切底。蓋惡不仁底真是壁立千仞，滴水滴凍，做得事成！」僩。

「好仁、惡不仁，只是利仁事，却有此二等，然亦無大優劣。只是好仁者是資性渾厚底，惡不仁者是資性剛毅底；好仁者惻隱之心較多，惡不仁者羞惡之心較多。聖人之意，謂我未見好仁、惡不仁者。」又從而自解之曰：「我意所謂好仁者，須是『無以尚之』；所謂惡不仁者，須是『不使不仁者加乎其身』。是好之篤，惡之切，如此等人，不是説那略略恁地好仁、惡不仁底。」又曰：「伯夷是惡不仁底，柳下惠是好仁底，也無大故優劣。」夒孫。

因論「好仁、惡不仁」，曰：「此亦以資質而言。蓋有一等人，只知好仁，更不管惡不仁事；一等人專是惡不仁意思多，然其『不使不仁者加乎其身』，則所爲必無不仁矣。然畢竟好仁者終是較得便宜，緣他只低著頭自去做了。惡不仁者却露些圭角芒刃，得人嫌在。如顏子、明道是好仁，孟子、伊川是惡不仁；康節近於好仁，横渠是惡不仁。」燾。

問：「好仁、惡不仁，莫只是一樣人否？」曰：「把做一樣説也得，把做兩樣看也得。也有那好仁底人，也有那惡不仁底人。如伯夷便是惡不仁底，柳下惠便是好仁底。」因言：「此數段，皆是緊要處，須是把做箇題目，只管去尋始得。尋來尋去，將久自解有悟。如喫物事，味味皆好，却須知道那一般最好，其所以好是如何，方是。」義剛。

「好仁者無以尚之」，言好之深，而莫有能變易之者。「惡不仁者不使加乎其身」，言惡之篤，而不使不仁之事加於己。此與「如好好色，如惡惡臭」，皆是自己上事。非是專言好人之仁，惡他人之不仁也。端蒙。

「『好仁者無以尚之』，只是將無以加之來説，此與『惡不仁』一段相對。既是好仁，便知得其他無以加此。若是説我好仁，又却好財、好色，物皆有好，便是不曾好仁。若果是好仁，便須天下之物皆無以過之。亦有解作無一物可以易其所好者。蓋只是好仁一件，方可謂之好仁，所以言『我未見好仁者』。」徐元震問：「惡不仁如何？」曰：「只謂惡不仁，本不是仁。只『不使不仁者加乎其身』，便是仁了。」䕶。

好仁者與惡不仁者便別。如好仁者，則真能好之。惡不仁者知不仁之可惡，而不知好仁，故別。壽昌。

好仁者便高了惡不仁者。如見白黑相似，吾好白者，只取白者，彼黑者便自從一邊去。如好白而不取白，只管地去疾黑者，則亦淺矣。孔子言仁處，皆是用力處。

問：「有能一日用其力於仁矣乎？」曰：「此心散漫放肆，打一聳動時，便在這裏，能使得多少力！雖云用力，却不大故用力。」佐。

問：「好仁、惡不仁，雖不可得，果能一旦奮然用力，不患力之不足。」曰：「須是立志爲先，這氣便隨他。敬義夾持，上達天德。」問：「『一日用其力』，將志氣合説如何？」曰：「用力説氣較多，志亦在上面了。『志之所至，氣必至焉』。這志如大將一般，指揮一出，三軍皆隨。只怕志不立，若能立志，氣自由我使。『夫志，氣之帥也；氣，體之充也』。人出來恁地萎萎衰衰，恁地柔弱，亦只是志不立。志立自是奮發敢爲，這氣便生。志在這裏，氣便在這裏。」因舉手而言曰：「心在這手上，手便暖；在這脚上，脚便暖。志與氣自是相隨。若真箇要求仁，豈患力不足！聖人又説道，亦有一般曾用力而力不足之人，可見昏弱之甚。如這般人也直是少。」敬之問：「這章，聖人前面説箇向上底，中閒説箇能用力而無不足底，又説到有用力而力不足底，有許多次第，所以深警學者否？」曰：「也不是深警學者。但言成德之事已不可見，而用力於仁者亦無之。」寓。

敬之問：「『好仁、惡不仁』，至『我未之見也』，此不出兩端：好仁惡不仁者，是真知得分明，此身常在天理上。下面説有能一日用力及力不足者，皆是正當分别天理人欲處著工夫。」又説：「里仁前面所説，都是且教人涵養，别須更有下工夫處。」曰：「工夫只是這箇。若能於此涵養，是甚次第！今看世上萬法萬事，都只是這一箇心。」又曰：「今夜説許多話最要緊。所謂講學者，講此而已；所謂學者，學此而已。」賀孫。

問：「集注云：『好仁者，真知仁之可好，故舉天下之物無以加之。惡不仁者，真知不仁之可惡，故其所以爲仁者必能絶去不仁之事，而不使少有及於吾身。』此亦只是利仁事否？」曰：「然。」問：「上蔡謂：『智者謂之有所見則可，有所得則未可。』如此，則是二者乃方用功底人，聖人何以爲未之見？」曰：「所謂未有得者，當已見得仁如此好了，貪心篤好，必求其至。便唤做有所得，未可。」問：「集注於『好仁、惡不仁』云：『皆成德之事，所以難得而見。』若説未有得，如何又謂之成德？」曰：「若真是好仁、惡不仁底人，已是大段好了，只是未唤做得仁。」問：「這雖説是成德，莫亦未是十全否？」曰：「雖未是十全，須已及六七分了。」賀孫。集注。

問：「集注云：『是成德之事。』如何？」曰：「固是。便是利仁之事。」問：「這處地位，便是在安仁之次，而利仁之熟也。」曰：「到這裏是熟，又未説到安仁。安仁又別。」寓。

問：「集注前後説不同：前説能用力於仁，未見其力有不足者。後説有用力而力不足者。既曰用力，亦安有昏弱欲進而不能者？」曰：「有這般人，其初用力非不切至，到中間自是欲進不能。夫子所謂『力不足者，中道而廢』，正説此等人。冉求力可做，却不自去著力耳。間或有曾用力而力不足底人，這般人亦是難得。某舊只説得『有能一日用其力』一句，後知某未穩，大段費思量，一似蟻鑽珠模樣。鑽來鑽去，語脈却是如此，方見得兩箇

『未見』字不相礙。」寓。

問：「集注云：『志之所至，氣必至焉。』以泳觀之，亦有始立之志不足以帥久縱之氣者。」曰：「也是志不足。」問：「養得志完全時，只在持守否？」曰：「持守體察，講學考索，凡聖人所説底，皆著去做。」問：「須有一箇本領？」曰：「貫通處只是敬。」問：「南軒云：『敬字貫通動静，而以静爲本。』」曰：「那是就那主静上説。閑時若静坐些小，也不妨。」因舉明道教上蔡且静坐，彼時却在扶溝縣學中。明道言：「某只是聽某説話，更不去行。」上蔡對以「無可行處」。明道教他且静坐。「若是在家有父母合當奉養，有事務合當應接，不成只管静坐休！」胡泳。

一日，諸生講論語至此章，有引范氏之言者曰：「惡不仁者，不若好仁者之爲美也。」又援吕氏之説，以爲惡不仁者劣於好仁者。「蓋謂孔子以『好仁無以尚之』，故以惡不仁者之爲劣也。」曰：「惡不仁者，亦不易得。但其人嚴厲可畏，不如好仁者之和易也。正不須將好仁、惡不仁分優劣。聖人謂『好仁者無以尚之』，非以好仁者爲不可過也。謂人之好仁『如好好色』，更無以尚之者，此誠於好仁者也。其曰『惡不仁者，其爲仁矣，不使不仁加乎其身』者，惡不仁『如惡惡臭』，唯恐惡臭之及吾身，其真箇惡他如此。非是且如此惡他，後又却不惡他也。」去僞。集義。

人之過也章

「黨，類也，偏也。君子過於厚，小人過於薄，觀此則仁與不仁可知。君子過於厚，厚雖有未是處，終是仁人。」或問：「過莫是失否？」曰：「亦是失也。」去僞。

問「觀過知仁」一章。曰：「此是就人有過失處觀之。謂如一人有過失，或做錯了事，便觀其是過於厚，是過於薄。過於厚底，雖是不是，然可恕，亦是仁者之類。過於薄底，便不得，便是不仁了。知仁，只是知其仁與不仁而已。」燾。

非是專要在過上看仁，蓋就過上亦可以知仁。炎。

「觀過斯知仁」，此「仁」字，是指慈愛而言。淳。

問：「『里仁』數章說仁，自有淺深輕重。」曰：「固是。如『觀過知仁』之『仁』，只是就仁愛上說。故程先生、尹先生皆只將『厚、薄』，『愛、忍』字說，便見只是慈愛底仁。如『里仁爲美』，却是那全底。」義剛。

問「觀過知仁」。曰：「先儒說得仁來大了。學者只管逐句愛說深，不知此『仁』字說較淺，不是『仁者安仁』之『仁』。如有好底人無私意而過，只是理會事錯了，便也見得仁在。不好底人有私意，便無過，也不敢保他有仁。如禮記謂『仁者之過易辭』。仁者之過，只是理會事錯了，無甚蹊蹺，故易說。不仁之過是有私意，故難說。此亦是觀過知仁意。」淳。

或問：「『觀過斯知仁』，這『仁』字說得較輕。」曰：「也只是此理。所以伊川云：『君子常失於厚，過於愛。』『厚』字『愛』字便見得仁。湖南諸公以知覺做仁，說得來張大可畏！某嘗見人解『麒麟之於走獸』云：『麒麟，獅子也。』某嘗以爲似湖南諸公言仁。且麒麟是不踐生草，不食生物，多少仁厚！他却喚做獅子，却是可畏。但看聖人將『仁』字與『義』字相同說，便見。」南升。

聖人之言寬舒，無所偏失。如云「觀過斯知仁」，猶曰觀人之過，足知夫仁之所存也。若於此而欲求仁之體，則失聖人本意矣。禮記「與（人）〔仁〕[一]同過」之意，說得太巧，失於迫切。人傑。

性之問此章。曰：「所謂君子過於厚與愛者，雖然是過，然亦是從那仁中來，血脈未至斷絕。若小人之過於薄與忍，則與仁之血脈已是斷絕，其謂之仁，可乎？」時舉。

問：「過於厚與愛，雖未爲中理，然就其厚與愛處看得來，便見得是君子本心之德發

〔一〕據禮記表記改。

出來。」曰：「厚與愛，畢竟是仁上發來，其苗脈可見。」南升。

此段也只是論仁。若論義，則當云，君子過於公，小人過於私；君子過於廉，小人過於貪；君子過於嚴，小人過於縱，觀過斯知義矣，方得。這般想是因人而發，專指仁愛而言也。僩。

問：「伊川謂：『人之過也各於其類，君子常失於厚，小人常失於薄；君子過於愛，小人傷於忍。』愚謂，此與『禮，與其奢也，寧儉』同意。」曰：「近之。」人傑。

或問：「伊川此說，與諸家之說如何？」曰：「伊川之說最善。以君子之道觀君子，則君子常過於愛，失之厚；以小人之道觀小人，則小人常過於忍，失於薄。如此觀人之過，則人之仁與不仁可知矣。」又問：「南軒謂：『小人失於薄，傷於忍，豈人之情也哉！其所陷溺可知矣。』此云陷溺，如何？」曰：「他要人自觀，故下『陷溺』二字。知所陷溺，則知其非仁矣。」問：「南軒作韋齋記，以黨爲偏，云：『偏者，過之所由生也。觀者，用力之妙也。覺吾之偏在是，從而觀之，則仁可識矣。』此說如何？」曰：「此說本平易，只被後來人說得別了。」去僞。

問：「昨與劉公度看南軒爲先生作韋齋記，其間說『觀過知仁』一段，以所觀在己。及洙泗言仁論，又以所觀在人。不知二說先生孰取？」曰：「觀人底是。記曰：『與仁同功，其仁未可知也；與仁同過，然後其仁可知也。』即是此意。」又問：「不知此語還是孔子說否？」曰：「固不可知，只是有此理。」曰：「以琮觀之，不如觀己底穩貼。」曰：「此禪話也。」曰：「琮不識禪話，但據己見思量，若所觀在人，謂君子常過於厚，小人常過於薄，小人於其黨類亦有過於厚處，恐君子小人之過，於厚薄上分別不開。故謂不如只作觀己說，較靜辨。」曰：「有『觀』字，有『過』字，有『知』字，不知那箇是仁？」或謂：「觀，便是仁事在那裏。」曰：「如琮鄙見，『觀』字、『過』字、『知』字皆不是仁。『仁』字政與『過』字相對。過則不仁，仁則不過。蓋黨是己私，仁是天理。識得過底是己私，便識得不過底是天理。」曰：「如此，則却常留箇過與己私在傍邊做甚？」琮曰：「此是聖人言知仁處，未是言爲仁處。」曰：「此是禪學下等說話，禪門高底也自不肯如此說。一部論語何嘗只說知仁！便須有下手處。請自思量別處說仁，還有只言知仁底意思否？」琮。

朝聞道章

問：「『朝聞道』，道是如何？」曰：「道只是眼前分明底道理。」賀孫。

問：「朝聞道而可夕死，莫須是知得此理之全體，便可以了足一生之事乎？」曰：「所謂聞道，亦不止知得一理，須是知得多有箇透徹處。至此，雖便死也不妨。明道所謂：

『非誠有所得，豈以夕死爲可乎！』須是實知有所得，方可。」寓。

「道只是事物當然之理，只是尋箇是處。大者易曉。於細微曲折，人須自辨認取。若見得道理分曉，生固好，死亦不妨。不然，生也不濟事，死也枉死。」又云：「所謂聞者，通凡聖而言，不專謂聖賢，然大率是爲未聞道者設。且如昨日不曾聞，今日聞之，便是。程子所謂『人知而信者爲難，非誠有所得，豈以夕死爲可乎』！知後須要得，得後方信得篤。『夕死可矣』，只是説便死也不妨，非謂必死也。」明作。

問：「集注云：『道者，事物當然之理。』然嘗思道之大者，莫過乎君臣父子夫婦朋友之倫，而其有親，有義，有別，有信，學者苟至一日之知，則孰不聞焉？而即使之死，則亦覺未甚濟得事。然而所謂道者，果何處真切至當處？又何以使人聞得而遂死亦無憾？」曰：「道誠不外乎日用常行之間。但公説未甚濟事者，第恐知之或未真耳。若是知得真實，必能信之篤，守之固。幸而未死，則可以充其所知，爲聖，爲賢。萬一即死，則亦不至昏昧過了一生，如禽獸然，是以爲人必以聞道爲貴也。」曰：「所謂聞者，莫是大而天地，微而草木，幽而鬼神，顯而人事，無不知否？」曰：「亦不必如此，大要知得爲人底道理則可矣。其多與少，又在人學力也。」曰：「看得此章，聖人非欲人聞道而必死，但深言道之不可不聞耳。若將此二句來反之曰：『若人一生而不聞道，雖長生亦何爲！』便自明白。」

曰：「然。若人而聞道，則生也不虚，死也不虚。若不聞道，則生也枉了！死也枉了！」壯祖。

問：「『朝聞道』，如何便『夕死可矣』？」曰：「物格、知至，則自然理會得這箇道理，觸處皆是這箇道理，無不理會得。生亦是這一箇道理，死亦是這一箇道理。」恪。

問：「『夕死可矣』，雖死亦安，無有遺恨。」曰：「死亦是道理。」南升。

「朝聞道，夕死可矣」。此聞是知得到，信得及，方是聞道，故雖死可也。若以聽人之說爲聞道，若如此便死，亦可謂枉死了！燾。

問「朝聞道，夕死可矣」。曰：「若是聞道，則生也得箇好生，死也得箇好死。」問：「朝夕固甚言其近。然既聞而非久即死，莫多有不及事之悔否？」曰：「猶愈於不聞。」胡泳。

問「朝聞道，夕死可矣」。曰：「所謂夕死可者，特舉其大者而言耳。蓋苟得聞道，則事無小大，皆可處得，富貴貧賤，無所往而不可。故雖死，亦有死之道也。」此說與集注少異，讀者詳之。時舉。

守約問：「伊川解『朝聞道，夕死可矣』，『死得是也』，不知如何？」曰：「『朝聞道』，則生得是，死便也死得是。若不聞道，則生得不是，死便也恁地。若在生仰不愧，俯不怍，無纖毫不合道理處，則死如何不會是！」賀孫。集義。

「朝聞道，夕死可矣」。二先生之説，初無甚異。蓋道却是事物當然之理，見得破，即隨生隨死，皆有所處。生固所欲，死亦無害。

先生顧安卿曰：「伊川説『實理』，有不可曉處。云『實見得是，實見得非』，恐是記者之誤，『見』字上必有漏落。理自是理，見自是見。蓋物物有那實理，人須是實見得。」義剛曰：「理在物，見在我。」曰：「是如此。」義剛。淳録云：「實理與實見不同。蓋有那實理，人須是見得。見得恁地確定，便是實見。若不實見得，又都閑了。」

賀孫問：「聞道，自是聞道，也無間於死生。」曰：「如何是無間於死生？」曰：「若聞道，生也得，死也得。」曰：「若聞道而死，方是死得是。死是，則在生也都是。若不聞道，在生也做不是，到死也不是。吾儒只是要理會這道理，生也是這理，死也只是這理。佛家却説被這理勞攘，百端費力，要埽除這理，教無了。一生被這理撓，一生被這心撓。」問：「伊川説此一段，及呂氏説『動容周旋中禮，盛德之至』，『君子行法俟命』，是此意否？」曰：「這是兩項。『動容周旋中禮』，這是聖人事，聞道自不足以言之。自與道爲一了，自無可得聞。『行法以俟命』，是見得了，立定恁地做。」問：「伊川云：『得之於心，是爲有得，不待勉强。學者須當勉强。』是如何？」曰：「這兩項又與上別。這不待勉强，又不是不勉而中，從容中道。只是見得通透，做得順，便如所謂樂循理底意思。」問：「曾子易簀，當時若差了這一著，喚做聞道不聞道？」曰：「不論易簀與不易簀，只論他平日是聞道與不聞道。平日已是聞道，那時萬一有照管不到，也無奈何。」問：「若果已聞道，到那時也不到會放過。」曰：「那時是正終大事。既見得，自然不放過。」賀孫。

士志於道章

問：「『志於道，而恥惡衣惡食』。既是志道，如何尚如此？」曰：「固有這般半上半落底人，其所謂志，也是志得不力。只是名爲志道，及外物來誘，則又遷變了，這箇最不濟事。」義剛。

衆朋友共説「士志於道」以下六章畢，先生曰：「此數章如尹和靖、程子所注，只於本文添一兩字。看著似平淡，子細去窮究，其味甚長。」義剛。

君子之於天下也章

文矩問「君子之於天下也」一章。曰：「義是吾心所處之宜者。見事合恁地處，則隨而應之，更無所執也。」時舉。

「義之與比」，非是我去與義相親，義自是與比。謨。

敬之問：「『義之與比』，是我這裏所主者在義。」曰：「自不消添語言，只是無適無莫，看義理合如何。『處物爲義』，只看義理合如何區處他。義當富貴便富貴，義當貧賤便貧賤，當生則生，當死則死，只看義理合如何。」賀孫。

「南軒說『「無適無莫」，適，是有所必；莫，是無所主』，便見得不安。程氏謂『無所往，無所不往，且要義之與比處』，便安了。」曰：「古人訓釋字義，無用『適』字爲『往』字者。此『適』字，當如『吾誰適從』之『適』，音的，是端的之意。言無所定，亦無所不定爾。欽夫云『吾儒無適、無莫，釋氏有適、有莫』，此亦可通。」大雅。

問：「上蔡所謂『於無可、無不可之間，有義存焉，則君子之心果有所倚乎』。凡事皆有一箇合宜底道理，須是見得分明，雖毫髮不差，然後得是當。」曰：「義即宜也，但須處得合宜，故曰『處物爲義』。」南升。

先生問：「謝氏謂『君子之心果有所倚乎』，如何看？」義剛云：「只是隨事物去量度，不是倚於義。」曰：「只是把心去看是與不是。」義剛因問：「『無可無不可』，皆是無所容心。但聖人是有箇義，佛老是聽其自然。是恁地否？」曰：「聖人也不說道可，也不說道不可，但看義如何耳。佛老皆不睹是，我要道可便是可，我要道不可便是不可，只由在我說得。」義剛。

君子懷德章

「懷刑」，只是「惡不善」，不使不善之事加乎一身。南升。

「君子懷刑」，言思刑法而必不犯之，如懼法之云爾。端蒙。

「『君子懷刑』，如禮記所謂『畏法令』，又如『肅政教』之類，皆是。」或謂：「如『問國之大禁而後敢入』，是否？」曰：「不必如此說。只此『懷刑』一句，亦可爲善。如違條礙貫底事不做，亦大段好了。」明作。

問：「所貴乎君子者，正以其無所待於外而自修也。刑者，先王所以防小人，君子何必以是爲心哉？」先生默然良久曰：「無慕於外而自爲善，無畏於外而自不爲非，此聖人之事也。若自聖人以降，亦豈不假於外以自修飭？所以能『見不善如探湯』，『不使不仁者加乎其身』，皆爲其知有所畏也。某因思集注言：『君子小人趨向不同，公私之間而已。』只是小人之事莫非利己之事，私也。君子所懷在德，則不失其善。至於刑，則初不以先王治人之具而有所憎疾也，亦可借而自修省耳。只是一箇公心。且如伊川却做感應之理解，此一章文義雖亦可通，然論語上言君子小人，皆是對舉而並言，此必不然也。」先生又言：「如漢舉孝廉，必曰『順鄉里，肅政教』。『肅政教』之云，是亦懷刑之意也。」某因思得此所謂君子者，非所謂成德之人也。若成德之人，則誠不待於懷刑也。但言如此則可以爲君子，如此則爲小人，未知是否。壯祖。

「此是君子小人相對説看，尹子之説得之。若一串説底，便添兩箇『則』字，『惠』字下又著添字。」又問「懷刑」。曰：「只是君子心常存法。大抵君子便思量苦底，小人便思量甜底。又有一説，『懷刑』作恤刑，『懷德』作施德。要之，不如好善而惡不仁者是。」㽦。

放於利而行章

「放於利而行多怨」，只是要便宜底人。凡事只認自家有便宜處做，便不恤他人，所以多怨。南升。

放於義而行，只據道理做去，亦安能盡無怨於人？但識道理者須道是：「雖有怨者，如何恤得他！」若放於利，則悖理徇私，其取怨之多，必矣。閎祖。

或説「放於利而行」。義剛云：「此非斷斷然爲利。但是依放那利行，是外不爲利，而内實有爲利底意思。」曰：「才是放時，便是爲利了，豈有兩樣？若是外不爲利而内實爲利，則是爲利尤甚於斷斷然爲利者。」義剛。

「放利多怨」。或問：「青苗亦自便民，何故人怨？」曰：「青苗便是要利息，所以人怨。」明作。

能以禮讓爲國章

讓，是那禮之實處。苟徒跪拜俯伏而以是爲禮，何足取信於人？讓者，譬如凡事寧就自家身上扶出些子辭尊居卑、辭多受少底意思，方是禮之實。賜。

「不能以禮讓爲國」，是徒能進退可觀，容止可度；及到緊要處，却不能讓。雖有這繁文末節處，亦無用，亦不得謂之禮。僩。

問：「『讓者，禮之實也』。莫是辭讓之端發於本心之誠然，故曰『讓是禮之實』？」曰：「是。若玉帛交錯，固是禮之文；而擎跽曲拳，升降俛仰，也只是禮之文，皆可以僞爲。惟是辭讓方是禮之實，這却僞不得。既有是實，自然是感動得人心。若以好争之心，而徒欲行禮文之末以動人，如何感化得他！」問：「『如禮何』一句，從來諸先生都説得費力。今説『讓是禮之實』，則此句尤分明。」曰：「前輩於這般處也自闊略。才被説得定了，便只是是也。」賀孫。

問：「『不能以禮讓爲國，如禮何！』諸家解義，却是解做如國何了？」曰：「是如此。如諸家所説，則便當改作『如國何』。大率先王之爲禮讓，正要朴實頭用。若不能以此爲國，則是禮爲虚文爾，其如禮何！」謨。

問：「禮者，自吾心恭敬，至於事爲之節文，兼本末而言也。『讓者，禮之實』，所爲恭敬辭遜之心是也。君子欲治其國，亦須是自家盡得恭敬辭遜之心，方能以禮爲國。所謂『一家讓，一國興讓』，則爲國何難之有！不能盡恭敬辭遜之心，則是無實矣。雖有禮之節文，亦不能行，況爲國乎！」曰：「且不柰禮之節文何，何以爲國！」南升。

義剛説「禮讓爲國」一章，添「不信仁賢，咈百姓從己之欲」等語。曰：「此於聖賢本意不親切。『一家讓，一國興讓』。此只是説我能如此禮遜，則下面人自是興起，更相遜讓。如此，則爲國何難之有！未説到那『一人貪戾，一國作亂』處在。如東坡説『敦教化』中一段，亦自好。其説雖粗，道理却是恁地。而今人好玄妙，剗地説得無形無影，却不如只粗説，較强。」良久，歎息言：「今日不能制民之産，已自不是。民自去買田，又更收牙税，是甚説話！古人禁人聚飲，今却張官置吏，惟恐人不來飲。如此，却何以責人謙遜！」義剛。

不患無位章

「不患無位，患所以立」，猶云不怕無官做，但怕有官不會做。若有致君澤民之具，達則行之，無位非所患也。南升。

「不患莫己知，求爲可知也」。「不患人之不己知，患不知人也」。這箇須看聖人所説底語意，只是教人不求知，但盡其在我之實而已。看聖人語意了，又看今人用心，也有務要人知者。只是看這語意差，便要如此。所謂求爲可知，只是盡其可知之實；非是要做些事，便要夸張以期人知，這須看語意。如「居易以俟命」，也只教人依道理平平做將去，看命如何。却不是説關門絶事，百樣都不管，安坐以待這命。賀孫。

朱子語類卷第二十七

論語九

里仁篇下

子曰參乎章

問「一以貫之」。曰：「且要沈潛理會，此是論語中第一章。若看未透，且看後面去，却時時將此章來提省，不要忘却，久當自明矣。」時舉。

問「一貫」。曰：「恁地泛看不濟事，須從頭子細，章章理會。夫子三千門人，一旦惟呼曾子一人而告以此，必是他人承當未得。今自家却要便去理會這處，是自處於孔門二千九百九十九人頭上，如何而可！」道夫。

「一以貫之」，猶言以一心應萬事。「忠恕」是一貫底注脚，一是忠，貫是恕底事。拱壽。

一是一心，貫是萬事。看有甚事來，聖人只是這箇心。從周。

或問「一貫」。曰：「如一條索，曾子都將錢十十數了成百，只是未串耳。若他人則零亂錢一堆，未經數，便把一條索與之，亦無由得串得。」銖。

問「一貫」之説。曰：「須是要本領是。本領若是，事事發出來皆是；本領若不是，事事皆不是也。」時舉。

或問「一以貫之」，以萬物得一以生爲説。曰：「不是如此。『一』只是一二三四之『一』。一只是一箇道理。」〔胡〕泳〔一〕。

一是忠，貫是恕。道夫。

一者，忠也；以貫之者，恕也。體一而用殊。人傑。

忠恕一貫。忠在一上，恕則貫乎萬物之間。只是一箇一，分著便各有一箇一。「老者安之」，是這箇一；「少者懷之」，亦是這箇一；「朋友信之」，亦是這箇一，莫非忠也。恕則自忠而出，所以貫之者也。謨。

忠是一，恕是貫。忠只是一箇真實。自家心下道理，直是真實。事事物物接於吾前，

〔一〕據院本增。

便只把這箇真實應副將去。自家若有一毫虛僞，事物之來，要去措置他，便都不實，便都不合道理。若自家真實，事物之來，合小便小，合大便大，合厚便厚，合薄便薄，合輕便輕，合重便重，一一都隨他面分應副將去，無一事一物不當這道理。賀孫。

道夫竊謂：「夫子之道如太極，天下之事如物之有萬。物雖有萬，而所謂太極者則一；太極雖一，而所謂物之萬者未嘗虧也。至於曾子以忠恕形容一貫之妙，亦如今人以性命言太極也。不知是否？」曰：「太極便是一，到得生兩儀時，這太極便在兩儀中；生四象時，這太極便在四象中；生八卦時，這太極便在八卦中。」道夫。

「忠恕而已矣」，不是正忠恕，只是借「忠恕」字貼出一貫底道理。人多説人己物我，都是不曾理會。聖人又幾曾須以己度人！自然厚薄輕重，無不適當。「忠恕違道不遠」，乃是正名、正位。閎祖。

問「忠恕而已矣」。曰：「此只是借學者之事言之。若論此正底名字，使不得這『忠恕』字。」又云：「『忠』字在聖人是誠，『恕』字在聖人是仁。但説誠與仁，則説開了。惟『忠恕』二字相粘，相連續，少一箇不得。」燾。

「盡己爲忠，推己爲恕。忠恕本是學者事，曾子特借來形容夫子一貫道理。今且粗解之，忠便是一，恕便是貫。有這忠了，便做出許多恕來。聖人極誠無妄，便是忠。」問：「聖人之忠即是誠否？」曰：「是。」「聖人之恕即是仁否？」曰：「是。」問：「在學者言之，則忠近誠，恕近仁。」曰：「如此，則已理會得好了。若中庸所說，便正是學者忠恕，『道不遠人』者是也。『忠恕違道不遠，施諸己而不願，亦勿施於人』，只是取諸己而已。」問：「明道以『天地變化，草木蕃』，爲充擴得去底氣象，此是借天地之恕以形容聖人之恕否？」曰：「是。『維天之命，於穆不已』。一元之氣流行不息處，便是忠。」淳。

主於内爲忠，見於外爲恕。忠是無一毫自欺處，恕是「稱物平施」處。德明。

忠因恕見，恕由忠出。閎祖。

說忠恕。先生以手向自己是忠，却翻此手向外是恕。泳。

忠只是一箇忠，做出百千萬箇恕來。閎祖。

忠恕只是一件事，不可作兩箇看。端蒙。

忠、恕只是體、用，便是一箇物事；猶形影，要除一箇除不得。若未曉，且看過去，却時復潛玩。忠與恕不可相離一步。道夫。

忠是體，恕是用，只是一箇物事。如口是體，說出話便是用。不可將口做一箇物事，說話底又做一箇物事。淳。

忠是本根，恕是枝葉。非是別有枝葉，乃是本根中發出枝葉，枝葉即是本根。曾子爲於此事皆明白，但未知聖人是總處發出，故夫子語之。可學。

在聖人，本不消言忠恕。廣。

聖人是不犯手脚底忠恕，學者是著工夫底忠恕，不可謂聖人非忠恕也。閎祖。

天地是無心底忠恕，聖人是無爲底忠恕，學者是求做底忠恕。僩。

論恕，云：「若聖人，只是流出來，不待推。」節。

聖人之恕與學者異者，只争自然與勉强。聖人却是自然擴充得去，不費力。學者須要勉强擴充，其至則一也。端蒙。

「夫子之道忠恕」，此忠自心而言之；「爲人謀而不忠」，此忠主事而言也。自心言者，言一心之統體；主事言者，主於事而已。端蒙。

問：「曾子何必待孔子提醒？」曰：「他只見得一事一理，不知只是一理。」曰：「使孔子不提之，久還自知否？」曰：「知。」可學。總論。

曾子已前是一物格，一知至。到忠恕時，是無一物不格，無一知不至。聖人分上著「忠恕」字不得。曾子借此爲説。方子。

曾子一貫，是他逐事一做得到。及聞夫子之言，乃知只是這一片實心所爲。如一庫散錢，得一條索穿了。方子。

問：「曾子於孔子一貫之道，言下便悟，先來是未曉也。」曰：「曾子先於孔子之教者，日用之常，禮文之細，莫不學來，惟未知其本出於一貫耳，故聞一語而悟。其他人於用處未曾用許多工夫，豈可遽與語此乎！」大雅云：「觀曾子問一篇，許多變禮皆理會過，直如此細密，想見用工多。」大雅。

問：「『一以貫之』，只是其用不同，其體則一。一箇本貫許多末。」先生問：「如何是末？」曰：「孝弟忠信，居處有禮，此是末。」曰：「今人只得許多名字，其實不曉。如孝弟忠信，只知得這殼子，其實不曉，也只是一箇空底物事。須是逐件零碎理會。如一箇桶，須是先將木來做成片子，却將一箇箍來箍斂。若無片子，便把一箇箍去箍斂，全然盛水不得。曾子零碎處盡曉得了，夫子便告之曰：『參乎！吾道一以貫之。』他便應之曰：『唯！』貫，如散錢；一，是索子。曾子盡曉得許多散錢，只是無這索子，夫子便把這索子與他。今人錢也不識是甚麼錢，有幾箇孔。」良久，曰：「公没一文錢，只有一條索子。」又曰：「不愁不理會得『一』，只愁不理會得『貫』。理會『貫』不得便言『一』時，天資高者流爲佛老，低者只成一團鶻突物事在這裏。」又曰：「孔門許多人，夫子獨告曾子，是如何？惟曾子盡曉得許多道理，但未知其體之一。」節復問：「已前聞先生言，借學者之事以明之，甚疑『忠恕』對『一以貫之』不過。今日忽然看得來對得極過。『一以貫之』即『忠恕』，『忠恕』即『一以貫之』。如忠是盡己，推出去爲恕，也只是一箇物事。推出去做許多，即『一以貫之』。節於此中又見得學者亦有『一以貫之』。夫子固是『一以貫之』，學者能盡己而又推此以及物，亦是『一以貫之』。所以不同者，非是事體不同。夫子以天，學者用力。」曰：「學者無『一以貫之』。夫子之道似此處疑有闕誤。學者只是這箇忠推出來。『乾道變化』，如一株樹，開一樹花，生一樹子，裏面便自然有一箇生意。」又曰：「忠者天道，恕者人道。天道是體，人道是用。『動以天』之『天』，只是自然。」節。

周公謹問：「在内爲忠，在外爲恕。忠即體，恕即用。」曰：「忠恕是如此。夫子曰：『吾道一以貫之。』何故曾子曰『忠恕而已矣』？」曰：「是曾子曉得一貫之道，故以忠恕名之。」先生曰：「且去一貫上看忠恕，公是以忠恕解一貫。」曰：「一貫只是一理，其體在心，事父即爲孝，事君即爲敬，交朋友即爲信，此只是一貫。」曰：「大概亦是。公更去子細玩味，治國、平天下有許多條目，夫子何故只説『吾道一以貫之』？」公謹次日復問：「『吾道一以貫之。』聖人之道，見於日用之間，精粗小大，千條萬目，未始能同，然其通貫則一。如一氣之周乎天地之間，萬物散殊雖或不同，而未始離乎氣之一。」曰：「別又看得甚意思出？」曰：「夫子之告曾子，直是見他曉得，所以告他。」曰：「是也。所以告曾子時，無他，只緣他曉得千條萬目。他人連箇千條萬目尚自曉不得，如何識得一貫？如穿錢，一條索穿得，方可謂之『一貫』。如君之於仁，臣之於忠，父之於慈，子之於孝，朋友之於信，皆不離於此。」問：「門人，是夫子之門人否？」曰：「是也。夫子説一貫時，未有忠恕，及曾子説忠恕時，未有體、用，是後人推出來。忠恕是大本，所以爲一貫。」公謹復問：「莫是曾子守約，故能如此？」曰：「不然。却是曾子件件曾做來，所以知。若不曾躬行踐履，如何識得？」公謹復問：「是他用心於内，所以如此？」曰：「只是朴實頭去做了。夫子告人，不是見他不曾識，所以告他。曾子只是曾經歷得多，所以告他；子貢是識得多，所以告他。忠如瓶中之水，恕如瓶中瀉在盞中之水。忠是洞然明白，無有不盡。恕是知得爲君，推其仁以待下；爲臣，推其敬以事君。」泳。

或問：「一貫如何却是忠恕？」曰：「忠者，誠實不欺之名。聖人將此放頓在萬物上，故名之曰恕。一猶言忠，貫猶言恕。若子思忠恕，則又降此一等。子思之忠恕，必待『施諸己而不願』，而後『勿施諸人』，此所謂『違道不遠』。若聖人則不待『施諸己而不願』，而後『勿施諸人』也。」或問：「曾子能守約，故孔子以一貫語之。」曰：「非也。曾子又何曾守約來！且莫看他别事，只如禮記曾子問一篇，他甚底事不曾理會來！却道他守約，則不可。只緣孟子論二子養勇，將曾子比北宫黝與孟施舍，則曾子爲守約者爾。後世不悟，却道曾子之學專一守約，别不理會他事。如此，則成甚學也！曾子學力到聖人地位，故孔子以一貫語之。不可道爲他只能守約，故與語此也。」去僞。

問忠恕一貫。曰：「不要先將忠恕説，且看一貫底意思。如堯之『克明俊德，黎民於變時雍』，夫子『立之斯立，動之斯和』，這須從裏面發出來，方會如此。曾子工夫已到，如事親從兄，如忠信講習，千條萬緒，一身親歷之。聖人一點他便醒，元來只從一箇心中流出來。如夜來守約之説，只是曾子篤實，每事必反諸身，所謂孝，所謂禮，必窮到底。若只守箇約，却没貫處。忠恕本末是説一貫，緣聖人告以一貫之説，故曾子借此二字以明之。忠恕是學者事，如欲子之孝於我，必當先孝於親；欲弟之弟於我，必當先敬其兄；如欲人不慢於我，須先不慢於人；欲人不欺我，須先不欺於人。聖人一貫，是無作爲底；忠恕，是有作爲底。將箇有作爲底，明箇無作爲底。」又曰：「曾子是事實上做出，子貢是就識上見得。看來曾子從實處做，一直透上去；子貢雖是知得，較似滯在知識上。」寓。

敬之問「一貫」。曰：「一貫未好便將忠恕壓在上説。」因及器之夜來所問，云：「曾子正不是守約。這處只見曾子許多實行，一一做工夫得到，聖人度得如此，遂告以吾只是從這心上流出，只此一心之理，盡貫衆理。」賀孫。

「曾子答門人説忠恕，只是解『一以貫之』，看本文可見。忠便貫恕，恕便是那忠裏面流出來底。聖人之心渾然一理。蓋他心裏盡包這萬理，所以散出於萬物萬事，無不各當其理。」履之問：「『忠者天道，恕者人道。』蓋忠是未感而存諸中者，所以謂之『天道』；恕是已感而見諸事物，所以謂之『人道』。」曰：「然。」或曰：「恐不可以忠爲未感。」曰：「恁地說也不妨。忠是不分破底，恕是分破出來底，仍舊只是這一箇。如一碗水，分作十盞，這十盞水依舊只是這一碗水。」又曰：「這事難。如今學者只是想像籠罩得是如此，也想像得箇萬殊之所以一本，一本之所以萬殊。如一源之水，流出爲萬派；一根之木，生爲許多枝葉。然只是想像得箇意思如此，其實不曾見得。如『曾點浴沂』一段，他却是真箇見得這道理。而今學者只是想像得這一般意思，知底又不實去做。及至事上做得細微緊密，盛水不漏底，又不曾見得那大本。聖人教人，都是教人實做，將實事教人。如格物、致知以至洒掃應對，無非就實地上拈出教人。」僩。

義剛說「忠恕」一章畢，先生良久曰：「聖人之應事接物，不是各自有箇道理。曾子見得似是各有箇道理，故夫子告之如此。但一貫道理難言，故將忠恕來推明。大要是說在己在物皆如此，便見得聖人之道只是一。」胡叔器因問：「聖人是就理之體發來，學者是就用上做工夫否？」曰：「不要恁地說，只是一般。聖人是天理上做，學者也是就天理上做。聖人也只是這一理，學者也只是這一理，不成是有兩箇天理！但聖人底是箇渾淪底物事，發出來便皆好。學者是要逐一件去推，然也是要全得這天理。如一碗水，聖人是全得水之用，學者是取一盞喫了，又取一盞喫，其實都只是水。忠便是就心上做底，恕便是推出來底，如那盡底，也只一般。但是聖人不待於推，而學者尚要推耳。」義剛因問：「若把作體、用說，恐成兩截。」曰：「說體、用，便只是一物。不成說香匙是火箸之體，火箸是香匙之用！如人渾身便是體，口裏說話便是用。不成說話底是箇物事，渾身又是一箇物事！萬殊便是這一本，一本便是那萬殊。」義剛。淳略。

或問「理一分殊」。曰：「聖人未嘗言理一，多只言分殊。蓋能於分殊中事事物物，頭頭項項，理會得其當然，然後方知理本一貫。不知萬殊各有一理，而徒言理一，不知理一在何處。聖人千言萬語教人，學者終身從事，只是理會這箇。要得事事物物，頭頭件件，各知其所當然，而得其所當然，只此便是理一矣。如顏子穎悟，『聞一知十』，固不甚費力。曾子之魯，逐件逐事一一根究著落到底。孔子見他用功如此，故告以『吾道一以貫之』。若曾子元不曾理會得萬殊之理，則所謂一貫者，貫箇什麽！蓋曾子知萬事各有一理，而未知萬理本乎一理，故聖人指以語之。曾子是以言下有得，發出『忠恕』二字，太煞分明。且如『禮儀三百，威儀三千』，是許多事，要理會做甚麽？如曾子問一篇問禮之曲折如此，便是理會得川流處，方見得敦化處耳。孔子於鄉黨，從容乎此者也；學者戒慎恐懼而慎獨，所以存省乎此者也。格物者，窮究乎此者也；致知者，真知乎此者也。能如此著實用功，即如此著實到那田地，而理一之理，自森然其中，一一皆實，不虛頭説矣。」銖。

蜚卿問顏曾之學。曰：「顏子大段聰明，於聖人地位未達一間，祇争些子耳。其於聖人之言無所不曉，所以聖人道：『回也，非助我者，於吾言無所不説。』曾子遲鈍，直是辛苦而後得之，故聞一貫之説，忽然猛省，謂這箇物事，元來只是恁地。如人尋一箇物事不見，終歲勤動，一旦忽然撞著，遂至驚駭。到顏子，只是平鋪地便見，没恁地差異。」道夫。

顏子聰明，事事了了。子貢聰明，工夫粗，故有闕處。曾子魯，却肯逐一用工捱去。捱得這一件去，便這一件是他底，又捱一件去。捱來推去，事事曉得，被孔子一下喚醒云「吾道一以貫之」，他便醒得。蓋他平日事理，每每被他看破，事事到頭做，便曉得一貫之語是實説也。大學致知、格物等説，便是這工夫，非虛謾也。大雅。

子貢尋常自知識而入道，人傑録作：「自敏入道。」故夫子警之曰：「汝以予爲多學而識之者歟？」對曰：「然。非與？」曰：「非也，予一以貫之。」蓋言吾之多識，不過一理爾。曾子尋常自踐履入，事親孝，則真箇行此孝；爲人謀，則真箇忠；朋友交，則真箇信。故夫子警之曰，汝平日之所行者，皆一理耳。惟曾子領略於片言之下，故曰：「忠恕而已矣。」以吾夫子之道無出於此也。我之所得者忠，誠即此理，安頓在事物上則爲恕。無忠則無恕，蓋本末、體用也。去僞。以下兼論「子貢」章。

夫子於子貢見其地位，故發之。曾子已能行，故只云：「吾道一以貫之。」子貢未能行，故云：「賜，汝以予爲多學而識之？」可學。

所謂一貫者，會萬殊於一貫。如曾子是於聖人一言一行上一一踐履，都子細理會過了，不是默然而得之。觀曾子問中問喪禮之變，曲折無不詳盡，便可見曾子當時功夫是一一理會過來。聖人知曾子許多道理都理會得，便以一貫語之，教它知許多道理却只是一箇道理。曾子到此，亦是它踐履處都理會過了，一旦豁然知此是一箇道理，遂應曰：「唯！」及至門人問之，便云：「忠恕而已矣。」忠是大本，恕是達道。忠者，一理也；恕便是條貫，萬殊皆自此出來。雖萬殊，却只一理，所謂貫也。子貢平日是於前言往行上著工夫，於見識上做得亦到。夫子恐其亦以聖人爲「多學而識之」，故問之。子貢方以爲疑，夫子遂以一貫告之。子貢聞此別無語，亦未見得子貢理會得，理會不得。自今觀之，夫子只以一貫語此二人，亦須是它承當得，想亦不肯説與領會不得底人。曾子是踐履篤實上做到，子貢是博聞强識上做到。夫子舍二人之外，別不曾説，不似今人動便説一貫也。所謂一者，對萬而言。今却不可去一上尋，須是去萬上理會。若只見夫子語一貫，便將許多合做底事都不做，只理會一，不知却貫箇甚底！畲。

「『忠恕』，『一以貫之』。」曾子假『忠恕』二字，以發明一貫之理。蓋曾子平日無所不學。看禮記諸書，曾子那事不理會來！但未知所以一，故夫子於此告之，而曾子洞然曉之而無疑。」賀孫問：「告子貢『一以貫之』章，集注云：『彼以行言，此以知言。』是就二子所到上説，如何？」曰：「看上下語脉是如此。夫子告曾子，曾子只説：『夫子之道，忠恕而已矣。』這就行上説。夫子告子貢乃云：『汝以予爲多學而識之者與？』這是只就知上説。」賀孫因舉大學或問云：「心之爲物，實主於身。其體，則有仁義禮智信之性；其用，則有惻隱、羞惡、恭敬、是非之情。渾然在中，隨感而應。以至身之所具，身之所接，皆有當然之則而自不容已，所謂理也，元有一貫意思。」曰：「然。施之君臣，則君臣義；施之父子，則父子親；施之兄弟，則兄弟和；施之夫婦，則夫婦别，都只由這箇心。如今最要先理會此心。」又云：「通書一處説『陰陽五行，化生萬物，五殊二實，二本則一』，亦此意。」又云：「如千部文字，萬部文字，字字如此好，面面如此好，人道是聖賢逐一寫得如此。聖人告之曰，不如此。我只是一箇印板印將去，千部萬部雖多，只是一箇印板。」又云：「且看論語，如鄉黨等處，待人接物，千頭萬狀，是多少般！聖人只是這一箇道理做出去。明道説忠恕，當時最録得好。」賀孫。

「曾子一貫忠恕，是他於事物上各當其理。日用之間，這箇事見得一道理，那箇事又見得一道理，只是未曾凑合得。聖人知其用力已到，故以一貫語之。」問：「曾子於零碎曲折處都盡得，只欠箇『一以貫之』否？」曰：「亦未都盡得。但是大概已得，久則將自到耳。」問：「『君子之道費而隱』，曾子於費處已盡得，夫子以隱處點之否？」曰：「然。」問：「曾子篤實，行處已盡。聖人以一貫語之，曾子便會，曰：『忠恕而已矣。』子貢明敏，只是知得。聖人以一貫語之，子貢尚未領略，曰：『然。非與？』是有疑意。」曰：「子貢乃是聖人就知識學問語之；曾子，就行上語之，語脉各不同。須是見得夫子曰『吾道一以貫之』意思，先就多上看，然後方可說一貫。此段『恕』字却好看，方泝流以遡其源。學者寧事事先了得，未了得『一』字，却不妨。莫只懸空說箇『一』字作大罩了，逐事事都未曾理會，却不濟事。所以程子道：『「下學而上達」，方是實。』」又云：「如人做塔，先從下面大處做起，到末梢自然合尖。若從尖處做，如何得！」僩。

問：「曾子一貫，以行言；子貢一貫，以知言，何也？」曰：「曾子發出忠恕，是就行事上說。孔子告子貢，初頭說『多學而識之』，便是就知上說。曾子是就源頭上面流下來，子貢是就下面推上去。」問：「曾子未聞一貫之前，已知得忠恕未？」曰：「他只是見得聖人千頭萬緒都好，不知都是這一心做來。及聖人告之，方知得都是從這一箇大本中流出。如木千枝萬葉都好，都是這根上生氣流注去貫也。」林問：「枝葉便是恕否？」曰：「枝葉不是恕。生氣流注貫枝葉底是恕。信是枝葉受生氣底，恕是夾界半路來往底。信是定底，就那地頭説。發出忠底心，便是信底言。無忠，便無信了。」淳。謨録云：「曾子一貫，以行言；子貢一貫，以知言。曾子言夫子忠恕，只是就事上看。夫子問子貢『多學而識之』，便是知上説。曾子見夫子所爲千頭萬緒，一一皆好。譬如一樹，枝葉花實皆可愛，而其實則忠信根本，恕猶氣之貫注枝葉，若論信，則又如花之必誠實處。忠信、忠恕皆是體用。恕如行將去，信如到處所。循物無違，則是凡事皆實。譬如水也，夫子，自源而下者也；中庸所謂忠恕，泝流而上者也。」

或問夫子告曾子以「吾道一以貫之」，與告子貢「予一以貫之」之説。曰：「曾子是以行言，子貢是以知言。蓋曾子平日於事上都積累做得來已周密，皆精察力行過了，只是未透。夫子才點他，便透。如孟子所謂『有如時雨化之者』，是到這裏恰好著得一陣雨，便發生滋榮，無所凝滯。子貢却是資質敏悟，能曉得，聖人多愛與他説話，所以亦告之。」又問：「尹氏云：『此可見二子所學之淺深。』」曰：「曾子如他與門人之言，便有箇結纜殺頭，亦見他符驗處。子貢多是説過曉得了便休，更没收殺。大率子貢緣他曉得，聖人多與他説話，但都没收殺。如『子如不言』處，也没收殺。」或曰：「『他言性與天道處，却是他有得處否？』」曰：「然。」燾。

今有一種學者，愛説某自某月某日有一箇悟處後，便覺不同。及問他如何地悟，又却不説。便是曾子傳夫子一貫之道，也須可説，也須有箇來歷，因做甚麽工夫，聞甚麽説話，方能如此。今若云都不可説，只是截自甚月甚日爲始，已前都不是，已後都是，則無此理。已前也有是時，已後也有不是時。蓋人心存亡之決，只在一息之間，此心常存則皆是，此心才亡便不是。聖賢教人，亦只據眼前便著實做將去。孟子猶自説箇存心、養性。若孔子則亦不説此樣話，但云「學而時習之」；「入則孝，出則弟，謹而信，汎愛衆而親仁」；「君子食無求飽，居無求安，敏於事，慎於言，就有道而正焉」。顔淵問仁，則曰：「非禮勿視，非禮勿聽，非禮勿言，非禮勿動。」仲弓問仁，則曰：「出門如見大賓，使民如承大祭。己所不欲，勿施於人。」司馬牛問仁，則曰：「仁者其言也訒。」據此一語，是司馬牛已分上欠闕底。若使他從此著實做將去，做得徹時，亦自到他顔冉地位。但學者初做時，固不能無間斷。做來做去，做到徹處，自然純熟，自然光明。如人喫飯相似，今日也恁地喫，明日也恁地喫。一刻便有一刻工夫，一時便有一時工夫，一日便有一日工夫。豈有截自某日爲始，前段都不是，後段都是底道理！又如曾子未聞一貫之説時，亦豈全無是處？他也須知得「爲人臣，止於敬；爲人子，止於孝；爲人父，止於慈；與國人交，止於信」。如何是敬，如何是孝，如何是慈，如何是信，件件都實理會得了，然後件件實做將去。零零碎碎，煞著了工夫，也細摸得箇影了，只是争些小在。及聞一貫之説，他便於言下將那實心來承當得，體認得平日許多工夫，許多樣事，千頭萬緒，皆是此箇實心做將出來。却如人有一屋錢散放在地上，當下將一條索子都穿貫了。而今人元無一文錢，却也要學他去穿，這下穿一穿，又穿不著，那下穿一穿，又穿不著，似恁爲學，成得箇甚麽邊事！如今誰不解説「一以貫之」！但不及曾子者，蓋曾子是箇實底「一以貫之」；如今人説者，只是箇虚底「一以貫之」耳。「誠者物之終始，不誠無物」。孔子曰：「言忠信，行篤敬，雖蠻貊之邦行矣；言不忠信，行不篤敬，雖州里行乎哉！立則見其參於前也，在輿則見其倚於衡也，夫然後行。」只此是學，只争箇做得徹與不徹耳。孟子曰：「服堯之服，誦堯之言，行堯之行，是堯而已矣；服桀之服，誦桀之言，行桀之行，是桀而已矣。」廣。

江西學者偏要説甚自得，説甚一貫。看他意思，只是揀一箇儱侗底説話，將來籠罩，其實理會這箇道理不得。且如曾子日用間做了多少工夫，孔子亦是見他於事事物物上理會得這許多道理了，却恐未知一底道理在，遂來這裏提醒他。然曾子却是已有這本領，便能承當。今江西學者實不曾有得這本領，不知是貫箇甚麽！嘗譬之，一便如一條索，那貫底物事，便如許多散錢。須是積得這許多散錢了，却將那一條索來一串穿，這便是一貫。若陸氏之學，只是要尋這一條索，却不知道都無可得穿。且其爲説，喫緊是不肯教人讀書，只恁地摸索悟處。譬如前面有一箇關，纔跳得過這一箇關，便是了。此煞壞學者。某老矣，日月無多。方待不説破來，又恐後人錯以某之學亦與他相似。今不柰何，苦口説破。某道他斷然是異端！斷然是曲學！斷然非聖人之道！但學者稍肯低心向平實處下工夫，那病痛亦不難見。

「『吾道一以貫之』，譬如聚得散錢已多，將一條索來一串穿了。所謂一貫，須是聚箇散錢多，然後這索亦易得。若不積得許多錢，空有一條索，把甚麽來穿！吾儒且要去積錢。若江西學者都無一錢，只有一條索，不知把甚麽來穿。」又曰：「一，只是一箇道理貫了。」或問：「忠恕，曾子以前曾理會得否？」曰：「曾子於忠恕自是理會得了，便將理會得底來解聖人之意，其實借來。」直卿問：「『一以貫之』，是有至一以貫之。」曰：「一，只是一箇道理，不用説至一。」

問：「集注云：『聖人之心，渾然一理，泛應曲當，用各不同。』此恐是聖人之心昭明融液，無絲毫間斷，隨事逐物，泛應曲酬，只是自然流出來。曾子謂之忠恕，雖是借此以曉學者，然既能忠，則心無欺曲，無叉路，即此推將去，便是一。已而至於自然而然，則即聖人之所謂一矣。」曰：「如此則全在『忠』字上，這段正好在『恕』字上看。聖人之意，正謂曾子每事已自做得是。但事君，只知是事君底道理；事父，只知是事父底道理；事長，只知是事長底道理，未知其相貫通。故孔子説，我每日之間，大事小事，皆只是一箇道理。而今却不識言意，都倒説了。且理會事事都要是。若事都是，不理會得那一，不妨。若事未是，先去理會那一，不濟事。如做塔，且從那低處、闊處做起，少間自到合尖處。若只要從頭上做起，却無著工夫處。『下學而上達』，下學方是實。」先生又云：「聖人與曾子說一貫處，是說行；與子貢說一貫處，只說學問，看『多學而識之』一句可見。」又問：「『自此之外，更無餘法，亦無待於推矣。』推，只是推己之『推』否？『更無餘法』，是一理之外更無其他否？」曰：「聖人之忠恕自別，不可將做尋常『忠恕』字看。」問：「才說『恕』字，必須是推。若不須推，便是仁了。」曰：「聖人本不可說是忠恕，曾子假借來說。要之，天地是一箇無心底忠恕，聖人是一箇無爲底忠恕，學者是一箇著力底忠恕。學者之忠恕，方正定是忠恕。且如不欺誑，不妄誕，是忠，天地何嘗說我不可欺誑，不可妄誕來！如『己所不欲，勿施於人』是恕，天地何嘗說我要得性命之正，然後使那萬物各正性命來！聖人雖有心，也自是不欺誑，不妄誕，我所不欲底事，也自是不去做。故程子曰：『天地無心而成化，聖人有心而無爲。』即是此意。」問：「程子言：『忠者天道，恕者人道。』不是中庸所謂『天道、人道』否？」曰：「不是。大本便是天道，達道便是人道。這箇不可去泥定解他。如子思說『鳶飛戾天，魚躍于淵』相似，只輕輕地傍邊傍說將去。要之，『至誠無息』一句，已自剩了。今看那一段，不須字字去解，亦不須言外求意，自然裏面有許多道理。今如此說，倒鈍滯了。所以聖人不胡亂說，只說與曾子、子貢二人曉得底。其他如『吾欲無言』之類，略拈起些小來説，都只是輕輕地説過，説了便休。若只管説來説去，便自拖泥帶水。」〈胡〉泳〔一〕。以下集注。

問「曾子未知其體之一」。曰：「曾子偶未見得，但見一箇事是一箇理，不曾融會貫通。然曾子於九分九釐九毫上都見得了，即争這些子，故夫子告之。而今人却是因夫子之説，又因後人説得分曉，只是望見一貫影像，便説體説用，却不去下工夫。而今只得逐件理會，所以要格物、致知。」夔孫。

先生問坐間學者云：「『吾道一以貫之』，如何是『曾子但未知體之一處』？」或云：「正如萬象森然者，是曾子隨事精察力行處。至於一元之氣所以爲造化之妙者，是曾子未知體之一處。」曰：「何故曾子既能隨事精察，却不曉所以一處？」答云：「曾子但能行其粗而未造其精。」曰：「不然。聖人所以發用流行處，皆此一理，豈有精粗？政如水相似，田中也是此水，池中也是此水，海中也是此水。不成説海水是精，他處水是粗，豈有此理！緣他見聖人用處，皆能隨事精察力行。不過但見聖人之用不同，而不知實皆此理流行之妙。且如事君忠是此理，事親孝也是此理，交朋友也是此理，以至精粗小大之事，皆此一理貫

〔一〕據吕本、院本增。

通之。聖人恐曾子以爲許多般樣，故告之曰：『吾道一以貫之。』曾子真積力久，工夫至到，遂能契之深而應之速。云『而已矣』者，竭盡無餘之詞。所以集注說『自此之外，固無餘法』，便是那竭盡無餘之謂。聖人只是箇忠，只是箇恕，更無餘法。學者則須推之，聖人則不消如此，只是箇至誠不息，萬物各得其所而已。這一箇道理，從頭貫將去。如一源之水，流出爲千條萬派，不可謂下流者不是此一源之水。人只是一箇心。如事父孝，也是這一心；事君忠，事長弟，也只是這一心；老者安，少者懷，朋友信，皆是此一心。精粗本末，以一貫之，更無餘法。但聖人則皆自然流行出來，學者則須是『施諸己而不願，而後勿施於人』，便用推將去；聖人則動以天，賢人則動以人耳。」又問：「盡己之忠，聖人同此忠否？」曰：「固是。學者與聖人所争，只是這些箇自然與勉强耳。聖人所行，皆是自然堅牢。學者亦有時做得如聖人處，但不堅牢，又會失却。程子說：『孟子爲孔子事業儘得，只是難得似聖人。如剪綵爲花固相似，只是無造化功。』龜山云：『孔子似知州，孟子似通判權州。』譬得好。」又問：「先生解忠恕，謂借學者盡己推己之目。如程子說忠恕一以貫之，則又自有聖人之忠恕。」曰：「這裏便自要理會得。若曉得某說，則曉程子之說矣。」又云：「忠是一，恕是所以貫之。中庸說『忠恕違道不遠』，是『下學上達』之義，即學者所推之忠恕，聖人則不待推。然學者但能盡己以推之於人，推之既熟，久之自能見聖人不待推之意，而『忠恕』二字有不足言也。」明作。
壯祖録云：「問一貫之旨。先生曰：『何故曾子能每事精察而力行，却未知其體之一？』趙兄曰：『曾子但見粗處，未見精處。』先生曰：『若説「精粗」二字，便壞了一貫之理。譬之水在大江中，固是此水；流爲池沼，亦只是此水；流爲溝壑，亦只是此水。若曰池沼溝壑別是水之粗，而大江中乃是水之精者，其可哉！夫子之道，施之事父則爲孝，事君則爲忠，交朋則爲信。曾子見其事事曲當如此，遂疑有許多般樣，而未知天下只是一箇大道理，雖於事上有千般百緒，只共是這一箇大道理。曾子之所未達者，尚有此耳。一是忠，所貫者恕。忠是一箇實心，萬法萬事皆自此出。聖人只有這兩端，外此更無餘事。但聖人不待推，學者須每事推去。但爲之既熟，則久之自能見聖人不待推之意，而「忠恕」二字即不足言也。』」

問：「『曾子未知其體之一』。用自體出，體用不相離。於其用處既已精察，何故未知其體之一？」曰：「是他偶然未知。曾子於九分九釐上皆透徹了，獨此一釐未透。今人只指箇見成底『體用』字來説，却元不曾下得工夫。」又問「曾子借學者盡己推己之目而明之，欲人之易曉」。曰：「這箇道理，譬如一枝天然底花。爲人不識，故作一枝假底花出來形容，欲人識得箇模樣。」又曰：「此章一項説天命，一項説聖人，一項説學者，只是一箇道理。」又曰：「聖人是自然底忠恕，學者是勉然底忠恕。」僩。
祖道録云：「或問：『曾子一唯處如何？』曰：『曾子平日用功得九分九釐九毫都見得了，只爭這些子。一聞夫子警省之，便透徹了也。』又問：『未唯之前如何？』曰：『未唯之前，見一事上是一箇理；及唯之後，千萬箇理只是一箇理。』又問：『「以己及物」，「推己及物」，如何？』曰：『在聖人都謂之仁，在學者只是忠恕而已。「己欲立而立人，己欲達而達人」，則是聖人之仁；「能近取譬」，便是學者之恕。一箇是天然底道理，一箇是人爲底道理。曾子以天然底難説，只得把人爲底説與他，教他自此做得到盡處，便是天然底。所以如此説者，要使當時問者曉得。譬如將做底花去比生成底花，自有優劣。要之，這一項説天命，一項説聖人，一項説學者，其至只是一箇道理也。欲爲逐一字説，如何是聖人底，如何是學者底，一向訓解未免有牴牾。學者須是自體認始得。』或曰：『然則「忠恕」字如何看？』曰：『如此等字，難爲一一分説，且去子細看得此樣四五箇字透徹，看他落在何界分，將輕重參較，久久自見。今只説與，終不濟事。且如看地盤一般，識得甲庚丙壬戊子逐字捱將去，永不差誤。』久之，又曰：『要好時，將此樣十數箇字排在面前，前賢所説，逐一細看，教心通意會，便有所得也。』」賜録云：「問忠恕。曰：『解此處大段用力，一箇是天然底，一箇是人爲底。譬如假花來形容生花一般，爲是生花難説，故把假花形容，引他意思出來。然此段説天命，一項説聖人，一項説學者。要之，只是一箇道理。』」

問：「『一貫』，注言：『蓋已隨事精察而力行之，但未知其體之一耳。』『未知其體之一』，亦是前所説乎？」曰：「參也以魯得之，他逐件去理會。曾子問喪禮，到人情委曲處，無不講究。其初見一事只是一事，百件事是百件事。得夫子一點醒，百件事只是一件事，許多般様，只一心流出。曾子至此，方信得是一箇道理。」問：「自後學言之，便道已知此事一理。今曾子用許多積累工夫，方始見得是一貫，後學如何便曉得一貫？」曰：「後人只是想像説，正如矮人看戲一般，見前面人笑，他也笑。他雖眼不曾見，想必是好笑，便隨他笑。」又曰：「曾點所見不同，方當侍坐之時，見三子言志，想見有些下視他幾箇，作而言曰：『異乎三子者之撰。』看其意，有鳳凰翔于千仞底氣象！莊子中説孟子反于琴張喪側，或琴或歌，點亦只是此輩流。渠若不得聖人爲之依歸，須一向流入莊老去！」寓。

叔器問聖人之忠恕與學者之忠恕。曰：「這不是說一貫便是忠恕，忠恕自是那一貫底注脚。只是曾子怕人曉那一貫不得，後將這言語來形容，不是說聖人是忠恕。今若曉得一貫，便曉得忠恕；曉得忠恕，便曉得一貫。今且說那渾全道理便是忠，那隨事逐物串斂來底便是恕。今若要做那忠恕去湊成聖人忠恕，做那忠恕去湊成一貫，皆不是。某分明說，此只是曾子借此以推明之。」義剛。

「而今不是一本處難認，是萬殊處難認，如何就萬殊上見得皆有恰好處。」又云：「到這裏只見得一本萬殊，不見其他。」卓。

「中心爲忠，如心爲恕」，此語見周禮疏。銖。

問「如心爲恕」。曰：「如此也比自家心推將去。仁之與恕，只争些子。自然底是仁，比而推之便是恕。」道夫。

蜚卿問：「『恕』字，古人所說有不同處。如『己所不欲，勿施於人』，便與大學之『絜矩』，程子所謂『推己』，都相似。如程子所引『乾道變化，各正性命』，及大學中說『有諸己而後求諸人』，却兼通不得，如何？」曰：「也只是一般。但對副處別，子細看便可見。今人只是不曾子細看。某當初似此類，都逐項寫出，一字對一字看。少間紙上底通，心中底亦脱然。且如『乾道變化，各正性命』，各正性命底，便如乾道變化底，所以爲恕。」直卿問：「程子言『如心爲恕』，如心之義如何？」曰：「萬物之心，便如天地之心；天下之心，便如聖人之心。天地之生萬物，一箇物裏面便有一箇天地之心。聖人於天下，一箇人裏面便有一箇聖人之心。聖人之心自然無所不到，此便是『乾道變化，各正性命』，聖人之忠恕也。如『己所不欲，勿施於人』，便是推己之心做到那物上，賢者之忠恕也。這事便是難。且如古人云『不廢困窮，不虐無告』，自非大無道之君，孰肯廢虐之者！然心力用不到那上，便是自家廢虐之。須是聖人，方且會無一處不到。」又問：「『以己及物，仁也；推己及物，恕也。』上句是聖人之恕，下句是賢者之恕否？」曰：「上箇是聖人之恕，下箇賢者之仁。聖人之恕，便是衆人之仁；衆人之仁，便是聖人之恕。」道夫。

楊問「以己」「推己」之辨。先生反問：「如何？」曰：「以己，是自然底意思；推己，是反思底意思。」曰：「然。以己，是自然流出，如孔子『老者安之，朋友信之，少者懷之』。推己，便有折轉意，如『己欲立〔一〕而立人，己欲達而達人』。」寓因問：「『推廣得去，則天地變化，草木蕃；推廣不去，天地閉，賢人隱』，如何？」曰：「亦只推己以及物。推得去，則物我貫通，自有箇生生無窮底意思，便有『天地

〔一〕賀云：此處上下有疑。

變化，草木蕃』氣象。天地只是這樣道理。若推不去，物我隔絶，欲利於己，不利於人；欲己之富，欲人之貧；欲己之壽，欲人之夭。似這氣象，全然閉塞隔絶了，便似『天地閉，賢人隱』。」寓。

問「以己」「推己」之辯。曰：「以己，是自然；推己，是著力。『己欲立而立人，己欲達而達人』，是以己及人也。『近取諸身』，譬之他人，自家欲立，知得人亦欲立，方去扶持他使立；自家欲達，知得人亦欲達，方去扶持他使達，是推己及人也。」淳。

胡問「以己及物」「以」字之義。曰：「『以己及物』，是大賢以上聖人之事。聖人是因我這裏有那意思，便去及人。如未饑，未見得天下之人饑；未寒，未見得天下之人寒。因我之饑寒，便見得天下之饑寒，自然恁地去及他，便是以己及物。如賢人以下，知得我既是要如此，想人亦要如此，而今不可不教他如此，三反五折，便是推己及物，只是争箇自然與不自然。」義剛。

「以己及物」，是自然及物，己欲立，便立人；己欲達，便達人。推己及物，則是要逐一去推出。如我欲恁地，便去推與人也合恁地，方始有以及之。如喫飯相似，以己及物底，便是我要喫，自是教別人也喫，不待思量。推己及物底，便是我喫飯，思量道別人也合當喫，方始與人喫。義剛。

恕之得名，只是推己，故程先生只云：「推己之謂恕。」曾子言：「夫子之道忠恕。」此就聖人說，却只是自然，不待勉强而推之，其字釋却一般。端蒙。

「以己及物，仁也，『一以貫之』是也；推己及物，恕也，『違道不遠』是也」，蓋是明道之說。第一句只是懸空說一句。「違道不遠」，只粘著推己及物說。夔孫。

問：「程子謂：『以己及物，仁也；推己及物，恕也，「違道不遠」是也。』『以己及物，仁也』，與『違道不遠』不相關，莫只是以此分別仁、恕否？」曰：「自是不相關。只是以此形容仁、恕之定名。」子蒙。

問：「明道言：『忠者天道，恕者人道。』何也？」曰：「忠是自然；恕隨事應接，略假人爲，所以有天人之辯。」壯祖。

「『忠者天道，恕者人道』，此『天』是與『人』對之『天』。若『動以天也』之『天』，即是理之自然。」又曰：「聖賢之言，夫子言『一貫』，曾子言『忠恕』，子思言『小德川流，大德敦化』，張子言『理一分殊』，只是一箇。」卓。

問：「天道、人道，初非以優劣言。自其渾然一本言之，則謂之天道；自其與物接者言之，則謂之人道耳。」曰：「然。此與『誠者天之道，誠之者人之道』，語意自不同。」閎祖。

「一貫、忠恕。」先生曰：「此是曾子平日用工，於逐事逐物上，都理會過了，但未知一貫爾，故夫子唤醒他。」「忠者天道，恕者人道。忠者無妄，恕者所以行乎忠也。」先生顧曰：「『恕者所以行乎忠也』一句好看。」又曰：「便與中庸『大德敦化，小德川流』相似。」炎。

忠者，盡己之心，無少僞妄。以其必於此而本焉，故曰「道之體」。恕者，推己及物，各得所欲。以其必由是而之焉，故曰「道之用」。端蒙。

「忠恕」一段，明道解得極分明。其曰：「以己及物，仁也；推己及物，恕也；『忠恕違道不遠』是也。」分明自作一截説。下面「忠恕一貫之」以下，却是言聖人之忠恕。故結云：「所以與『違道不遠』異者，動以天爾。」若曰：「中庸之言，則動以人爾。」端蒙。

「忠恕違道不遠」，此乃掠下教人之意，「下學而上達」也。「盡己之謂忠，推己及物之謂恕」，忠恕二字之義，只當如此説。曾子説夫子之道，而以忠恕爲言，乃是借此二字綻出一貫。一貫乃聖人公共道理，盡己推己不足以言之。緣一貫之道，難説與學者，故以忠恕曉之。賀孫。

「忠恕違道不遠」與「夫子之道忠恕」，只消看他上下文，便自可見。如中庸「施諸己而不願，亦勿施諸人」，勿者，禁止之辭，豈非學者之事？論語之言，分明先有箇「夫子之道」字，豈非聖人之事？端蒙。

「忠恕違道不遠」，正是説忠恕。「一以貫之」之忠恕，却是升一等説。高。

一是忠，貫是恕。譬如一泓水，聖人自然流出，灌溉百物，其他人須是推出來灌溉。

此一貫所以爲天。至子思忠恕，只是人，所以説「違道不遠」。「盡己之謂忠，推己之謂恕」。才是他人，便須是如此。泳。

問：「到得忠恕，已是道，如何又云『違道不遠』？」曰：「仁是道，忠恕正是學者著力下工夫處。『施諸己而不願，亦勿施於人』，子思之説，正爲下工夫。『夫子之道，忠恕而已矣』，却不是恁地。曾子只是借這箇説『維天之命，於穆不已』。『乾道變化，各正性命』，便是天之忠恕；『純亦不已』，『萬物各得其所』，便是聖人之忠恕；『施諸己而不願，亦勿施於人』，便是學者之忠恕。」賀孫。

曾子忠恕，與子思忠恕不同。曾子忠恕是天，子思忠恕尚是人在。泳。

問：「『忠恕而已矣』與『違道不遠』、『己所不欲』等處不同，而程先生解釋各有異意，如何？」曰：「先理會『忠恕而已』一句。如明道説『動以天』之類，只是言聖人不待勉强，有箇自然底意思。如『己所不欲，勿施於人』，『施諸己而不願，亦勿施諸人』，看箇『勿』字，便是禁止之辭。故明道曰：『以己及物，仁也；推己及物，恕也。』正是如此分別。」或曰：「南軒解此云：『聖人全乎此，天之道也，曾子稱夫子忠恕是矣。賢者求盡夫此，人之道也，子思稱忠恕是矣。』」曰：「此亦説得好。諸友却如何看？」謨曰：「集注等書所謂『盡己爲忠』，道之體也；『推己爲恕』，道之用也。忠爲恕體，是以分殊而理未嘗不一；恕爲忠用，是以理一而分未嘗不殊。此固甚明矣。」曰：「夫子只説『吾道一以貫之』，曾子説此一(自)〔句〕〔一〕，正是下箇注脚，如何却横將忠恕入來解説『一貫』字？程子解此又如何？」曰〔二〕：「『以己及物爲仁，推己及物爲恕』；又却繼之曰：『此與「違道不遠」異者，動以天爾。』如此，却是剩了『以己及物』一句，如何？」謨曰：「莫是合忠恕而言，便是仁否？」先生稱善。謨曰：「只於集注解第二節處得之。如曰『聖人至誠無息，而萬物各得其所』，便是合忠恕是仁底意思。」曰：「合忠恕，正是仁。若使曾子便將仁解一貫字，却失了體用，不得謂之一貫爾。要如此講『貫』，方盡。」謨。

問論語、中庸言忠恕不同之意。曰：「盡己之謂忠，推己之謂恕。中庸言『忠恕違道不遠』，是也。此是學者事，然忠恕功用到底只如此。曾子取此以明聖人一貫之理耳。文蔚録云：「曾子借學者以形容聖人。」若聖人之忠恕，只説得『誠』與『仁』字。聖人渾然天理，則不待推，自然從此中流出也。『盡』字與『推』字，聖人盡不用得。若學者則須推。故明道云：『以己及物，仁也；推己及物，恕也，「違道不遠」是也。』自是兩端。伊川説中庸，則只説是

〔一〕據陳本改。
〔二〕「曰」上似脱「又」字。

『下學上達』，又説是『子思掠下教人』。明道説論語，則曰：『「一以貫之」，大本達道也，與「違道不遠」異者，動以天耳。』伊川曰：『「維天之命，於穆不已」，忠也；「乾道變化，各正性命」，恕也。』此規模又别。」大雅云：「程先生説：『忠恕形容一貫之理，在他人言則未必盡，在曾子言之必是盡。』」曰：「此説得最好。然『一』字多在忠上？多在恕上？」大雅云：「多在忠上。」曰：「然。程子説得甚分明，復將元説成段看。後來多被學者將元説折開分布在他處，故意散亂不全，難看。」大雅。

問：「『維天之命，於穆不已』，忠也；『乾道變化，各正性命』，恕也。」曰：「『恕』字正在兩隔界頭。只看程子説『盡己之謂忠，推己之謂恕』，便分明。恕是推己及物，使各得其所處。『盡物之謂信』。」人傑。

劉問「忠恕」。曰：「忠即是實理。忠則一理，恕則萬殊。如『維天之命，於穆不已』，亦只以這實理流行，發生萬物。牛得之而爲牛，馬得之而爲馬，草木得之而爲草木。」卓。

「『維天之命，於穆不已』，不其忠乎！」此是不待盡而忠也。「『乾道變化，各正性命』，不其恕乎！」此是不待推而恕也。廣。

忠貫恕，恕貫萬事。「『維天之命，於穆不已』，不其忠乎！」是不忠之忠。「『乾道變化，各正性命』，不其恕乎！」是不恕之恕。天地何嘗道此是忠，此是恕？人以是名其忠與恕。故聖人無忠恕，所謂「己所不欲，勿施於人」，乃學者之事。士毅。

曾子所言，只是一箇道理，但假借此以示門人。如程子所言，「維天之命，於穆不已」，「乾道變化，各正性命」，此天地無心之忠恕。夫子之道一貫，乃聖人無爲之忠恕。盡己、推己，乃學者著力之忠恕。固是一箇道理，在三者自有三樣。且如天地，何嘗以不欺不妄爲忠？其化生萬物，何嘗以此爲恕？聖人亦何嘗以在己之無欺無妄爲忠？若汎應曲當，亦何嘗以此爲恕？但是自然如此。故程子曰：「天地無心而成化，聖人有心而無爲。」此語極是親切。若曉得曾子意思，雖則是「忠恕」二字，而發明一貫之旨昭然。但此語難説，須自意會。若只管説來説去，便拖泥帶水。又云：「夜來説忠恕，論著忠恕名義，自合依子思『忠恕違道不遠』是也。曾子所説，却是移上一階，説聖人之忠恕。到程子又移上一階，説天地之忠恕。其實只一箇忠恕，須自看教有許多等級分明。」僩。

正淳問：「伊川云：『「乾道變化，各正性命」，恕也。』『乾道變化』，猶是説上體事，至『各正性命』，方是恕否？」曰：「『乾道變化，各正性命』，正相夾界半路上説。程子謂『盡己之謂忠，推己之謂恕』，又謂『盡物之謂信』。如『乾道變化』，便是盡己處；『各正性命』，是推以及物處。至於推到物上，使物物各得其所處，方是盡物，便是信。」問：「侯師聖云『草木蕃』與『各正性命』如何？」曰：「尋常數家，便説『草木蕃』是『草木暢茂』、『天造草來味』之意，故指來説『恕』字不甚著。『各正性命』，説推己及物。然當時只是指此兩句來説。」㽦。

徐仁父問：「『充擴得去，則天地變化，草木蕃；充擴不去，則天地閉，賢人隱』，如何？」曰：「只管充擴將去，則萬物只管各得其分。只就『己所不欲勿施於人』上面擴充將去，若充之於一家，則一家得其所；充之於一國，則一國得其所。無施而不得其所，便是『天地變化，草木蕃』。若充擴不去，則這裏出門便行不得，便窒塞了，如何更施諸人！此便是『天地閉，賢人隱』底道理。」卓。賀孫録同。以下集義。

吳仁父問：「『充擴得去，則天地變化，草木蕃；充擴不去，則天地閉，賢人隱』，是氣象如此？是實如此？」曰：「似恁地恕，只是推得去。推不去底人，只要理會自己，不管別人；別人底事，便説不關我事。今如此人，便爲州爲縣，亦只理會自己，百姓盡不管他，直是推不去。」又問：「『恕』字恁地闊？」曰：「所以道：『一言而可以終身行之者，其恕乎！』」又曰：「也須是忠。無忠，把甚麽推出來！」節。

「天地變化」是忠，忠則一；「草木蕃」是恕，恕則萬狀。「天地閉，賢人隱」，是理當如此，非如人之不恕是有吝意。恕如春，不恕如冬。節。「草木蕃」，如説「草木暢茂」。人傑。

「一，譬如元氣；八萬四千毛孔無不通貫，是恕也。」又曰：「『一以貫之』，只是萬事一理。伊川謂：『言仁義亦得，蓋仁是統體，義是分別。』某謂言禮樂亦得，『樂統同，禮辯異』。」言畢，復抗聲而誦曰：「天高地下，萬物散殊，而禮制行矣；流而不息，合同而化，而樂興焉。」道夫。

忠恕是工夫，公平則是忠恕之效，所以謂「其致則公平」。致，極至也。道夫。

問：「『吾道一以貫』，伊川云：『多在忠上。』看得來都在忠上，貫之却是恕。」曰：「雖是恕，却是忠流出貫之。」可學。

問：「『盡物之謂恕』與『推己之謂恕』，如何推己只是忠中流出？」曰：「方流出，未可謂之盡。」曰：「『盡物之謂信』，是物實得此理，故曰『盡物』？」曰：「然。」可學。

問：「侯氏云『盡物之謂恕』，程子不以爲然，何也？」曰：「『恕』字上着『盡』字不得。恕之得名，只是推己。盡物，却是於物無所不盡，意思自別。」端蒙。

衆朋友再説「忠恕」章畢，先生曰：「將孔子説做一樣看，將曾子説做一樣看，將程子説又做一樣看。」又曰：「聖人之恕無轍迹。學者則做這一件是當了，又把這樣子去做那一件，又把這樣子去做十件、百件、千件，都把這樣子去做，便是推。到下梢都是這箇樣子，便只是一箇物。」或問：「先生與范直閣論忠恕，還與集注同否？」曰：「此是三十歲以前書，大概也是，然説得不似，而今看得又較别。」

亞夫問「忠恕而已矣」。曰：「此曾子借學者忠恕以明一貫之妙。蓋一貫自是難説得分明，惟曾子將忠恕形容得極好。學者忠恕，便待推，方得。才推，便有比較之意。聖人更不待推，但『老者安之，少者懷之，朋友信之』，便是。聖人地位，如一泓水在此，自然分流四出。借學者忠恕以形容一貫，猶所謂借粗以形容細。」趙至道云：「如所謂『堯舜之道孝弟』否？」曰：「亦是。但孝弟是平説。曾子説忠恕，如説『小德川流，大德敦化』一般，自有交關妙處。當時門弟想亦未曉得，惟孔子與曾子曉得。自後千餘年，更無人曉得，惟二程説得如此分明。其門人更不曉得，惟侯氏、謝氏曉得。某向來只惟見二程之説，却與胡籍溪、范直閣説，二人皆不以爲然。及後來見侯氏説得元來如此分明，但諸人不曾子細看爾。」直卿云：「聖人之忠是天之天，聖人之恕是天之人。忠恕只是學者事，不足以言聖人，只是借言爾。猶云『亹亹文王』，文王自是『純亦不已』，『亹亹』不足以言之。然『亹亹』，便有『純亦不已』意思。」又云：「忠猶木根，恕猶枝葉條榦。」南升。

「忠恕一貫。聖人與天爲一，渾然只有道理，自然應去，不待盡己方爲忠，不待推己方爲恕，不待安排，不待忖度，不待覩當。如水源滔滔流出，分而爲支派，任其自然，不待布置入那溝，入這瀆。故云曾子怕人曉不得一貫，故借忠恕而言。某初年看不破，後得侯氏所收程先生語，方曉得。」又云：「自孔子告曾子，曾子説下在此，千五百年無人曉得。待得二程先生出，方得明白。前前後後許多人説，今看來都一似説夢。」子善云：「初曉『忠者天道，恕者人道』不得。後略曉得，因以二句解之云：『天道是自然之理具，人道是自然之理行。』」直卿云：「就聖人身上説，忠者天之天，恕者天之人；就學者身上説，忠者人之天，恕者人之人。」曰：「要之，只是箇『小德川流，大德敦化』意思。」賀孫。

方叔問：「忠恕一理，却似説箇『中和』一般。」曰：「和是已中節了，恕是方施出處。且如忠恕如何是一貫？」曰：「無間斷，便是一貫。」曰：「無物，如何見得無間斷？蓋忠則一，纔推出去便貫了，此忠恕所以爲一以貫之，蓋是孔子分上事。如『老者安之，少者懷之，朋友信之』，此孔子之忠恕，餘人不得與焉。忠恕一也，然亦有分數。若中庸所謂忠恕，只是『施諸己而不願，亦勿施於人』，此則是賢人君子之所當力者。程子觀之亦精矣，然程門如尹氏輩，亦多理會不曾到此。若非劉質夫、謝上蔡、侯師聖之徒記得如此分曉，則切要處都黑了。」大雅。

忠便是一，恕便是貫。自一身言之，心便是忠，應於事者便是恕。龜山之説不然。某舊時與諸公商量此段，都説道：「龜山便是明道説。」某深以爲不然，更無路得分疏。後來把程先生説自看來看去，乃大分明。以此知聽説話難。須是心同意契，纔説，便領略得。

龜山説得恁地差來，不是他後來説得差，是他當初與程先生對面説時，領略不得這意思。如今諸公聽某説話，若不領略得，茫然聽之，只是徒然。程先生那一段是劉質夫記，想他須是領略得。兼此段，可笑。舊時語録元自分而爲兩，自「『以己及物』至『違道不遠』是也」爲一段，自「吾道一以貫之」爲一段。若只據上文，是看他意不出。然而後云「此與『違道不遠』異者，動以天爾」，自説得分明，正以「『違道不遠』是也」相應。更一段説某事，亦散而爲三。賀孫。

明道解「忠恕」章，初本分爲兩段，後在籍溪家見，却只是一段，遂合之，其義極完備。此語是劉質夫所記，無一字錯，可見質夫之學。其他諸先生如楊尹拘於中庸之説，也自看明道説不曾破。謝氏一作「侯」。却近之，然亦有見未盡處。端蒙。

二程之門解此章者，惟上蔡深得二先生之旨。其次則侯師聖。其餘雖游楊尹皆説不透。忠恕是足以貫道，忠故一，恕故貫也。洽。

問：「『忠雖已發，而未及接物。侯氏釋『維天之命，於穆不已』，乃云：『春生冬藏，歲歲如此，不誤萬物，是忠。』如何？」曰：「天之春生冬藏時，合有箇心。公且道天未春生冬藏時，有箇心在那裏？這箇是天之生物之心，無停無息，春生冬藏，其理未嘗間斷。到那萬物各得其所時，便是物物如此。『乾道變化，各正性命』，各正性命是那一草一木各得其理，變化是箇渾全底。」義剛。

問：「『維天之命，於穆不已』，不其忠乎！」曰：「今但以人觀天，以天觀人，便可見。在天便是命，在人便是忠。要之，便是至誠不息。」因論集義諸家忠恕之説，曰：「若諸家所言，却是曾子自不識其所謂『一貫』；夫子之道，却是二以分之，不是『一以貫之』。」道夫。

「『吾道一以貫之』，今人都祖張無垢説，合人己爲一貫。這自是聖人説這道理如此，如何要合人己説得！如所謂『汝以予爲多學而識之者與』？曰：『非也，予一以貫之。』這箇又如何要將人己説得！多是看聖賢文字不曾子細，纔於半中央接得些小意思，便道只是恁地。」又説及「陳叔向也自説一樣道理。某嘗説，這樣説話，得他自立箇説，説道我自所見如此，也不妨。只是被他説出一樣，却將聖賢言語硬折入他窩窟裏面。據他説底，先賢意思全不如此」。賀孫。

因有援引比類説忠恕者，曰：「今日浙中之學，正坐此弊，多强將名義比類牽合而説。要之，學者須是將許多名義如忠恕、仁義、孝弟之類，各分析區處，如經緯相似，使一一有箇著落。將來這箇道理熟，自有合處。譬如大概舉南康而言，皆是南康人，也却須去其間識得某人爲誰，某人在甚處，然後謂之識南康人也。」去僞。

問：「或云，忠恕只是無私己，不責人。」曰：「此説可怪。自有六經以來，不曾説不責人是恕！若中庸，也只是説『施諸己而不願，亦勿施於人』而已，何嘗説不責人！不成只取我好，别人不好，更不管他！於理合管，如子弟不才，係吾所管者，合責則須責之，豈可只説我是恕便了？論語只説『躬自厚而薄責於人』，謂之薄者，如言不以己之所能，必人之如己，隨材責任耳，何至舉而弃之！」大雅。

君子喻於義章

問「喻於義」章。曰：「小人之心，只曉會得那利害；君子之心，只曉會得那義理。見義理底，不見得利害；見利害底，不見得義理。」卓。

「君子喻於義，小人喻於利」。君子只知得箇當做與不當做，當做處便是合當如此。小人則只計較利害，如此則利，如此則害。君子則更不顧利害，只看天理當如何。「宜」字與「利」字不同，子細看！僩。

文振問此章。曰：「義利，只是箇頭尾。君子之於事，見得是合如此處，處得其宜，則自無不利矣，但只是理會箇義，却不曾理會下面一截利。小人却見得下面一截利，却不理會事之所宜。往往兩件事都有利，但那一件事之利稍重得分毫，便去做那一件。君子之於義，見得委曲透徹，故自樂爲。小人之於利，亦是於曲折纖悉間都理會得，故亦深好之也。」時舉。南升録見存。

問：「『君子喻於義』。義者，天理之所宜，凡事只看道理之所宜爲，不顧己私。利者，人情之所欲得，凡事只任私意，但取其便於己則爲之，不復顧道理如何。」曰：「義利也未消説得如此重。義利猶頭尾然。義者，宜也。君子見得這事合當如此，却那事合當如彼，但裁處其宜而爲之，則何不利之有。君子只理會義，下一截利處更不理會。小人只理會下一截利，更不理會上一截義。蓋是君子之心虚明洞徹，見得義分明。小人只管計較利，雖絲毫底利，也自理會得。」南升。

「君子喻於義，小人喻於利」，只是一事上。君子於此一事只見得是義，小人只見得是利。且如有白金遺道中，君子過之，曰：「此他人物，不可妄取。」小人過之，則便以爲利而取之矣。賀孫。

「喻義喻利，不是氣稟如此。君子存得此心，自然喻義。小人陷溺此心，故所知者只是利。若説氣稟定了，則君子小人皆由生定，學力不可變化。且如有金在地，君子便思量不當得，小人便認取去。」又云：「『父母之年，不可不知，一則以喜，一則以懼』。正如喻義喻利，皆是一事上有兩段。只此一物，君子就上面自喻得義，小人只是喻得利了。父母之年，孝子之心既喜其壽，又懼其衰。君子小人，只共此一物上面有取不取。」明作。

喻義喻利，只是這一事上。君子只見得是義，小人只見得是利。如伯夷見飴，曰：「可以養老。」盗跖見之，曰：「可以沃户樞。」蓋小人於利，他見這一物，便思量做一物事用他，計較精密，更有非君子所能知者。緣是他氣稟中自元有許多鏖糟惡濁底物，所以纔見那物事便出來應他。這一箇穿孔，便對那箇穿孔。君子之於義，亦是如此。或曰：「伊川云：『惟其深喻，是以篤好。』若作『惟其篤好，是以深喻』，也得。」曰：「陸子静説便是如此。」僩。

居父問「君子喻於義，小人喻於利」。曰：「這只就眼前看。且如今做官，須是恁地廉勤。自君子爲之，只是道做官合著如此。自小人爲之，他只道如此做，可以得人説好，可以求知於人。昨有李某，當壽皇登極之初，上一書，極説道學恁地不好。那時某人在要路，故以此説投之，即得超升上州教官。前日某方赴召到行在，忽又上一書，極稱道學之美。他便道某有甚勢要，便以此相投，極好笑！」賀孫。

問：「集注謂『義者，天理之所宜』。一説又謂『義者，宜之理』。意有異否？」曰：「只宜處便是義。宜之理，理之宜，都一般，但做文恁地變。只如冷底水，熱底水，水冷底，水熱底一般。」淳。

見賢思齊焉章

「見賢思齊焉，見不賢而內自省也」。見人之善，而尋己之善；見人之惡，而尋己之惡。如此，方是有益。

事父母幾諫章

問「幾諫」。曰：「幾，微也，只是漸漸細密諫，不恁峻暴，硬要闌截。內則『下氣、怡色、柔聲以諫』，便是解此意。」淳。

問：「『幾，微也』。微，還是見微而諫，還是『下氣、怡色、柔聲』以諫？」曰：「幾微，只得做『下氣、怡色、柔聲以諫』。且如今人做事，亦自驀地做出來，那裏去討幾微處。若要做見幾而諫，除非就本文添一兩字始得。」賀孫。

「又敬不違」，不違，是主那諫上說。敬，已是順了，又須委曲作道理以諫，不違去了那幾諫之意也。僩。

問：「集注舉內則『與其得罪於鄉黨州閭，寧孰諫』，將來說『勞而不怨』。禮記說『勞』字，似作勞力說，如何？」曰：「諫了又諫，被撻至於流血，可謂勞矣。所謂『父母愛之，喜而不忘；父母惡之，勞而不怨』。勞，只是一般勞。」寓。

問：「『幾，微也』。微諫者，下氣、怡色、柔聲以諫也。見得孝子深愛其親，雖當諫過之時，亦不敢伸己之直，而辭色皆婉順也。『見志不從，又敬不違』，才見父母心中不從所諫，便又起敬起孝，使父母歡悅；不待父母有難從之辭色，而後起敬起孝也。若或父母堅不從所諫，甚至怒而撻之流血，可謂勞苦，亦不敢疾怨，愈當起敬起孝。此聖人教天下之爲人子者，不惟平時有愉色、婉容，雖遇諫過之時，亦當如此；甚至勞而不怨，乃是深愛其親也。」曰：「推得也好。」又云：「『又敬不違』者，上不違微諫之意，切恐唐突以觸父母之怒；下不違欲諫之心，務欲置父母於無過之地。其心心念念只在於此。若見父母之不從，恐觸其怒，遂止而不諫者，非也；欲必諫，遂至觸其怒，亦非也。」南升。

問：「自『幾諫』章至『喜懼』章，見得事親之孝四端具焉。但覺得仁愛之意分外重，所以『孝弟爲仁之本』，『立愛自親始』。」曰：「是如此。惟是初發先是愛，故較切。所以告子見得不全，便只把仁做中出，便一向把義做外來看了。」賀孫。

問：「謝氏說『幾諫』章，曰『以敬孝易，以愛孝難』，恐未安。」曰：「聖人答人問孝，多就人資質言之。在子夏則少於愛，在子游則少於敬，不當遂斷難易也。如謝氏所引兩句，乃是莊子之說。此與阮籍居喪飲酒食肉，及至慟哭嘔血，意思一般。蔑棄禮法，專事情愛故也。」人傑。集義。

父母在章

問「父母在，不遠遊，遊必有方」。曰：「爲人子，須是以父母之心爲心。父母愛子之心未嘗少置，人子愛親之心亦當跬步不忘。若是遠遊，不惟父母思念之切；人子去親庭既遠，温凊定省之禮，自此間闊，所以不遠遊。如或有事勢須當遊，亦必有定所。欲親知己之所在而無憂，召己，則必至而無失。」

父母之年章

「一則以喜，一則以懼」，只是這一事上。既喜其壽，只這壽上又懼其來日之無多。注中引「既喜其壽，又懼其衰」，微差些。如此，却是兩事矣。僩。

古者言之不出章

「古者言之不出，恥躬之不逮也」。此章緊要在「恥」字上。若是無恥底人，未曾做得一分，便説十分矣。僩。

人之所以易其言者，以其不知空言無實之可恥也。若恥，則自是力於行，而言之出也不敢易矣。這箇只在恥上。僩。

集注引范氏説最好。只緣輕易説了，便把那行不當事。非踐履到底，烏能言及此！明作。

以約失之章

「以約失之者鮮」。「約」字是實字。若「約之于中」，「約之于禮」，則「約」字輕。明作。

問：「『以約失之者鮮』。凡人須要檢束，令入規矩準繩，便有所據守，方少過失。或是侈然自肆，未有不差錯。」曰：「説得皆分明。」南升。

「『以約失之者鮮矣』。凡事要約，約底自是少失矣。」或曰：「恐失之吝嗇，如何？」曰：「這『約』字，又不如此，只凡事自收斂。若是吝嗇，又當放開。這箇，要人自稱量看，便得。如老子之學全是約，極而至於楊氏不肯拔一毛以利天下，其弊必至此。然清虚寡慾，這又是他好處。文景之治漢，曹參之治齊，便是用此。本朝之仁宗元祐，亦是如此。事事不敢做，兵也不敢用，財也不敢用，然終是少失。如熙豐不如此，便多事。」僩。

君子欲訥於言章

問：「言懼其易，故欲訥。訥者，言之難出諸口也。行懼其難，故欲敏。敏者，力行而不惰也。」曰：「然。」南升。

德不孤章

問：「『德不孤，必有鄰』。鄰是朋類否？」曰：「然。非惟君子之德有類，小人之德亦自有類。」僩。

「德不孤」，以理言；「必有鄰」，以事言。僩。

論語中「德不孤」是「同聲相應，同氣相求」。吉人爲善，便自有吉人相伴，凶德者亦有凶人同之，是「德不孤，必有鄰」也。易中「德不孤」，謂不只一箇德，蓋內直而外方，內外皆是德，故「不孤」是訓爻辭中「大」字。若有敬而無義，有義而無敬，即孤矣。礱。

問「德不孤，必有鄰」。曰：「此處恐不消得引易中來説。語所説『德不孤，必有鄰』，只云有如此之德，必有如此之類應。如小人爲不善，必有不善之人應之。易中言『敬以直內』，須用『義以方外』；『義以方外』，須用『敬以直內』。孤，猶偏也。敬義既立，則德不偏孤，言德盛。若引易中來説，恐將論語所説攪得没理會了。」南升。

問：「語云『德不孤，必有鄰』，是與人同。饒本作「是説人之相從」。易云『敬義立而德不孤』，却是説德不孤吝。饒本作「德之大」。明道却指此作『與物同』，如何？」曰：「亦未安。」可學。

「德不孤」，是善者以類應。謝楊引繫辭簡易之文，説得未是。只用伊川説，言「德不孤，必有鄰」，是事之驗。謨。

事君數章

問：「集注引胡氏一段，似專主諫而言。恐交際之間，如諂媚之類，亦是數，不止是諫。」曰：「若説交際處煩數，自是求媚於人，則索性是不好底事了，是不消説。以諫而數者，却是意善而事未善耳，故聖人特言之以警學者。」雉。

朱子語類卷第二十八

論語十

公冶長上

子謂公冶長章

問「子謂公冶長」章。曰：「子謂『可妻』，必有以取之矣。『雖在縲絏之中』，特因而舉之，非謂以非罪而陷縲絏爲可妻也。」南升。

南容爲人，觀其三復白圭，便是能謹其言行者。「邦有道」，是君子道長之時，南容必不廢棄；「邦無道」，是小人得志以陷害君子之時，南容能謹其言行，必不陷於刑戮。南升。

問：「『子謂南容』章，集注云：『以其謹於言行。』如其三復白圭，固見其謹於言矣。謹於行處雖未見，然言行實相表裏，能謹於言，必能謹於行矣。」曰：「然。」燾。

問：「公治長可妻，伊川以『避嫌之事，賢者不爲，況聖人乎』？自今人觀之，閨門中安知無合著避嫌處？」曰：「聖人正大，道理合做處便做，何用避嫌！」問：「『古人門内之治恩掩義，門外之治義斷恩』。寓恐閨門中主恩，怕亦有避嫌處？」曰：「固是主恩，亦須是當理方可。某看公浙人，多要避嫌。程子所謂『年之長幼，時之先後』，正是解或人之説，未必當時如此。大抵二人都是好人，可托。或先是見公治長，遂將女妻他；後來見南容亦是箇好人，又把兄之女妻之。看來文勢，恐是孔子之女年長，先嫁；兄之女少，在後嫁，亦未可知。程子所謂『凡人避嫌者皆内不足』，實是如此。」寓。

叔蒙問程子避嫌之説。曰：「合當委曲，便是道理當如此。且如避嫌亦不能無。如做通判，與太守是親戚，也合當避嫌。第五倫之事非不見得如此，自是常有這心在，克不去。今人這樣甚多，只是徇情恁地去，少間將這箇做正道理了，大是害事。所以古人於誠意、正心上更著工夫，正怕到這處。」寓。

子謂子賤章

或問「魯無君子，斯焉取斯」。曰：「便雖有聖人在，也須博取於人，方能成德。」

問「魯無君子，斯焉取斯」。曰：「居鄉而多賢，其老者，吾當尊敬師事，以求其益；其行輩與吾相若者，則納交取友，親炙漸磨，以涵養德性，薰陶氣質。」賀孫。

問「子謂子賤」章。曰：「看來聖人以子賤爲『君子哉若人』！此君子亦是大概說。如『南宮适出，子曰：「君子哉若人」』一般。大抵論語中有說得最高者，有大概說，如言賢者之類。若言子賤爲君子，而子貢未至於不器，恐子賤未能强似子貢。又子賤因魯多君子而後有所成就，不應魯人强似子貢者如此之多。」南升。

子貢問賜也何如章

叔蒙問：「子貢通博明達，若非止於一能者，如何却以器目之？莫是亦有窮否？」曰：「畢竟未全備。」賀孫。

子貢是器之貴者，可以爲貴用。雖與賤者之器不同，然畢竟只是器，非不器也。明作。

問：「子貢得爲器之貴者，聖人許之。然未離乎器，而未至於不器處，不知子貢是合下無規模，抑是後來欠工夫？」曰：「也是欠工夫，也是合下稟得偏了。一般人資稟疏通明達，平日所做底工夫，都隨他這疏通底意思去。一般人稟得恁地馴善，自是隨這馴善去。恰似人喫藥，五臟和平底人，喫這藥自流注四肢八脈去。若是五臟中一處受病受得深，喫這藥都做那一邊去，這一邊自勝了，難得效。學者做工夫，正要得專去偏處理會。」寓。

或曰雍也章

「仁而不佞」，時人以佞爲賢。「屢憎於人」，是他說得大驚小怪，被他驚嚇者豈不惡之。明作。

佞，只是捷給辯口者，古人所說皆如此，後世方以「諂」字解之。祖道。

佞是無實之辯。道夫。

林一之問：「孔子於仲弓『不知其仁』，如何？」曰：「孔子既不保他，必是也有病痛。然這一章是不佞要緊。佞，不是諂佞，是箇口快底人。事未問是不是，一時言語便抵當得去。『子路使子羔爲費宰，子曰：「賊夫人之子！」子路曰：「何必讀書，然後爲學？」子曰：「是故惡夫佞者！」』子路未問是與不是，臨時撰得話來也好，可見是佞。」寓。

問：「『爲人君，止於仁』。若是未仁，則不能視民猶己，而不足爲君。然夫子既許仲弓南面，而又曰『未知其仁』，如何？」曰：「言仁有粗細，有只是指那慈愛而言底，有就性上說底，這箇便較細膩。若有一毫不盡，不害爲未仁。只是這箇仁，但是那箇是淺底，這箇是深底，那箇是疏底，這箇是密底。」義剛。

子使漆雕開仕章

陳仲卿問「子使漆雕開仕」章。曰：「此章當於『斯』字上看。『斯』，是指箇甚麼？『未之能信』者，便是於這箇道理見得未甚透徹，故信未及。看他意思，便把箇仕都輕看了。」時舉。

「吾斯之未能信」，他是不肯更做小底。所謂「有天民者，達可行於天下而後行之者也」。道夫。

或問：「『吾斯之未能信』，如何？」曰：「『斯』之一字甚大。漆雕開能自言『吾斯之未能信』，則其地已高矣。『斯』，有所指而云，非只指誠意、正心之事。事君以忠，事父以孝，皆是這箇道理。若自信得及，則雖欲不如此做，不可得矣。若自信不及，如何勉强做得！欲要自信得及，又須是自有所得無遺，方是信。」祖道。去僞同。

問：「『子使漆雕開仕。對曰：「吾斯之未能信。」』斯者，此理也。漆雕開能指此理而言，便是心目之間已有所見。未能信者，未能真知其實然，而自保其不叛。以此見『漆雕開已見大意』，方欲進進而不已。蓋見得大意了，又要真知到至實無妄之地，它日成就其可量乎！此夫子所以悦其篤志也。」祖道。按：此無答語，姑從蜀本存之。

或問「吾斯之未能信」。曰：「知得深，便信得篤。理合如此者，必要如此；知道不如此，便不得如此，只此是信。且如人孝，亦只是大綱説孝，謂有些小不孝處亦未妨。又如忠，亦只是大綱説忠，謂便有些小不忠處亦未妨。即此便是未信。此是漆雕開心上事。信與未信，聖人何緣知得？只見他其才可仕，故使之仕。他揆之於心，有一毫未得，不害其爲未信，仍更有志於學，聖人所以説之。」又問：「謝氏謂『其器不安於小成』，何也？」曰：「據他之才，已自可仕。只是他不伏如此，又欲求進。譬如一株樹，用爲椽桁，已自可矣。他不伏做椽桁，又要做柱，便是不安於小成也。」文蔚。

立之問「吾斯之未能信」。曰：「漆雕開已見得這道理是如此，但信未及。所謂信者，真見得這道理是我底，不是問人假借將來。譬如五穀可以飽人，人皆知之。須是五穀灼然曾喫得飽，方是信得及。今學者尚未曾見得，却信箇甚麽！若見人説道這箇善，這箇惡，若不曾自見得，都不濟事，亦終無下手處矣。」時舉。

信者，自保得過之意，知與行皆然。自保得知得，自保得行得。漆雕開只是見得分明，然亦不敢自保如此，故曰：「吾斯之未能信。」蓋其絲毫隱微之間，自知之爾。端蒙。

問：「竊意開都見得許多道理，但未能自保其終始不易。」曰：「他於道理，已自透徹了。」又問：「他説未能信，恐是自覺行處有些勉强在。」曰：「未須説行，在目即便有些小窒礙處。」胡泳。

敬之問此章。曰：「也不是要就用處説。若是道理見未破，只且理會自身己，未敢去做他底。亦不是我信得了，便定著去做。道理自是如此。這裏見得直是分曉，方可去做。」寓因問：「明道所言『漆雕開、曾點已見大意』，二子固是已見大體了。看來漆雕見得雖未甚快，却是通體通用都知了。曾點雖是見得快，恐只見體，其用處未必全也。」先生以爲然。問寓有何説，寓曰：「開之未信，若一理見未透，即是未信。」曰：「也不止説一理。要知信不過，不真知決是如此。『行一不義，殺一不辜，得天下不爲』。須是真見得有不義不辜處，便不可以得天下。若説略行不義，略殺不辜，做到九分也未甚害，也不妨，這便是未信處。這裏更須玩味省察，體認存養，亦會見得決定恁地，而不可不恁地。所謂脱然如大寐之得醒，方始是信處耳。」問：「格物、窮理之初，事事物物也要見到那裏了。」曰：「固是要見到那裏。然也約摸是見得，直到物格、知至，那時方信得及。」寓。

漆雕開「吾斯之未能信」，斯是甚底？他是見得此箇道理了，只是信未及。他眼前看得闊，只是踐履未純熟。他是見得箇規模大，不入這小底窠坐。曾晳被他見得高，下面許多事皆所不屑爲。到他説時，便都恁地脱灑。想見他只是天資高，便見得恁地，都不曾做甚工夫，却與曾子相反。曾子便是著實步步做工夫，到下梢方有所得。曾晳末流便會成莊老。想見當時聖人亦須有言語敲點他，只是論語載不全。賀孫。

問「吾斯之未能信」。曰：「信是於這箇道理上見得透，全無些疑處。他看得那仕與不仕，全無緊要。曾點亦然。但見得那日用都是天理流行，看見那做諸侯卿相不是緊要，却不是高尚要恁地説，是他自看得没緊要。今人居鄉，只見居鄉利害；居官，只見居官利害，全不見道理。他見得道理大小大了，見那居官利害，都没緊要，仕與不仕何害！」植。

「知，只是一箇知，只是有深淺。須是知之深，方信得及，如漆雕開『吾斯之未能信』是也。若説道別有箇不可説之知，便是釋氏之所謂悟也。」問：「張子所謂『德性之知不萌於聞見』，是如何？」曰：「此亦只是説心中自曉會得後，又信得及耳。」廣。

問：「漆雕循守者乎？」曰：「循守是守一節之廉，如原憲之不容物是也。漆雕開却是收斂近約。」伯羽。道夫録云：「原憲不能容物，近於狷。開却是收斂近約。」

問：「注謂信是『真知其如此，而無毫髮之疑』，是如何？」曰：「便是『朝聞道』意思。須是自見得這道理分明，方得。」問：「是見得吾心之理，或是出仕之理？」曰：「都是這箇理，不可分別。漆雕開却知得，但知未深耳，所以未敢自信。」問：「程子云『曾點、漆雕開已見大意』，如何？」曰：「也是見得這意思。漆雕開，想見他已知得八分了。」因説：「物格、知至，他只有些子未格，有些子未至耳。伊川嘗言虎傷者，曾經傷者，神色獨變，此爲真見得，信得。凡人皆知水蹈之必溺，火蹈之必焚。今試教他去蹈水火，定不肯去。無他，只爲真知。」寓。集注。

或問：「『吾斯之未能信』，注云：『未有以真知其實然，而保其不叛也。』聖門弟子雖曰有所未至，然何至於叛道？」曰：「如此，則曾子臨終更說『戰戰兢兢，如履薄冰』做甚麽？」或曰：「起居動作有少違背，便是叛道否？」曰：「然。」集注係舊本。僩。

問：「『曾點、漆雕開已見大意』，如何是『已見大意』？」曰：「是他見得大了，謙之録云：「是大底意思。」便小合殺不得。論語中説曾點處亦自可見。如漆雕開只是此一句，如何便見得他已見大意處？然工夫只在『斯』字與『信』字上。且説『斯』字如何？」螢等各以意對。曰：「斯，只是這許多道理見於日用之間，君臣父子仁義忠孝之理。信，是雖已見得如此，却自斷當恐做不盡，不免或有過差，尚自保不過。雖是知其已然，未能決其將然，故曰『吾斯之未能信』。」螢。

楊丞問：「如何謂之大意？」曰：「規模小底，易自以爲足。規模大，則功夫卒難了，所以自謂未能信。」璘。

問：「『漆雕開已見大意』，如何？」曰：「大意便是本初處。若不見得大意，如何下手作工夫。若已見得大意，而不下手作工夫，亦不可。孔門如曾點、漆雕開皆已見大意。」某問：「開自謂未能信，孔子何爲使之仕？」曰：「孔子見其可仕，故使之仕。它隱之於心，有未信處。」可學。

問「曾點、漆雕開已見大意」。曰：「漆雕開，想是灰頭土面，朴實去做工夫，不求人知底人，雖見大意，也學未到。若曾晳，則只是見得，往往却不曾下工夫。」時舉。

或問：「子説開意如何？」曰：「明道云：『曾點、漆雕開已見大意。』又云：『孔子與點，蓋與聖人之志同，便是堯舜氣象。』看這語意是如何？看得此意，方識得聖人意。」賀孫。

王景仁問：「程子言『曾點與漆雕開已見大意』，何也？」曰：「此當某問公，而公反以問某邪？此在公自參取。」既而曰：「所謂『斯之未信』，斯者，非大意而何？但其文理密察，則二子或未之及。」又問：「大意竟是如何？」曰：「若推其極，只是『惟皇上帝降衷於下民』。」壯祖。

或問「曾點、漆雕開已見大意」。曰：「曾記胡明仲説『禹、稷、顏回同道』。其意謂禹稷是就事上做得成底，顏子見道，是做未成底，此亦相類。開是著實做事，已知得此理。點見識較高，但却著實處不如開。開却進未已，點恐不能進。」銖。

直卿問程子云云。曰：「開更密似點，點更規模大。開尤縝密。」道夫。

問：「漆雕開與曾點孰優劣？」曰：「舊看皆云曾點高。今看來，却是開著實，點頗動蕩。」可學。

問：「恐漆雕開見處未到曾點。」曰：「曾點見雖高，漆雕開却確實，觀他『吾斯之未能信』之語可見。」文蔚。

曾點開闊，漆雕開深穩。方子。

「曾點、漆雕開已見大意」。若論見處，開未必如點透徹；論做處，點又不如開著實。邵堯夫見得恁地，却又只管作弄去。儒用。

「曾點已見大意」，却做得有欠缺。漆雕開見得不如點透徹，而用工却密。點天資甚高，見得這物事透徹。如一箇大屋，但見外面牆圍周匝，裏面間架却未見得，却又不肯做工夫。如邵康節見得恁地，只管作弄。又曰：「曾子父子却相反。曾子初間却都不見得，只從小處做去。及至一下見得大處時，他小處却都曾做了。」賜。

曾點見得甚高，却於工夫上有疏略處。漆雕開見處不如曾點，然有向進之意。曾點與曾參正相反。曾參却是積累做去，千條萬緒，做到九分八釐，只有這些子未透。既聞夫子一貫之旨，則前日之千條萬緒，皆有著落矣。「忠恕而已矣」，此是借學者之忠恕，以影出聖人自然之忠恕也。

上蔡言漆雕開「不安於小成」。是他先見大意了，方肯不安於小成。若不見大意，如何知得他不肯安於小成？若不見大意者，只安於小成耳。如人食藜藿與食芻豢，若未食芻豢，只知藜藿之美；既食芻豢，則藜藿不足食矣。賀孫。

道不行章

夫子浮海，假設之言，且如此說，非是必要去。所以謂子路勇，可以從行，便是未必要去。明作。

問：「子路資質剛毅，固是箇負荷容受得底人。如何却有那『聞之喜』及『終身誦之』之事？」曰：「也只緣他好勇，故凡事粗率，不能深求細繹那道理，故有如事。」廣。

孟武伯問子路仁乎章

仲由可使治賦，才也。「不知其仁」，以學言也。升卿。

孟武伯問三子仁乎，夫子但言三子才各有所長，若仁則不是易事。夫子雖不說三子無仁，但言「不知其仁」，則無在其中矣。仁是全體不息。所謂全體者，合下全具此心，更無一物之雜。不息，則未嘗休息，置之無用處。全體似箇桌子四脚，若三脚便是不全。不息，是常用也。或置之僻處，又被別人將去，便是息。此心具十分道理在，若只見得九分，亦不是全了。所以息者，是私欲間之。無一毫私欲，方是不息，乃三月不違以上地位。若違時，便是息。不善底心固是私，若一等閑思慮亦不得，須要照管得此心常在。明作。

問「孟武伯問三子之仁，而聖人皆不之許，但許其才」云云。曰：「大概是如此。」又問：「雖全體未是仁，苟於一事上能當理而無私心，亦可謂之一事之仁否？」曰：「不然。蓋纔説箇『仁』字，便用以全體言。若一事上能盡仁，便是他全體是仁了。若全體有虧，這一事上必不能盡仁。纔説箇『仁』字，便包盡許多事，無不當理無私了。所以三子當不得這箇『仁』字，聖人只稱其才。」僩。

問：「孔門之學，莫大於爲仁。孟武伯見子路等皆孔門高第，故問之。孔子於三子者，皆許其才而不許其仁。」曰：「何故許其才不許其仁？」對曰：「三子之才，雖各能辨事，但未知做得來能無私心否？」曰：「然。聖人雖見得他有駁雜處，若是不就這裏做工夫，便待做得事業來，終是粗率，非聖賢氣象。若有些子偏駁，便不是全體。」南升。

林問子路不知其仁處。曰：「仁，譬如一盆油一般，無些子夾雜，方喚做油。一點水落在裏面，便不純是油了。渾然天理便是仁，有一毫私欲便不是仁了。子路之心，不是都不仁。『仁，人心也』。有發見之時，但是不純，故夫子以不知答之。」卓。

「不知其仁」。仁如白，不仁如黑。白，須是十分全白，方謂之白。纔是一點墨點破，便不得白了。夔孫。

或問：「由求所以未仁，如何？」曰：「只爲它功夫未到。」問：「何謂工夫？」先生不答。久之，乃曰：「聖門功夫，自有一條坦然路徑。諸公每日理會何事？所謂功夫者，不過居敬窮理以修身也。由求只是這些功夫未到此田地，不若顏子，故夫子所以知其未仁。若能主敬以窮理，功夫到此，則德性常用，物欲不行，而仁流行矣。」銖。

子升問：「聖人稱由也可使治賦，求也可使爲宰。後來求乃爲季氏聚斂，由不得其死。聖人容有不能盡知者。」曰：「大約也只稱其材堪如此，未論到心德處。看『不知其仁』之語，裏面却煞有説話。」木之。

子謂子貢曰章

問：「『回賜孰愈』一段，大率比較人物，亦必稱量其斤兩之相上下者。如子貢之在孔門，其德行蓋在冉閔之下。然聖人却以之比較顏子，豈以其見識敏悟，雖所行不逮，而所見亦可幾及與？」曰：「然。聖人之道，大段用敏悟。曉得時，方擔荷得去。如子貢雖所行未實，然他却極是曉得，所以孔子愛與他説話。緣他曉得，故可以擔荷得去。雖所行有未實，使其見處更長一格，則所行自然又進一步。聖門自曾顏而下，便須遜子貢。如冉、閔非無德行，然終是曉不甚得，擔荷聖人之道不去。所以孔子愛呼子貢而與之語，意蓋如此。」僩。

居父問：「回也『聞一知十』，『即始見終』，是如何？」曰：「知十，亦不是聞一件定知得十件，但言知得多，知得周徧。」又問：「聖人生知，其與顏子不同處，是何如？」曰：「聖人固生知，終不成更不用理會。但聖人較之顏子又知得多。今且未要説聖人，且只就自家地位看。今只就這一件事聞得，且未能理會得恰好處，況於其他！」賀孫。集注。

胡問：「回『聞一知十』，是『明睿所照』，若孔子則如何？」曰：「孔子又在明睿上去，耳順心通，無所限際。古者論聖人，都説聰明，如堯『聰明文思』，『惟天生聰明時乂』，『亶聰明作元后』，『聰明睿知足以有臨也』。聖人直是聰明！」淳。

問：「顏子『明睿所照』，合下已得其全體，不知於金聲玉振體段俱到否？」曰：「顏子於金聲意思却得之，但於玉振意思却未盡。」賀孫問：「只是做未到，却不是見未到？」曰：「是他合下都自見得周備，但未盡其極耳。」賀孫。

「顏子明睿所照，子貢推測而知」，此兩句當玩味，見得優劣處。顏子是真箇見得徹頭徹尾。子貢只是暗度想像，恰似將一物來比並相似，只能聞一知二。顏子雖是資質純粹，亦得學力，所以見得道理分明。凡人有不及人處，多不能自知，雖知，亦不肯屈服。而子貢自屈於顏子，可謂高明，夫子所以與其弗如之説。明作。

「明睿所照」，如箇明鏡在此，物來畢照。「推測而知」，如將些子火光逐些子照去推尋。僩。

問：「『子貢推測而知』，亦是格物、窮理否？」曰：「然。若不格物、窮理，則推測甚底！」燾。

問：「謝氏解『女與回也孰愈』章，大抵謂材之高下，無與人德之優劣。顏子雖聞一知十，然亦未嘗以此自多。而子貢以此論之，乃其所以不如顏子者。夫子非以子貢之知二爲不如顏子之知十也。此固非當時答問之旨，然詳味謝氏語勢，恐其若是。」曰：「上蔡是如此説。吴材老十説中亦如此論。」必大。集義。

吾未見剛者章

子曰：「吾未見剛者。」蓋剛是堅强不屈之意，便是卓然有立，不爲物欲所累底人，故夫子以爲未見其人。或人不知剛之義，夫子以爲「棖也慾，焉得剛」！慾與剛正相反。最怕有慾！南升。

問：「剛亦非是極底地位，聖門豈解無人？夫子何以言未見？」曰：「也是説難得。

剛也是難得。」又言：「也是難得。淳録作：「無慾便是剛，真難得。」如那撐眉努眼，便是慾。申棖便是恁地，想見他做得箇人也大故勞攘。」義剛問：「秦漢以下，甚麽人可謂之剛？」曰：「只看他做得如何。那拖泥帶水底便是慾，那壁立千仞底便是剛。」叔器問：「剛莫是好仁，惡不仁否？蓋剛有那勇猛底意思。」曰：「剛則能果斷，謂好惡爲剛，則不得。如這刀有此鋼，則能割物；今叫割做鋼，却不得。」又言：「剛與勇也自别。故『六言、六蔽』有『好剛不好學』，又有『好勇不好學』。」義剛。淳録略。

「棖也慾」。慾者，溺於愛而成癖者也。人傑。

「吾未見剛者」。慾與剛正相反，若耳之欲聲、目之欲色之類，皆是慾。才有些被它牽引去，此中便無所主，焉得剛！或者以申棖爲剛，必是外面悻悻自好。聖人觀人，直從裏面看出。見得它中無所主，只是色莊，要人道好，便是慾了，安得爲剛！南升。

問「吾未見剛者」一章。曰：「人之資質，千條萬别，自是有許多般，有剛於此而不剛於彼底，亦有剛而多慾，亦有柔而多慾，亦有剛而寡慾，亦有柔而寡慾，自是多般不同，所以只要學問。學問進而見得理明，自是勝得他。若是不學問，只隨那資質去，便自是屈於慾，如何勝得他！蓋學問則持守其本領，擴充其識，所以能勝得他而不爲所屈也。此人之所貴者，惟學而已矣。」申棖也不是箇榻𦃨底人，是箇剛悻做事聒噪人底人。燾。

上蔡這處最説得好：「爲物揜之謂慾，故常屈於萬物之下。」今人纔要貪這一件物事，便被這物事壓得頭低了。申棖想只是箇悻悻自好底人，故當時以爲剛。然不知悻悻自好，只是客氣如此，便有以意氣加人之意，只此便是慾也。時舉。集注。

或問：「剛與悻悻何異？」曰：「剛者外面退然自守，而中不詘於慾，所以爲剛。悻悻者，外面有崛强之貌，便是有計較勝負之意，此便是慾也。」時舉。

子貢曰我不欲人之加諸我章

子貢謂此等不善底事，我欲無以加於人，此意可謂廣大。然夫子謂「非爾所及」，蓋是子貢功夫未到此田地。學者只有箇「恕」字，要充擴此心，漸漸勉力做向前去。如今便説「欲無加諸人」，無者，自然而然。此等地位，是本體明净，發處盡是不忍之心，不待勉强，乃仁者之事。子貢遽作此言，故夫子謂「非爾所及」，言不可以躐等。南升。

問：「子貢『欲無加諸人』，夫子教之『勿施於人』，何以異？」曰：「異處在『無』字與『勿』字上。伊川説『仁也』，『恕也』，看得精。」大雅。

問：「此如何非子貢所能及？」曰：「程先生語録中解此數段，終是未剖判。唯伊川經解之言，是晚年仁熟，方看得如此分曉，説出得如此分明。兩句所以分仁恕，只是生熟、難易之間。」〔淰〕〔洽〕〔一〕。

子貢曰「我不欲人之加諸我也，吾亦欲無加諸人」，未能忘我故也。顏淵曰「願無伐善，無施勞」，能忘我故也。子路曰「願車馬，衣輕裘，與朋友共，敝之而無憾」，未能忘物也。「一簞食，一瓢飲，在陋巷，人不堪其憂，回也不改其樂」，能忘物也。鎬。此條可疑。

至之問此章。曰：「正在『欲』字上，不欲時，便是全然無了這些子心。且如所不當爲之事，人若能不欲爲其所不當爲，便是這箇心都無了，是甚地位？未到這地位，便自要擔當了，便不去做工夫。聖人所以答他時，且要它退一步做工夫。只這不自覺察，便是病痛。」恪。亦可疑。

子貢曰夫子之文章章

子貢性與天道之歎，見得聖門之教不躐等。又見其言及此，實有不可以耳聞而得之者。道夫。

「性與天道」，性，是就人物上説；天道，是陰陽五行。僩。

〔一〕據陳本改。

吉甫問性與天道。曰：「譬如一條長連底物事，其流行者是天道，人得之者爲性。乾之『元亨利貞』，天道也，人得之，則爲仁義禮智之性。」蓋卿。佐録云：「天道流行是一條長連底，人便在此天道之中，各得一截子。」

自「性與天道」言之，則天道者，以天運而言。自「聖人之於天道」言之，則天道又却以性分而言。這物事各有箇頓放處。人傑。

問性與天道。曰：「『天有四時，春夏秋冬，風雨霜露，無非教也。地載神氣，神氣風霆，風霆流形，庶物露生，無非教也』。此可以觀性與天道。」雉。

寓問：「集注說，性以人之所受而言，天道以理之自然而言。不知性與天道，亦只是說五常，人所固有者，何故不可得聞？莫只是聖人怕人躐等否？」曰：「這般道理，自是未消得理會。且就它威儀、文辭處學去。這處熟，性、天道自可曉。」又問：「子貢既得聞之後，歎其不可得聞，何也？」曰：「子貢亦用功至此，方始得聞。若未行得淺近者，便知得他高深作甚麽！教聖人只管說這般話，亦無意思。天地造化陰陽五行之運，若只管說，要如何？聖人於易，方略說到這處。『子罕言利，與命，與仁』。只看這處，便見得聖人罕曾說及此。」又舉「子所雅言，詩、書、執禮，皆雅言也」。「這處却是聖人常說底。後來孟子方說那話較多。」寓。

問：「集注謂『天道者，天理自然之本體』，如何？」曰：「此言天運，所謂『繼之者善也』，即天理之流行者也。性者，著人而行之。」人傑。

問：「『夫子之文章』，凡聖人威儀言辭，皆德之著見於外者，學者所共聞也。至於性與天道，乃是此理之精微。蓋性者是人所受於天，有許多道理，爲心之體者也。天道者，謂自然之本體所以流行而付與萬物，人物得之以爲性者也。聖人不以驟語學者，故學者不得而聞。然子貢却說得性與天道如此分明。必是子貢可以語此，故夫子從而告之。」曰：「文振看得文字平正，又浹洽。若看文字，須還他平正；又須浹洽無虧欠，方得好。」南升。

問：「子貢是因文章中悟性、天道，抑後來聞孔子說邪？」曰：「是後來聞孔子說。」曰：「文章亦性、天道之流行發見處？」曰：「固亦是發見處。然他當初只是理會文章，後來是聞孔子說性與天道。今不可硬做是因文章得。然孔子這般也罕說。如『一陰一陽之謂道，繼之者善也，成之者性也』，因繫易方說此，豈不是言性與天道？又如『鼓萬物而不與聖人同憂』，『大哉乾元，萬物資始』，豈不言性與天道？」淳。

器之問：「性與天道，子貢始得聞而歎美之。舊時說，性與天道，便在這文章裏，文章處即是天道。」曰：「此學禪者之說。若如此，孟子也不用說性善，易中也不須說『陰陽不測之謂神』。這道理也著知。子貢當初未知得，到這裏方始得聞耳。」寓。

問：「孔子言性與天道，不可得而聞，而孟子教人乃開口便説性善，是如何？」曰：「孟子亦只是大概説性善。至於性之所以善處，也少得説。須是如説『一陰一陽之謂道，繼之者善也，成之者性也』處，方是説性與天道爾。」時舉。

叔器問：「謝氏文章性、天道之説，先生何故不取？」曰：「程先生不曾恁地説。程先生説得實，他説得虛。」安卿問：「先生不取謝氏説者，莫是爲他説『只理會文章，則性、天道在其間』否？」曰：「也是性、天道只在文章中。然聖人教人也不恁地。子貢當時不曾恁地説。如『天命之謂性』，便是分明指那性。『大哉乾元，萬物資始』，便是説道理。『一陰一陽之謂道，繼之者善也，成之者性也』，便是性與天道。只是不迎頭便恁地説。」義剛。

朱子語類卷第二十九

論語十一

公治長下

子路有聞章

問「子路有聞，未之能行，惟恐有聞」，因舉子路數事，以明子路好學如此，而仕衛之出處乃如彼。曰：「今只當就『子路有聞』上考究，不須如此牽二三説。不知要就此處學子路『未之能行，惟恐有聞』，還只要求子路不是處。如此看，恐將本意失了。就此言之，見得子路勇於爲善處。他這處直是見得如此分明。到得聞其正名處，却鶻突。學者正要看他這處，在衛又是别項説話也。」又曰：「可見古人爲己之實處。子路急於爲善，唯恐行之不徹。譬如人之飲食，有珍羞異饌，須是喫得盡方好。若喫不透，亦徒然。子路不急於聞，而急於行。今人惟恐不聞，既聞得了，寫在册子上便了，不去行處著工夫。」賀孫。寓録略。

子貢問曰孔文子章

問：「孔文子，孔姞之事如此不好，便『敏而好學，不恥下問』，濟得甚事！而聖人取之，何也？」曰：「古人謚法甚寬，所謂『節以一惠』，言只有一善亦取之。節者，節略而取其一善也。孔文子固是不好，只節此一惠，則敏學下問，亦是它好處。」銖。

問孔文子之謚。曰：「古人有善雖多，而舉一以爲謚。如有十事皆善，只舉一善可以包之。如九事不善，只有一善，則亦可以一善爲謚。皆無一善，而後名之曰『幽』、『厲』。凡二字謚，非禮也。如『貞惠文子』、『睿聖武公』，皆是饒兩字了。周末王亦有二字謚。」淳。

問：「『勤學好問爲文』，謚之以『文』，莫是見其躬行之實不足否？」曰：「不要恁地説。不成文王便是不能武，武王便是不能文！『謚以尊名，節以一惠』，如有十事不善，云云，同淳録。至。名之曰『幽』、『厲』。它而今是能勤學好問，便謚之以『文』，如何見得它躬行之不足？那不好底自是不好，而今既謚之以『文』，便見得它有這一長，如何便説道是將這一字來貶它！」又問：「孫宣公力言雙字謚之非，不知雙字謚起於何時。」曰：「『謚以尊名，節以一惠』，便是只以一字謚爲惠。而今若加二字，或四字，皆是分外有了。若如文王之德如此，却將幾箇字謚方盡！如雙字謚，自周已是如此了，如威烈王、慎靚王皆是。」義剛。

「孔文子何以謂之文也」，此一段專論謚，故注云：「非經天緯地之『文』也。」周禮，謚只有二十八字。如「文」字，文王謚曰「文」，周公亦謚爲「文」，今孔文子亦謚爲「文」，不成說孔文子與文王一般。蓋人有善多者，則摘其尤一事爲謚。亦有只有一善，則取一善爲謚，而隱其他惡者，如孔文子事是也。僩。

吉甫問「經天緯地之『文』」。曰：「經天緯地，是有文理。一横一直皆有文理，故謂之『文』。孔文子之文是其小者。如本朝楊文公之屬，亦謂之『文』。」蓋卿。

問「經天緯地曰『文』」。曰：「經是直底，緯是横底。理會得天下事横者直者各當其處，皆有條理分曉，便是經天緯地。其次如文辭之類，亦謂之『文』，但是文之小者耳。」直卿云：「伊川謂『倫理明順曰「文」』，此言甚好。」佐。

問：「文如何經天緯地？」曰：「如織布絹，經是直底，緯是横底。」或問：「文之大者，莫是唐虞成周之文？」曰：「『裁成天地之道，輔相天地之宜』，此便是經天緯地之文。」問：「文只是發見於外者爲文？」曰：「處事有文理，是處是文。」節。

因論孔文子，曰：「聖人寬腸大度，所以責人也寬。」燾。

問：「『孔文子敏而好學』，與顏子之好學，如何？」曰：「文子與顏子所以不同者，自是顏子所好之學不同，不干『以能問於不能』事。使文子『以能問於不能』，亦只是文子之學。」伯羽。

子謂子産章

問：「子産温良慈愷，莫短於才否？」曰：「孔子稱子産『有君子之道四』，安得謂短於才？子産政事盡做得好，不專愛人。做得不是，他須以法治之。孟子所言『惠而不知爲政』者，偶一事如此耳。」僩。

問：「『使民也義』，是教民以義？」先生應。節。

問：「『其使民也義』，如『都鄙有章，上下有服，田有溝洫，廬井有伍』之類。謂爲之裁處得是當，使之得其定分也。」曰：「『義』字説得未是。『義』字有剛斷之意。其養民則惠，使民則義。『惠』字與『義』字相反，便見得子産之政不專在於寬。就『都鄙有章』處，看得見『義』字在子産上，不在民上。」南升。

吉甫問「都鄙有章，上下有服」。曰：「有章，是有章程條法；有服，是貴賤衣冠各有制度。鄭國人謂『取我田疇而伍之，取我衣冠而褚之』，是子産爲國時，衣服有定制，不敢著底，皆收之囊中，故曰『取而褚之』。」至。蓋卿録云：「有章，是都鄙各有規矩；有服，是衣冠服用皆有等級高卑。」

臧文仲居蔡章

「山節藻棁」，爲藏龜之室，以瀆鬼神，便是不知。古人卜筮之事固有之，但一向靠那上去，便是無意智了。如祀爰居，是見一鳥飛來，便去祀他，豈是有意智！看他三不知，皆是瀆鬼神之事。山節藻棁不是僭，若是僭時，孔子當謂之不仁。臧文仲在當時既没，其言立，人皆説是非常底人，孔子直是見他不是處。此篇最好看，便見得聖人「微顯闡幽」處。南升。時舉録見下。

文振問「臧文仲」、「季文子」、「令尹子文」、「陳文子」數段。曰：「此數段是聖人『微顯闡幽』處。惟其似是而非，故聖人便分明説出來，要人理會得。如臧文仲，人皆以爲知，聖人便説道它既惑於鬼神，安得爲知！蓋卜筮之事，聖人固欲使民信之。然藏著龜之地，須自有箇合當底去處。今文仲乃爲山節藻棁以藏之，須是它心一向倒在卜筮上了，如何得爲知！古説多道它僭。某以爲若是僭，則不止謂之不知，便是不仁了。聖人今只説他不知，便是只主不知而言也。」時舉。

問：「居蔡之説，如集注之云，則是藏龜初未爲失，而山節藻棁亦未爲僭。臧文仲所以不得爲知者，特以其惑於鬼神，而作此室以藏龜爾。」曰：「山節藻棁，恐只是華飾，不見得其制度如何。如夫子只譏其不知，便未是僭，所謂『作虚器』而已。『大夫不藏龜』，禮家乃因此立說。」必大。

臧文仲無大段善可稱。但他不好處，如論語中言居蔡之事；左氏言「不仁不知者三」，却占頭項多了。然他是箇會説道理底人，如教行父事君之禮；如宋大水，魯遣使歸言宋君之意，臧曰：「宋其興乎！禹湯罪己，其興也勃焉；桀紂罪人，其亡也忽焉。」皆是他會説。燾。

子張問曰令尹子文章

或問：「令尹子文之忠，若其果無私意，出於至誠惻怛，便可謂之仁否？」曰：「固是。然不消泥他事上説，須看他三仕三已，還是當否。以舊政告新令尹，又須看他告得是否。只緣他大體既不是了，故其小節有不足取。如管仲之三歸、反坫，聖人却與其仁之功者，以其立義正也。故管仲是天下之大義，子文是一人之私行耳。譬如仗節死義之人，視坐亡而立化者雖未必如他之脩然，然大義却是。彼雖去得好，却不足取也。」時舉。

三仕三已所以不得爲仁，蓋不知其事是如何：三仕之中，是有無合當仕否？三已之中，又不知有無合當已否？明作。

黄先之問「子文」、「文子」二節。曰：「今人有些小利害，便至於頭紅面赤；子文却三仕三已，略無喜愠。有些小所長，便不肯輕以告人，而子文乃盡以舊政告之新尹。此豈是容易底事！其地位亦甚高矣。今人有一毫係累，便脱洒不得，而文子有馬十乘，乃棄之如敝屣然。此亦豈是易事！常人豈能做得？後人因孔子不許他以仁，便以二子之事爲未足道，此却不可。須當思二子所爲如此高絶，而聖人不許之以仁者，因如何未足以盡仁。就此處子細看，便見得二子不可易及，而仁之體段實是如何，切不可容易看也。」時舉。

履之説子文、文子。曰：「公推求得二子太苛刻，不消如此。某注中亦説得甚平，不曾如公之説。聖人之語本自渾然，不當如此搜索他後手。今若有箇人能三仕三已無喜愠，也是箇甚麽樣人！這箇强不得，若强得一番無喜愠，第二番定是動了。又如有馬十乘，也自是箇巨室有力量人家，誰肯棄而違之！文子却脱然掉了去，也自是箇好人，更有多少人櫻捨去不得底，所以聖人亦許其忠與清，只説『未知，焉得仁』！聖人之語，本自渾然，不當如此苛刻搜人過惡，兼也未消論到他後來在。」僩。燾録别出。

或問「令尹子文」一章。曰：「如子文之三仕三已而無喜愠，已是難了，不可説他只無喜愠之色，有喜愠之心。若有喜愠之心，只做得一番過，如何故得兩三番過？舊令尹之政必告新令尹，亦不可説他所告是私意，只説未知所告者何事。陳文子有馬十乘，亦是大家，他能棄而去之，亦是大段放得下了。亦不可説他是避利害，如此割舍。且當時有萬千樓捨不得不去底，如公之論，都侵過説，太苛刻了。聖人是平説，本自渾然，不當如此搜索他後手。」燾。

問：「令尹子文之事，集注言：『未知皆出於天理而無人欲之私，故聖人但以忠許之。』竊詳子文告新令尹一節，若言徒知有君而不知有天子，徒知有國而不知有天下，推之固見其不皆出於天理也。至於三仕無喜，三已無愠，分明全無私欲。先生何以識破他有私處？」曰：「也不曾便識破。但是夫子既不許之以仁，必是三仕三已之間，猶或有未善也。」壯祖。集注。

問：「先生謂『當理而無私心則仁矣』，先言當理而後言無私心者，莫只是指其事而言之歟？」曰：「然。」廣。

或問：「子文、文子未得爲仁，如何？」曰：「仁者『當理而無私心』，二子各得其一。蓋子文之無喜愠，是其心固無私，而於事則未盡善；文子潔身去亂，其事善矣，然未能保其心之無私也。仁須表裏心事一一中理，乃可言。聖人辭不迫切，只言未知如何而得仁，則二子之未仁自可見。」銖。此説可疑。

問：「集注論忠、清，與本文意似不同。」曰：「二子忠、清而未盡當理，故止可謂之忠、清，而未得爲仁，此是就其事上著實研究出來。若不如此，即不知忠、清與仁有何分别。此須做箇題目入思議始得，未易如此草草説過。」賜。

問：「子文之忠，文子之清，聖人只是就其一節可取。如仁，却是全體，所以不許他。」曰：「也恁地説不得。如『三仁』，聖人也只是就他一節上説。畢竟一事做得是時，自可以見其全體。古人謂觀鳳一羽，足以知其五色之備。如二子之事皆不可見，聖人當時許之，必是有以見得他透徹。若二子之事，今皆可考，其病敗亦可見。以表證裏，則其裏也可知矣。」燾。

問：「子文之忠，文子之清，『未知，焉得仁』？」曰：「此只就二子事上説。若比干、伯夷之忠、清，是就心上説。若論心時，比干、伯夷已是仁人，若無讓國、諫紂之事，亦只是仁人，蓋二子忠、清元自仁中出。若子文、文子，夫子當時只見此兩件事是清與忠，不知其如何得仁也。」又曰：「夫欲論仁，如何只將一兩件事便識得此人破！須是盡見得他表裏，方識得破。」去僞。

夷齊之忠、清，是本有底，故依舊是仁。子文、文子之忠、清，只得喚做忠、清。賜。

問：「子文若能止僭王猾夏，文子去就若明，是仁否？」曰：「若此却是以事上論。」曰：「注中何故引此？」曰：「但見其病耳。」可學。

師槩問云云。曰：「大概看得也是。若就二子言之，則文子資禀甚高。只緣他不講學，故失處亦大。」

「子文、文子」一章，事上迹上是忠、清，上蔡解。見處是仁。子文只是忠，不可謂之仁。若比干之忠，見得時便是仁。也容有質厚者能之。若便以爲仁，恐子張識忠、清，而不識仁也。方。集義。

五峰說令尹子文、陳子文處，以知爲重。說「未知，焉得仁」，知字絶句。今知言中有兩章說令尹處，云：「楚乃古之建國，令尹爲相，不知首出庶物之道。」若如此，則是謂令尹爲相，徒使其君守僭竊之位，不能使其君王天下耳。南軒謂恐意不如此。然南軒當時與五峰相與往復，亦只是講得箇大體。南軒只做識仁體認，恐不盡領會五峰意耳。五峰疑孟之說，周遮全不分曉。若是恁地分疏孟子，剗地沉淪，不能得出！僩。

問：「五峰問南軒：『陳文子之清，令尹子文之忠，初無私意。如何聖人不以仁許之？』枅嘗思之，而得其說曰，仁之體大，不可以一善名。須是事事盡合於理，方謂之仁。若子文之忠，雖不加喜愠於三仕三已之時，然其君僭王竊號，而不能正救。文子之清，雖棄十乘而不顧，然崔氏無君，其惡已著，而略不能遏止之。是盡於此，而不盡於彼；能於其小，而不能於其大者，安足以語仁之體乎？」曰：「讀書不可不子細。如公之説，只是一説，非聖人當日本意。夫仁者，心之德。使二子而果無私心，則其仕已而無喜慍，當不特謂之忠而謂之仁；棄十乘而不居，當不特謂之清而謂之仁。聖人所以不許二子者，正以其事雖可觀，而其本心或有不然也。」枅。

「令尹子文、陳文子等，是就人身上説仁。若識得仁之統體，即此等不難曉矣」。或曰：「南軒解此，謂『有一毫私意皆非仁。如令尹子文、陳文子以終身之事求之，未能無私，所以不得爲仁』。」曰：「孔子一時答他，亦未理會到他終身事。只據子張所問底事，未知是出於至誠惻怛，未知是未能無私。孔子皆不得而知，故曰：『未知，焉得仁！』非是以仕已無喜慍，與棄而違之爲非仁也。這要在心上求。然以心論之，子文之心勝文子之心。只是心中有些小不慊快處，便是不仁。」文蔚曰：「所以孔子稱夷齊曰：『求仁而得仁，又何怨！』」曰：「便是要見得到此。」文蔚。

季文子三思而後行章

問「季文子三思而後行」章。曰：「思之有未得者，須著子細去思。到思而得之，這方是一思。雖見得已是，又須平心更著思一遍。如此，則無不當者矣。若更過思，則如稱子稱物相似，推來推去，輕重却到不定了。」時舉。

「季文子三思而後行。子曰：『再，斯可矣。』」曰：「聖人也只是大概如此說。謂如明理底人，便思三兩番，亦不到得私意起。又如魯鈍底人，思一兩番不得，第三四番思得之，無定。然而多思，大率流而入私意底多。雖此是聖人就季文子身上說，然而聖人之言自是渾厚，占得地位闊。『再，斯可矣』，是常法大概當如此。」燾。

「『季文子三思而後行』，程子所謂『三則私意起而反惑』，如何？」曰：「這是某當問公底。」某云：「若是思之未透，雖再三思之何害？」先生曰：「不然。且如凡事，初一番商量，已得成箇體段了；再思一番，與之審處當行不當行，便自可決斷了。若於其中又要思量那箇是利，那箇是害，則避害就利之心便起，如何不是私？」炎。

問：「看雍也，更有何商量處？」賀孫曰：「向看公治長一篇，如『微生高』、『季文子三思』二章，覺得於人情未甚安。」曰：「是如何未安？如今看得如何？」曰：「向看得如乞醯事，也道是著如此委曲。三思事，也道是著如此審細。如今看來，乃天理、人欲相勝之機。」曰：「便是這般所在，本是平直易看。只緣被人說得支蔓，故學者多看不見這般所在。如一件物事相似，自恁地平平正正，更不著得些子蹺欹。是公鄉里人去說這般所在，却都勞攘了。凡事固是著審細，才審一番，又審一番，這道理是非，已自分曉。少間纔去計較利害，千思百算，不能得了，少間都滚得一齊没理會了。」問：「這差處是初間略有些意差，後來意上生意，不能得了。」曰：「天下事那裏被你算得盡！才計較利害，莫道三思，雖百思也只不濟事。如今人須要計較到有利無害處，所以人欲只管熾，義理只管滅。橫渠說：『聖人不教人避凶而趨吉，只教人以正信勝之。』此可破世俗之論。這不是他看這道理洞徹，如何說得到這裏。若不是他堅勁峭絶，如何說得到這裏。」又云：「聖人於微處一一指點出來教人。他人看此二章，也只道疋似閑。」賀孫。

又問「乞醯」及「三思」章。曰：「『三思是亂了是非。天下事固有難易。易底，是非自易見。若難事，初間審一審，未便決得是非；更審一審，這是非便自會分明。若只管思量利害，便紛紛雜雜，不能得了。且如只是思量好事，若思得紛雜，雖未必皆邪，已自不正大，漸漸便入於邪僻。況初來原頭自有些子私意了，如乞醯，若無，便說無。若恁地曲意周旋，這不過要人道好，不過要得人情。本是要周旋，不知這心下都曲小了。若無便說無，是多少正大！至若有大急難，非己可成，明告於衆，以共濟其急難，這又自不同。若如乞醯，務要得人情，這便與孟子所謂『士未可以言而言，可以言而不言，是皆穿窬之類也』同意。易比之九五云：『顯比。王用三驅，失前禽。邑人不誡，吉。』聖人之於人，來者不拒，去者不追，如何一一要曲意周旋！纔恁地，便滯於一偏，況天理自不如此。」賀孫。

甯武子邦有道則知章

問「甯武子」章。曰：「武子不可不謂知。但其知，時人可得而及。」南升。

問甯武子。曰：「此無甚可疑。邦有道，安分做去，故無事可稱。邦無道，則全身退聽非難，人皆能如此。惟其不全身退聽，却似愚。然又事事處置得去，且不自表著其能，此所以謂『其愚不可及也』。」賜。

甯俞「邦有道則智，邦無道則愚」。邦雖無道，是他只管向前做那事去，又却能沉晦不露，是非避事以免禍也。言「不可及」，亦猶莊子之「難能」，深予之之辭。端蒙。

通老問甯武子之愚。曰：「愚，非愚魯之謂，但是有才不自暴露。觀衛侯爲晉文公所執，他委曲調護，此豈愚者所能爲！故文公以爲忠而免之。忠豈愚之謂！當亂世而能如此，此其所以免禍也。」可學。

甯武子當衛成公出奔時，煞曾經營著力來。愚，只是沉晦不認爲己功，故不可及。若都不管國家事，以是爲愚，豈可以爲不可及也！去僞。

問「甯武子其愚不可及」。曰：「他人於邦無道之時，要正救者不能免患，要避患者又却偷安。若甯武子之愚，既能韜晦以免患，又自處不失其正，此所以爲不可及。」因舉晉人有送酒者云：「『可力飲此，勿預時事。』如此之愚，則人皆能之也。」人傑。

甯武子「邦無道則愚」。曰：「愚有兩節，有一般愚而冒昧向前底，少間都做壞了事。如甯武子雖冒昧向前，不露圭角，只猝猝做將去；然少間事又都做得了，此其愚不可及也。」燾。

器之問：「當衛之無道，武子却不明進退之義，而乃周旋其間，不避艱險，是如何？」曰：「武子九世公族，與國同休戚，要與尋常無干涉人不同。若無干涉人，要去也得，住也得。若要去時，須早去始得。到那艱險時節却要去，是甚道理！」寓。

問：「甯武子世臣，他人不必如此。」曰：「然。又看事如何。若羈旅之臣，見幾先去則可。若事已爾，又豈可去！此事最難，當權其輕重。」可學。

問甯武子愚處。曰：「蓋不自表暴，而能周旋成事，伊川所謂『沈晦以免患』是也。」木之。集注。

問：「先生謂武子仕成公無道之君云云，『此其愚之不可及也』。後面又取程子之説曰：『邦無道，能沈晦以免患，故曰「不可及也」』。亦有不當愚者，比干是也。』若所謂『亦有不當愚者』，固與先生之意合。若所謂『沈晦以免患』者，却似與先生意異。」曰：「武子不避艱險以濟其君，愚也。然卒能全其身者，智也。若當時不能沈晦以自處，則爲人所害矣，尚何君之能濟哉！故當時稱知，又稱其愚也。」廣。

可及也』。周元興問甯武子。曰：「武子當文公有道之時，不得作爲，然它亦無事可見，此『其知可及也』。至成公無道失國，若智巧之士，必且去深僻處隱避不肯出來。武子竭力其間，至誠懇惻，不避艱險，却能擺脱禍患，卒得兩全。非它能沈晦，何以致此？若比以智自免之士，武子却似箇愚底人，但其愚得來好。若使別人處之，縱免禍患，不失於此，則失於彼，此武子之愚所以不可及。若『比干諫而死』，看來似不會愚底人。然它於義却不當愚，只得如此處，又與武子不同，故伊川説：『亦有不當愚者，比干是也。』」銖。

問：「比干何以不當愚？」曰：「世間事做一律看不得。聖人不是要人人學甯武子，但如武子，亦自可爲法。比干却是父族，微子既去之後，比干不容於不諫。諫而死，乃正也。人當武子之時，則爲武子；當比干之時，則爲比干，執一不得也。」時舉。

子在陳章

「斐然成章」，也是自成一家了，做得一章有頭有尾。且如狂簡，真箇了得狂簡底事，不是半上落下。雖與聖賢中道不同，然畢竟是他做得一項事完全，與今學者有頭無尾底不同。聖人不得中道者與之，故不得已取此等狂狷之人，尚有可裁節，使過不及歸于中道。不似如今人不曾成得一事，無下手脚裁節處。且如真箇了得一箇狂簡地位，也自早不易得。釋老雖非聖人之道，却被他做得成一家。明作。

成章，是做得成片段，有文理可觀。蓋他狂也是做得箇狂底人成，不是做得一上，又放掉了。狷也是他做得狷底成，不是今日狷，明日又不狷也。如孝真箇是做得孝成，忠真箇是做得忠成。子貢之辯，子路之勇，都是真箇做得成了。不是半上落下，今日做得，明日又休也。僩。

「斐然成章」。狂簡進取，是做得透徹，有成就了。成章，謂如樂章，五聲變成文之謂，如五采成文之謂章。言其做得成就，只恐過了，所以欲裁之。若是半青半黄，不至成就，却如何裁得！

子在陳，曰：「歸歟！歸歟！吾黨之小子狂簡，斐然成章。」當時從行者朝夕有商量，無可憂者。但留在魯國之人，惟其狂簡，故各自成章，有頭有尾，不知裁度。若異端邪說，釋老之學，莫不自成一家，此最害義。如坐井觀天，彼自以爲所見之盡。蓋窟在井裏，所見自以爲足；及到井上，又却尋頭不著。寧可理會不得，却自無病。人傑。

先之問：「孔子在陳，小子狂簡，欲歸而裁之。然至後來曾晳之徒弔喪而歌，全似老莊。不知聖人既裁之後，何故如此？」曰：「裁之在聖人，而聽不聽在他也。」時舉。

問：「孔子在陳曰：『歸歟！歸歟！』此蓋夫子歷聘諸國，見當時不能行其道也，故欲歸而傳之門人。狂簡者立高遠之志，但過高而忽略，恐流於異端。故孔子思歸，將以裁正之也。」曰：「孟子謂『不忘其初』，便是只管一向過高了。」又曰：「文振說文字，大故細。」南升。

或問：「『子在陳』一章，看得夫子行道之心，切於傳道之心。」曰：「也不消如此說。且如人而今做事，還是做目前事，還是做後面事？蓋道行於時，自然傳於後。然行之於時，而傳之於後，則傳之尤廣也。」或曰：「如今日無非堯舜禹湯之道。」曰：「正此謂也。」又問：「『裁之爲義，如物之不正，須裁割令正也。』」曰：「自是如此。且如狂簡底人，不裁之則無所收檢，而流入於異端。蓋這般人，只管是要他身高，都不理會事，所以易入於異端。大率異端皆是遯世高尚底人，素隱行怪之人，其流爲佛老。又曰：「遯世高尚，皆是苦行底人。」而今所以無異端，緣那樣人都便入佛老去了。且如孟之反不伐，是他自占便宜處，便如老氏所謂『不爲天下先』底意思。子桑子死，琴張弔其喪而歌，是不以生死芥帶，便如釋氏。子桑户不衣冠而處，夫子譏其「同人道於牛馬」。或問又云：「皆老氏之流也。」如此等人，雖是志意高遠，然非聖人有以裁正之，則一向狂去，更無收殺，便全不濟事了。」又云：「仁民愛物，固是好事。

若流入於墨氏『摩頂放踵而利天下，爲之』，則全不好了。此所以貴裁之也。」燾。

蜚卿問：「孔子在陳，何故只思狂士，不説狷者？」曰：「狷底已自不濟事。狂底却有箇軀殼，可以鞭策。斐，只是自有文采。詩云『有斐君子』，『萋兮斐兮』。成章，是自有箇次第，自成箇模樣。」賀孫問：「集注謂『文理成就而著見』，是只就他意趨自成箇模樣處説？」又云：「『志大而略於細』，是就他志高遠而欠實做工夫説否？」曰：「然。狷者只是自守得些，便道是了，所謂『言必信，行必果』者是也。」賀孫。集注。

問：「先生解云：『斐，文貌。成章，言其文理成就，有可觀者。』不知所謂文，是文辭邪？亦指事理言之邪？」曰：「非謂文辭也，言其所爲皆有文理可觀也。」又問：「狂簡既是『志大而略於事』，又却如何得所爲成章？」曰：「隨他所見所習，有倫有序，有首有尾也。便是異端，雖與聖人之道不同，然做得成就底，亦皆隨他所爲，有倫序，有首尾可觀也。」廣。

問：「集注謂『文理成就』，如何？」曰：「雖是狂簡非中，然却做得這箇道理成箇物事，自有可觀，不是半上落下。故聖人雖謂其狂簡而不知所裁，然亦取其成一箇道理。大率孔門弟子，隨其資質，各能成就。如子路之勇，真箇成一箇勇；冉求之藝，真箇成一箇藝。言語、德行之科皆然，一齊被他做得成就了。」銖。

符舜功問：「集注釋『狂簡』之『狂』，皆作高遠之意，不知『罔念作狂』之『狂』，與此『狂』字如何？」曰：「也不干事。」又問：「『狂而不直』如何？」曰：「此却略相近。『狂而不直』，已自是不好了，但尚不爲惡在。若『罔念作狂』，則是如桀紂樣迷惑了。」義剛。

問：「『恐其過中失正而或流於異端』。如莊列之徒，莫是不得聖人爲之依歸而無所取裁者否？」曰：「也是恁地。」又問：「子夏教門人就洒掃應對上用工，亦可謂實。然不一再傳，而便流爲莊周，何故？」曰：「也只是韓退之恁地説，漢書也説得不甚詳。人所見各不同，只是這一箇道理，才看得別，便從那別處去。」義剛。

問狂簡處。先生云：「古來異端，只是遁世高尚之士，其流遂至於釋老。如子桑户死，琴張臨其喪而歌，是不以死生芥蔕胸次。孟之反不伐，便如道家所謂三寶，『一曰不敢爲天下先』是也。似此等人，雖則志意高遠，若不得聖人裁定，亦不濟事。」節。

伯夷叔齊章

「伯夷、叔齊不念舊惡」，要見得他胸中都是義理。拱壽。

文振問「不念舊惡，怨是用希」。曰：「此與顔子『不遷怒』意思相似。蓋人之有惡，我不是惡其人，但是惡其惡耳。到他既改其惡，便自無可惡者。今人見人有惡便惡之，固是。然那人既改其惡，又從而追惡之，此便是因人一事之惡而遂惡其人，却不是惡其惡也。」時舉。南升録云：「此與『不遷怒』一般。其所惡者，因其人之可惡而惡之，而所惡不在我。及其能改，又只見他善處，不見他惡處。聖賢之心皆是如此。」

「不念舊惡」，非惡其人也，惡其人之無狀處。昨日爲善，今日爲惡，則惡之而不好矣；昨日爲惡，今日爲善，則好之而不惡矣，皆非爲其人也。聖人大率如此，但伯夷平日以隘聞，故特明之。方子。

問「伯夷不念舊惡」。曰：「這箇也只是恰好，只是當然。且如人之有惡，自家合當怒之。人既改了，便不當更怒之。然伯夷之清，也却是箇介僻底人，宜其惡惡直是惡之。然能『不念舊惡』，却是他清之好處。」燾。

問：「蘇氏言：『二子之出，意其父子之間有違言焉，若申生之事歟！』『不念舊惡』，莫是父子之間有違言處否？」曰：「然。」問：「孟子所言伯夷事自是如此孤潔。諫武王伐商，又都是伯夷，而叔齊之事不可得見。未知其平時行事如何，却並以『不念舊惡』稱之。」曰：「讓國二子同心，度其當時，必是有怨惡處。」問：「父欲立叔齊，不立伯夷，在叔齊何有怨惡？」曰：「孤竹君不立伯夷而立叔齊，想伯夷當時之意亦道：『我不當立，我弟却當立。』叔齊須云：『兄當立不立，却立我！』兄弟之間，自不能無此意。」問：「兄弟既遜讓，安得有怨？」曰：「只見得他後來事。當其初豈無怨惡之心？夫子所以兩處皆説二子無怨。」問：「某看『怨是用希』之語，不但是兄弟間怨希。這人孤立，易得與世不合，至此無怨人之心，此其所以爲伯夷、叔齊歟？」曰：「是如此。」寓。或問。

問：「蘇氏『父子違言』之説，恐未穩否？」曰：「蘇氏之説，以爲己怨，而『希』字猶有些怨在。然所謂『又何怨』，則絶無怨矣，又不相合。恐只得從伊川説，怨是人怨。舊惡，如『衣冠不正，望望然去』之類。蓋那人有過，自家責他，他便生怨。然他過能改即止，不復責他，便不怨矣。其所怨者，只是至愚無識，不能改過者耳。」淳。

孰謂微生高直章

醯，至易得之物，尚委曲如此，若臨大事，如何？當有便道有，無便道無。才枉其小，便害其大，此皆不可謂誠實也。去僞。

「只『乞諸其鄰而與之』，便是屈曲處」。又問：「或朋友問急來覓一物，自家若無，與他去鄰家覓之，却分明説與，可否？」曰：「這箇便是自家要做一面人情，蓋謂是我爲你乞得。」燾。

問：「看孔子説微生高一章，雖一事之微，亦可見王霸心術之異處：一便見得皥皥氣象，一便見得驩虞氣象。」曰：「然。伊川解『顯比』一段，説最詳。」賀孫。

問：「微生高不過是『曲意徇物，掠美市恩』而已。所枉雖小，害直甚大。聖人觀人，每於微處，便察見心術不是。」曰：「所謂『曲意徇物，掠美市恩』，其用心要作甚？」南升。

集注。

問：「范氏言『千駟萬鍾，從可知焉』，莫是説以非義而予，必有非義而取否？」曰：「不是説如此予，必如此取。只看他小事尚如此，到處千駟萬鍾，亦只是這模樣。微生高用心也是怪，醯有甚難得之物！我無了，那人有，教他自去求，可矣。今却轉乞與之，要得恩歸於己。若教他自就那人乞，恩便歸那人了，此是甚心術！淳録云：「若是緊要底物，我無，則求與之猶自可。」若曰宛轉濟人急難，則猶有説。今人危病，轉求丹藥之類，則有之。」問：「『取予』二字有輕重否？寓以爲寧過於予，必嚴於取，如何？」曰：「如此却好。然看『一介不以與人，一介不以取人』，本不分輕重。今看予，自是予他人，不是入己，寧過些不妨，却不干我事。取，則在己取之，必當嚴。」楊問：「文中子言：『輕施者必好奪。』如何？」曰：「此説得亦近人情。」寓。

問：「張子韶有一片論乞醯不是不直。上蔡之説亦然。」曰：「此無他，此乃要使人回互委曲以爲直爾。噫！此鄉原之漸，不可不謹。推此以往，而不爲『枉尺直尋』者幾希！」大雅。

行夫問此一章。曰：「人煞有將此一段做好説，謂其不如此抗直，猶有委曲之意。自張子韶爲此説，今煞有此説。昨見戴少望論語講義，亦如此説。這一段下連『巧言、令色、足恭』，都是一意。當初孔門編排此書，已從其類。只自看如今有人來乞些醯，亦是閑底事，只是與他説自家無，鄰人有之，這是多少正大，有何不可。須要自家取來，却做自底與之，是甚氣象！這本心是如何？凡人欲恩由己出，皆是偏曲之私。恩由己出，則怨將誰歸！」賀孫。

巧言令色足恭章

義剛説「足恭」，云：「只是過於恭。」曰：「所謂足者，謂本當只如此，我却以爲未足，而添足之，故謂之足。若本當如此，而但如此，則自是足了，乃不是足。凡制字如此類者，皆有兩義。」義剛。

問「足恭」。曰：「『足』之爲義，湊足之謂也。謂如合當九分，却要湊作十分，意謂其少而又添之也。才有此意，便不好。」燾。

「足」，去聲讀，求足乎恭也，是加添之意。蓋能恭，則禮已止矣。若又去上面加添些子，求足乎恭，便是私欲也。僩。

巧言、令色、足恭，與匿怨，皆不誠實者也。人而不誠實，何所不至！所以可恥，與上文乞醯之義相似。去僞。燾録云：「這便是乞醯意思一般，所以記者類於此。」

問：「『巧言、令色、足恭』，是既失本心，而外爲諂媚底人。『匿怨而友其人』，是內懷險詖，而外與人相善底人。」曰：「門人記此二事相連。若是微生高之心，弄來弄去，便做得這般可恥事出來。」南升。

問：「左丘明，謝氏以爲『古之聞人』，則左傳非丘明所作。」曰：「左丘是古有此姓，名明，自是一人。作傳者乃左氏，別自是一人。是撫州鄧大著名世，字元亞。如此說，他自作一書辯此。」義剛。

丘明所恥如此，左傳必非其所作。

顔淵季路侍章

問：「『無伐善，無施勞』，善與勞如何分別？」曰：「善是自家所有之善，勞是自家做出來底。」燾。

問：「『施勞』之『施』，是張大示誇意否？」曰：「然。」淳。

問：「『老者安之，朋友信之，少者懷之』。孔子只舉此三者，莫是朋友則是其等輩，老者則是上一等人，少者則是下一等，此三者足以該盡天下之人否？」曰：「然。」廣。

問：「安老懷少，恐其間多有節目。今只統而言之，恐流兼愛。」曰：「此是大概規模，未說到節目也。」人傑。

「顏淵、季路侍」一段，子路所以小如顏淵者，只是工夫粗，不及顏淵細密。工夫粗，便有不周徧隔礙處。又曰：「子路只是願車馬、衣服與人共，未有善可及人也。」僩。

問「願車馬，衣輕裘，與朋友共」。曰：「這只是他心裏願得如此。他做工夫只在這上，豈不大段粗？」又曰：「子路所願者粗，顏子較細向裏來，且看他氣象是如何。」僩。

或問子路、顏淵言志。曰：「子路只是說得粗，若無車馬輕裘，便無工夫可做。顏子『無伐善，無施勞』，便細膩有工夫。然子路亦是無私而與物共者。」銖。

子路如此做工夫，畢竟是疏。是有這箇車馬輕裘，方做得工夫；無這車馬輕裘，不見他做工夫處。若顏子，則心常在這裏做工夫，然終是有些安排在。恪。

子路須是有箇車馬輕裘，方把與朋友共。如顏子，不要車馬輕裘，只就性分上理會。「無伐善，無施勞」，車馬輕裘則不足言矣。然以顏子比之孔子，則顏子猶是有箇善，有箇勞在。若孔子，便不見有痕迹了。夫子「不厭不倦」，便是「純亦不已」。植。

問顏子、子路優劣。曰：「子路粗，用心常在外。願車馬之類，亦無意思。若無此，不成不下工夫！然却不私己。顏子念念在此間。顏季皆是願，夫子則無『願』字。」曰：「夫子也是願。」又曰：「子路底收斂，也可以到顏子；顏子底純熟，可以到夫子。」節。

子路、顏淵、夫子都是不私己，但有小大之異耳。子路只車馬衣裘之間，所志已狹。顏子將善與衆人公共，何伐之有？「施諸己而不願，亦勿施於人」，何施勞之有？却已是煞展拓。然不若聖人，分明是天地氣象！端蒙。

問「顏淵、季路侍」一章。曰：「子路與顏淵固均於無我。然子路做底都向外，不知就身己上自有這工夫。如顏子『無伐善，無施勞』，只是就自家這裏做。」恭甫問：「子路後來工夫進，如『衣敝緼袍，與衣狐貉者立而不恥』，這却見於裏面有工夫。」曰：「他也只把這箇做了。自著破敝底，却把好底與朋友共，固是人所難能，然亦只是就外做。較之世上一等切切於近利者大不同。」賀孫。

問顏淵、季路、夫子言志。曰：「今學者只從子路比上去，不見子路地位煞高。是上面有顏子底一層，見子路低了；更有夫子一層，又見顏子低了。學者望子路地位，如何會做得他底？他這氣象煞大。不如是，何以爲聖門高弟！」植。

叔器曰：「子路但及朋友，不及他人，所以較小。曰：『願車馬，衣輕裘，與朋友共。』以朋友有通財之義，故如此説。那行道之人，不成無故解衣衣之。但所以較淺小者，他能舍得車馬輕裘，未必能舍得勞善。有善未必不伐，有勞未必不施。若能退後省察，則亦深密；向前推廣，則亦闊大。范益之云：『顏子是就義理上做工夫，子路是就事上做工夫。』」曰：「子路是就意氣上做工夫。顏子自是深潛淳粹，淳録作「縝密」。較別。子路是有些戰國俠士氣象，學者亦須如子路恁地割捨得。『士而懷居，不足以爲士矣』。若今人恁地畏首畏尾，瞻前顧後，粘手惹脚，如何做得事成！恁地莫道做好人不成，便做惡人也不成！」先生至此，聲極洪。叔器再反覆説前章。先生曰：「且粗説，人之生，各具此理。但是人不見此理，這裏都黑卒卒地。如猫兒狗子，飢便待物事喫，困便睡。到富貴，便極聲色之奉。一貧賤，便憂愁無聊。聖人則表裏精粗無不昭徹，其形骸雖是人，其實只是一團天理，所謂『從心所欲，不踰矩』。左來右去，盡是天理，如何不快活！」義剛。

或問：「子路『願車馬，衣輕裘，與朋友共』，是他做功夫處否？」曰：「這也不是他做工夫。亦是他心裏自見得，故願欲如此。然必有别做工夫處。若依如此做工夫，大段粗了。」又問：「此却見他心。」曰：「固是。此見得他心之恢廣，磨去得那私意。然也只去得那粗底私意。如顏子，却是磨去那近裏底了，然皆是對物我而言。」又云：「狂簡底人，做來做去没收殺，便流入異端。如子路底人，做來做去没收殺，便成任俠去。」又問：「學者做工夫，須自子路工夫做起。」曰：「亦不可如此說。且如有顏子資質底，不成交他做子路也！」燾。

亞夫問子路言志處。曰：「就聖人上看，便如日出而爝火息，雖無伐善無施勞之事，皆不必言矣。就顏子上看，便見得雖有車馬衣裘共敝之善，既不伐不施，却不當事了，不用如子路樣著力去做。然子路雖不以車馬輕裘爲事，然畢竟以此爲一件功能。此聖人、大賢氣象所以不同也。」時舉。

子路有濟人利物之心，顏子有平物我之心，夫子有萬物得其所之心。道夫。

吴伯英講子路、顏淵、夫子言志。先生問衆人曰：「顏子季路所以未及聖人者何？」衆人未對。先生曰：「子路所言，只爲對著一箇不與朋友共敝之而有憾在。顏子所言，只爲對著一箇伐善施勞在。非如孔子之言，皆是循其理之當然，初無待乎有所懲創也。子路之志，譬如一病人之最重者，當其既甦，則曰：『吾當謹其飲食起居也。』顏子之志，亦如病之差輕者，及其既甦，則曰：『吾當謹其動静語默也。』夫出處起居動静語默之知所謹，蓋由不知謹者爲之對也。曾不若一人素能謹護調攝，渾然無病，問其所爲，則不過曰飢則食而渴則飲也。此二子之所以異於聖人也。至就二子而觀之，則又不容無優劣。季路之所志者，不過朋友而已，顏子之志則又廣矣。季路之所言者粗，顏子之所言者細也。」壯祖。

閎祖録云：「子路、顔淵、夫子言志，伊川諸説固皆至當。然二子之所以異於夫子者，更有一意：無憾，對憾而言也；無伐無施，對伐施而言也。二子日前想亦未免此病，今方不然。如人病後，始願不病，故有此言。如夫子，則更無懲創，不假修爲，此其所以異也。」

顔淵、子路只是要克去「驕吝」二字。如謝氏對伊川云，知矜之爲害而改之，然謝氏終有矜底意。如解「孟之反不伐」，便著意去解。人傑。

舊或説「老者安之」一段，謂老者安於我，朋友信於我，少者懷於我。此説較好。蓋老者安於我，則我之安之必盡其至；朋友信於我，則我之爲信必無不盡；少者懷於我，則我之所以懷之必極其撫愛之道。却是見得聖人説得自然處。義剛。集注。

或問：「集注云『安於我，懷於我，信於我』，何也？」曰：「如大學『君子賢其賢而親其親，小人樂其樂而利其利』一般，蓋無一物不得其所也。老者，我去安他，他便安於我；少者，我去懷他，他便懷於我；朋友，我去信他，他便信於我。」又問顔子、子路所答。曰：「此只是各説身已上病痛處。子路想平日不能與朋友共裘馬，顔子平日未能忘伐善施勞，故各如此言之。如新病安來説方病時事，如説我今日病較輕得些，便是病未曾盡去，猶有些根脚，更服藥始得。彼云願，則猶有未盡脱然底意思。又如病起時説願得不病，便是曾病來。然二子如此説時，便是去得此病了，但尚未能如夫子自然而已。如夫子則無此等了，曠然如太空，更無些滯礙。其所志但如此耳，更不消著力。」又曰：「古人揀己偏重處去克治。子路是去得箇『吝』字，顏子是去得箇『驕』字。」祖道。夔孫録云：「『二子言志，恰似新病起人，雖去得此病了，但著服藥隄防，願得不再發作。若聖人之志，則曠然太虛，了無一物。』又曰：『古人爲學，大率體察病痛，就上面克治將去。』」

問：「『老者安之』云云，一説：『安者，安我也。』恭父謂兩説只一意。」先生曰：「語意向背自不同。」賀孫云：「若作安老者説，方是做去。老者安我説，則是自然如此了。」曰：「然。」因舉史記魯世家及漢書地理志云：「『魯道之衰，洙泗之間齗齗如也。』謂先魯盛時，少者代老者負荷，老者即安之。到後來，少者亦知代老者之勞，但老者自不安於役少者，故道路之間只見遜讓，故曰『齗齗如也』。注云：『分辯之意也。』」賀孫。

問：「仲由何以見其求仁？」曰：「他人於微小物事，尚戀戀不肯捨。仲由能如此，其心廣大而不私己矣，非其意在於求仁乎？」升卿。

叔蒙問「夫子安仁，顏子不違仁，子路求仁」。曰：「就子路、顏子、聖人，只是見處有淺深大小耳，皆只是盡我這裹底。子路常要得車馬輕裘與朋友共，據他煞是有工夫了。輕財重義，有得些小潑物事，與朋友共，多少是好！今人計較財物，這箇是我底，那箇是你底，如此見得子路是高了。顏子常要得無伐善施勞，顏子工夫是大段縝密。就顏子分上，正恰好了，也只得如此。到聖人是安仁地位。大抵顏子「無伐善，無施勞」，也只與願車馬輕裘與朋友共敝相似；夫子安老、懷少、信朋友，也與「無伐善，無施勞」相似，但有淺深大小不同。就子路地位更收斂近裏，便會到「無伐善，無施勞」處；就顏子地位更極其精微廣大，便到安老、懷少、信朋友爾。」寓。

問「夫子安仁，顏淵不違仁，子路求仁」。曰：「伊川云：『孔子二子之志，皆與物共者也，有淺深小大之間耳。』子路底淺，顏子底深；二子底小，聖人底大。子路底較粗，顏子底較細膩。子路必待有車馬輕裘，方與物共，若無此物，又作麼生。顏子便將那好底物事與人共之，見得那子路底又低了，不足爲，只就日用間無非是與人共之事。顏子底盡細膩，子路底只是較粗。然都是去得箇私意了，只是有粗細。子路譬如脱得上面兩件麤糙底衣服了，顏子又脱得那近裏面底衣服了，聖人則和那裏面貼肉底汗衫都脱得赤骨立了。」僩。

問：「觀子路、顏子、孔子之志，皆是與物共者也。纔與物共，便是仁。然有小大之別：子路，求仁者也；顏子，不違仁者也；孔子，安仁者也。求仁者是有志於此理，故其氣象高遠，可以入道，然猶自車馬輕裘上做工夫。顏子則就性分上做工夫，能不私其己，可謂仁矣。然未免於有意，只是不違仁氣象。若孔子，則不言而行，不爲而成，渾然天理流行而不見其迹，此安仁者也。」曰：「説得也穩。大凡人有己則有私。子路『願車馬，衣輕裘，與朋友共』，其志可謂高遠，然猶未離這軀殼裏。顔子不伐其善，不張大其功，則高於子路。然『願無伐善，無施勞』，便是猶有此心，但願無之而已，是一半出於軀殼裏。孔子則離了軀殼，不知那箇是己，那箇是物。凡學，學此而已。」南升。時舉録云：「文振問此章。先生曰：『子路是不以外物累其心，方剥得外面一重粗皮子去。顔淵却又高一等，便是又剥得一重細底皮去，猶在軀殼子裏。若聖人，則超然與天地同體矣！』」

問：「孔子安仁，固無可言。顔子不違仁，乃是已得之，故不違，便是『克己復禮』底事。子路方有與物共之志，故曰求仁。」曰：「然。」又曰：「這般事，如今都難説。他當時只因子路説出那一段，故顔子就子路所説上説，便見得顔子是箇已得底意思。孔子又就顔子所説上説，皆是將己與物對説。子路便是箇舍己忘私底意思。今若守定他這説，曰此便是求仁，不成子路每日都無事，只是如此！當時只因子路偶然如此説出，故顔子、孔子各就上面説去，其意思各自不同。使子路若别説出一般事，則顔子、孔子又自就他那一般事上説，然意思却只如此。」文蔚。

子路、顔淵、孔子言志，須要知他未言時如何。讀書須迎前看，不得隨後看，所謂「考跡以觀其用，察言以求其心」。且如公説從仁心上發出，所以忘物我，言語也無病，也説得去，只是尚在外邊。程先生言「不私己而與物共」，是三段骨體。須知義理不能已之處，方是用得。大抵道理都是合當恁地，不是過當。若到是處，只得箇恰好。「事親若曾子可也。」從周。

顔子之志，不以己之長方人之短，不以己之能愧人之不能，是與物共。道夫。

問：「伊川言：『子路勇於義者，觀其志，豈可以勢利拘之哉！』」曰：「能輕己之所有以與人共，勢利之人豈肯如此！子路志願，正學者事。」寓。

問：「車馬輕裘與朋友共，亦常人所能爲之事。子路舉此而言，却似有車馬衣裘爲重之意，莫與氣象煞遼絶否？」曰：「固則是。只是如今人自有一等鄙吝者，直是計較及於父子骨肉之間，或有外面勉强而中心不然者，豈可與子路同日而語！子路氣象，非富貴所能動矣。程子謂：『豈可以勢利拘之哉！』」木之。

問：「浴沂地位恁高。程子稱『子路言志，亞於浴沂』，何也？」曰：「子路學雖粗，然他資質也高。如『人告以有過則喜』，『有聞未之能行，惟恐有聞』，見善必遷，聞義必徙，皆是資質高；車馬輕裘都不做事看，所以亞於浴沂。故程子曰：『子路只爲不達「爲國以禮」道理；若達，便是這氣象也。』」淳。

問：「『亞於浴沂者也』，浴沂是自得於中，而外物不能以累之。子路雖未至自得，然亦不爲外物所動矣。」曰：「是。」義剛。

問：「車馬輕裘與朋友共，此是子路有志求仁，能與物共底意思，但其心不爲車馬衣裘所累耳，而程子謂其『亞於浴沂』。據先生解，曾點事煞高，子路只此一事，如何便亞得他？」曰：「子路是箇資質高底人，要不做底事，便不做。雖是做工夫處粗，不如顏子之細密，然其資質却自甚高。若見得透，便不干事。」廣。

問：「『願聞子之志』，雖曰比子路、顏子分明氣象不同，然觀曾點言志一段，集注盛贊其雖答言志之問，而初實未嘗言其志之所欲爲。以爲曾點但知樂所樂，而無一毫好慕之心，作爲之想。然則聖人殆不及曾點邪？」曰：「聖人所言，雖有及物之意，然亦莫非循其理之自然，使物各得其所，而已不勞焉，又何害於天理之流行哉！蓋曾點所言，却是意思；聖人所言，盡是事實。」

問：「『不自私己，故無伐善；知同於人，故無施勞』，恐是互舉。」曰：「他先是作勞事之『勞』說，所以有那『知同於人』一句。某後來作功勞之『勞』，皆只是不自矜之意。『無伐善』，是不矜己能；『無施勞』，是不矜己功。」至之云：「『無施勞』，但作『己所不欲，勿施於人』意思解，也好。」曰：「易有『勞而不伐』，與『勞謙，君子有終』，皆是以勞爲功。」義剛。

問：「施勞與伐善，意思相類？」曰：「是相類。」問：「看來善自其平生之所能言，勞以其一時之功勞言。」曰：「亦是。勞是就事業上説。」問：「程子言：『不自私己，故無伐善；知同於人，故無施勞。』看來『不自私己』與『知同於人』亦有些相似。」曰：「不要如此疑。以善者己之所有，不自有於己，故無伐善；以勞事人之所憚，知同於人，故無施勞。」寓。

問：「集注云：『羈靮以御馬，而不以制牛。』這箇只是天理，聖人順之而已。」曰：「這只是天理自合如此。炎録云：「天下事合恁地處，便是自然之理。」如『老者安之』，是他自帶得安之理來；『朋友信之』，是他自帶得信之理來；『少者懷之』，是他自帶得懷之理來。聖人爲之，初無形迹。季路、顏淵便先有自身了，方做去。如穿牛鼻，絡馬首，都是天理如此，恰似他生下便自帶得此理來。又如放龍蛇，驅虎豹，也是他自帶得驅除之理來。如剪滅蝗虺，也是他自帶得剪滅之理來。若不驅除剪滅，便不是天理。所以説道『有物必有則』。不問好惡底物事，都自有箇則子。」又云：「子路更修教細密，便是顏子地位；顏子若展拓教開，便是孔子地位。子路只緣粗了。」又問：「集注云：『皆與物共者也，但有小大之差耳。』」曰：「這道理只爲人不見得全體，所以都自狹小了。最患如此。聖人如何得恁地大！人都不見道理，形骸之隔，而物我判爲二。」又云：「『强恕而行，求仁莫近焉』。若見得『萬物皆備於我』，如何不會開展！」又問：「顏子恐不是强恕意思。子路却是强恕否？」曰：「顏子固不是强恕，然學者須是强恕始得。且如今人有些小物事，有箇好惡，自定去把了好底，却把不好底與人。這般意思如何得開闊？這般在學者，正宜用工。漸漸克去，便是求仁工夫。」賀孫。

「伊川令學者看聖賢氣象。」曰：「要看聖賢氣象則甚？且如看子路氣象，見其輕財重義如此，則其胸中鄙吝消了幾多。看顏子氣象，見其『無伐善，無施勞』如此，則其胸中好施之心消了幾多。此二事，誰人胸中無？雖顏子亦只願無，則其胸中亦尚有之。聖人氣象雖非常人之所可能，然其如天底氣象，亦須知常以是涵養於胸中。」又云：「亦須看子路所以不及顏子處，顏子所以不及聖人處，吾所以不及賢者處，却好做工夫。」

叔器問：「先識聖人氣象，如何？」曰：「也不要如此理會。聖賢等級自分明了，如子路定不如顏子，顏子定不如夫子。只要看如何做得到這裏。且如『願車馬，衣輕裘，敝之無憾』，自家真能如此否？有善真能無伐否？有勞真能無施否？今不理會聖賢做起處，義剛録作：「今不將他做處去切己理會，體認分明著。」却只去想他氣象，則精神却只在外，自家不曾做得著實工夫。須是『切問而近思』。向時朋友只管愛説曾點、漆雕開優劣，亦何必如此！但當思量我何緣得到漆雕開田地，何緣得到曾點田地。若不去學他做，只管較他優劣，義剛録作：「如此去做，將久便解似他。他那優劣自是不同，何必計較！」便較得分明，亦不干自己事。如祖公年紀自是大如爺，爺年紀自是大如我，只計較得來也無益。」叔器云：「希顏録曾子書，莫亦要如此下工夫否？」曰：「曾子事雜見他書，他只是要聚做一處看。顔子事亦只要在眼前，也不須恁地起模畫樣。而今緊要且看聖人是如何，常人是如何，自家因甚便不似聖人，因甚便只似常人。就此理會得，自是超凡入聖！」淳。義剛同。

或問：「有人於此，與朋友共，實無所憾。但貧乏不能復有所置，則於所敝未能恝然忘情，則如之何？」曰：「雖無憾於朋友，而眷眷不能忘情於己敝之物，亦非賢達之心也。」道夫。附。

問：「謝氏解『顔淵、季路侍』章，或問謂其以有志爲至道之病，因及其所論浴沂御風，何思何慮之屬，每每如此。竊謂謝氏論學，每有不屑卑近之意，其聖門狂簡之徒歟？集注云：『狂簡，志大而略於事也。』」曰：「上蔡有此等病，不是小，分明是釋老意思。向見其雜文一編，皆不帖帖地。如觀復堂記，如謝人啓事數篇，皆然。其啓内有云：『志在天下，豈若陳孺子之云乎？身寄人間，得如馬少游而足矣。』」必大。或問。

已矣乎章

問：「程子曰：『自訟不置，能無改乎！』又曰：『罪己責躬不可無，然亦不當長留在心胸爲悔。』今有學者幸知自訟矣，心胸之悔，又若何而能不留耶？」曰：「改了便無悔。」又問：「已往之失却如何？」曰：「自是無可救了。」必大。

時可問：「伊川云：『自訟不置，能無改乎！』譬如人爭訟，一訟未決，必至於再，必至於三，必至於勝而後已。有過，則亦必當攻責不已，必至於改而後已。」曰：「伊川怕人有過只恁地訟了便休，故説教著力。看來世上也自有人徒恁地訟，訟了便休。只看有多少事來，今日又恁地自訟，明日又恁地自訟，今年又恁地自訟，明年又恁地自訟。看來依舊不曾改變，只是舊時人。他也只知箇自訟是好事，只是不誠於自訟。」賀孫。

十室之邑章

或問：「美底資質固多，但以聖人爲生知不可學，而不知好學。」曰：「亦有不知所謂學底。如三家村裏有好資質底人，他又那知所謂學，又那知聖人如何是聖人，又如何是生知，堯如何是堯，舜如何是舜。若如此，則亦是理會不得底了。」燾。

義剛説：「『忠信如聖人生質之美者也』。此是表裏粹然好底資質。」曰：「是。」義剛。